개정증보판

대한예수교장로회
헌법해설서

개정증보판

대한예수교장로회
헌법해설서

배광식 · 한기승 · 안은찬

차례

저자 서문 ········· 8
교회 헌법의 분류 ········· 12
헌법 서문 ········· 14

제I부 정치

교회 정치의 의의 ········· 20
헌법정치의 기본 체계 ········· 22
총론 ········· 23
제1장 원리 ········· 40
제2장 교회 ········· 52
제3장 교회 직원 ········· 60
제4장 목사 ········· 75
제5장 치리 장로 ········· 94
제6장 집사 ········· 105
제7장 교회 예배 의식 ········· 111
제8장 교회 정치와 치리회 ········· 119
제9장 당회 ········· 128
제10장 노회 ········· 148

제11장 대회 ·································· 165
제12장 총회 ·································· 174
제13장 장로 집사 선거 및 임직 ············· 183
제14장 목사 후보생과 강도사 ··············· 207
제15장 목사 선교사 선거 및 임직 ··········· 221
제16장 목사 전임 ···························· 246
제17장 목사 사면 및 사직 ··················· 249
제18장 선교사 ································ 258
제19장 회장과 서기 ·························· 262
제20장 교회 소속 각 회의 권리 및 책임 ····· 269
제21장 의회 ·································· 272
제22장 총회 총대 ···························· 286
제23장 헌법 개정 ···························· 290

제Ⅱ부 헌법적 규칙

제1조 미조직 교회 신설립 ··················· 294
제2조 교인의 의무 ··························· 295
제3조 교인의 권리와 소원 ··················· 298

제4조 주일 예배회 ·································· 301
제5조 학습 ······································· 304
제6조 성례 ······································· 305
제7조 교회의 선거 투표 ··························· 308
제8조 무임 집사 ································· 310
제9조 무임 장로 ································· 311
제10조 권찰 ······································ 313
제11조 혼 상례 ·································· 314
제12조 병자에게 안수 ····························· 315
제13조 문서 비치 ································ 316

제Ⅲ부 권징 조례

제1장 총론 ······································· 320
제2장 원고와 피고 ······························· 324
제3장 고소장과 죄증 설명서 ······················ 332
제4장 각 항 재판에 관한 보통 규례 ··············· 335
제5장 당회 재판에 관한 특별 규례 ················ 351
제6장 직원에 대한 재판 규례 ···················· 355

제7장 즉결 처단의 규례 · 363
제8장 증거조 규례 · 371
제9장 상소하는 규례 · 382
제10장 이의와 항의서 · 407
제11장 이명지 관리 규례 · 411
제12장 이주 기간에 관한 규례 · · · · · · · · · · · · · · · 415
제13장 재판국에 관한 규례 · · · · · · · · · · · · · · · · · · 418
제14장 치리회 간의 재판 규례 · · · · · · · · · · · · · · · 437

제IV부 권징 사례별 해설 · · · · · · · · · · · · · · · 441

제V부 권징 서식 · 537

부록 색인표 · 583

저자 서문

본「헌법해설서」는 대한예수교장로회총회(합동) 헌법에 대한 해설서입니다. 대한예수교장로회는 웨스트민스터 헌법을 기초하여 장로교회의 표준이 되는 교회헌법을 제정하고 시행함으로 개혁교회의 특징인 헌법주의(constitutionalism)를 지향하여 왔습니다.

교회의 목양이 근육이라면 교리와 정치는 교회의 골격과 같은 것입니다. 근육과 골격이 붙어 세워져야만 온전한 몸이 되듯이 주님의 몸인 교회도 목양과 정치가 바르게 세워지고 시행되어야만 하나님을 기쁘시게 하는 교회가 될 것입니다.

그런 의미에서 장로교회의 아버지이자 평생을 목회에 헌신하며 종교개혁을 완성한 존 칼빈(John Calvin)의『제네바 교회법령』(Ecclesiastical Ordinances)의 서문은 의미심장합니다. 1561년판 교회법령 서문은 교회법의 제정 목적을 우리 주님의 복음의 교리가 순수성을 보전하고, 교회가 좋은 통치와 정치 시스템에 의하여 적절히 유지하도록 하며, 무엇보다도 다른 사람들을 권고하기 위한 것이라고 밝혔습니다.

한국교회의 역사를 되돌아보면 선교 초기부터 교회헌법 제정을 위해 여러모로 심혈을 기울여 왔음을 보게 됩니다. 대한예수교장로회 독노회(1907년)시에 신경과 규칙을 제정하였습니다. 일찍이 1919년 제8회 총회는 핫지(John Aspinwall Hodge)의『정치문답조례』(What is Presbyterian law as defined by the church courts?)를 참고서로 사용하기로 결의한 바 있었습니다. 그리고 만국 장로회 헌법을 번역하는 등 수 많은 노력 끝에 드디어 제11회 총회(1922년)에서 『죠션예수교쟝로회정치』가 채용 가결되었습니다. 그 후 총회는 수차례 역동적인 헌법 개정을 통해 목회 현장을 고려한 법 적용의 적합성을 높여왔습니다. 그런데 많은 목회자들과 교회 직원들에게 있어서 헌법의 내용은 가장 기본적인 법규로 이루어져 있기 때문에 해석하는 데 많은 어려움이 있습니다. 그러나 현시대의 다양하고 방대한 주님의 사역과 복회 환경의 변화로 헌법을 적용하는 데 애매하고 난해한 부분이 있는 것이 사실입니다.

이러한 현실을 반영하여 제91회 총회(2006년)는 헌법해설집을 편찬하기로 결의하였습니다. 많은 노력을 한 끝에 제94회 총회(2009년)시에 헌법해설집 편찬위원회에서 『헌법해설집』을 작성하여 보고하였으나 아쉽게도 부결되었습니다.

그러나 헌법의 표준적 해설에 대한 목회적 요청은 끊임없이 요구되었습니다. 교회 행정과 각 치리회에서 참조할 수 있는 실제적인 필요와 함께 신학생들의 교재로서의 요구는 절대적인 것이었습니다.

본 헌법해설서는 제94회기의 헌법해설의 방향을 기초로 하여 본 교단의 헌법 해설과 개정을 위해 노력해 오고 목회하면서 헌법을 적용해 본 경험들과 신학대학원에서 강의한 내용을 넣어, 실제적이며 학문적인 해설이 되도록 노력을 기울였습니다. 본서는 헌법의 해석을 돕는 참고 도구일 뿐입니다. 따라서 해석에 있어서 이견이 있을 수 있습니다.

본서는 교회 헌법의 분류(신조, 성경 소요리문답, 성경 대요리문답, 정치, 권징 조례, 예배 모범) 중에서 『정치』와 『권징조례』만을 해설하였습니다. 따라서 본서의 서명에서 『헌법』이란 좁은 의미의 『교회 정치, 교회 권징』을 의미합니다. 정치 부분은 최근까지 헌법 개정의 결과와 총회 결의를 반영하려고 노력하였으며, 권징 조례의 해설은 절차법적인 성격으로 그 적용을 알기 쉽게 해설하였습니다. 헌법 전문과 함께 해설을 구분하여 편집하였으며 완역본 「교회 정치문답 조례」의 문답번호를 함께 수록하여 참조하였습니다. 권징서식을 수록함으로 실제적인 필요에 부응하였고 색인표를 통해 본서의 주요내용을 쉽게 찾아 볼 수 있도록 하였습니다.

본서는 가장 성경적이며 정통신학인 개혁주의 신학을 기초로 하여 작성하였습니다. 웨스트민스터 교회에서 열린 총회는 교회 정치 분야에서 1644년에 『장로교회 정치형태』(The Form of presbyterianism)와 1645년에 『장로교회 정치모범』(A Directory for Church Government, Church Censures, and Ordination of Minister)을 완성하였고, 1646년 장로교 공동선언서인 "교회 정치에 대한 신성한 권리"(Jus Divinum Regiminis Ecclesiastici)를 내면서 장로회 정치는 본질적으로 인간의 발명품이 아니라 그리스도의 법령이라고 선언했습니다. 이것은 교회의 정치가 직분자나 의회에 의해서 시행되는 힘의 행동이 아니라, 하나님의 말씀에 의해 근거하고 정당화되는 정치가 되어야 함을 천명한 것입니다.

　오늘날 세계 개혁교회는 순전한 칼빈주의의 신학을 갖고 성장한 한국 장로교회를 놀라운 눈으로 주목하고 있습니다. 한국교회가 교회헌법을 잘 지키고 발전시키며 목회의 구조와 질서를 교회헌법 안에서 잘 구현할 때 더욱 큰 지도력을 발휘하게 될 것입니다.

　본 해설서는 2017년 9월 18일 제102회 총회에서 정치 및 권징조례 개정안과 어린이세례 관련 내용을 헌법적 규칙과 예배모범에 포함하여 개정하기로 결의하고, 전국 노회에 수의한 결과를 2018년 9월 10일에 회집된 제103회 총회에서 공포함에 따라, 2015년 5월에 발행한 『헌법해설서』를 개정 증보판으로 발간하게 됐습니다. 아무쪼록 본 헌법해설서가 목회현장에서 발생된 제반 문제를 예방하고 치유하여 건강한 교회를 세우는 데 조금이나마 도움이 되고 한국교회의 부흥과 성숙 그리고 교회헌법의 발전에 기여하기를 간절히 바랍니다. 교회에서는 본 헌법해설서인 「교회 정치문답 조례」를 함께 참조하면, 헌법에 대한 일반적인 해석에 많은 도움이 될 것입니다. 또한 본 출판을 위해 수고하신 모든 분들에게 감사의 말씀을 전합니다.

배광식, 한기승, 안은찬

교회 헌법의 분류

실정법으로서 교회 헌법은 크게 신조, 성경 소요리문답, 성경 대요리문답, 정치, 권징 조례, 예배 모범 등이다.[1]

[신조]는 12항목으로 구성된 대한예수교장로회의 교리적 표준으로서 교회의 직원들이 승인해야만 하는 신경과 신앙고백이다.

[성경 대·소요리문답]은 성경을 문답식으로 밝히 해석한 책으로 전통적인 교회 교육의 방식으로서 서구교회에서는 '캐터키즘'(catechism)이라고 한다.

[정치]는 교회의 기본적 정치 구조, 직원의 인사(人事), 교회의 조직과 관리에 관한 실체적이면서도 절차적인 법이다.

[권징 조례]는 교회의 권징을 구체적으로 시행하는 소송법이다.

[예배 모범]은 교회의 예배를 어떻게 드려야 하는지에 대한 개괄적이고 포괄적인 법이다.

장로교회는 성경적 교회의 권위와 질서를 중요하게 여긴다. 따라서 장로교회는 역사적으로 교회의 근간을 규정하는 법을 제정하고 그 법에 기초하여 교회를 다스렸다. 장로교회가 채택한 헌법주의(constitutionalism)는 1인 독재나 개인주의와 독립주의를 통한 '인(人)의 지배'를 배제하고 헌법에 근거하여 교회를 다스렸다.

그러나 교회에서 말하는 헌법은 국가의 헌법(Verfassung, constitution)처럼 교회의 질서를 규정하는 기본법만을 규정하지 않았다. 국가의 헌법은 국민의 공동 생활의 질서를 구성하는 기본법이다. 이 기본 헌법 밑에 수많은 법률과 규칙을 통해 국가의 질서와 행정을 구현하고 있다. 그 반면에 교회 헌법은 교회의 통치권을 행사하는 방법인 정체(政體, polity)뿐만 아니라 구체적인 절차법 내지 행정법까지 다양하게 교회의 신앙과 사역 그리고 생활을 규율하고 있다.

---

1) 헌법『정치』제12장 5조의 총회 권한, 제23장 1, 2조의 헌법 개정, John A. Hodge의『교회 정치문답조례』(배광식, 정준모, 정홍주 역, 대한예수교장로회총회, 이하 정문으로 약칭함) 제615문.『교회 정치문답조례』는 1919년 대한예수교장로회 제8회 총회에서 참고서로 사용하기로 결의하였다.

헌법 서문

서 문

본 총회의 헌법은 조선예수교장로회 공의회 시대(1901~1906)에 다음과 같이 헌장에 관한 준비를 하였다.

1901년 만국장로회 헌법 번역위원을 선정하였고 1902년에는 헌법 준비위원과 노회 규칙위원을 선정하였다.

1904년에는 웨스트민스터 헌법 중 일부를 역간하여 소요리문답 5천 부를 출판하였다.

1905년에는 교회 신경을 공의회가 의정 채용하게 되었다. 그 후 1907년 9월 17일 평양 장대재교회에서 소집된 대한예수교장로회 제1회 노회(독노회) 시 신경과 규칙을 정식 채용한 것이 최초의 헌장이었다.

1912년 9월 1일 평양여자성경학원에서 대한예수교장로회 총회가 조직된 후 1917년 9월 1일(토요일) 서울 승동교회에서 회집된 제6회 총회에서 웨스트민스터 헌법책을 번역하여 총회가 작정한 대로 편집하여 국한문으로 출판하였다.

1932년 9월 9일 평양 창동교회에서 회집된 제21회 총회에서 15인을 택하여 한글 사용법대로 개역 수정하기로 가결하고 1933년 9월 8일 선천 교회에서 회집된 제22회 총회에서 이를 승인하였다.

1954년 4월 23일 안동중앙교회에서 회집된 제39회 총회에서 정치만 수정하기로 하고 전문을 수정 발표하였다.

1960년 12월 13일 서울 승동교회에서 회집된 제45회 총회에서 헌법과 총회 규칙을 수정하기로 하고 17인에게 위임하여 1961년 9월 21일 부산 남교회에서 회집된 제46회 총회에서 보고 받아 이를 채택하고 각 노회에 수의하여 1962년 9월 20일 서울 승동교회에서 회집된 제47회 총회에서 수정안이 가결되었음을 공포하였다.

1968년 9월 19일 부산 초량교회에서 회집된 제53회 총회에서 재수정하게 되고 1990년 9월 18일 김제중앙교회에서 회집된 제75회 총회에서 헌법을 개정하기로 가결하고 위원 15인을 선정하여 일임하였다. 동위원회에서 정치와 예배 모범 일부를 수정한 안을 1991년 9월 24일 대구동신교회에서 회집된 제76회 총회에 보고하니 채택하고 교회의 모든 직임의 연한을 만 70세까지로 함을 본회가 결의하여 보고된 개정안에 포함시켜 이를 각 노회에 수의하여 1992년 9월 22일 인천제2교회에서 회집된 제

77회 총회에서 수정안이 가결되었음을 공포하였다.

우리 총회가 1917년 승동교회에서 회집된 제6회 총회에서 채용결의한 웨스트민스터 헌법 중 성경 소요리문답은 헌법책에 포함시켜 출간하였으나 신도게요와 성경 대요리문답은 헌법책에 편집하지 아니한 고로 불편을 느끼던 중 제75회 총회 헌법수정 위원회의 결의로 1969년 9월 20일 본 총회가 별책으로 발행한 성경 대요리문답은 소요리문답과 연하여 편집하고 신도게요는 부록으로 편집 출간하게 되었다.

1998년 9월 22일 서울 왕성교회에서 회집된 제83회 총회는 헌법수정 위원을 총회 임원회에 맡겨 15인을 선정하였고 동 위원회가 수정안을 1999년 9월 28일 정읍 성광교회에서 회집된 제84회 총회에 보고하니 총회가 채택하고 각 노회에서 수의하여 2000년 9월 26일 경남 진주교회에서 회집된 제85회 총회에서 수정안이 법대로 가결되었음을 공포하기에 이르렀다.

2005년 9월 27일 대전중앙교회에서 회집한 제90회 총회에서 대한예수교장로회총회(개혁)와 합동하였고 합동원칙 합의문의 준수와 함께 본 헌법을 사용키로 하였다.

2009년 9월 21일 울산 우정교회에서 회집한 제94회 총회는 구미노회 외 65개 노회가 헌의한 노회회원 헌법수정 건(임시목사 관련)에 대하여 헌법개정연구위원 5인을 선정하였다. 동 위원회가 개정안을 2010년 9월 27일 홍천 대명비발디파크에서 회집한 제95회 총회에 보고하니 총회가 수정 채택하고 각 노회에 수의하여 차기 총회에서 채용하기로 가결하였다. 이후 2011년 9월 19일 전주 전북대학교 삼성문화회관에서 회집한 제96회 총회에서 노회수의 결과보고에 대하여 일부 회원의 이의제기로 공포가 보류되어 오던 중 2013년 9월 23일 수원 라비돌리조트에서 회집한 제98회 총회에서 다수 노회가 헌법개정 노회수의 가결안에 대한 공포시행을 헌의하여 동 개정안(정치 제4장 제4조 2항, 제15장 제12조 1항)이 법대로 가결되었음을 공포하였다.

2012년 9월 17일 대구 성명교회에서 회집한 제97회 총회는 총회 설립 100주년을 맞이하여 교회 현장의 필요에 맞게 헌법을 전면적으로 개정하기로 결의하고 헌법전면개정 위원회(위원 15인)을 설치하였다. 제98회 총회와 제99회 총회에서 각각 연장 허락을 받아 새롭게 구성된 헌법개정위원회는 신도게요, 대·소요리문답, 정치 및 권징조례, 예배모범 개정안을 작성하고 전국 권역별 공청회 등을 거쳐 폭넓게 수렴하여 제100회 총회에 보고하였다.

2015년 9월 14일 대구 반야월교회에서 회집한 제100회 총회는 신도게 요(신앙고백서) 개정안, 대·소요리문답 개정안, 예배모범 개정안은 노회 로 수의하고, 정치와 권징조례는 한해 더 연구하여 받기로 하였다. 2016 년 9월 26일 충현교회에서 회집된 101회 총회는 노회수의 결과 통과되 지 않은 신도게요와 대·소요리문답의 개정은 부결하고, 통과된 예배모범 은 개정안 대로 개정되었음을 공포하였다.

2017년 9월 18일 익산 기쁨의교회에서 회집된 제102회 총회에서는 제101회기 헌법개정위원회가 제안한 정치 및 권징조례에 대한 개정안 과, 유아세례 연구위원회에서 보고한 어린이세례 관련 내용을 헌법적 규 칙과 예배모범에 포함하여 개정하기로 결의하고, 전국노회에 수의한 결 과를 2018년 9월 10일 대구 반야월교회에서 회집된 제103회 총회에서 공포함에 따라, 2015년 5월에 발간한 헌법해설서를 개정 증보판으로 발 간하게 되었다.

이에 그간 수고하신 선배님들의 노고에 감사를 드리며 이 헌법책이 총회 안의 모든 지교회와 기관들에서 사용될 때 하나님의 크신 은총이 내리시기를 간절히 바라는 바이다.

제 I 부

정치

교회 정치의 의의

교회 정치란 교회의 신적 질서를 의미한다. 교회 정치를 신적 질서(The Divine Order)라고 부르는 이유는 교회 정치가 하나님의 말씀인 성경에 계시되어 있기 때문이다. 교회는 사람들의 모임 그 이상의 의미를 가지는 하나님의 신적 기관이다. 따라서 교회의 정치는 단순히 사람들에 의해 운영되는 것이 아니라 성경에 계시된 대로 일정한 질서에 의해 다스려져야 한다. 그런 의미에서 교회 정치는 교회의 신적 질서이다.

교회 정치는 하나님의 구원 사역에서 중립지대가 아니다. 비록 성경에 세세한 정치 조항들이나 행정적 법규들이 제시되지 않았다 할지라도 기본적인 교회의 구조를 세우는 데 필요한 정치 원리들은 계시되어 있다.

교회 정치는 인간의 타락과 부패에 의해 요청되었다. 아담의 타락 이후 인간의 죄악은 구약시대나 신약시대를 막론하고 결코 완전 성화에 이르지 못하였다. 따라서 교회의 정치는 하나님의 공의를 바로 세우고 선이 악을 이길 수 있는 질서가 요청되었다. 이러한 요청은 이미 하나님께서 인간들의 탐욕이 정치화될 때 어떤 체제로 대응하셨는가를 보면 알 수 있다(민 11:1~17). 또 예수님의 사도들도 교회를 세워나갈 때 일정한 질서를 갖추어 복음을 전파하였다(행 6:1~6). 신약의 교회들은 교리적 논쟁이나 행정적 문제가 있을 때 권위에 호소하였으며 공의회를 통하여 문제를 해결해나갔다. 교회에서는 정치가 필요 없다는 사상은 비성경적이다.

종교개혁 이후 개혁교회 및 장로교회는 이러한 교회 정치 발전에 가장 선도적 역할을 해왔다. 청교도들은 개인주의 혹은 독립주의나 독재주의 혹은 교황주의를 반대하면서 견제와 균형 그리고 책임의 성경적 질서를 찾아 목회 사역에 힘썼다. 이것은 사도들과 교부들의 전통에 그 맥을 두고 있기 때문이다. 개혁교회 및 장로교회는 하나님의 구원 역사에서 성령의 사역이 결코 질서와 구조와 충돌된다고 보지 않았다. 그들은 장로회주의(presbyterianism)가 가장 성경적 교회를 구현할 수 있다고 믿었다. 이러한 교회 정치의 관점은 한국의 장로교회에서 꽃을 피워 열매를 맺었다.

  한국교회는 선교 초기부터 무질서 속에서 세워지지 않고 일정한 정치 질서에 관한 법을 제정하여 교회 성장과 성숙을 이루었다. 오히려 오늘날 목회와 선교는 법과 질서를 무시하는 사례가 빈번하여 마치 돌봄과 목양만으로 하나님의 구원 사역이 완성되는 것처럼 오해할 때도 많이 있다. 한국교회가 맺은 열매가 세계 선교에 초석이 되게 하려면 더욱 장로교회가 교회 정치적으로 발전하여 성숙되어야 한다. 만약 성경적 교회 정치를 무시하고 인간의 소견대로 사역을 해나간다면 교회는 곧 무질서와 혼돈의 시대를 맞게 될 것이다. 그러므로 모든 교인들과 직원들이 교회 정치를 반드시 숙지하고 익혀 하나님의 교회를 거룩한 신적 질서로 세워나가야 할 것이다.

헌법정치의 기본 체계

헌법 [정치]의 기본 체계는 실체법(제1-12장)과 절차법(13-23장)으로 구성되어 있다. 물론 명확하게 구분되는 것은 아니다. **실체법(實體法)**이란 권리나 의무의 실체, 권리나 의무의 발생, 변경, 소멸, 성질, 내용, 범위 따위의 실체적 법률 관계를 규정하는 법이다. 따라서 정치 제1장부터 제12장까지는 대한예수교장로회 소속 모든 지교회와 치리회들이 따라야 할 장로교회의 기본적인 정치 원리, 교회, 직원, 예배 의식(율례), 각 치리회의 실체적 법규들이 규정되어 있다.

실체법에서 특이한 점은 교회의 예배 의식이 규정되어 있다는 점이다. 헌법정치에서 예배 의식은 예배의 질서나 순서를 규정한 법이 아님에 유의해야 한다. 정치에서 말하는 '예배 의식'은 그리스도께서 신자들에게 구원의 유익을 주시려고 나타내시는 방법으로서 거룩한 율례(ordinances)에 해당된다. 그러므로 헌법의 기본 체계에서 매우 중요한 위치를 차지하고 있다.

절차법(節次法)이란 권리의 실질적 내용을 실현하는 데 필요한 절차를 규정한 법이다. 제13장부터 목사, 선교사, 장로, 집사 등 선거 및 임직, 전임, 인사 규정, 각 치리회의 회의 관련 규정, 교회의 속회와 의회 관련 규정, 그리고 헌법 개정 등이 규정되어 있다.

절차법에서 특이한 점은 교회의 속회와 의회 관련 규정이 있다는 점이다. 교회의 속회, 제직회, 공동의회 등이 절차법에 규정되어 있는 이유는 실체법에서 규정된 교회와 그 직원들의 사역에 반응하는 지교회의 교인들의 회(coetus fidelium)이기 때문이다. 즉 교인들의 공동의회가 실체법에 규정되어 있지 않은 이유는 단지 기본 주권을 가진 교인들을 헌법의 법체계가 가볍게 보기 때문이 아니다.

총 론

1. 총론의 법적 의미

총론은 헌법정치의 모든 조항의 해석의 기준이 된다. 왜냐하면 총론은 대한예수교장로회의 통치 체계를 근본적으로 규정한 법이기 때문이다. 총론은 장로교의 정치 체제 즉 정체(政體, polity)를 근본적으로 규정한 법이다. 이 총론은 단지 많은 교파들의 정치 제도들을 열거하고 그 중에 우리 교단은 장로회 정치를 택하고 있다는 선언적 의미를 가지는 것이 아니다. 총론은 단지 선언적이고 구속력이 없는 것이 아니라 대한예수교장로회의 정치적 교리와 정치적 가치를 표현한 것으로 법적 효력을 규정한 법 조항이다.

   총론은 장로회 정체(政體)가 "가장 오랜 역사와 우위를 자랑하는 교회들"이 채용하는 정치임을 밝히고 있다. 이것은 대한예수교장로회 정치가 5개의 정체(政體) 가운데 하나를 선택한다는 **선택사항(option)**이나 **권고사항(advisory)**이 아니라 **성경적 진리임**을 선언한 것이다. 총론은 장로회 정치가 역사적으로 정통 신학에 근거한 신학적 교리(Dogmata)임을 밝히고 있다. 그러므로 이하 모든 정치의 법 조항들은 이 총론에 근거하여 해석하여야 한다. 그리고 지교회 뿐만 아니라 모든 치리 회의들의 정치 방식은 신학적 중립지대(adiaphora)가 아님을 유의하면서 본 총론에 따라 장로회 정치를 구현하도록 노력하여야 한다.

2. 총론의 내용

총론의 내용은 역사적으로 나타났던 다섯 가지 종류의 정체(政體)를 소개하고 있다. 정체(polity)란 통치권의 행사 방법으로 교회의 권세가 어디에 있으며 어떻게 행사하는가에 대한 정치 체제를 의미한다. 이러한 정체(政體)는 교황정치, 감독정치, 자유정치, 조합정치 그리고 장로회 정치가 있다고 규정하고 있다.

다음으로 총론은 장로회 정치의 기본 원리를 규정하고 있다. 정치의 핵심적인 문제는 교회의 권세가 어디에 있느냐의 문제인데 당회의 치리권과 교인의 주권이 어떻게 행사되는지에 대한 기본 원리를 제공하고 있다. 그리고 총론은 치리권의 주체인 당회와 그 상회로서 삼심제의 치리회가 있음을 천명하고 있다. 마지막으로 총론은 장로회 정치의 성경적 근거와 역사적 기원을 밝히고 있다.

❖ 헌법 총론

총 론

주후 1517년 신구 2대 분파로 나누어진 기독교는 다시 수다한 교파를 이룩하여 각각 자기들의 신경, 의식, 규칙, 정치 제도가 있어서 그 교훈과 지도하는 것이 다른 바 이를 다음과 같이 구분한다.

| 해 설

1. 교회 정치의 배경

총론 서두는 다양한 교회 정치의 배경을 설명하고 있다. 이러한 배경 설명은 교회 정치의 다양성을 성경적으로 인정한다는 의미에서 진술한 것이 아니다. 오순절 성령 강림으로 초대교회가 태동한 이래 주후 1054년 최초로 서방교회와 동방교회로 분열되었고, 서방교회는 1517

년 로마 가톨릭교회와 기독교로 나누어졌다. 이후 기독교는 많은 교파를 이루게 되었다. 이렇게 된 이유는 신경, 의식, 규칙, 정치 제도에 대한 다양한 관점 때문이라는 것이다.

신경(信經)은 신앙고백을 위해 기독교 진리의 핵심을 간추려 적은 공식적이고 권위 있는 진술이다. 보통 신조(信條)라고 지칭하기도 한다. 넓은 의미로 교의(敎義)까지 포함한다고 볼 수 있다. 보통 신조라고 할 때는 고대의 사도신경, 니케아 신조 등 고대의 신앙 규칙 문서뿐만 아니라 넓은 의미에서 교회들의 공의회가 공적으로 제정한 모든 신앙 표준 문서를 포함한다. 종교개혁 이후 개혁파 교회들은 많은 신조들을 내이놓았다. 그 중에서도 장로교회가 지지하는 신조는 대표적으로 웨스트민스터 신앙고백서이며 한국의 장로교회는 이 신앙고백서를 기초로 12신조를 제정하여 신앙을 고백하고 있다.

의식(儀式)은 예의(禮儀)나 율례(律例)를 지칭한다. 예배 의식은 좁은 의미 속에 포함된다. 예의나 율례는 예배를 비롯한 교회의 성경적 실천 행위 모두를 포함하는 개념이다. 행사를 치르는 일정한 법식 또는 정하여진 방식에 따라 치르는 예전을 의미하는 것보다 더 신학적이고 근본적인 교리들이다. 그러나 역사적으로 세계 기독교 교회들은 다양한 관점에서 그 교훈과 지도하는 바를 달리했다. 대한예수교장로회는 예배와 관련하여서 웨스트민스터 예배 모범(Westminster Directory for Worship)이 있으며 교회 교육과 관련하여서는 성경 문답으로서 웨스트민스터 대·소요리문답 등이 있다.

규칙(規則)은 권위를 가진 교회의 최고 기관이 결정하는 각종 법률과 규칙을 의미한다. 『교회 정치문답조례』 제134문은 교회 헌법의 규칙이나 최고 치리회의 결정들은 다시 새로운 규칙으로 개정할 수 있고 후에 개정된 결의를 내놓을 수 있다고 보았다. 역사적으로 다양한 교파들은 자신들의 규칙을 제정하여 교회를 지도하고 교훈하였다. 현대 교회들은 독립주의(independentism)를 선호하여 개교회를 사단법인의 정관(定款, Satzung)과 같은 규칙으로 운영하고 있으나 이러한 정관은 권위를 가진 교회의 최고 기관이 결정하는 각종 헌법과 조화를 이루어야만 한다.

정치 제도(政治 制度)란 교회의 통치 방법을 규정한 정체(政體, polity)를 의미한다. 역사적으로 교회의 권세는 어디에 있는가에 대한 많은 논쟁이 있어 왔다. 총론 서두에서 가장 핵심으로 다루는 분야는 바로 이 부분이다. 역사적으로 대두되었던 네 가지 정치 제도를 간략하게 다음과 같이 소개하고 마지막으로 장로회 정치에 대해 자세하게 설명하고 있다.

❖ 헌법 총론

1. **교황정치**
   이 정치는 주로 로마 가톨릭교와 희랍 정교의 정치인 바 교황 전제로 산하 전 교회를 관리하는 정치이다.
2. **감독 정치**
   이 정치는 감독이 교회를 주관하는 정치인 바 감독 교회와 감리교회에서 쓰고 있는 정치이다.
3. **자유정치**
   이 정치는 다른 회의 관할과 치리를 받지 아니하고 각개 지교회가 자유로 행정(行政)하는 정치이다.
4. **조합 정치**
   조합 정치는 자유정치와 방불하나 다만 각 지교회의 대표로서 조직된 연합회가 있어 피차 유익한 문제를 의논하나 그러나 산하 교회에 명령하거나 주관하는 권한은 없고 모든 치리하는 일과 권징과 예식과 도리 해석을 각 교회가 자유로 하는 정치이다.

5. 장로회 정치

이 정치는 지교회 교인들이 장로를 선택하여 당회를 조직하고 그 당회로 치리권을 행사하게 하는 주권이 교인들에게 있는 민주적 정치이다.

당회는 치리 장로와 목사인 강도 장로의 두 반으로 조직되어 지교회를 주관하고, 그 상회로서 노회 대회 및 총회 이같이 3심제의 치리회가 있다.

해설

2. 정치 제도의 분류 기준

헌법은 교회 정치 제도를 다섯 가지로 분류하고 있다. 그러나 교회 정치 제도는 크게 세 종류의 교회 정치로 분류할 수 있다. 곧 감독정치와 회중정치 그리고 장로회 정치이다. 교황정치는 로마 가톨릭교회와 동방교회의 정치로서, 감독정치의 한 분류에 속한다. 회중정치는 헌법에 제시한 자유정치와 조합정치를 말한다. 이러한 정치 제도는 다음과 같은 일정한 기준에 의하여 분류한 것이다.

(1) 사도성(the Apostolicity)

교회 정치 제도는 사도성이 누구에게 있느냐에 따라 달라진다. 사도성이란 예수께서 "또 이르시되 너희에게 평강이 있을지어다. 아버지께서 나를 보내신 것 같이 나도 너희를 보내노라"(요 20:21)에 근거한다. 원래 예수 그리스도의 제자들인 사도 즉 아포스톨로스는 그 어원적 의미가 하나님이 보내신 전권 대사이다. 교회는 하나님이 보내신 자들로 세워졌고 지금도 세워지고 있다. 그런데 이 사도성이 성직자인 목사에게만 있느냐 교회의 구성원인 교인들에게도 있느냐에 따라 교회 정치 제도는 달라진다. 사도성은 목사의 성직권과 목회권(Ministerial Power) 의 시원적 근원이 된다.

(2) 교회의 권세(Church Power) 혹은 치리권

위와 같은 사도성에 근거한 교회의 설립 이후 교회의 권세가 어디에 있느냐에 따라 교회 정치 제도는 달라진다. 교회의 권세란 교회를 통치하고 다스릴 수 있는 교회권(Ecclesiastical Power)을 의미하며 치리권은 교회권의 작용을 표현한 말이다. 교회의 근원적 권세는 당연히 주 예수 그리스도만이 가지고 계시다. 그리스도가 가진 권세는 오늘날 신분적으로 교회의 직원들에게 연결되는 것이 아님에 유의하여야 한다. 그럼에도 불구하고 주님의 부활 승천과 성령강림 이후에는 주님이 맡기신 구원의 방대한 사역 앞에서 우리는 어떻게 누가 그 교회의 권세를 결정하고 실천하느냐의 문제에 봉착한다.

역사적으로 교회의 권세는 첫째로 교회의 권세가 교회의 직원(the office-bears)에게 있다는 주장이 있다. 둘째로 교회의 권세는 교회의 구성원들인 교인들(coetus fidelium)에게 있다는 주장이다. 마지막으로 교회의 권세는 교회 전체에게 부여되었다는 주장이다. 다만 그 치리권의 행사는 대의 기관(회의)을 통해 행사된다는 입장이다.

(3) 진리의 분별

정치 제도는 진리를 누가 분별하는가에 대한 기준에 따라 달라진다. 역사적으로 정치 사상의 역사는 진리의 분별력이 개인에게 있는가, 공동체에게 있는가에 대해 많은 논쟁이 있어 왔다. 진리에 대한 개인의 분별권은 하나님께서 주신 권리이므로 신앙에 관련한 모든 문제들에서 보편적이고 어느 누구에게도 양도할 수 없는 권리이다(정문 제5문답). 그러나 개인의 분별력은 공동체 구성원들의 분별력과 상호 적절한 토론을 통해 진리가 분명해진다. 정치 제도는 한 사람의 분별력과 회중의 분별력 사이에서 어디에 중점을 두느냐에 따라 달라진다. 독재자 한 사람이 모든 진리의 분별권을 가진다면 이는 극우파 정치 제도를 낳으며, 회중 전체에게만 분별권을 인정하게 되면 극좌파 정치 제도를 낳게 된다.

(4) 주권[2] 혹은 기본 주권[3]

교회 헌법에서 주권(主權, Souveränität)이란 교회권의 행사권인 치리권의 시원(始原)이 되는 기본적 권리를 의미한다. 여기서 기본적이라는 의미는 교회의 질서를 형성하는 일차적 권리라는 의미이다. 그리고 시원적이라는 의미는 교회의 주권은 신학적으로는 주 예수 그리스도이시지만 교회의 직무는 아래로부터 온다는 의미이다.

주권은 교회권 혹은 치리권을 행사하는 교회의 기본적 질서를 형성할 수 있는 1차적 연원이 되는 권리이다. 즉 교회 헌법에서 말하는 주권은 교회의 권세를 누가 가지고 있느냐 혹은 교회에 대한 통치권자가 누구냐의 문제가 아님에 유의하여야 한다. 교회의 주권은 내적으로 교회의 의사를 최종적으로 결정하는 권세이며, 대외적으로는 교회의 자주적이고 독립성을 가지도록 하는 기본 주권이다. 역사적으로 이러한 교회의 주권 이론은 교파마다 다양하게 정치 제도에 영향을 미쳐왔다.

---

[2] 헌법 『정치』에서는 총론과 『헌법적 규칙』 제3조에서 '주권'이라는 용어를 사용한다.
[3] 주권 혹은 기본 주권을 일부 교회 헌법 저서에서 '기본권'(基本權)이라는 용어를 사용하고 있으나 이는 일반 헌법의 '기본권'(Grundrecht)과 혼동할 가능성이 있기 때문에 사용하지 않는 것이 좋을 것이다. 국가 헌법의 '기본권'이란 영국에서는 인권으로부터 유래하였고 미국에서는 자연권 사상으로부터 발전하였다. 일반적으로 고전적 기본권 보장을 선언한 것은 1215년 영국의 『자유대헌장』(Magna Charta Libertatum)이다. 이 헌장의 영향으로 성문법 상 최초의 기본권은 신체의 자유를 규정한 1679년 『인신보호령』이다. 그리고 미국에서는 1776년 『버지니아 권리장전』(Verginia Bill of Rights)이다.

3. 정치 제도의 분류

(1) 교황정치(The Papal)

로마 가톨릭 교회와 동방교회는 평신도의 참정권을 허용치 아니하고, 그 위에 사제가 있고, 그 위에 주교가 있고, 그 위에 대주교가 있고, 제일 상층부에 교황이 있다. 교황은 주교와 사제를 임명하며 입법, 행정, 사법적인 절대적 권한을 가지고 있는 감독정치의 표본이다.

교황정치(The Papal)는 교황이 그리스도의 대리자로서 유일한 사도성을 주장하며, 교회의 권세와 진리의 분별 그리고 교회의 주권을 교황에게 두는 정치 체제이다. 교황과 사도들의 영원한 무리로서 사제들은 예수 그리스도의 '사도의 계승'(Succession of Apostles)를 주장한다. 이 계승에 의하여 베드로의 수위권을 주장하고 교황이 '천국의 열쇠'를 받았다고 주장한다(마 16:16-19).

그러나 이러한 주장은 교황과 사제에게만 사도성을 주장하게 되고, 교회의 권세와 진리의 분별권 그리고 주권을 교황과 그 사제들에게만 주게 되므로 극우파적으로 한 사람과 교회의 직원에게만 모든 치리권을 부여하는 비성경적인 전제정치(專制政治) 제도이다.

(2) 감독정치(The Prelatical)

감독정치는 감독 1인의 전제 정치로서 감독교회, 감리교회, 성공회, 모라비안교회, 형제교회, 복음교회, 루터교회 등에서 채택한 정치 제도로 여러 개의 개 교회를 돌아보고 다스리는 권한을 감독(επισκοπος, 에피스코포스)이 갖는 정치 제도이다. 교회의 감독인 에피스코포스는 감독의 속사도적 기원설(post-apostolic origin of the Episcopacy)에 근거하여 사도성이 사도의 제자들인 속사도의 후계자들만으로 사도직의 정통성이 영속적으로 오늘날까지 보전되어 내려왔다고 본다. 그리고 이 감독에게 교회의 권세와 치리권과 주권이 있다고 주장한다. 감독

정치는 사도성, 교회의 권세, 치리권, 주권 그리고 진리의 분별 등을 1인 교황에게 집중시키지는 않지만 감독들에게 여전히 그 권한이 있는 우파 정치 제도이다.

따라서 감독은 성직 임명권과 교회의 인사나 재정의 모든 권한을 갖고 있어서 개 교회가 목사를 직접 청빙할 수 없고 감독의 임명으로 파견하게 된다. 평신도의 참정권은 어느 정도 인정하는 면에서 교황정치와 다르고 대 감독, 감리사, 목사 등 성직에 계급을 두는 면에서는 교황정치와 비슷하다.

(3) 자유정치(The Independent)

자유정치는 감독정치와 정반대의 정치 제도로서 교회 구성원인 회중 개개인의 자율성을 강조하여 개 교회의 위나 노회나 총회의 간섭을 전혀 받지 않는 정치 제도이다. 자유정치는 회중교회의 한 형태로 독립교회 등이 택하는 정치 제도이다. 사도성, 교회의 권세, 치리권, 주권 그리고 진리의 분별권 등을 지나치게 '신자들의 회합'(coetus fidelium)에게만 부여하는 극좌파 정치 제도이다.

(4) 조합정치(The Congregational)

조합정치는 회중교회의 한 형태이며 영국 성공회의 감독 정치에 대한 반발로 일어난 정치 제도로서 침례교회, 조합교회, 그리스도 제자 교회 등에서 채택한 정치 제도이다. 이 정치는 자유정치와 비슷하나, 차이가 있다면 각 지교회의 대표자로 조직된 연합회를 두지만 그렇다고 연합회 산하 개 교회를 치리하는 권한은 없고 각 교회가 자유로이 치리하는 정치 제도이다. 그래서 모든 교회는 각 그 교회 직원을 택하는 것이나 신경을 작정하는 것이나 재판하는 것이나 예배 방법 등에 대하여 스스로 자유할 권한이 있다고 주장한다. 그리고 서로 연합하는 공회는 두나 오직 조언하는 권한을 부여할 뿐이다. 이 정치 제도도 자유

정치와 마찬가지로 지나치게 '신자들의 회합'(coetus fidelium)에게 모든 권한을 부여하는 좌파 정치 제도이다.

(5) 장로회 정치(The Presbyterian)

교황정치와 감독정치는 치리권이 교황 혹은 감독에게 집중되어 있어 독재와 독단에 빠지기 쉽고, 회중정치(자유정치, 조합정치)는 치리권이 회중에게 있어 무질서를 초래할 우려가 있다. 그러나 장로 정치는 노회의 성직권을 대표하는 목사와 교인의 주권을 대표하는 장로로 치리회(당회)가 구성된 민주 정치의 형태이며 상회로 노회와 대회와 총회가 있다. 그러므로 장로정치는 좌로나 우로 치우치지 않는 중도의 정치 제도이다. 현행 헌법『정치』는 장로회 정치의 기본 원리, 성경적 근거, 역사적 기원 그리고 한국 장로회 헌법의 역사를 간결하게 규정하고 있다.

4. 장로회 정치의 기본 개념

장로회 정치는 주권이 교인에게 있는 민주 정치이며, 동시에 치리권이 있는 당회가 지교회를 주관하도록 하되 삼심제의 치리회가 있는 정치 제도이다. 여기서 앞에서 설명한 것처럼 주권(主權)이란 교회권을 행사할 수 있는 권한을 의미하는 것이 아니라 교회권의 행사권인 치리권의 시원(始原)이 되는 기본적 권리를 의미한다. 교회의 기본적 질서를 구성시킬 수 있는 권한이다.

그러나 주권이 교인에게 있지만 교회의 권세, 즉 교회권과 치리권은 노회에서 파송하여 위임한 목사와 교인들의 대표자인 장로가 치리회인 당회를 구성하여 치리권을 행사하는 정치 제도이다.

장로회 정치에 치리권이 당회에 있다는 것은 노회에서 파송하여 위임한 목사와 교인들이 자신의 대표자를 택하여 위임해준 장로의 시무권(치리권)이 당회에서 발생하도록 하는 법적 근거가 교인들에게 있기 때문에 주권이 교인에게 있는 민주적 정치이다. 그러므로 장로의 직무는 교인들을 대신하고 대표한 직무이기에 장로회 정치를 대의정치(代議政治)라고 한다.

여기서 오해해서는 안 되는 것은 대의정치라고 해서 교회의 모든 권한이 교인들에게 있다는 말이 아니라 교회 정치에 있어서 주권을 교인들이 행사하는 방법은 공동의회를 통해서 투표로 자신의 대표자를 선택할 기본 주권이 교인에게 있다는 말이다. 그러므로 장로가 교인들의 대표자라는 말은 장로가 교인들의 의사를 반영한 대의제를 가리키는 말이지, 장로가 교회의 대표자라는 말이 아니다. 교회 대표자는 목사이고 장로는 교인의 대표자이다.

5. 장로회 정치의 4대 원리

장로회 정치의 4대 근본 원리는 대의정치의 원리, 자율성의 원리, 연합성의 원리, 평등성의 원리이다.

(1) 대의정치의 원리

지교회는 노회가 파송하고 위임한 목사와 교인들이 투표에 의해서 자신들의 대표자로 선출한 장로로 당회를 구성하고 당회가 치리권을 행사한다. 그래서 장로회 정치의 근간이 당회이다. 그러므로 장로회 교회는 반드시 당회를 구성해야 한다. 이런 면에서 당회가 없는 교회는 장로교회라고 말하기가 어렵다고 할 수 있다. 당회는 성직자의 강도권에 기초한 목양적 치리권인 목회권(Ministerial Power)과 교인의 대표자인 치리 장로의 치리권 사이에 조화를 이루어야 한다. 즉, 성직자의 목회권은 하나님의 말씀에 기초한 치리권이므로 성직자의 치리권을 인정하지 않는 교인의 기본 주권은 배제하고, 또한 장로의 치리권은 양심의 자유에 기초한 교인의 기본 주권을 최대한 구현하도록 하는 차원에서의 치리권이므로 교인의 기본권을 인정하지 않는 성직자의 치리권을 배제한다.

이런 면에서 목사와 장로는 치리권에서 같은 권한을 갖고 있다. 여기서 목사의 목회적 치리권과 기본 주권에 근거한 장로의 치리권이 동등하다는 개념을 곡해해서는 아니된다. 즉 당회에서 교인의 기본 주권을 대표한 치리 장로는 세례 교인 25인당 1명씩 세울 수 있어서 최소한 1인 이상 다수이지만, 목회권을 가진 목사는 항상 1인이다. 그런 면에서 목사 1인의 치리권과 장로 전원의 치리권의 권한이 동등하다. 그래서 장로는 동의와 제청권이 있고 목사는 가부를 물을 권한과 가부를 묻지 아니할 권한이 있다. 그 기준은 하나님의 뜻을 거역하거나 하나님의 영광을 훼손하거나 교회의 거룩성을 침해하는 일일 경우여야 한다.

그러므로 장로회 정치는 장로들의 양심의 자유를 최대한으로 보장함과 같이 또한 목사들의 목회적 양심의 자유도 함께 보장한다는 사실을 명심하고 목사와 장로는 치우치는 일이 없어야 한다.

(2) 자율성의 원리

예수 그리스도의 교회는 하나이다. 다만 현실적으로 같은 신앙고백과 실정법(lex)이 미치는 범위 안에서 교단을 형성한다. 장로회 정치는 지교회와 타 교회가 연합되어 있다. 지교회(支敎會)라는 의미는 본부 교회 아래 산하 교회 혹은 체인(chain) 교회, 계열 교회, 지부 교회를 거부한다. 왜냐하면 개 교회는 본부 교회의 지교회(枝敎會)가 아니기 때문이다. 그러나 지교회 개념은 장로회 정치가 자치권(自治權)과 타치권(他治權) 모두를 인정한다는 의미를 갖는다.[4]

(3) 연합성의 원리

장로회 정치는 예수 그리스도는 한 몸이라는 연합성의 원리에 근거한다. 이것은 치리회의 3심제 동일체 원리로 나타난다. 여기서 연합성이란 회중교회처럼 교회들이 필요한 경우만 회의하는 회합성(會合性)을 의미하지 않는다.

연합성의 원리는 지교회의 권세가 확장되어 상회로서 노회(Presbytery), 대회(Synod), 총회(General Assembly)의 3심제 치리회를 구성한다. 또 이 관계성에 의해 교인들과 직원들의 권리가 침해 되었을 때 교회 재판권을 통해 그 권리가 보장된다. 이와 같은 관계성은 교회들의 연합성에 기초한다. 그래서 각 교회들과 치리회는 자치권과 타치권 모두를 행사할 수 있다. 그것은 개인으로서가 아니라 대의 기관을 통해서이다.

장로회 정치는 당회, 노회, 대회, 총회를 통한 3심 제도로서, 당회의 치리에 불복이 있으면 노회가 그것에 대하여 치리권을 행사하고 또 노회의 치리에 불복이 있으면 총회가 그것을 치리하여 최종적으로 결정한다.

(4) 평등성의 원리

장로회 정치는 성직의 위계성을 부정하고 모든 성직자의 평등을 강조한다. 이것은 강도권의 독립성을 주장하는 것과 같다. 또한 장로회 정치는 교회를 그리스도의 몸으로 이해하기 때문에 성직자 평등주의를 주장한다. 즉 그리스도는 교회와 생명적 관계를 지니고 교회를 다스린다는 의미에서 유기체의 머리일 뿐만 아니라 제도적 조직 체계로서의 교회의 머리가 되셔서 교회를 말씀과 성령으로 다스리신다.

---

4) 자치권(自治權) : 지교회의 문제를 지교회 스스로 결정할 수 있는 권리
  타치권(他治權) : 지교회의 문제에 대해 타 교회가 결정할 수 있는 권리

여기서 유의해야 할 점은 성직 평등주의가 성경적 목회의 구조를 무시한 성직자와 신자들의 사역적 평등을 의미하는 것이 아니라는 사실이다. 치리와 행정의 기능들을 이해한 자와 안수 받는 교회의 모든 직분자들은 쓰임에 있어서 다르게 사용될 뿐이지 모두가 신분적으로 평등하다. 그렇지만 하나님은 장로회(長老會)에 교회의 권세를 두셨고 특히 목회권을 가진 목사의 권위 아래서 질서 있게 구원 사역을 하도록 목회적 정치 제도를 제정하셨다.

6. 장로회 정치의 성경적 근거

❖ 헌법 총론

이런 정책은 모세(출 3:16, 18:25, 민 11:16)와 사도(행 14:23, 16:4, 딛 1:5, 벧전 5:1, 약 5:14) 때에 일찍 있던 성경적 제도요,

▮ 해 설

헌법은 장로회 정치의 성경적 근거로 구약성경은 출애굽기 3:16; 18:25, 민수기 11:16과 신약성경에서는 사도행전 14:23, 18:4, 디도서 1:5, 베드로전서 5:1, 야고보서 5:14을 제시하고 있다. 일찍이 모세와 사도 시대부터 있던 성경적 제도임을 규정하고 있다.

위 법조문에서 '정책'이란 현대 정치나 행정의 정책(policy)을 의미하는 것이 아니라 통치권의 행사 방법인 정체(政體, polity)를 의미한다. '성경적 제도'라 함은 장로회 정치의 성경적 근거는 교회의 정치 제도가 인간이 택할 수 있는 선택 사항이 아니고 하나님께서 자신의 교회를 세우시는 중요한 정치적 진리임을 규정한 것이다.

출애굽기 3:16은 장로회 정치가 인류학적 보편성으로서의 장로(자켄)를 정치 제도화 측면을 말해주고, 그 때의 장로는 '원로' '어른' 등과 같은 일반적인 의미를 지칭하는 말이다. 출애굽기 18:25은 장인 이드로의 충고로 천부장, 백부장을 세우는 내용으로 모세의 신정정치(神政政治)도 이스라엘 백성 가운데서 대표자를 뽑아 재판하게 하는 대의정치(代議政治)의 원형을 보여주고 있다.

민수기 11:16은 다수의 회중들이 지도자 모세에게 불평하며 그 불만을 정치화했을 때 하나님께서 어떤 방식으로 대응하셨는지를 보여주는 중요한 본문이다. 하나님 역시 장로정치라는 대응 방식으로 정치를 제도화하셨다.

장로회 정치의 신약성경적 근거로 헌법이 제시한 사도행전 14:23은 사도 바울이 선교를 하면서 각 교회에 장로들을 택했음을 보여주고 있다. 또 사도행전 16:4은 예루살렘 총회의 결정들이 사도와 장로들에 의해서 이루어졌음(행 15:4~6, 22~23) 뿐만 아니라 전달과 시행이 단순히 모든 평신도들에게 주어진 것이 아니라 사도와 함께 동역한 바울과 디모데 목회자에게 주어졌다는 것을 보여주는 중요한 본문이다.

디도서 1:5은 왜 장로회 정치가 감독정치를 거부하는지에 대한 중요한 본문이다. 감독과 장로는 같은 직분의 다른 이름이기 때문이다.

마지막으로 베드로전서 5:1과 야고보서 5:4은 장로회 정치가 목회의 구조(pastoral structure)와 밀접한 관련이 있음을 보여주는 본문이다. 교회 정치는 하나님이 지상 교회에 목회 제도를 두신 것과 밀접한 관련이 있다.

7. 장로회 정치의 역사와 헌법정치의 기원

❖ 헌법 총론

교회 역사로 보더라도 가장 오랜 역사와 항상 우위를 자랑하는 교회는 이 장로회 정치를 채용한 교회들이며, 또한 이 장로회 정치는 다 웨스트민스터 헌법을 기본으로 한 것인 바, 이 웨스트민스터 헌법은 영국 정부의 주관으로 120명의 목사와 30명의 장로들이 1643년에 런던 웨스트민스터 예배당에 모여서 이 장로회 헌법을 초안하고 영국 각 노회와 대회에 수의 가결한 연후에 총회가 완전히 교회 헌법으로 채용 공포한 것이다.

본 대한예수교장로회 교회의 헌법도 1912년 총회가 조직되고, 1917년 제6회 총회 때 본 총회의 헌법을 제정할 때에 이 웨스트민스터 헌법을 기초로 해서 수정 편성한 것이다.

┃해 설

헌법 총론은 장로회 정치가 성경적 정치 제도일 뿐만 아니라 교회 역사로 보더라도 가장 오랜 역사와 항상 우위를 자랑하는 교회들은 장로회 정치 제도를 채택하였음을 밝히고 있다.

장로회 정치는 퓨리탄, 화란의 개혁교회, 스코틀랜드 교회, 각국 장로교회 등에서 채택한 정치 제도이다. 장로회 정치는 존 칼빈에 의하여 제네바에서 시작되었고 스코틀랜드의 존 낙스에 의해 발전되었다.

그러나 여기서 유의할 점은 16세기 이후에 정착된 장로회 정치 체제는 그 이전보다 역사적으로 뿌리가 깊다는 사실이다. 아일랜드를 복음화한 패트릭(St. Patrick, 389~461) 시대, 6세기 스코틀랜드를 선교한 콜롬바(Colmba, 521~597) 시대, 11세기 이후 로마교회의 교황의 무오설을 비판한 콘실리아주의자들(Conciliarism), 그 후 위클리프(John Wyclif), 요한 후스(John Huss) 등에 의해 장로회 정치 사상은 이어져 내려왔으며 왈도파(Waldenses)는 중세 시대의 장로교도들이었다. 종교개혁 시기인 16세기에 장로회 정치 제도는 보헤미안-모라비안형제단(Bohemian-Moravian), 마틴 부처(Martin Bucer), 외콜람파디우스(Oecolampadius), 츠빙글리(Huldrych Zwingli) 그리고 존 칼빈(John Calvin)에 의해 부활되고 정착되었다.

그 후 스코틀랜드의 장로 정치 제도는 칼빈의 제네바 장로교회와 프랑스 개혁교회의 장로 정치 제도의 영향을 받아 1560년 '제1치리서'를 거치면서 1592년 장로회 헌법이 합법적으로 공인되므로 스코틀랜드야말로 전국적 규모의 총회, 대회, 노회 조직을 가진 세계 최초의 장로회주의의 산실이 되었다.

한편 종교 개혁자들과 존 칼빈의 영향은 영국의 청교도 개혁자들에게 큰 영향을 주었다. '영국 장로교의 아버지'인 토마스 카트라이트(Thomas Cartwright, 1535-1603)의 장로회 정치 사상은 1643년 웨스트민스터 예배당에서 목사 120명과 장로 30명이 모여 장로회 헌법을 초안하고, 영국의 각 노회와 대회에서 수의 가결한 연후 1648년 스코틀랜드 총회에서 채용 공포하므로 웨스트민스터 헌법정치로 결실을 보았다. 『웨스트민스터 헌법정치』는 장로회주의의 정치 체제의 가장 규범적이고 표준적인 성경적 헌법 체계로 오늘에 이르고 있다.

총론은 한국 장로회 정치 헌법의 기원을 밝히고 있다. 본 대한예수교장로회는 1907년 「대한예수교장로회노회」로 독노회(獨老會)가 구성되고 1910년 제10회 노회에서 최초의 한국 장로회 규칙이 제정되었다. 그 규칙은 전문 4조 14항과 세칙 7항으로 구성되었다. 이 간단한 규칙의 핵심은 장로회 정치의 핵심 원리인 당회정치를 규정하고 있지만 체계적으로 구체적인 것은 아니었다.

그 후 1912년 총회가 조직되고, 1917년 제6회 총회는 대한예수교장로회 헌법을 제정하면서 웨스트민스터 헌법을 기초로 해서 수정 편성하였다. 그 후 헌법정치는 12차에 걸쳐 개정되어 오늘에 이르고 있다.

제1장 원리(原理)

❖ 헌법 조문
예수교 장로회 정치의 일정한 원리 8개조가 있으니 이것을 이해하여야 교회의 성질을 알 것이다.

| 해설

장로회 정치 본질과 운영을 이해하려면 이들 정치 원리를 잘 이해해야 한다. 장로회 정치 원리는 영국과 미국교회 중심의 장로교회(Presbyterian Church)의 8대 정치 원리와 유럽 대륙교회 중심의 개혁교회(Reformed Church)의 화란 개혁교회 5대 정치 원리가 있다.[5] 장로교회의 8대 정치원리는 영미 장로교회의 표준문서인『웨스트민스터 교회 정치』(The Westminster Assembly Directory for Church Government)를 기초로 1788년 뉴욕 및 필라델피아 대회에 의해 작성된 원리를 말하고, 개혁교회의 원리는 루이스 벌코프(Louis Berkhof)가 진술한 개혁파 정치의 원리이다. 우리 헌법은 총론에서 웨스트민스터 헌법을 기초

---

5) 화란 개혁파 정치의 5대 원리는 다음과 같다.
　첫째 원리 : 그리스도는 교회의 머리와 권위의 원천이다.
　둘째 원리 : 말씀은 권위 행사의 방편이다.
　셋째 원리 : 권세는 교회 전체에게 부여되었다.
　넷째 원리 : 권세는 대표적인 기관들에 의해 행사된다.
　다섯째 원리 : 권세는 지교회 치리회로부터 확장된다.

로 해서 수정 편성한 것임을 밝히고 있기 때문에 제1장 원리에서 영미 장로회 정치 8대 원리가 규정되어 있다. 이 장로회 정치 8대 원리를 이해하여야만 교회의 성질을 알 수 있다.

이러한 원리를 선언하는 목적은 어떤 문제에 관하여 불완전한 견해로 말미암아 성급한 해석과 불성실한 의견을 미연에 방지하여 교회 정치 제도를 부분적으로 보다 명료하게 하고 전체적으로 분명하고 완전히 이해되도록 하기 위함이다(정문 제2문답).

장로회 정치는 크게 교인의 양심의 자유와 교회의 자유로 견제와 균형의 원리를 통해서 절대 권력을 방지하고 교회의 부패를 방지하기 위한 정치 원리이다. 장로회 정치 원리는 대한 예수교 장로회의 치리회 동등과 동일체 원리이다.

이러한 교회 정치의 원리는 8개조가 있으니 양심의 자유, 교회의 자유, 교회의 직원과 그 책임, 진리와 행위의 관계, 직원의 자격, 직원 선거권, 치리권, 권징 등이 8개조의 원리로 구성되어 있다. 그러므로 이 8개조의 원리를 해설하고자 한다.

✜ 제1조 양심 자유

양심의 주재는 하나님뿐이시라, 그가 양심의 자유를 주사 신앙과 예배에 대하여 성경에 위반되거나 과분(過分)한 교훈과 명령을 받지 않게 하셨나니 그러므로 일반 인류(人類)는 종교에 관계되는 모든 사건에 대하여 속박을 받지 않고, 각기 양심대로 판단할 권리가 있은즉 누구든지 이 권리를 침해(侵害)하지 못한다.

| 해설

장로회 정치의 제1원리인 양심의 자유에 대한 규례이다.

1. 양심(良心)의 사전적 의미는 도덕적인 가치를 판단하여 마음을 바르고 착하게 가지도록 명령하고 사악(邪惡)을 물리치는 통일적인 의식으로 풀이하고 있다. 그런데 조금 더 부언하면 양심의 자유란 자기의 양심에 따르는 신념이나 행동이 외적인 압박에 굴복되지 않고 자기의 양심에 따라 행동하는 자유를 일컫는다.

2. 하나님만이 양심의 주재(主宰)가 되신다. 그러므로 하나님 외에는 어느 누구도 개인의 양심을 속박하거나 강제로 억압할 수 없다. 이 원리는 하나님의 형상을 닮은 개인의 양심의 자유를 존중하는 원리이다. 따라서 사람의 양심은 하나님만이 양심의 주재이시기 때문에 신앙 혹은 예배에 관련한 문제에 대하여 하나님의 말씀에 위배되는 사람의 교리나 명령으로부터 자유롭다(정문 제3문답).

그러나 국가 권력이나 교회권 또는 합법적인 개 교회와 노회, 대회, 총회를 다스리는 법규를 제정하는 것은 개인의 양심을 억압하는 것이 아니다. 왜냐하면 장로회 정치는 대의민주주의 제도를 통해 개인의 양심이 보장되기 때문이다.

3. 양심의 자유는 신앙의 자유를 포함한다. 신앙의 자유란 국가에서나 교회에서나 합법적인 권세나 행사에 저항하는 것을 의미하지 않는다(롬 13:1). 어느 교회나 교단의 예배 의식이나 규범을 이행하지 않고 자기 개인의 양심을 따라 신앙생활을 한다고 고집하는 것도 신앙의 자유가 아니다.

왜냐하면 기독교인의 자유란 하나님의 뜻이 자연과 계시에 의해 알려진 바 된 것처럼 하나님께 제한 없이 온전히 순종하는 것이기 때문이다. 따라서 양심의 자유는 세속적 의미의 신앙의 자유로 오해함으로 신앙과 예배 혹은 교제에 관련하여 기독교의 원리나 자연의 빛에 반대되는 의견을 고수하는 것이 아니다(정문 제3문답).

❖ 제2조 교회 자유

1. 전조(前條)에 설명한 바 개인 자유의 일례(一例)로 어느 교파 어느 교회든지 각기 교인의 입회 규칙과 입교인 및 직원의 자격과 교회 정치의 일체(一切) 조직을 예수 그리스도의 정하신 대로 설정(設定)할 자유권이 있다.
2. 교회는 국가의 세력을 의지하지 아니하고 오직 국가에서 각 종교의 종교적 기관을 안전 보장하며 동일시(同一視)함을 바라는 것뿐이다.

│해 설

장로회 정치의 제2원리인 교회 자유에 대한 규례이다.

   1. 어느 교회 어느 교파를 막론하고 예수 그리스도께서 가르치신 대로 교회 설립의 원리들과 교회의 정치법을 설정할 자유가 있다. 그러므로 1항의 교회의 자유는 지교회 혹은 그 상회 치리회 등이 규칙이나 법을 제정할 뿐 아니라 교회 정치 일체의 조직을 자유롭게 할 수 있는 자유이다.
   그러나 어느 개인이 그 교회에 등록을 하지 않으면 그 교회와 관계가 없다. 일단 등록을 한 다음에는 그 교회의 법규를 따라야 한다. 그러므로 그 교회가 하는 모든 제도나 의식이 마음에 들지 않는다고 교회를 선동하고 이탈하여 교회를 설립하는 것은 본 원리에 맞지 않는 것이다.
   따라서 교회의 자유에 따라 지교회가 대한민국 민법 32조에 따라 비영리 사단법인의 관련 규정에 의한 교회 정관(定款)을 제정한다고 할지라도 그 정관은 교회 헌법에 맞게 "예수 그리스도의 정하신 대로" 제정하여야만 한다.

2. 교회의 영적인 사항에 대하여 국가가 간섭해도 안 되고, 교회도 또한 정부의 힘을 사용하면 안 된다. 이 독립의 개념은 신자(혹은 교회)가 국가에 대하여 국민으로서의 책임을 이행하지 않아도 된다는 것이 아니라 다만 국가나 교회가 누릴 각 분야의 주권은 하나님께서 주신 권리이니만큼 피차 존중해야 된다는 것이다. 예수님께서 말씀하신 바대로 영적 나라(교회)와 세속 국가는 서로 독립되어 있는 것이다(마 22:21, 요 18:36, 정문 제6문답).

✤ 제3조 교회의 직원과 그 책임

교회의 머리 되신 주 예수 그리스도께서 그 지체 된 교회에 덕을 세우기 위하여 직원을 설치(設置)하사 다만 복음을 전파하며 성례를 시행하게 하실 뿐 아니라, 신도로 진리와 본분을 준수하도록 관리(管理)하게 하신 것이라. 이러므로 교우 중에 거짓 도리를 신앙하는 자와 행위가 악한 자가 있으면 교회를 대표한 직원과 치리회가 당연히 책망하거나 출교할 것이라. 그러나 항상 성경에 교훈한 법례(法例)대로 행한다.

| 해 설

장로회 정치의 제3원리인 교회의 직원과 그 책임에 대한 규례이다.

1. 제3조는 교회의 직원과 직책에 대한 원리이다. 헌법은 교회의 직원을 "예수 그리스도께서 …… 설치하사"라고 규정하였다. 그리고 헌법은 교회 직원의 책임인 직책은 오직 복음 전파, 성례 시행 그리고 신도들의 진리와 본분의 준수 관리라고 규정하였다. 여기서 신도들의 진리와 본분의 준수 관리는 주 예수 그리스도께서 목회 제도를 친히 제정하시

고 그 책임을 교회의 직원들에게 맡기셨다는 의미이다.

2. 하나님이 세우신 교회가 하나님께서 바라시는 교회가 되기 위하여 정치가 필요하고, 교회가 교회다운 교회가 되기 위해서 사도와 선지자와 복음 전하는 자와 목사와 교사를 세우셨다(엡 4:11~12). 그리고 몸은 하나이나 여러 지체가 있는 것처럼 교회를 든든히 세우기 위하여 여러 가지 직분을 주셨다. 그러므로 사도와 선지자, 교사뿐 아니라 능력과 병 고치는 은사, 서로 돕는 것과 다스리는 것 등을 주셨다. 그러나 모든 성도가 다 사도가 되거나 선지자가 될 수는 없는 것이다. 뿐만 아니라 교회의 직분은 어느 개인에게 특권을 주어서 개인의 유익을 도모하기 위하거나, 그 사람의 명예를 위한 것이 결코 아니고, 교회의 유익을 위하고 오직 충성하기 위해서 직분을 주는 것이다(고전 12:4~11, 28~31).

3. 더구나 교회 직원의 직책을 온전히 이루기 위해서는 권징이 필요하며 그 시행은 교회를 대표한 직원과 치리회가 하는 것이다. 이는 권징권이 교회의 회원인 교인들의 직접적인 회의체에 있지 않음을 밝힌 것이다. 그리스도의 권병(權柄)[6]과 진리를 사수하기 위해서는 이단 사상을 추종하거나 회개하지 않는 자는 마땅히 징계해야 된다(정문 제9, 10문답).

4. 교회 직원은 성경적이고 헌법의 기준에 따라 헌법에 명시되어 있지 않는 직분을 임명하거나 선출할 수 없다. 법적 직분(職分) 외에 다양한 직책(職責) 명칭은 은사에 따라 있을 수 있으나 그 명칭은 장로회 정치 원리에 따른 성경적 직분관을 벗어나지 않아야 한다.

---

6) 그리스도의 권병(權柄) - 그리스도의 절대 주권에 의한 권능을 의미한다.

❖ 제4조 진리와 행위의 관계

진리는 선행의 기초라 진리가 진리 되는 증거는 사람으로 성결하게 하는 경향(傾向)에 있으니 주 말씀하시되 '과실로 그 나무를 안다' 하심과 같으니 진리와 허위(虛僞)가 동일(同一)하며 사람의 신앙이 어떠하든지 관계없다 하는 이 말보다 더 패리(悖理)하고 더 해로운 것은 없다. 신앙과 행위는 연락하고 진리와 본분은 서로 결탁(結託)되어 나누지 못할 것이니 그렇지 아니하면 진리를 연구하거나 선택할 필요가 없다.

| 해 설

장로회 정치 제4원리인 진리와 행위의 관계에 대한 규례이다.

오늘 인본주의자나 자유주의 신봉자나 상황 윤리를 주창하는 자들은 진리는 진리일 뿐이고 실제 행위는 그냥 행위일 뿐이라고 믿고 있다. 주께서 말씀하신바 "그 열매로 보아 그 나무를 안다"고 하셨다. 그러한 의미에서 진리는 선행의 유일한 원천이며 선행은 진리의 열매와 증거이다. 이 원리가 정치에서 중요한 이유는 진리를 가장한 악이 교회의 거룩성을 해하지 못하도록 하기 위함이다. 따라서 진리의 시금석은 구세주의 규례를 따라 거룩하게 하려고 하는 경향이다(정문 제11문답).

그러므로 진리와 거짓을 같은 선상에 두는 것과 사람의 의견이 어떠하든지 별로 중요시 여기지 않는 것만큼 유해하고 애매모호한 것은 없다. 믿음과 행위, 진리와 본분은 떼려야 뗄 수 없는 관계이다. 그렇지 않으면 진리를 연구하거나 지킬 필요가 없다(정문 제12문답).

❖ 제5조 직원의 자격

제4조의 원리에 의지하여 교회가 당연히 직원을 선정하되 교회의 도리를 완전히 신복(信服)하는 자로 선택하도록 규칙을 제정(制定)할 것이다. 그러나 성격(性格)과 주의(主義)가 다 같이 선한 자라도 진리와 교규(敎規) 대한 의견(意見)이 불합할 수 있다. 이런 경우에는 일반 교우와 교회가 서로 용납하여야 한다.

┃해 설

장로회 정치의 제5원리인 직원의 자격에 대한 규례이다.
 본 원리는 교회의 직원은 반드시 4원리에 의하여 선정하여야 하며, 교회의 도리를 완전히 신복하는 자로 선택하여야 한다는 원리이다. 또 제5원리는 좋은 성품과 원리를 따르면서도 진리의 규칙에 대해서는 그 의견이 달라질 수 있으므로 서로 관용하라는 원리이다.

 1. 교회의 직원들은 교회의 도리와 헌법에 대하여 완전히 신복(信服)해야 한다. 여기서 "완전히"라는 의미는 교회의 직원을 선택할 때는 교회의 표준문서인 웨스트민스터 신앙고백과 헌법의 도리를 온전히 순복하는 자를 택하여야 한다는 뜻이다.

 2. 그러나 교회의 표준문서에 "완전히" 동의하지 않는 자를 교회가 받아 입회할 수 있는가? 『교회 정치문답조례』는 교회의 회원을 입회시킬 때 주님께 대한 신앙을 고백한 자는 모두 입회시켜야 한다고 밝히고 있다. 왜냐하면 주님께 대한 신앙과 사랑과 순복을 고백하는 자는 모두 진실한 그리스도의 제자들이기 때문이다. 이런 자들을 입회하게 한 후에는 교회의 교리로 가르쳐야 한다(롬 14:1~5, 정문 제15문답). 교회의

직원이 아니고 일반 교인의 경우가 이에 해당된다고 볼 수 있다.

3. 제5원리에 대한 규례를 이행함에 있어서 서로 관용하는 방법은 그리스도인과 교회의 특징을 알고 다른 사람과의 관계를 인정할 때 가능하다. 우리는 주님의 도리를 온전히 더욱더 온전하게 꾸준히 가르치고, 진리를 고수하고 행하되 상대방을 공격하거나 판단하지 않을 때 상호 인내할 수 있다(갈 2:3~5, 11~14, 롬 14:1~23, 고전 10:32, 고후 6:3, 마 7:1, 약 4:11, 정문 제14문답).

✤ 제6조 직원 선거권

교회 직원의 성격과 자격과 권한과 선거와 위임하는 규례는 성경에 기록되었으니 어느 회에서든지 그 직원을 선정하는 권한은 그 회에 있다.

| 해 설

장로회 정치의 제 6원리인 직원 선거권에 대한 규례이다.

1. 어느 교회든지 그 교회의 직원을 선거하는 권(선거권이나 피선거권)은 그 회 안에 있다(정문 제17문답). 교회 직원의 선거권은 직원의 권위를 인정하는 자들에게 있다. 목사와 치리 장로, 집사는 그들이 섬기고 있는 개 교회의 입교인들에 의해 피선되어야 한다(정문 제19문답).

2. 대의민주주의 원리를 채용하는 장로교회의 모든 선거는 회원이 무기명 투표로 선거함이 양심의 자유와 교회의 자유에 모순됨이 없다

(정치 제13장, 헌규 제7조).

3. 교회 안에 어떤 직원을 둘 것인가? 직원의 분류, 임명, 법도에 관한 절차 및 직원의 성품(자질)과 자격과 권위는 성경에 기록되어 있다. 그러므로 이 원리에 의해 교회 선거 규정이나 교회 정관(定款)을 제정할 때는 성경과 헌법에 위배되지 않도록 하여야 한다.

4. 모든 회의 회장은 그 회에서 선출한다. 그러나 지교회의 당회장, 제직회장, 공동의회 회장은 그 회에서 선출하는 것이 아니라 노회에서 파송한 담임 목사가 당연직이 된다. 이런 의미에서 당회장은 당회원이라고 말할 수 없다(헌법 제9장 3조, 제21장 1조 1항, 2조 1항).

> ❖ **제7조 치리권**
> 치리권은 치리회로나 그 택해 세운 대표자로 행사함을 묻지 않고 하나님의 명령대로 준봉 전달(遵奉傳達)하는 것뿐이다. 대개 성경은 신앙과 행위에 대한 유일한 법칙인즉, 어느 교파의 치리회든지 회원의 양심을 속박할 규칙을 자의(自意)로 제정할 권리가 없고 오직 하나님의 계시하신 뜻에 기인(其因)한다.

| 해 설

장로회 정치의 제7원리인 치리권(治理權)에 대한 규례이다.

이 치리권이 무엇이냐 하는 문제에 대하여 학자에 따라 그 견해가 조금씩 다르다. 그러나 보편적으로 치리권을 가리켜 교회의 신성 유지권 혹은 질서 유지권이라고 한다. 또한 조금 더 실제적으로 말하자면 교회의 행정권과 재판권이라고 볼 수 있다. 우리 하나님께서는 교회의 부패와 이단을 방지하고 그의 신성을 유지하기 위해서 재판을 통한 징계를 하도록 허락하셨다. 그러나 이 일을 국가의 법원이나 사법 당국에 맡기지 않고 어디까지나 교회와 성도의 문제는 교회의 치리권에 맡기셨다(고전 6:1~8).

그러나 교회나 노회, 대회나 총회에서 치리권을 행사하는 자들이라도 어떤 감정이나 편견에 의해 오판함으로 개인의 인권을 유린하는 과오를 범할 수 있다. 그러므로 성도를 재판함에 있어 정확 무오한 법칙은 오직 성경뿐이다. 그래서 치리권을 행사하는 자는 그 법이 하나님의 계시의 말씀에 적합한가를 살펴보고 삼가 그 명령을 받들어 시행하는 하나님의 사신(使臣)의 사명을 완수해야 하되 다음의 사항을 유념해야 한다.

1. 치리권 행사자는 오직 주의 뜻을 받드는 종으로 그 뜻을 선언하는 것뿐임을 명심하여야 한다. 어느 교회 치리회든지 치리권을 구실로 회원의 양심을 속박하거나 회원의 권리를 빼앗기 위해 법을 제정하지 말아야 하고, 오직 하나님의 계시하신 뜻을 기초로 모든 결정을 하여야 한다(정문 제21문답).

2. 그러나 교회의 치리권을 행사할 때 그에 따른 위험성도 있다. 모든 치리권자는 인간이 필연적으로 가지는 약점 때문에 과오를 범하기 쉽다. 특히 유의할 점은 신법(新法) 오류의 가능성이 구법(舊法) 오류 가능성보다 더 위험하다는 사실이다. 그러므로 신법을 새로 제정할 때 이미 있는 법을 잘못 판단하거나 잘못 해석하지 않도록 유의해야 한다(정문 제22문답).

✜ 제8조 권징

교회가 이상(以上) 각 조의 원리를 힘써 지키면 교회의 영광과 복을 증진(增進)할 것이니 교회의 권징은 도덕상과 신령상의 것이요, 국법상의 시벌(施罰)이 아닌즉, 그 효력(效力)은 정치의 공정(公正)과 모든 사람의 공인(公認)과 만국 교회의 머리 되신 구주의 권고와 은총에 있다.

Ⅰ 해설

장로회 정치의 제8원리인 권징에 대한 규례이다.

1. 교회의 권징(church discipline)이란 "신도로 진리와 본분을 준수하도록 관리하게"(제3조)하는 하나님의 목회 제도 안에 반드시 있어야 할 교회의 목양 사역의 한 방편이다. 권징은 교우 중에 거짓 도리를 신앙하는 자와 행위가 악한 자를 교회를 대표한 직원과 치리회가 책망하거나 출교하는 것이다(제3조).

2. 참 교회의 표지는 ① 말씀을 바로 전하는 것, ② 성례를 바로 행하는 것, ③ 권징을 바로 행하는 것이다. 그런데 현대 교회가 양적 성장에만 치중하는 까닭에 권징을 시행하지 않음으로 교회의 거룩성이 훼손되어 가고 있다.『교회 정치문답조례』는 교회가 권징하는 일에 힘을 다해 엄격하게 시행하는 것은 교회의 영광과 행복을 증진하는 데 있기 때문이라고 했다(정문 제23문답).

3. 권징에 대한 목적은『권징 조례』제1장 제2조에 규정되어 있다. 권징의 목적은 진리를 보호하고, 그리스도의 절대적 주권에 의한 권능

과 존영을 견고하게 하며, 악행을 제거하고 교회를 정결하게 하며, 덕을 세우고 범죄한 자의 신령적 유익을 도모하는 것이다. 권징에 대한 자세한 해설은 권징 조례에서 취급할 것이므로 생략한다.

제2장 교회

제1장에서는 장로회 정치의 원리를 진술했고, 제2장에서는 교회에 대한 규범을 설정했다. 정치는 교회를 설립하신 하나님의 영광을 위하고 교회의 질서를 위한 것이다. 그러므로 교회에 대한 헌법적 규정은 앞의 총론, 원리와 함께 모든 헌법 조문의 해석 원리를 제공한다. 교회가 무엇인지 알아야만 교회의 바른 질서를 위한 정치를 할 수 있기 때문이다.

✢ 제1조 교회 설립(設立)
하나님이 만국 중에서 대중(大衆)을 택하사 저희로 영원토록 무한하신 은혜와 지혜를 나타내게 하시나니 저희는 생존(生存)하신 하나님의 교회요, 예수의 몸이요, 성령의 전(殿)이라. 전과 지금과 이후에 만국의 성도니 그 명칭은 거룩한 공회라 한다.

▎해 설

1. 교회의 설립자는 누구인가?
헌법의 "교회의 설립자"란 교회의 창설자를 의미하는 바 교회의 설립자는 단연코 모든 이름 위에 뛰어난 이름을 얻으신 하나님의 독생자 예수 그리스도이시다(빌 2:9, 정문 제25문답). 그 뿌리를 찾아 올라가보면, 사람이 범죄한 후 구속의 허락을 주신 날부터 교회가 설립되어(창 3:15~16; 6:18) 그동안 여러 가지 모양으로 발전했고 계속하여 오늘에 이른 것이다(행 7:38, 눅 1:67~79, 요 4:21-26, 출 3:15~16, 정문 제26문답). 그렇게 교회가 희미한 계시 속에 지내오다가 예수님께서 우리를 대신하여 십자가에 죽으시고 부활하신 후에 성령을 보내심으로 교회를 설립하셨다(요 20:21~22, 행 1:8, 2:1~47, 정문 제27문답). 그러므로 그리스도께서는 다시 오실 그날까지 교회의 머리로 계시며 교회를 다스리신다(엡 1:20~22, 골 1:18, 단 7:14, 정문 제28문답).

2. 만국 교회는 어떠한 사람들로 설립되었는가?

만국 교회(보편 교회, Universal Church)는 세계 만국 중에 그리스도의 거룩한 도를 믿고 행하는 온 무리와 그 자녀들이 합하여 한 몸으로서의 교회가 된다. 뿐만 아니라 우리 주 예수께서 말씀하신 바 예수님의 이름으로 두세 사람이 모여서도 예배드림이 가능하나 교회의 설립은 헌법적 규칙 제1조에 의한다(정문 총론 제1문, 제20문답).

3. 교회의 칭호

교회의 본질적 칭호는 교회가 무엇인지를 말해준다. 헌법은 네 가지로 교회의 본질적 칭호를 규정하고 있다. 즉 ① 생존하시는 하나님의 교회, ② 예수의 몸, ③ 성령의 전(殿), ④ 전과 지금과 이후에 만국의 성도 등이다. 그리고 마지막으로 교회의 칭호를 포괄하는 명칭으로 교회는 "거룩한 공회"라고 규정한다.

이 명칭은 교회의 가장 큰 특징은 거룩성과 공회(公會)임을 선언하고 있다. 교회가 세속화되고 타락하면 교회의 본질을 잃어버리게 되며, 교회가 공의회의 성격을 잃어버리게 되고 사적 소유물이 되면 이미 교회의 본질을 잃어버리게 됨을 칭호로 밝힌 것이다.

✥ 제2조 교회의 구별(區別)

교회에 두 가지 구별이 있으니 유형(有形)한 교회와 무형(無形)한 교회라. 무형한 교회의 교인은 하나님만 아시고 유형한 교회는 온 세계에 흩어져 있는 교회니 그 교인은 그리스도인이라 칭하고 성부 성자 성령 삼위일체 되신 하나님을 공경하는 자이다.

| 해 설

1. 교회 구별의 의의

조직 신학에서는 교회의 상징적인 명칭으로 여러 가지 구별을 한다. 즉, 천상 교회와 지상 교회, 승리 교회와 전투 교회, 유형 교회와 무형 교회 등으로 나누어서 설명하고 있다. 그러나 가장 보편적 구별은 무형 교회와 유형 교회로 구별하고 있다.

2. 무형 교회(invisible church)

이 무형 교회는 하나님의 의중에만 있고, 하나님께서 창세 전부터 그리스도 안에서 예정하시고 선택하신 하나님의 자녀들이 곧 불가견적(不可見的) 교회요, 무형 교회이다(엡 1:3~11). 그리고 또 주 예수께서 말씀하신 바 "또 이 우리에 들지 아니한 다른 양들이 내게 있어 내가 인도하여야 할 터이니 그들도 내 음성을 듣고 한 무리가 되어 한 목자에게 있으리라"(요 10:16)고 하신 무형의 교회가 있다. 그런데 이 무형의 교회는 구원이 확보된 교회로 보아야 한다. 다시 말해서 보이지 않는 무형 교회는 머리이신 그리스도 아래 하나로 이미 모였고, 지금도 모이고 있으며, 장차 모일 택함 받은 자 전체이다(정문 총론 1문답).

3. 유형 교회(visible church)

유형 교회는 눈에 보이는 교회로서 "온 세계 모든 세대와 각 처에서 참 신앙을 고백하는 모든 자들과 그 자녀들로 구성된 교회"를 말한다(정문 총론 제1문답). 유형 교회는 여러 가지 교파로 나뉘어 있고, 각자가 다른 헌법 및 성례와 조직의 유기적 다양성을 가지고 있다. 또한 이단이 아닌 이상 정죄하지 말고 서로 기도하며 협력해야 한다(정문 총론 제2문답).

> ❖ **제3조 교회 집회(集會)**
> 대중이 한 곳에만 회집하여 교제하며 하나님을 경배할 수 없으니 각처에 지교회를 설립하고 회십하는 것이 사리(事理)에 합당하고 성경에 기록한 모범에도 그릇됨이 없다(갈 1:22, 계 1:4, 20).

│ 해 설

본 조항은 온 세계 교회의 회중이 한 곳에 모여서 교제하며 예배 드려야 되는가 하는 문제이다. 교회는 큰 무리이기 때문에 한 곳에 회집하기가 곤란하다. 그러므로 성경에 기록한 모본을 좇아 각처에 지교회를 설립하고 제각기 회집하는 것이 옳은 것이다. 예수님 당시에 유대 민중이 그 절기일에는 모두가 예루살렘 성전에 회집하여 예배 드렸고, 안식일에는 각 지역 회당에서 예배 드렸으며, 사도가 주장하는 교회는 다 연합한 교회였지만 각 지역 회당에 회집했던 것이다(눅 4:16, 요 4:23, 행 15:21, 갈 1:21, 정문 제 32문답).

❖ 제4조 각 지교회(支敎會)

예수를 믿는다고 공언(公言)하는 자들과 그 자녀들이 일정한 장소에서 그 원대로 합심하여 하나님을 경배하며 성결하게 생활하고, 예수의 나라를 확장하기 위하여 성경에 교훈한 모범대로 연합하여 교회 헌법에 복종하며, 시간을 정하여 공동 예배로 회집하면 이를 지교회라 한다(행 2:47).

┃해 설

1. 지교회의 뜻

넓은 의미의 지교회(支敎會)란 간단히 말하면 예수를 믿는 교인들이 일정한 장소에서 하나님을 경배하며 성결하게 생활하고, 예수의 나라를 확장하기 위하여 성경에 교훈한 대로 연합하여 특별한 규례를 세워 서로 복종하는 그리스도인들로 구성된 교회이다(행 2:47, 정문 제33문답). 이는 하나의 우주적 보편 교회에서 나누어져 있는 교회의 명칭이다. 이 지교회를 '지역 교회'(地域敎會)라고 부르지 않는 이유는 지교회가 교회의 보편성을 나타내는 용어이기 때문이다.

그러나 좁은 의미의 지교회는 장로회의 지교회(支敎會)를 의미한다. 예수를 믿는 사람들이 회집하여 장로회의 신경과 정치와 규칙에 의하여 목사와 장로로 구성된 장로회(長老會)에서 갈려나가 있는 교회를 의미한다. 여기서 장로회의 지교회(支敎會)는 총회(總會) 노회(老會)에 대한 지(支-갈려날 지) 자다. 여기서 유의할 점은 지(支) 자는 '가지 지(枝)' 자가 아니므로 감독교회나 로마 가톨릭교회의 계급적 교회관을 의미하는 것이 아니라는 점이다.

2. 지교회의 형성 요건

첫째, 지교회의 교인이 있어야 한다.

『헌법적 규칙』은 미조직 교회 신설립의 경우 장년 신자 15인 이상을 요구하고 있다(헌법적 규칙 제1조). 이때 지교회의 구성인(構成人)은 본 조항에서 '예수를 믿는다고 공언하는 자들과 그 자녀들'이므로 영생의 약속에 참여하는 것이 성인들에 국한된 것이 아님을 말해준다.

둘째, 일정한 장소가 있어야 한다.

지교회는 예수를 믿는다고 공언하는 자들과 그 자녀들이 일정한 장소에서 회집을 하여야 한다. 만약 이러한 일정한 처소에서 예배를 드리지만 장년 신자 15명 미만이거나 그 이상이더라도 노회의 신설립 인가를 받지 못하면 '기도회 처소'가 된다(헌법적 규칙 제1조). 본 교단 지교회와의 직선거리가 300m 이상이어야 함(제 86회 총회 결의).

셋째, 합심하여 하나님을 경배하고 거룩한 생활이 있어야 한다.

지교회는 교인들이 자원하여 합심하여 모여야 한다. 이는 무교회(無敎會) 정치 사상을 배격하는 것으로 지교회는 다수의 교인들이 합심하여 회합하여 하나님을 예배하고 거룩한 생활을 하여야 한다. 만약 참 예배를 드리지 못하면서 거룩한 생활이 없다면 이는 사교(邪敎)에 해당된다.

넷째, 예수의 나라를 확장하여야 한다.

지교회는 예수님의 나라를 확장하기 위하여 성경에 교훈한 모범대로 연합하여 교회 헌법에 복종하며 시간을 정하여 공동 예배로 회집하여야 한다. 지교회의 사명과 목적은 예수의 나라를 확장하는 것이다. 교회의 모든 사역들은 예수의 나라를 확장하기 위하여 존재한다.

다섯째, 성경의 교훈대로 연합하여 공동 예배를 드려야 한다.

교회란 성경에 교훈한 모범대로 모이고 예배 드려야 참 교회이다. 성경의 권위가 교회의 권위보다 앞서는 것이다. 사람이 아무리 많이 모인다 할지라도 성경과 부합하지 않는 예배 의식이나 경건의 모양은 참된 교회의 모습이 아니다.

여섯째, 연합하여 교회 헌법에 복종하여야 한다.

마지막으로 지교회는 독립된 '지역 교회'(local church)가 아니다. 장로교회의 지교회는 교인들이 서로 합심하여 연합하고 교회 헌법을 준수하고 서로 복종함으로 지교회를 형성한다. 모든 요소들이 건전할지라도 독립된 지역 교회만 존재한다면 교회 헌법은 무용지물이 되며 오직 교회 정관(定款)에 의해서만 다스려지는 독립교회 혹은 회중교회가 될 것이다.

3. 지교회의 조직 원리

위와 같이 좁은 의미의 지교회(支敎會)는 예수를 믿는 사람들이 회집하여 장로회의 신경과 정치와 규칙에 의하여 복종하며 한가지로 예수님의 교회를 설립하고, 신앙고백과 장로회 정치 원리에 입각하여 교인들이 투표로 선출하고 노회의 위임을 받은 목사와 1인 이상의 치리 장로를 투표로 선출하여 지교회의 임직을 받게 한 후에 당회를 조직하면 장로회의 지교회가 된다(정문 제36문답).

4. 지교회의 분류

위와 같은 장로교회의 지교회의 조직 원리의 완전한 적용의 형편에 따라 지교회를 조직 교회, 미조직 교회 그리고 허위 교회로 분류할 수 있다.

1) **조직 교회(組織敎會)**란 장로교회의 지교회의 조직 원리가 적용되어 당회가 구성되어 있는 교회이다. 따라서 조직 교회는 노회에서 임직하여 지교회에 위임한 당회장 목사와 교인들이 선출하여 지교회에서 임직한 치리 장로로 구성된 당회가 구성되어 있는 지교회이다. 조직 교회의 가장 큰 특징은 지교회 당회 단독으로 치리권

을 행사할 수 있다는 점이다.
2) **미조직 교회(未組織敎會)**란 장로교회의 지교회의 조직 원리가 적용되지 못하여 담임 목사가 존재하나 치리 장로가 세워지지 않아서 당회가 구성되어 있지 못한 지교회이다. 이러한 미조직 교회에서는 목사 단독으로 치리권을 행사하지 못한다.
3) **허위 교회(虛位敎會, vacant church)**란 적법하게 위임한 담임 목사가 없는 교회이다. 조직 교회로서 무담임교회를 의미한다. 허위 교회는 당회가 존재하지만 위임 목사가 없는 교회이다. 임시 시무 목사가 일시적으로 있을 수 있으나 가능한 한 속히 종결하여야 한다(정문 제320문답). 노회는 당회를 위해 당회장을 임명하여야 한다(정문 제383문답).

5. 지교회의 신설립, 분립, 합병, 폐쇄

장로회 정치 상 지교회를 설립할 수 있는 권한은 노회가 가지고 있다. 그러므로 목사라 할지라도 지교회 신설립의 주체가 될 수 없다. 다만 경제적으로 극도로 어려운 상황이나 개척 단계에서 부득이한 경우 노회의 특별 허락 하에 목사가 교회를 설립할 수 있다(정문 제38문답).

1) 지교회를 새로 설립하려면 그 지방 소속 노회에 교회 설립 청원서를 제출하여야 한다. 청원서에는 교회로 이명하여 입회할 교인들이 서명 날인한 명단, 신앙고백을 하는 자의 명단, 교회를 유지하는 데 헌금할 자의 명단 등을 기재하여야 한다(정문 제37, 39문답). 그 외 구체적인 기재 사항은 헌법적 규칙 제1조에 규정되어 있다.
2) 노회는 지교회 신설립이 부적절할 경우 청원을 기각할 수 있다. 노회는 지교회 신설립을 허락할 경우 목사와 장로로 구성된 위원회를 구성하여 설립 예배 등을 주관한다. 이에 대한 구체적인 절

차는 『교회 정치문답조례』에 규정되어 있다(정문 제41문답).
3) 지교회의 분립이나 합병 역시 노회의 허락 하에 가능하다. 지교회의 분립은 오늘날 교회 분쟁이 심화되면서 노회가 허락하는 경우가 있으며, 합병도 교회의 재정적인 이유나 서로 다른 지교회의 회중들의 소원이나 형편 혹은 목회자들의 시무 형편에 따라 합병할 수 있다. 그러나 어떤 경우에도 노회의 허락이 있어야 한다. 특히 지교회의 폐쇄는 시찰 위원회의 보고를 받고 신중히 결정하여야 한다.

제3장 교회 직원

❖ 제1조 교회 창설(創設) 직원
우리 주 예수께서 최초에 이적을 행할 권능이 있는 자로(마 10:8) 자기의 교회를 각 나라 중에서 선발(選拔)하사(시 2:8, 계 7:9) 한 몸(고전 10:17)이 되게 하셨다.

▌해 설

창설 직원이라 함은 사도들을 말하는 것이다. 사도란 그리스도께서 친히 보내신 자로 예수의 말씀과 부활의 증인이다(행 1:21~22, 고전 9:1). 1922년판 헌법에서는 "敎會 設立흔 職任"이라고 하였으나 1930년판에서 최초의 설립이라는 의미인 "敎會創設職員"으로 개정하였다.

본 법조문이 밝히 말하는 바는 예수님이 자기 교회를 설립하실 때에 ① 이 사도들을 임명하면서 이 직책을 행할 권능을 주셨고, ② 자기가 선발하신 세계 교회를 부르게 하시고, ③ 그들 교회로 한 몸을 만들도록 하셨다는 것이다. 이렇게 부르신 사도들을 교회 창설 직원이라 하였다.

1. 창설 직원인 사도들의 직무

사도들의 특별한 직무는 예수님의 증인이 되어 복음을 전파하고, 예배를 드리며 성례를 집행하고, 예수님의 이름과 그 권세를 의지하여 교회의 말씀과 예배와 교회 정치를 반포하며 교회를 설립하고 확장하는 일을 주관하는 것이다(행 1:8, 26:16, 갈 1:12, 고전 5:3~5, 고후 10:8, 11:28, 정문 제60문답). 이외에 사도들은 집사와 장로의 직무를 행하였으며 성도들을 섬기는 자로 봉사하였다(엡 3:7, 벧전 5:1, 롬15:25, 정문 제61문답).

2. 사도들의 특별한 권능

첫째, 성령이 임함으로 진리를 교훈하는 것과 성경을 기록하는 데 잘못됨이 없게 하는 영감(inspiration)(요 14:26, 16:13). 둘째, 이적을 행하는 권능(마 10:8). 셋째, 사람에게 안수함으로 성령을 받게 함(행 8:17~18, 정문 제62문답).

그때에 이런 이적을 행하게 하신 이유는 진리를 받아들일 감동을 일으키고, 사도들이 하나님의 사자가 되는 것을 증명하며, 사도들의 말이 진실 됨을 증거하기 위함이다(정문 제63문답).

3. 지금은 사도직이나 그 권능이 계속되지 않는다.

로마교나 영국 감독교회 혹은 현실 교회에도 예수 그리스도의 '사도의 계승'(Succession of Apostles)을 주장하며 사도직을 계승한 사제직이 있다고 하나 성경이 완성되어 있는 오늘날은 사도직이 더 이상 필요가 없게 되었다(정문 제63, 64문). 이것은 예언자의 직분도 마찬가지이다. 그 이유는 예수 그리스도가 그러한 사도직이나 예언자의 직분을 교회 안에서 지속하라고 지시하신 적이 없고, 사도 시대가 끝난 후에 사도가 가졌던 권능과 영감과 이적을 주신 일이 없으며, 하나님의 말씀이 완성되었기 때문이다(정문 제66, 67문답).

❖ 제2조 교회의 항존직(恒存職)

교회에 항존(恒存)할 직원은 다음과 같으니 장로(감독)(행 20:17, 28, 딤전 3:7)와 집사요, 장로는 두 반이 있으니
1. 강도(講道)와 치리를 겸한 자를 목사라 일컫고
2. 치리만 하는 자를 장로라 일컫나니 이는 교인의 대표자이다.
3. 항존직의 시무 연한은 만 70세로 한다.

| 해 설

1. 항존직의 개념

항존직은 1922년판 헌법에서 "敎會에 永存홀 職任"으로 되어 있었던 것을 1930년판에서 "敎會에 恒存홀 職員"으로 개정하였다. 이것은 항존직이 직원 개인에 대한 항존직이냐 교회에 대한 항존직이냐에서 교회에 대한 항존직임을 시사하고 있다. 이것은 교회 안에서 계속 존재하여야 하는 통상 직원(ordinary officer)을 의미한다(정문 제68문답). 항존직(恒存職)이란 예수님께서 재림하실 때까지 계속 존재할 직분을 말함이다.

이 직분들이 존재할 이유는 세 가지인데, 설교와 영적으로 감독하는 일과 구제하는 일이다. 이 세 가지 직분은 교회에 가장 필요한 자이기 때문에 항상 있어야만 한다. 또한 성경에 이 세 가지 직분의 책임과 자격과 선정 방법을 자세히 가르친 것을 보니 항상 존재할 직책이다(정문 제69문답).

2. 항존직의 분류

항존직의 분류는 성경적 직분의 분류와 관련된다. 장로교회가 보는 성경적 직분관은 2직분관이다. 장로교회에서 "교회에 항존할 직원"은 안수 임직하여 위임한 장로(감독)(행 20:17, 28, 딤전 3:1~7)와 집사로서 교회에 항상 있어야 할 직원을 말한다. 감독교회에서 주장하는 감독, 장로, 집사의 세 가지 직분은 성경적 근거가 부족하다. 디도서 1:5에 나타난 '프레스뷔테로스'(presbyteros)라는 '장로'와 '에피스코포스'(episkopos)라는 '감독'이라는 용어는 동일 직분에 대한 다른 이름이다.

디도서 1장에서 장로의 자격을 말한 뒤 곧이어 감독의 자격에 대해 말하였지만 이는 두 직분이 서로 다른 직분이라고 볼 수 없다. 왜냐하면 5절과 7절을 연결하는 접속사 '왜냐하면'($\gamma\alpha\rho$)이 있기 때문에 7절에서 말한 감독은 5절의 장로에 대한 설명이므로 감독과 장로는 같다고 볼 수밖에 없다. 따라서 성경적 직분은 2직분으로 분류된다.

그러므로 항존직의 직분(職分)은 성경적 직분을 말하는 바 그 외의 직분은 엄밀한 의미에서 직책에 대한 명칭을 의미한다. 항존직의 직분과 그 외의 직분의 차이는 직원에 대한 존재적 의미와 기능적 의미에서 항존직의 직분이 더욱 존재적 의미가 강하다는 데 차이가 있다.

1) 목사(牧師)는 노회로부터 예수 그리스도의 목양권을 위임 받아 교회를 대표하는 성직자로서 강도(講道)와 치리를 겸한 자이다. 목사는 장로와 함께 치리회에서 교회를 다스리므로 넓은 의미로 장로이다. 목사의 임직과 직무에 관하여는 정치 제 4장과 제 15~17장에서 상론하고 있다.

2) 본 조에서 장로가 치리만 하는 자라는 의미는 교회의 권징만 한다는 의미가 아니라 목회권을 대표하는 목사와 함께 당회에서 목회에 협력한다는 원로(presbyter)라는 뜻이지 단순히 교회의 어른(elder)이라는 의미가 아니다.

장로(長老)는 목사와 협력하여 교회의 치리권을 행사하는 교인의 대표자이다. 헌법에서 장로에 대한 호칭은 유일하게 '교인의 대표자'이다.

장로의 임직과 직무에 관하여는 정치 제5장과 제13장에서 상론하고 있다(딤전 3:1~7).

3) 집사는 예수 그리스도의 승천 이후 교회에서 계속되어야 할 그리스도의 봉사(diakonia) 직무를 사도들에게 위임 받아 이어가는 직분이었다(행:1~6). 오늘날도 집사직은 빈곤한 교인을 보살피고 교회의 재정으로 구제하며 교회의 재산을 관장한다(정문 제80문답). 교회의 봉사직으로서 그 임직과 직무에 관하여는 정치 제6장과 제13장에 상론하고 있다(딤전 3:8~13).

3. 항존직의 임기

항존직의 임기는 항존직의 개념과 밀접한 관련이 있다. 만약 항존직이 직원 개인에 대한 항존직이면 목사, 장로, 집사의 임기는 영속적이다. 그러나 교회에 대한 항존직이면 그 임기는 제한적이다.

항존직의 직분은 안수 임직 후에는 그 시무 여부를 불문하고 종신토록 그 직은 상실되지 아니하나, 그 시무 연한은 만 70세로 제한하고 있다. 다만 그 정년의 기한을 만 70세 마지막 날까지이다(제97회 총회 결의).

이러한 결의는 항존직의 개념이 개인의 존재적 직분관을 배제하지 못하면서도 교회의 기능적 직분관을 지지한다는 의미이다. 그래서 『교회 정치문답조례』는 장로 임기제에서 종신직으로 변경할 경우 무흠 입교인의 투표로 가능하지만 교회 안의 영구한 관례를 확립하려는 자세를 가지고 충분하게 고려하여 변경하여야 한다고 충고하고 있다(정문 제545문답).

❖ 제3조 교회의 임시 직원

교회 사정에 의하여 다음과 같은 직원을 안수 없이 임시로 설치한다. 단 교회의 모든 임시직의 설치 연한은 만 70세까지로 한다.

1. **전도사** 남녀 전도사를 당회의 추천으로 노회가 고시하여 자격을 인가하면 유급 교역자로 당회나 목사의 관리하는 지교회 시무를 방조하게 한다.
    1) **권한** 남 전도사가 그 당회의 회원은 되지 못하나 특별한 이유가 있으면 언권 방청이 되고 미조직 교회에서는 당회장의 허락으로 제직회 임시 회장이 될 수 있다.
    2) **자격** 신학생과 신학 졸업자로 노회가 고시 인가하되 특별한 경우에는 이 한도에서 벗어난다. 단, 다른 노회에서 전도사 고시 받은 자와 총회신학교를 졸업한 자는 필답 고사를 면제한다.
2. **전도인** 남녀 전도인은 유급 사역자로 불신자에게 전도하는 자니 그 사업 상황을 파송한 기관에 보고하고, 다른 지방에서 전도에 착수할 때는 그 구역 감독 기관에 협의하여 보고한다.
3. **권사(勸師)**
    1) **권사의 직무와 권한** 권사는 당회의 지도 아래 교인을 방문하되 병환자와 환난을 당하는 자와 특히 믿음이 연약한 교인들을 돌보아 권면하는 자로 제직회 회원이 된다.
    2) **권사의 자격과 선거와 임기**
        ① 자격: 여신도 중 만 45세 이상 된 입교인으로 행위가 성경에 적합하고 교인의 모범이 되며 본 교회에서 충성되게 봉사하는 자.

② 선거: 공동의회에서 투표수 3분 2 이상의 찬성을 얻어야 한다(단, 당회가 공동의회에 그 후보를 추천할 수 있다).
③ 임기: 권사는 안수 없는 종신 직원으로서 정년(만 70세) 때까지 시무할 수 있다(단, 은퇴 후에는 은퇴 권사가 된다).
3) **무임권사**: 타 교회에서 이명 와서 아직 취임을 받지 못한 권사다(단, 만 70세 미만자는 공동의회에서 권사로 피선되면 취임식을 행하여 시무 권사가 될 수 있다).
4) **은퇴 권사**: 권사가 연로하여 퇴임한 권사이다.
5) **명예 권사**: 당회가 다년간 교회에 봉사한 여신도 중에 60세 이상 된 입교인으로 행위가 성경에 적합하고 모범된 자를 임명할 수 있다.
4. **남녀 서리 집사** 교회 혹은 목사나 당회가 신실한 남녀로 선정하여 집사 직무를 하게 하는 자니 그 임기는 1개 년이다.

▎해설

　장로교회의 직분은 기본적으로 2직분제이다. 장로와 집사 직분에서 장로는 목사와 장로로 구분된다. 그래서 헌법 총론에서 "당회는 치리 장로와 목사인 강도 장로의 두 반으로 조직되어 지교회를 주관하고"라고 되어 있다.

　그렇지만 고린도전서 12:28에 있는 여러 가지 은사들 가운데는 '돕는 직'이란 은사도 있으므로 이에 근거하여 교회 사정에 의하여 다음과 같은 직원을 안수(按手) 없이 임시로 설치(設置)한다. 단, 교회의 모든 임시직의 설치 연한은 만 70세 마지막 날까지로 한다.

여기서 "교회 사정에 의하여"란 항존직인 목사와 장로나 집사가 없는 사정이거나 그 항존 직원의 직무를 더 방조(傍助, 곁에서 도와줌)함으로 효과적으로 교회의 사역을 감당할 수 있는 사정을 의미한다.

1. 전도사

남녀 전도사를 당회의 추천으로 노회가 고시하여 자격을 인가하면 유급 교역자로 당회나 목사가 관리하는 지교회 시무를 돕는다.

1) 전도사의 권한
(1) 남전도사가 그 당회의 회원은 되지 못하나 필요하다고 인정될 경우는 언권 방청으로 허가할 수 있다. 여전도사의 경우는 미조직 교회에서만 제직회 회원권을 가진다.
(2) 미조직 교회에서 시무하는 전도사는 당회장의 허락으로 제직회 임시 회장이 될 수 있다.
(3) 미조직 교회에서는 목사, 전도사, 권사, 집사, 서리 집사, 전도인들이 제직회 사무를 임시로 수행한다(정치 제21장 제2조 2항). 전도사는 당회가 있는 조직 교회에서는 제직회 회원이 될 수 없다.
(4) 1929년 제18회 총회는 여전도사의 강도권을 결의한 바, 당회가 형편을 좇아 유익하도록 강도시킬 수 있다고 결의한 바 있다.

2) 전도사의 자격
(1) 노회가 신학생 또는 신학 졸업자로 당회장의 추천을 받아 전도사 고시에 합격하면 인가한다.
(2) 상기의 신학교라 함은 본 교단이 인정하는 신학대학원 또는 신학교를 의미한다.
(3) 특별한 경우에는 (1)항의 한도에서 벗어난다.
(4) 다른 노회에서 전도사 고시에 합격한 자(치리회 동일체의 원

칙)와 총신대학교 신학대학원(총회신학원 포함) 졸업자는 노회의 필답 고사를 면제하고 면접으로만 노회가 인가한다.

2. 전도인

남녀 전도인은 유급 사역자로 불신자에게 전도하는 자이다. 그 사역 상황을 파송한 기관에 보고하고, 본래 파송 받은 지방 밖에서 전도에 착수할 때는 그 구역 감독 기관에 협의하여 보고해야 한다.

전도사와 전도인의 다른 점은 아래와 같다.

1) 전도사는 노회의 고시로 인가되나 전도인은 당회에서 채용한다.
2) 전도사는 상당한 자격 기준이 있으나 전도인은 자격 기준이 없다.
3) 전도사는 상당한 권한을 부여하고 있으나 전도인은 아무 권한이 없다.
4) 전도사는 교회 안에서 목사를 돕는 직이나 전도인은 교회 밖에 있는 불신자에게 전도하는 직무일 뿐이다.

3. 권사(勸師)

권사는 당회의 지도 아래 교인들을 심방하며 돌보고 권면하는 직책이다. 목사의 목양 사역을 돕는 직책으로서 임시직이면서 항존직의 성격을 가지고 있다. 본 교단은 여성 안수를 허락하지 않음으로 여성 안수가 없는 "교회 사정에 의하여" 권사의 직책을 임시직으로 하였으나, 그 목회적 중요성에 비추어 그 직책을 "안수 없는 종신 직원"으로 세웠다. 따라서 성경적 직분의 명칭으로는 직분(職分)의 명칭은 아니지만 항존할 목양적 직책(職責)으로서 그 중요성은 매우 크다. 그래서 헌법 초기부터 권사의 한자명을 '권사'(勸事)가 아니라 '권사'(勸師)로 하였다.

그러나 본 교단 헌법은 1922년 초판에는 권사직에 대한 규정이 없었으나 권사 고유의 직무만큼은 '여집사'(女執事) 제도를 따로 두어 그 사역을 하도록 하였다(第6章 五, 第6章 九). 그러다 권사(勸師) 직책명은 1930년판에 최초로 나타났는데, 연합 제직회의 직무인 "합동재정과 전도 기타 부흥 사업 주일학교 교육" 그리고 "그 지방 내 전도 현황 보고"를 위해 권사(勸師) 직책을 두었다. 이러한 경향은 1954년판에서도 권사의 직무는 집사 내에서 여집사의 직무로 인식하였다.

권사직이 독립된 임시 직원명으로 나타난 최초의 헌법은 1960년판이다. 이때부터 조문 제목에는 "임시 직원"이라고 하면서 그 내용은 "안수 받지 않는 종신직"으로 규정하였다. 1964년에 이르러서야 권사의 자격과 직무에 대해 비교적 자세하게 규정하였다.

1) 권사의 직무와 권한
  (1) 권사는 당회의 지도 아래 있다. 권사는 목사의 목양 직무를 돕는 직무이므로 반드시 당회장과 당회의 지도 아래서 직무를 수행해야 한다.
  (2) 권사의 직무로는 교인을 방문하되 병환자와 환난을 당하는 자와 특히 믿음이 연약한 교인들을 돌보아 권면하는 자이다. 장기 결석자 등 이외에도 여러 가지 심방 대상자가 있을 것이다. 이들을 찾아가 영혼과 육체를 위로하고 상담하며 치유하여야 한다. 특히 상(喪)을 당한 유가족들을 하나님의 말씀으로 그리스도 안에서 소망을 갖도록 위로하여야 한다. 이러한 직무는 목사의 본질적인 사역인 '영혼 돌봄'(Cura Animarum)을 돕는 목양 사역이다. 그러나 그 직무는 언제나 조력자(방조자, helpership)의 위치에서 당회의 지도 감독 아래 있어야 한다.
  (3) 권사는 당연직 제직회 회원이 되는 권한을 가진다(제21장 제2조 1항).

2) 권사의 자격과 선거와 임기

(1) 권사의 자격

가. 여신도 중 만 45세 이상 된 입교인이어야 한다.
나. 행위가 성경에 합당하고 교인의 모범이 된 자이어야 한다.
다. 교회에서 다년간 충성 봉사한 자이어야 한다.
라. 무흠 5년 이상 된 입교인이어야 한다.

(2) 권사의 선거와 취임

가. 공동의회에서 3분의 2 이상의 찬성 투표를 받아야 한다.
나. 당회가 공동의회에 그 후보를 추천할 수 있다.
다. 교회의 임직식 때 취임식(就任式)을 거행한다.

보통 항존직 임직식과 함께 거행할 때 헌법대로 권사 임직식(任職式)이라고 하지 않고 취임식(就任式)이라고 하여야 한다. 그 이유는 현행 헌법이 '취임식'이라고 하였을 뿐만 아니라 헌법 1930년판부터 '안수장립'(按手將立)이라는 용어가 '임직'이라는 용어로 바뀌었기 때문에 안수가 없는 권사 임직은 그 용어를 '취임식'이라고 해야 헌법적이다.

(3) 권사의 임기

가. 안수 없는 종신 직원이다. 이것은 권사의 기능적 직무뿐만 아니라 존재적 직무가 유지됨을 의미하며, 개인적으로 권사직은 종신토록 보존된다.
나. 만 70세 마지막 날까지 시무할 수 있다.
다. 은퇴 후에는 은퇴 권사가 된다. 임시 직원이 교회 직무상으로는 항존직으로 시무를 하며 개인적으로 종신직으로 규정되었기 때문에 비록 시무가 정지되나 그 권위는 보전된다.

3) 권사의 칭호

(1) 시무 권사

만 45세 이상 70세 이하인 여신도 중에서 공동의회의 권사 선거에 투표수 3분의 2 이상의 찬성표를 받은 자가 교회에 취임하고 시무하는 권사이다.

(2) 무임 권사

타 교회에서 이명 온 권사로서 아직 공동의회의 투표를 받지 못하고 취임하지 아니한 권사이다(단, 만 70세 이하인 자는 공동의회에서 권사로 피선되면 취임식(就任式)을 행하여 시무 권사가 될 수 있다).

(3) 은퇴 권사

정년(만 70세)이 되어서 퇴임한 권사이다.

(4) 명예 권사

교회에 다년간 봉사한 여신도 중에 연령이 만 60세 이상 된 입교인 중에서 행위가 성경에 적합하고 모범된 자를 당회의 결의로 명예 권사로 임명할 수 있다. 봉사의 일은 시무 권사와 동일하다(1999년 제84회 총회 결의).

시무 권사가 교인들의 직접 선거로 선임되고 명예 권사는 교인들의 대표가 모인 당회에서 간접 선출로 선임(임명)이 되지만 봉사의 사역이 시무 권사와 동일하기에 시무 권사와 동일하게 취임식을 행해야 한다.

4. 서리 집사

서리 집사는 글자 그대로 집사직에 대한 서리이다. 서리 집사는 교회의 사정에 따라 편의대로 남녀 공히 제직회 직무를 수행하는 임시직이다.

1) 자격

무흠한 입교인이면 누구든지 임명을 받을 수 있다. 헌법적으로 세례를 받은 직후에 임명을 받아도 문제가 되지는 않지만 일정한 훈련 기간을 거쳐 신실한 자를 선정하여 임명하여야 한다.

2) 선임 방법

(1) 당회의 결의로 당회장이 임명한다.

"당회"라는 용어는 당회의 결의로 당회장이 임명한다는 말이다.

(2) 목사가 임명한다.

여기서 목사가 임명한다는 말은, 미조직 교회의 목사를 지칭하는 것으로 보아야 한다. 그러므로 미조직 교회에서는 "목사"가 서리집사를 임명한다.

3) 임기

서리 집사의 임기는 1개 년이다(단, 연임할 수 있다). 다시 임명을 받지 못하면 자동 해임되어 서리 집사가 아닌 세례 교인으로 돌아간다.

5. 임시 직원의 해임

부정기적 임시직인 전도사와 전도인은 당회의 결의로 언제든지 해임할 수 있다. 정기적 임시직인 서리 집사는 임명을 받은 후 1년 동안은 재판을 받지 않고는 해임할 수 없다. 1년 만기가 되고 재임명 받지 않으면 자동으로 해임된다. 안수 없는 종신직인 권사는 임시직이지만 종신직이므로 재판에 의해서만 해임된다.

> ✣ **제4조 준직원(準職員)**
> 강도사와 목사 후보생은 준직원이다.
> 1. 강도사는 당회의 추천에 의하여 총회의 고시로 노회에서 강도할 인허를 받고 그 지도대로 일하되 교회 치리권은 없다.
> 2. 목사 후보생은 목사직을 희망하는 자로 노회에서 자격 심사를 받고 그 지도대로 신학에 관한 학과로써 수양을 받는 자이다.
> 3. 강도사와 목사 후보생은 개인으로는 그 당회 관리 아래 있고 직무상으로는 노회 관리 아래 있다.

해설

"준직원"이라는 명칭의 뜻은 직원에 견줄 만한 직원이라는 뜻으로 예비 직원이라는 의미가 있다. 강도사와 목사 후보생은 준직원이다.

1. 강도사

강도사는 총신대학교 신학대학원(총회신학원 포함)을 졸업하고 강도사 고시에 합격한 자를 노회가 심사하여 인허한 자로서 목회를 위한 준비 과정으로 설교할 수 있는 자격을 얻게 된다. 강도사는 노회의 관할 하에 목사로 임직될 때까지 지교회에서 목사를 도우며 목회 훈련을 받는다(정문 제581문답).

강도사는 강도사 고시 합격 후 1년 이상 본직의 경험을 수양한 자로 목사 고시에 응할 수 있다(정치 제14장 1조).

강도사 인허 후 4년간 강도에 실적이 없거나, 강도하는 데 덕을 세우지 못하는 경우에는 노회가 인허를 취소할 수 있다(정치 제14장 제8조). 인허가 취소되면 한 지교회의 평범한 세례 교인으로 돌아간다.

2. 목사 후보생

목사 후보생은 목사가 되기 위하여 당회장의 추천을 받아 노회의 고시와 허락으로 위탁된 총회산하 신학교에서 노회와 당회의 지도와 감독하에서 오로지 신학을 연구하는 신학생이다(정치 제14장 제1조, 2조, 정문 제547문답). 다만 전도사 고시에 합격하고, 미조직 교회에서 시무할 때 제직회의 직무를 수행한다(정치 제3장 제3조 1항, 제21장 제2조 2항).

3. 준직원의 소속

"개인적으로는 당회의 관리를 받으며 직무상으로는 노회의 관리 아래 있다"고 규정하였다. 이 말은 준직원의 개인적 신분은 당회에 소속된 교인이므로 교적은 당회에 있고, 목사 후보생 또는 강도사의 소속은 노회에 있다는 말이다.

준직원의 소속이 노회에 있다는 말은 행정적으로 그 관리 책임이 노회에 있다는 말이며, 인허 취소와 제명의 건이 있을 때 노회의 결의로 소속 당회에 지시하여 권징을 하도록 하여야 한다는 뜻이다. 따라서 준직원의 재판건은 교적이 있는 당회에 있다.

강도사와 목사 후보생의 이명(移名)은 같은 노회 안에서는 당회 간 이명서만 교부한다. 타 노회로 이명할 시는 당회간 이명과 노회간 이명을 동시에 해야 한다.

제4장 목사

❖ 제1조 목사의 의의(意儀)

목사는 노회의 안수로 임직(任職)함을 받아 그리스도의 복음을 전파하고 성례를 거행하며 교회를 치리하는 자니 교회의 가장 중요하고 유익한 직분이다(롬 11:13). 성경에 이 직분 맡은 자에 대한 칭호가 많아 그 칭호로 모든 책임을 나타낸다.

1. 양의 무리를 감시하는 자이므로 목자라 하며(렘 3:15, 벧전 5:2~4, 딤전 3:1),
2. 교회 안에서 그리스도를 봉사하는 자이므로 그리스도의 종이라, 그리스도의 사역자라 하며 또 신약의 집사라 하며(빌 1:1, 고전 4:1, 고후 3:6),
3. 엄숙하고 지혜롭게 하여 모든 사람의 모범이 되고, 그리스도의 집과 그 나라를 근실히 치리하는 자이므로 장로라 하며(벧전 5:1~3),
4. 하나님의 보내신 사자이므로 교회의 사자라 하며(계 2:1),
5. 하나님의 거룩한 뜻을 죄인에게 전파하며 그리스도로 말미암아 하나님과 화목하라 권하는 자이므로 그리스도의 사신이라 혹은 복음의 사신이라 하며(고후 5:20, 엡 6:20),
6. 정직한 교훈으로 권면하며 거역하는 자를 책망하여 각성하게 하는 자이므로 교사라 하며(딛 1:9, 딤전 2:7, 딤후 1:11),
7. 죄로 침륜할 자에게 구원의 복된 소식을 전하는 자이므로 전도인이라 하며(딤후 4:5),
8. 하나님의 광대하신 은혜와 그리스도의 설립하신 율례를 시행하는 자이므로 하나님의 오묘한 도를 맡은 청지기라 한다(눅

12:42, 고전 4:1~2). 이는 계급을 가리켜 칭함이 아니요, 다만 각양 책임을 가리켜 칭하는 것뿐이다.

❚ 해설

1. 목사직의 본질

목사직은 하나님이 세우신 목회 제도 안에서 교회의 신자들을 돌보는 하나님의 목자직이다. 목사는 '하나님의 입'으로서 '말씀에 봉사하는 종'(minister verbidivini)이다. 따라서 목사는 그리스도의 교훈을 가르치는 교사이며 하나님께서 그의 교회(집)를 다스리는 임무를 맡겨주신 청지기 혹은 종과 같다. 따라서 '하나님의 종'이란 단어는 단지 목사의 뜻만을 가지고 있다.

그러나 목사는 반드시 노회의 장립(안수)으로 임직함을 받아 복음을 전파하고 성례를 거행하며 교회를 치리하는 자로서 교회에서 가장 중요하고 유익하며 영광스러운 직분이다(롬 11:13).

목사직이 반드시 노회의 안수 임직을 받아야 하는 이유는 어느 누구도 자신이나 자신들이 속한 회중 자체로부터 '하나님의 종'으로 파송되지 않고 오직 '거룩한 공회'를 대표하는 노회만이 하나님을 대신하여 목사직을 부여할 수 있기 때문이다.

2. 목사의 칭호

목사에 대한 칭호는 직무상의 칭호와 신분상의 칭호가 있다. 직무상의 칭호는 제1조에 열거하였고, 신분상의 칭호는 시무 형편에 따라 제4조에서 열거하였다. 목사의 직무상 칭호가 많으니 그 칭호는 모든 책임을 나타낸다. 이는 결코 계급을 가리켜 칭함이 아니요, 다만 각양 책임을 가리켜 칭하는 것뿐이다.

1) 목사의 직무상 칭호

　(1) 목자: 양 무리를 감독하는 자(렘 3:15, 딤전 3:1, 벧전 5:2~4)

　(2) 종, 사역자, 집사: 교회 안에서 그리스도를 봉사하는 자(빌 1:1, 고전 4:1, 고후 3:6)라는 의미에서 그리스도의 종이며 사역자이다.

　(3) 장로: 교회를 치리하는 자(벧전 5:1~3)

　(4) 사자(使者): 하나님께서 보내신 자(계 2:1)

　(5) 사신(복음의 사신): 하나님의 뜻을 지상의 사람들에게 전하며 또 그리스도로 인하여 하나님과 화목하라 권하는 자(고후 5:20, 엡 6:20)

　(6) 교사: 교훈, 권면, 책망, 각성케 하는 자(딛 1:9, 딤전 2:7, 딤후 1:11)

　(7) 전도인: 구원의 복된 소식을 전하는 자(딤후 4:5)

　(8) 청지기: 하나님의 은혜와 그리스도의 율례를 시행하는 자로 하나님의 오묘한 도를 맡은 자(눅 12:42, 고전 4:1~2). 여기서 율례(律例)란 하나님의 구원의 유익을 위해 교회 안에서 반드시 시행해야 할 실천적 명령이다. 그 구체적인 항목은 헌법정치 제7장에 규정되어 있다. 목사는 신실한 청지기로서 이 규례를 책임지고 시행하여야 한다.

2) 목사의 신분상 칭호

목사의 신분상 칭호는 제4조에서 상론하고 있는 바 그 시무의 형편에 따라 다르다.
1) 위임 목사 2) 시무 목사 3) 부목사 4) 원로 목사 5) 무임 목사 6) 전도 목사 7) 교단 기관 목사 8) 군종 목사 9) 교육 목사 10) 선교사 11) 은퇴 목사

❖ 제2조 목사의 자격

목사 될 자는 총신대학교 신학대학원을 졸업하고 학식이 풍부하며 행실이 선량(善良)하고 신앙이 진실하며 교수에 능한 자가 할지니 모든 행위가 복음에 적합하여 범사에 존절함과 성결함을 나타낼 것이요, 자기 가정을 잘 다스리며 외인(外人)에게서도 칭찬을 받는 자로 연령은 만 29세 이상 자로 한다. 단, 군목과 선교사는 만 27세 이상 자로 한다(딤전 3:1~7).

해설

정치 제15장 제1조에 규정한 목사의 자격은 목사 임직을 위한 법적 절차에 필요한 자격 기준을 말하고, 본 조에 규정한 목사의 자격은 일반적인 자격 기준으로 성품과 신앙과 학식과 도덕에 대한 자격 기준을 말한다.

1. 목사 될 자는 총신대학교 신학대학원(총회신학원 포함)을 졸업하여야 한다(단, 제90회 총회 시 대한예수교장로회(개혁) 교단과 합동 결의안대로 목사 자격을 인정한다).
    1) 합동 원칙 합의서 4항 "양 교단 총회 산하 각 노회 소속 목사는 공히 그 자격을 인정한다."(2005년 제90회 총회 결의).
    2) 1항에 해당하는 자로 "교단 산하 교회 및 기관에서 교역자 및 직원 청빙 시 개신원 및 광신 졸업자도 총신 졸업자와 동등한 자격이 있다"(2006년 제91회 총회 결의).
2. 성경을 신학적으로(원리적으로) 깊이 알아야 한다.
3. 행실이 선량하여야 한다. 선량의 덕은 다른 사람의 요구에 응하는 것이니 그것은 관대함을 내포한다(엡 5:9).

4. 신앙이 진실하여야 한다. 그는 평안한 때나 환난 때나 항상 주님만 신뢰한다(딤전 6:11~14). 그리고 주님께서 신임하실 만한 자가 되어야 한다.

5. 교수에 능하여 잘 가르치는 자(딤전 3:2)가 되어야 한다. 그는 아이들에게서도 배우며(막 10:15), 누구에게서나 그의 장점을 찾아 배우려고 노력하며(빌 2:3), 영적 지식을 쌓아야 한다.

6. 모든 행위가 복음에 합당하여야 한다(빌 1:27). 그리해야 복음이 효과 있게 증거된다.

7. 절제하여야 한다(딤전 3:2). 그 의미는 지혜와 신앙에 의한 자제력을 말한다(요일 2:15~17).

8. 성결함을 나타내어야 한다(딤전 4:12). 성결의 덕목은 무엇보다 중요하니 히브리서 12:14에 성결이 없이는 주님을 보지 못한다고 하였다.

9. 자기 가정을 잘 다스리는 자가 되어야 한다(딤전 3:4).

10. 외인(불신자)에게서도 칭찬을 받는 자이어야 한다(딤전 3:7).

11. 연령은 만 29세 이상의 남자이어야 한다.[7]

12. 군목과 선교사는 만 27세 이상자로 한다(딤전 3:1~7).

13. 목사가 성직을 떠나 세상 직분을 취득하게 되면 사직해야 한다. "목사가 관공리나 국회의원에 전직케 되면 장립 목적에 위배되므로 마땅히 목사 성직을 사직해야 한다"(1952년 제37회 총회 결의).

---

[7] 2011년 제96회 총회 결의에 의하여 만 29세로 개정 결의하였다.

❖ 제3조 목사의 직무

하나님께서 모든 목사 되는 자에게 각각 다른 은혜를 주사 상당한 사역을 하게 하시니 교회는 저희 재능대로 목사나 교사나 그 밖의 다른 직무를 맡길 수 있다(엡 4:11).

1. 목사가 지교회를 관리할 때는 양 무리 된 교인을 위하여 기도하며, 하나님 말씀으로 교훈하고 강도하며, 찬송하는 일과 성례를 거행할 것이요, 하나님을 대리하여 축복하고 어린이와 청년을 교육하며 고시하고 교우를 심방하며 궁핍한 자와 병자와 환난 당한 자를 위로하고 장로와 합력(合力)하여 치리권을 행사한다.
2. 목사가 종교상 도리와 본분을 교훈하는 직무를 받을 때는 목자같이 돌아보며 구원하기 위하여 각 사람의 마음 가운데 성경의 씨를 뿌리고 결실되도록 힘쓴다.
3. 선교사로 외국에 선교할 때에는 성례를 거행하며 교회를 설립하고 조직할 권한이 있다.
4. 목사가 기독교 신문이나 서적에 관한 사무를 시무하는 경우에는 교회에 덕의(德義)를 세우고 복음을 전하는 데 유익 하도록 힘써야 한다.
5. 기독교 교육 지도자로 목사가 노회나 지교회나 교회에 관계되는 기독교 교육 기관에서 청빙을 받으면 교육하는 일로 시무할 수 있다.
6. 강도사가 위에 2, 4, 5항의 직무를 감당할 때 노회의 고시를 받고 지교회 목사가 될 자격까지 충분한 줄로 인정하면 목사로 임직할 수 있다.
7. 동성애자와 본교단의 교리에 위배되는 이단에 속한 자가 요청하는 집례를 거부하고, 교단에서 추방할 수 있다.

❙ 해 설

목사는 반드시 지교회를 시무하는 직무뿐만 아니라 각자의 달란트에 따라(마 25:14~30) 각양 직무를 수행하도록 하였다.

1. 지교회 관리

1) 지교회 목사는 교인을 위하여 기도한다(롬 1:9).
2) 교훈하고 강도한다(딤전 4:13). 지교회 목사는 하나님의 말씀으로 하나님의 양 무리의 영혼을 먹이는 자이다. 성경 말씀을 가르치며 강도하는 것은 영혼의 양식을 공급함이다.
3) 성례를 거행하며 찬송하는 일을 한다.
4) 하나님을 대표하여 축도한다. 하나님을 대표하여 하는 축도는 정치 제7장 11항에 규정한 대로 고린도후서 13:13의 말씀과 같이 "있을지어다"로 해야 한다(1960년 제45회 총회 결의).
5) 어린아이와 청년을 교육하며 교인을 시취(試取)한다.
6) 교우를 심방한다. 심방하기를 좋아하는 것은 하나님이 주신 직능이다(눅 15:3~6). 사도들은 심방의 모범을 보이셨으며(행 15:36), 심방으로 교회의 통일을 유지한다.
7) 궁핍한 자와 병자와 환난 당한 자를 위로한다(약 1:27).
8) 장로와 합력하여 치리권을 행사한다.
9) 목사의 이중직 금지: 목사의 이중직은 금하나, 단 총신대학교, 총신대학교 신학대학원, 총회 인준 신학대학교 신학대학원(지방신학교 포함), 석좌 교수, 강의 전담 교수, 연구 교수, 산학 협력 교수, 초빙교수, 겸임 교수가 비상근 비보직 교수로서 주 9시간 미만 강의한 경우와, 총회 산하 각 기관의 비정규직과 지교회 부설 유치원, 어린이집, 복지 기관의 장은 이중직 금지 원칙에 해당되지 않는다(제97회, 제103회 총회 결의).

10) 목사의 이중 국적 금지: 목사가 해외 시민권자일 경우 이중 국적에 해당하므로 담임 목사직을 수행할 수 없다(제97회 총회 결의). 그러나 영주권자인 경우에는 담임 목사직을 수행할 수 있다. 현재 이중국적자가 담임목사인 경우에는 소급적용을 할 수 없으나 1년 이내에 한국국적을 취득해야 한다(제98회 총회 결의). 단 총신대학교, 총신대학교 신학대학원과 총회 인준 신학대학교(신학대학원 포함) 교수는 예외로 한다(제98회 총회 결의).

2. 기독교 교육

기독교계 학교에서 성경을 가르치며 학생 지도와 상담을 한다. 목사가 기독교계 학교에서 종교상 도리와 본분을 교훈하는 직무를 받을 때는 목양적 본분을 잊지 않아야 됨을 규정하고 있다.

3. 선교사

외국에 나가서 선교할 때에는 성례를 거행하며 교회를 설립하고 조직할 권한, 곧 노회권이 있다.

헌법은 교회 설립과 장로를 세워 교회를 조직하는 일은 노회의 허락 없이 개인으로는 할 수 없도록 규정하였는데(정치 제10장 제6조 5항) 선교사에게는 예외의 특권을 부여했다. 이는 교회나 노회나 총회가 없는 나라와 지역에서 허용되는 것이지, 이미 본 교단 노회가 조직된 지역에서는 노회의 허락을 받아야 한다.

또한 국내에 있는 외국인들에게 전도하는 목사도 선교사로 인정하였다. "외국인 근로자 협의회에서 봉사하는 목사를 선교사로 인정하기로 하다"(1998년 제83회 총회 결의).

4. 문서 선교

기독교 신문이나 서적에 관한 사무를 시무하는 목사로서 교회에 덕을 세우고 복음 전파에 유익하도록 힘써야 한다.

5. 기독교 교육 지도자

교회나 노회나 총회와 관계된 교육 기관에서 청빙을 받아 교육하는 일로 시무할 수 있다.

6. 강도사의 기관 청빙

본 조항은 강도사가 위의 2, 4, 5항의 직무를 당할 때도 그 기관의 청빙으로 노회나 총회가 정한 법절차에 따라 목사 임직을 받을 수 있다(성지 제14장 제1조, 제15장 제1조). 이 규정은 강도사가 신학교나 기독교계 학교나 노회 혹은 총회의 교육 기관에 청빙을 받을 경우 지교회의 청빙을 받는 강도사와 같은 대우를 받는다는 규정이다. 왜냐하면 강도사는 청빙을 받지 않으면 목사 임직을 받을 수 없기 때문이다.

7. 집례거부

혼인은 한 남자와 한 여자의 결합으로 하나님께서 직접 세우신 가정의 기초이다. 그러므로 동성애는 하나님의 창조질서를 파괴하는 것이므로 동성애자와 본 교단의 교리에 위배되는 이단에 속한 자가 결혼주례, 장례 등 애경사의 집례를 요청하였을 경우 이를 거부해야 하며, 이런 자들은 당회결의로 교인명부에서 제적(삭명) 처리하여 추방해야 한다.

❖ 제4조 목사의 칭호

목사가 그 담임한 시무와 형편으로 인하여 다음과 같은 칭호가 있다.

1. **위임 목사**

   한 지교회나 1구역(4지교회까지 좋으나 그 중 조직된 교회가 하나 이상됨을 요함)의 청빙으로 노회의 위임을 받은 목사니 특별한 이유가 없으면 그 담임한 교회를 만 70세까지 시무한다. 위임 목사가 본 교회를 떠나 1년 이상 결근하게 되면 자동적으로 그 위임이 해제된다.

2. **시무 목사**

   조직 교회 시무 목사는 공동의회에서 출석 교인 3분의 2 이상의 가결로 청빙을 받으나 그 시무 기간은 1년간이요, 조직 교회에서는 위임 목사를 청함이 원칙이나 부득이한 형편이면 다시 공동의회에서 3분의 2의 가결로 계속 시무를 청원하면 1년간 더 허락할 수 있다.

   단, 미조직 교회에서 시무 목사 시무 기간은 3년이요, 연기를 청원할 때에는 당회장이 노회에 더 청원할 수 있다.

3. **부목사**

   부목사는 위임 목사를 보좌하는 임시 목사니 당회의 결의로 청빙하되 계속 시무하게 하려면 매년 당회장이 노회에 청원하여 승낙을 받는다.

4. **원로 목사**

   동일(同一)한 교회에서 20년 이상 시무한 목사가 연로(年老)하여 노회에 시무 사면을 제출하려 할 때에 본 교회에서 명예적 관계를 보존하고자 하면 공동의회를 소집하고 생활비를 작정하여 원로 목사로 투표하여 과반수로 결정한 후 노회에 청원하면 노회의 결정으로 원로 목사의 명예직을 준다. 단, 정년이 지나면 노회의 언권만 있다.

5. 무임 목사

담임한 시무가 없는 목사니 노회에서 언권이 있으나 가부권은 없다.

6. 전도 목사

교회 없는 지방에 파견되어 교회를 설립하고 노회의 결의로 그 설립한 교회를 조직하며 성례를 행하고 교회의 부흥 인도도 한다. 단, 노회의 언권은 있으나 결의권은 없다.

7. 교단 기관 목사

노회의 허락을 받아 총회나 노회 및 교회 관계 기관에서 행정과 신문과 서적 및 복음 사역에 종사하는 목사이다.

8. 군종 목사

노회에서 안수를 받고 배속된 군인 교회에서 목회와 전도를 하며 성례를 행한다.

9. 군 선교사

본 교단에서 강도사 고시에 합격하고, 목사 안수를 받은 후 군인 교회를 섬기는 목사이다.

10. 교육 목사

노회의 허락을 받아 교육 기관에서 성경과 기독교 교리를 교수하는 목사이다.

11. 선교사

다른 민족을 위하여 외지에 파송을 받은 목사이다.

12. 은퇴 목사

목사가 연로하여 시무를 사면한 목사로 한다.

해설

제1조에 언급한 목사의 칭호는 목사의 직무상으로 본 칭호이고, 본 조에서는 목사의 신분상으로 본 칭호로서 그 시무 형편에 따라 칭호가 달라진다.

1. 위임 목사[8]

한 지교회[9]나 1구역(4지교회까지 좋으나 그중 조직된 교회가 하나 이상 됨을 요함)의 담임 청빙으로 노회의 위임을 받은 목사다. 특별한 이유가 없으면 그 담임한 교회를 만 70세 마지막 날까지 시무한다(정치 제17장 제1조~4조, 제97회 총회 결의). 그렇지만 위임 목사가 본 교회를 떠나 1년 이상 결근하게 되면 자동적으로 그 위임이 해제된다. 그러나 안식년 제도가 생긴 다음에는 교회와 노회의 허락을 얻어 1년간 쉴 수 있다(1975년 제60회 총회 결의).

1) 위임 목사의 필수 조건

(1) 시무 장로가 있는 조직 교회여야 한다.
(2) 법적인 절차에 의하여 교회의 청빙을 받아야 한다.
(3) 노회의 허락을 받아야 한다(정치 제15장 제9조).
(4) 위임 예식을 거행하여야 한다(정치 제15장 제2조~6조).
(5) 위임 국장이 위임 목사가 된 것을 공포함과 동시에 위임 목사의 효력이 발생하며 당연히 당회장권이 수임된다.

---

[8] "위임 목사 효력 발생 시기에 대한 건은 위임식을 거행한 때부터 효력이 발생한다(1972년 제57회 총회 결의)."
[9] "교회 규칙 중 제4조 사이 총회 직무에 대하여 오지회(伍支會)라 하는 말은 조직한 지교회(支敎會)를 말한 일(1912년 제1회 총회 결의)."

2) 위임 목사의 해임

(1) 정치 제17장 제1조~4조에 의한 자유 사면 및 사직과 권고 사면 및 사직

(2) 정치 제17장 제5조와 본 조에 규정한 대로 1년 이상 결근 시.

3) 폐당회 후의 위임 목사의 신분

위임 목사는 시무 장로가 있어야 함이 필수 조건이므로 폐당회 후에 목사의 신분은 위임 목사일 뿐이다. 제60회 속회 총회에서 "2년 내에 당회 조직을 회복하면 위임식을 거행할 것 없이 여전히 위임 목사로 시무함이 가하니라"는 결의를 하였다. 그러나 폐당회 기간 동안 신분은 위임 목사이나 위임 목사의 권한(피선거권, 상회 총대, 시찰장, 재판국원, 타교회 임시당회장)이 중지된다. 2년 내로 장로를 세워 당회가 회복되면 위임 목사의 신분과 권한이 보장된다.

2. 시무 목사

시무 목사는 당회가 있는 조직 교회에 부임하여 위임받지 않은 시무 목사와, 당회가 조직되지 않은 미조직 교회에서 시무하는 시무 목사로 구분된다.

1) 조직교회에서의 시무 목사 청빙 및 시무 기간

조직교회는 위임목사를 청빙함이 원칙이나 시무목사로 청빙할 시 시무기간은 1년이다. 그러나 1년이 경과하도록 위임식을 하지 아니하였을 경우 공동의회 3분의 2 결의로 1년 더 연기 청원을 할 수 있다. 시무 연기 청원이 없을 때에는 자동으로 무임목사(조직교회에서 위임식이 없을 경우에는 2년간만 시무할 수 있다)가 되므로 시무 교회를 사임해야 한다. 그러므로 조직교회 시무목사의 시무 기간은 2년이라고 말할 수 있을 것이다.

2) 미조직 교회에서의 시무목사의 청빙 및 시무 기간

미조직 교회에서 시무목사의 청빙 절차는 위임목사와 같고 위임 예식이 없는 것이 다르다. 시무 목사의 시무 기간은 3년이며, 3년이 경과하여 더 시무하려면 당회장이 노회에 계속 시무 청원서를 제출하여 노회의 허락으로 시무할 수 있다. 여기서 당회장은 현재 시무하고 있는 교회의 당회장이 아닌, 대리 당회장(당회가 노회 안에 있는 목사를 초청하거나 노회가 파송하여 그 안건만 다루는 목사)을 의미한다. 왜냐하면 3년 시무기간이 다하여 연기청원을 할 시는 당사자가 본인의 문제를 처리할 수 없기 때문이다. 이때 대리 당회장은 청빙절차(정치 15장 2조, 제21장 제1조)를 밟아 대리 당회장의 이름으로 노회에 청원해야 한다.

유의해야 할 점은 본 조항의 '시무목사'가 노회의 회원권의 자격을 규정한 『정치』 제10장 3조의 '시무목사(위임목사)'와 다르므로 혼동을 하지 않아야 한다. 노회의 회원권(정치 제10장 3조)을 규정한 '시무목사'는 노회 안에서 '지교회에서 시무하는 목사'로 '지교회 시무목사(위임목사)'이다. 임시 목사에 관한 본 조항이 총회에서 여러 번 헌법 개정과 결의하게 된 것은[10] 임시목사의 권한과 관련하여 장로회 정치원리의 철저한 구현과 지교회의 시무 형편 사이의 긴장이 있어 왔기 때문이다.

---

10) 헌법 개정은 1964년 제50회 총회, 2010년 제95회 개정 결의와 제98회 공포가 있었다. 현행 헌법 이전의 시무 연한에 대한 총회 결의는 다음과 같다.
"미조직 교회 당회장 직무 연한에 관한 건은 헌법에 명문이 없고 각 노회 규칙 혹은 관례에 의하여 매년 1차씩 정기 노회 시에 임명해야 한다"(1951년 제36회 총회 결의).
"미조직 교회 목사(임시목사)가 노회장과 총회 총대가 될 수 있는지에 대한 질의 건은 법(노회장과 총회 총대가 될 수 없다)대로 하기로 가결하다"(2002년 제87회 총회 결의).

3. 부목사

부목사는 위임 목사를 보좌하는 목사이다. 부목사 청빙은 당회 결의로 청빙하되 계속 시무하려면 당회장이 노회에 청원하여 승낙을 받는다(헌법정치 제4조 3항, 2007년 제92회 총회 결의). 여기 부목사가 계속 시무하려면 당회장이 노회에 청원한다는 것은 당회의 결의로 당회장이 노회에 청원한다는 의미이다. 따라서 장로가 없는 미조직 교회에서는 부목사를 청빙할 수 없다.

1) 부목사와 시무 목사의 차이점
(1) 시무 목사는 조직 교회에서 위임 받지 아니한 목사와 미조직 교회를 시무하는 목사이나, 부목사는 위임목사를 보좌하는 목사이다.
(2) 시무 목사는 공동의회의 투표를 통하여 청빙을 받으나 부목사는 당회의 결의로 청빙을 받는다.
(3) 시무 목사는 노회의 허락으로 당회장과 공동의회 회장이 될 수 있으나 부목사는 당회장이 될 수 없다(단, 대리 당회장이나 임시 당회장은 될 수 있다).
(4) 시무 목사는 조직 교회에서는 1년, 미조직 교회에서는 3년간 시무하지만 부목사의 시무기간은 1년이다.

2) 부목사와 시무 목사의 같은 점
(1) 당회장이 계속 시무 청원을 해야 시무가 연장된다.
(2) 다 같이 동등한 노회 회원이다.
(3) 다 같이 노회에서 모든 선거에 투표권이 있다.

3) 부목사의 목사권
청빙 받은 지교회의 일반적 위치는 위임 목사를 보좌하는 목사이나 노회적 위치는 시무 목사이니 노회원이 된다. 따라서 부목사는 지교회의 청빙을 받으면 시무 목사나 위임 목사가 될 수 있다.

또 부목사는 노회의 파송하는 임시 당회장이 될 수 있으며, 당회의 요청으로 해교회나 그 노회 산하 지교회의 대리 당회장이 될 수 있다.

4) 부목사와 당회, 제직회, 공동의회

당회의 조직은 당회장인 목사와 시무 장로로 구성되므로 부목사는 당회원이 될 수 없다. 이는 교회의 기본 주권을 가진 공동의회의 투표를 받지 않았기 때문이다. 또 부목사는 지교회 당회원, 집사, 권사로 구성되는 제직회의 회원이 될 수 없다.

부목사는 공동의회 회장이 될 수 없다. 다만 해 노회가 임시 당회장으로 파송한 경우에는 공동의회 회장이 될 수 있다(정치 제21장 3항).

5) 허위 교회에서의 부목사

부목사는 위임 목사가 해임되고 허위 교회가 될 경우 잔여 시무 기간만 시무할 수 있고 그 기간이 끝나면 허위 교회 상태에서는 보좌할 위임 목사가 없으므로 계속 시무 청원도 할 수 없다. 이는 위임 목사가 없으면 부목사를 청빙할 수 없기 때문이다.

또 부목사는 동일 교회 담임 목사로 청빙 받을 수 없다(2003년 제88회 총회 결의). 이것은 "해교회 시무하는 부목사가 해교회 시무 목사 또는 위임 목사로 청빙될 수 없다"(1993년 제78회 총회 결의)는 결의를 재확인한 것이다. 마찬가지로 교육, 음악, 협동 목사 등도 부목사와 같이 해교회 담임 목사 청빙은 불가하다(2008년 제93회 총회 결의).

이러한 반복된 총회의 결의는 부목사의 목회 윤리적 측면을 결의한 것이지만, 기간을 정하지 않음으로 제도적 불비(不備)가 있다. 즉 2년 이상 일정 기간을 해교회 부목사 시무를 떠나 있어야 한다는 점이 보완되어야 한다.

4. 원로 목사

동일한 교회에서 20년 이상 계속 시무한 목사로서 본 교회와 노회의 결의로 명예적 관계를 보존하고 노회에서는 언권 회원이 되는 목사이다.

1) 원로 목사의 자격 및 절차

원로목사의 자격은 위임 목사로 청빙을 받아 부임시부터 동일한 교회(분립, 합병 교회 포함)에서 20년 이상 계속 시무한 목사이다. 원로목사가 정년 또는 개인 사정으로 시무를 사면하게 될 경우, 당회에서 원로 목사 생활비와 예우를 정한 후 공동의회에서 투표수 과반수의 찬성으로(정치 21장 제1조 5항) 결의하여, 노회에 원로 목사 청원서를 제출하고 노회의 허락을 받으면, 지교회에서는 원로 목사 추대식(예배)을 하여야 한다.

2) 원로 목사의 권한

원로 목사의 가장 중요한 권한은 그 명예를 보존하는 일이다. 그 권한은 정년 전에는 노회의 정회원이고, 정년이 지나면 노회의 언권 회원이 된다. 원로 목사의 명예적 관계는 지교회에서 생활비를 받는 일 외에 어떠한 치리권도 없으며 당회의 요청이 없으면 당회에 참석하지 못한다(정문 제86문답). 지교회에서 명예를 보전하는 것은 진심으로 원로 목사의 인격과 지혜를 존중해 주어야 하며, 본인 원로 목사도 후임자의 목양에 어려움이 생기지 않도록 지혜롭게 처신함이 성경과 헌법의 정신이다.

5. 무임 목사

무임 목사는 목사직은 가지고 있으면서 시무지(視務地)가 없는 목사로 노회의 언권 회원이 된다. 정치 제17장 4조에 의하면 목사가 성직에 상당한 자격과 성적이 없든지 심신이 건강하고 사역할 곳이 있어도 5

년간 무임으로 있으면 노회는 사직을 권고하도록 하고 있다.

6. 전도 목사

전도 목사는 교회 없는 지역에 교회 또는 노회의 파송으로 복음을 전파하며 노회의 허락으로 교회를 설립하고 조직하는 사역을 담당케 하는 목사로 노회의 언권 회원이다. 무임 목사의 권한과 동일하다.

7. 교단 기관 목사

노회의 허락으로 총회나 노회나 교회와 관계된 기관에서 사역하는 목사로 본 장 제3조의 4, 5항의 직무를 수행하는 시무 목사이다. 교단 기관 목사는 지교회 위임 목사가 될 수 없고 임시로만 시무할 수 있다(정치 제15장 12조 2항).

8. 군종 목사

노회의 임직과 파송으로 군부대 교회에서 사역하는 시무 목사이다. 군종 목사의 임직 연령은 만 27세로 특혜를 주고 있다(정치 제4장 제2조). 군종 목사의 선발은 국방부 지정 신학대학 2학년에 재학 중 국방부 주최 군종 장교 후보생 시험에 합격하고 신학대학원 1학년에 입학하면 해당 노회는 그 해 봄 노회에서 목사 안수를 준다(군목부장 서홍종 목사 청원에 의하여 제98회 총회 결의). 또한 신학대학원을 졸업하고 목사 임직 후 군필 및 성직 경력이 있는 자 중에서 군종 장교로 선발되면 군 부대에 배속되어 군종 장교로 시무한다.

군종 목사의 인사권은 군 당국에서 행사하며 군부대에 배속되어 시무하는 군종 장교로 목사의 신분은 여전히 노회의 관할 하에 있다. 군종 목사는 노회에서 정회원이다.

9. 군 선교사

군 선교사는 군종 목사는 아니지만, 노회의 파송으로 군인들에게 복음을 전하고 군인 교회를 섬기는 목사이다.

10. 교육 목사

노회의 허락으로 총회 산하 기독교 초·중·고·대학교·신학교·성경학교 등 교육 기관에서 성경과 기독교 교리를 가르치며 전도하는 목사로서, 노회의 정회원이다. 이 교육 목사는 지교회의 교육 및 교육 부서를 담당하는 목사가 아니고, 노회, 대회, 총회에 속한 독립된 교육 기관에서 시무하기 위해 교육 목사로 청빙 받은 목사이다.

11. 선교사

외국에 파송하여 다른 민족에게 선교하거나 국내에 있는 외국인에게 선교하기 위해 파송된 목사로서 제18장에서 상론하였다.

12. 은퇴 목사

만 70세 정년이 되어 은퇴를 하거나 정년이 아니되었을지라도 사정에 의하여 은퇴를 한 목사로서 무임 목사와 방불한 목사인데 정치 제10장 제3조에 의하여 노회의 언권 회원이다.

목사가 만 70세 정년이 되어 시무를 사면(辭免)하면 지교회에 당회장으로 파송될 수 없는 은퇴 목사가 된다. 그러나 정년 이전에 은퇴하게 되면 본인이 은퇴를 선언하거나 은퇴식을 했다 할지라도 여전히 무임 목사와 같은 위치에 있다. 따라서 만 70세 정년 이전이면 다시 지교회 당회장이 될 수 있다.

"목사가 그 직분을 사직(辭職)할 수 있는가?"에 대해 목사는 자기 직분을 임의로 사직할 수 없다. 건강상의 이유나 여타한 사정이 있을지라도 적어도 1년 동안 그의 목사직의 사직 동기와 이유를 자세히 살펴 노회가 결정하도록 하여야 한다(정문 제379문). 그러므로 목사는 노회에 시무 사직서와 시무 사면서를 잘 구분하여 제출하여야 한다.

제5장 치리 장로

❖ 제1조 장로직의 기원

율법 시대에 교회를 관리하는 장로가 있음과 같이 복음 시대에도 목사와 협력하여 교회를 치리하는 자를 세웠으니 곧 치리 장로이다.

▎해 설

장로는 구약 율법 시대로부터 신약 사도 시대를 거쳐 오늘에 이르기까지 그 직분이 존재하고 있음을 성경은 언급하고 있다. 그렇다 해서 구약 시대의 장로직과 오늘의 장로직이 같다는 말은 아니다.

오늘날 장로는 역사적으로 목사와 함께 교회의 거룩성을 지키기 위해 당회(Session)를 구성하는 데서 그 제도적 기원을 가지고 있다. 장로가 목회의 주체 기관인 당회의 구성원이 되므로 목사의 협력자로 하나님의 목양 사역을 함께 이루어나가도록 한 것이다. 따라서 초기 제네바 교회의 장로는 목양적 주체 기관인 당회(Consistory)의 한 회원으로서 목사와 함께 교인들을 훈육(訓育) 혹은 권징(church discipline)하는 목양 시스템의 중요한 사역을 감당하였던 것이다.

본 조에서 율법 시대에는 교회를 "관리하는" 장로가 있었고, 복음 시대에는 목사와 협력하여 교회를 "치리하는" 장로를 세웠다고 말하는 이유는 위에 언급한 목회 시스템이 신구약 성경을 통틀어 계속 되어야 함을 규정한 것이다.

본 조에서 "목사와 협력하여"라는 의미는 이러한 목양 시스템인 장로회에서 목사와 동등한 권한을 가지고 치리권을 행사하나 목사가 주체가 되고 장로가 협력자가 되어 교회를 치리한다는 의미이다. 따라서 본 조항은 장로직에서 목사직이 파생되어 나왔다는 이론을 지지하지 않는다.

> **∻ 제2조 장로의 권한**
> 강도와 교훈은 그의 전무 책임은 아니나 각 치리회에서는 목사와 같은 권한으로 각 항 사무를 처리한다(딤전 5:17, 롬 12:7~8).

해설

장로는 목사와 같은 권한으로 당회, 노회, 대회, 총회에서 각 항 사무를 관장한다. 그러나 모든 장로가 다 노회, 대회, 총회의 시무에 대한 권한이 있는 것은 아니요, 노회나 대회나 총회는 총대가 되었을 경우에 그 회의 회원이 되어 권한을 행사한다.

1. 목사직과 치리 장로직의 차이점

그것은 근본적인 자격상의 차이가 아니고, 교훈권을 더 가진 목사직 은사의 지도적 성격 때문에 생긴 것이다. 예컨대 아래와 같다(정문 제99문답).

1) 장로는 성찬과 세례를 베풀지 못한다.
2) 장로는 목사가 임직하고 목사는 노회가 임직한다.
3) 장로는 목사 임직식 안수례에 참가하지 못한다.
4) 장로가 목사가 될 때에는 다시 임직한다.

5) 목사는 노회 관할에 속하나 장로는 당회 관할에 속한다.
그래서 목사는 노회에서 교회를 담임케 한 교회의 대표자요, 장로는 교인의 대표자이다.
6) 목사는 강도권, 축도권, 당회장권이 있고 장로에게는 없다.
7) 장로는 노회장, 총회장, 당회장, 공동의회 회장, 제직회 회장, 재판국장 등을 할 수 없고 오직 목사만이 할 수 있다.
"장로가 안수 및 축복기도를 못하는 이유에 대하여는 성경 중 사도의 행한 것으로 목사가 그 특권을 전수하여 금일까지 거행했기 때문이다(1930년 제19회 총회 결의)."

2. 목사직과 장로직의 동등한 점

각 치리회에서는 목사와 같은 권한으로 각 항 사무를 처리한다. 이것은 사역상 동등의 권리를 나타낸다(발언권, 결의권만 같다).

✢ 제3조 장로의 자격

만 35세 이상 된 남자 중 입교인으로 흠 없이 5년을 경과하고 상당한 식견과 통솔력이 있으며 디모데전서 3:1~7에 해당한 자로 한다.

| 해설

본 조에 언급한 장로의 자격은 임직 절차에 대한 자격이 아니고 피선거권에 대한 자격을 의미한다.

1. 만 35세 이상 된 남자

남자에게만 피선거권의 자격이 있는 이유는 다음과 같다.

1) 성경에 장로나 집사는 다 남자라야 한다고 했다(딤전 3:2, 12).
2) 사도행전 6장에서 최초의 항존직 일곱 사람 중에 여자는 한 사람도 없었다.
3) 여자의 머리는 남자요, 남자의 머리는 그리스도요, 그리스도의 머리는 하나님이시다(고전 11:3).
4) 여자는 가르치는 것과 남자를 주관하는 권이 없다(딤전 2:11~12).
5) 여자에게는 교회를 치리하거나 통치권이 없다(고전 14:34~35).
6) 예수님의 12사도, 속사도, 교부들, 주도적 종교개혁자들은 다 남자였다.
7) 위와 같은 이유가 특정 문화적 상황이 아니라 창조와 타락의 원리에서 기인하였기 때문이다(딤전 2:13~14).

이와 같은 이유에서 장로는 디모데전서 3:1~7에 해당된 자로 반드시 남자이어야 하고, 연령은 만 35세 이상의 입교인이어야 한다.

2. 입교인

입교인(入敎人)이란 기독교에 정식으로 입문한 교인이다. 당회의 결의로 세례를 받은 교인과 유아 세례 및 어린이 세례를 받은 후 만 14세 이후에 입교 서약을 하고 입교한 교인이다. 그 법적 기준은 당회록과 세례 교인 명부에 기록된 교인이다. 소위 새신자 카드에 등록한 교인이나 학습 교인은 입교인이 아니다.

3. 흠 없이 5년을 경과

장로 피선거권자는 무흠 5년을 경과하여야 한다. 여기서 무흠 5년이란 그 교회에서 권징조례 제5장 제35조에 의거 처벌받지 아니하고, 신앙과 덕행이 인정되는 자를 내포한다.

  1989년 제74회 총회 결의는 "정치 제5장 제4조 장로 자격 중 무흠 5년에 대한 질의는 본 교단에 속한 교회에서 무흠 5년으로 해석함이 옳다."고 하였다.

  그러나 정치 제6장 제4조 4항 "무임 집사 : …… 본 교회에 전입하여 만 2년이 경과하고, 공동의회에서 집사로 피선되면 취임식만 행하고 안수 없이 시무 집사가 된다."고 한 집사에 대한 법조문과 비교할 때 장로는 그 교회에서 만 2년보다는 많은 시간을 섬겨야 교회 형편을 알고 치리하는 장로로서 시무할 수 있지 않겠는가? 그러므로 장로의 자격은 그 교회에서 만 5년 이상의 섬김이 필요하다고 여겨져 "입교인으로 흠 없이 5년을 경과하고"를 본 교회 입교 또는 전입해서 만 5년 이상 교회를 잘 섬긴 남자 교인이라야 장로의 자격이 있다고 보아야 한다.

4. 상당한 식견과 통솔력

  장로는 목사와 협력하여 교회를 치리할 자이므로 상당한 식견과 통솔력이 있어야 한다. 상당한 식견이란 성경에 대한 지식과 건전한 상식과 지혜를 가져야 한다는 의미이며, 통솔력이란 사리를 옳게 판단하고 이를 실천할 지도력을 의미한다.

5. 디모데전서 3:1~7에 해당하는 자

  장로의 자격 중 디모데전서 3:2 "한 아내의 남편이 되며"에서 미혼자는 장로 피선거권이 없는가?에 대한 청원에 2010년 제95회 총회까지 미혼 장로의 피선거권을 인정하지 않았으나 제96회 총회에서는 가능하도록 결의하였다.

❖ 제4조 장로의 직무

1. 교회의 신령적 관계를 총찰한다.

    치리 장로는 교인의 택함을 받고 교인의 대표자로 목사와 협동하여 행정과 권징을 관리하며, 지교회 혹은 전국 교회의 신령적 관계를 총찰한다.

2. 도리 오해(道理誤解)나 도덕상 부패를 방지한다.

    주께 부탁 받은 양무리가 도리 오해나 도덕상 부패에 이르지 않기 위하여 당회로나 개인으로 선히 권면하되 회개하지 아니하는 자가 있을 때에는 당회에 보고한다.

3. 교우를 심방하되 위로, 교훈, 간호한다.

    교우를 심방하되 특별히 병자와 조상자(遭喪者)를 위로하며 무식한 자와 어린아이들을 가르치며 간호할 것이니 평신도보다 장로는 신분(身分)상 의무와 직무(職務)상 책임이 더욱 중하다.

4. 교인의 신앙을 살피고 위하여 기도한다.

    장로는 교인과 함께 기도하며, 위하여 기도하고 교인 중에 강도의 결과를 찾아본다.

5. 특별히 심방할 자를 목사에게 보고한다.

    병환자와 슬픔을 당한 자와 회개하는 자와 특별히 구조 받아야 할 자가 있을 때에는 목사에게 보고한다.

❙ 해 설

1. 교회의 신령적 관계를 총찰한다.

'신령적 관계'란 정치 제1장 8조에 규정한 바와 같이 국법상의 행정이나 재판이 아니라, 만국 교회의 머리 되신 예수 그리스도의 권고와 은총에 관한 다스림을 말한다. 그러므로 신령적 관계는 교회법상의 관계요 국가 법률이 아니다. 장로는 지교회에서 행정과 권징에 대한 직무가 자동적으로 부여되고, 상회에서는 총대가 될 경우 노회회원이 되어 지역 교회의 신령적 관계를 총찰하고 또는 대회나 총회의 회원이 되어 전국 교회의 신령적 관계를 총찰(總察)한다. "총찰한다"는 의미는 "모든 일을 맡아서 보살핀다"는 말이며 서론적인 언사로 총찰하는 내용은 다음과 같다.

1) 교인의 대표자로 목사와 협동한다.

장로가 '교인의 대표자'라는 말은 정치적 의미에서 교인들의 의사를 반영한다고 하더라도 성경적이고 신학적인 의미에서 장로는 언제나 교인 전체 가운데 있는 하나님의 뜻을 반영해야 한다는 의미에서 대표자이다. 그래서 우리 헌법이 기초하고 있는 『웨스트민스터 헌법정치』에는 장로가 '교인의 대표자'라는 말이 없는 것이다. 그러나 정치적 의미에서 그리스도의 사도성(the Apostolicity)은 지교회의 신자들의 회(coetus fidelium)인 회중 전체에도 부여된 것이기 때문에 장로는 교인들의 대표자로서 신자들에게 부여된 하나님의 뜻을 하나님과 목회자 그리고 회중 앞에서 양심적으로 대변하여야 한다. 목사와 협동한다는 의미는 이러한 관점에서 목사와 협력한다는 의미이지, 세속적인 정치 파당적 관점에서 대중(다수)의 의견을 대변한다는 의미가 아니다.

2) 행정을 관리한다.

행정이란 헌법 중에서 교회 정치에 의한 다스림을 말하는 것으로 재판 사건 이외의 모든 다스림을 행정건이라 한다(권징 제1장 5조). 따라서 본 조에서 협의적 행정의 의미는 치리회(당회, 노회, 대회, 총회)의 재판건이 아닌 행정상의 불법 부당한 행위에 대하여 제기된 행정 사건이다.

3) 권징을 관리한다.

　　권징이란 재판건을 의미하는 것으로 헌법 중에서 권징 조례에 의한 재판 사건을 가리킨다(권징 제1장 5조).

2. 도리 오해나 도덕상 부패를 방지한다.

　장로는 교인들이 신조와 교리 그리고 성경의 그릇된 이해로 교회의 변질과 교인들의 도덕성이 부패함으로 하나님의 영광을 훼방하는 일이 없도록 교인을 잘 지도해야 한다.

1) 도리 오해

　　교인들이 성경적 교리를 오해하거나 설교에 대하여 오해하거나 성경을 잘못 해석하여 신앙석으로 상심하지 않게 하며, 불경건한 집회에 참석함으로 말미암아 신앙에 손실이 없도록 지도해야 한다.

2) 도덕적 부패

　　성도 간에 부덕한 행위로 말미암아 신앙적으로나 사회적으로 불신자 또는 성도 간에 비방거리가 되지 않도록 권면하고 지도해야 한다.

3) 회개하지 않는 자에 대하여

　　"당회로나 개인으로 선히 권면하되 회개하지 아니하는 자는 당회에 보고한다."고 하였는데, 당회가 당회에 보고한다는 의미는 행정건에서 재판건으로 넘어가는 것을 의미한다. 그리고 당회원 개인으로서도 권면을 하되 그 여부를 당회에 보고하며 종시 회개하지 않을 경우에는 교회의 성결을 유지하기 위하여 권징으로 다스릴 수밖에 없는 일이다(마 18:15~17).

3. 교우를 필히 심방하되 위로, 교훈, 간호한다.

심방은 교역자나 권사가 하는 것으로 이해하는 이들이 많으나 장로의 직무 중 심방은 신분과 직무상 책임이 중하다고 규정하고 있다. 특히 병자와 조상자(遭喪者)[11]를 위로하며 무식한 자와 어린아이들을 가르치며 간호하라 하였다.

4. 교인의 신앙을 살피고 위하여 기도한다.

본 조에서 "교인 중에 강도의 결과를 찾아본다."는 말은 목사의 설교를 평가하는 장로가 되라는 의미가 아니라 강도를 받아들이는 교인의 자세를 중심으로 살펴야 하며 이를 위하여 특별히 기도하며 교인들의 신앙을 위하여 기도하여야 한다는 것이다.

5. 특별히 심방할 자를 목사에게 보고한다.

장로의 심방은 예비적 심방으로서 목사와 함께 심방하여 도와야 할 교인을 살피는 심방이다(위 3항). 이는 장로의 직무가 부교역자와 다른 직원보다 항존직으로서 평생 목사의 목양 사역에 가장 중요한 협력자이자 동반자임을 강조한 규정이다.

❖ 제5조 원로 장로

동일한 교회에서 20년 이상 시무하던 장로가 연로하여 시무를 사임할 때 그 교회가 그의 명예를 보존하기 위하여 공동의회의 결의로 원로 장로로 추대할 수 있다. 단, 당회의 언권 회원이 된다.

---

11) 조상자(遭喪者)란 가까운 이가 죽어 슬픔을 당한 자를 의미한다.

| 해 설

원로 장로는 명예직으로 동일한 교회에서 20년 이상 시무하던 장로가 시무를 사임할 때에 교회가 그 명예를 보존하기 위하여 공동의회의 결의로 추대된 장로이다.

1. 원로 장로의 자격

1) **동일한 교회에서 20년 이상 시무한 자**
   계속 시무가 아니더라도 동일한 교회에서 시무한 연수를 합하여 20년 이상이면 된다.
2) **시무를 사면한 자**
   반드시 만 70세 정년이 되지 않아도 시무 기간이 20년 이상 된 자가 시무를 사임하여 원로장로가 되려면 공동의회 결의를 하여야 한다.
3) **공동의회의 결의로 추대된 자**
   정치 제21장 제1조 5항에 의거 출석 회원 과반수 찬성으로 교회의 추대를 받는다.

2. 원로 장로의 권한

원로 장로는 당회의 언권 회원이 된다. 언권 회원이라는 말은 결의권, 선거권, 피선거권이 없으나 발언권만 있는 당회원이라는 말이다. 여기서 언권이라는 의미는 교회의 역사와 함께한 원로로서 목회와 치리의 지혜를 권면하는 것으로 담임 목사나 시무 장로의 직무를 어렵게 하라는 의미의 언권이 아니다.

원로 장로는 당회의 언권 회원이므로, 정년 이전의 원로 장로는 제직회의 언권과 결의권을 구비한 회원이고(정치 제 21장 2조 1항), 정년 이후의 원로 장로는 제직회의 발언권이 없다(제95회 총회결의). 은퇴 장로는 70세 정년이 넘으면 제직회 회원이 될 수 없다.

❖ 제6조 은퇴 장로
연로하여 퇴임한 장로이다.

l 해 설

1. 은퇴 장로는 만 70세 정년이 되어 퇴임한 장로로서 장로라는 칭호만 가지고 있다.
2. 만 70세 이전이라도 연로하거나 신병으로 시무하기 어려워 자진 시무 사면 청원하면 당회 결의로 은퇴 장로가 된다(정치 제13장 제5조). 이 경우 장로직의 사직(辭職)이 아니라 사면(辭免)된 휴직(휴무) 장로이다.

❖ 제7조 협동 장로
무임 장로 중에서 당회 의결로 협동 장로로 선임하고 당회의 언권 회원이 된다.

l 해 설

본 교단 타 교회에서 이명 온 무임 장로 중에서 당회의 의결로 협동 장로로 선임하고 당회의 언권을 주어 교회를 섬기게 할 수 있다. 여기서 무임 장로는 해당 교회에서 시무하다가 무임이 된 장로가 아니라, 타 교회에서 이명하여 왔으나 아직 교인들의 투표를 받지 아니한 무임 장로를 의미한다.

제6장 집사(執事)

> ❖ **제1조 집사직(職)**
> 집사직은 목사와 장로직과 구별되는 직분이니 무흠한 남교인으로 그 지교회 교인들의 택함을 받고 목사에게 안수(按手) 임직을 받는 교회 항존(恒存)직이다.

| 해설

본 장에서 규정하는 집사는 임시직인 서리 집사와는 다른 안수로 임직한 집사를 말한다(정치 제3장 제3조 4항).

집사는 가난한 자를 돌보는 일을 하며 교회 직원의 영적인 위로와 교훈과 기도가 세상 구제와 연결되도록 봉사하는 직분이다(정문 제116문답).

집사직은 목사직과 장로직과는 구별되는 직분으로 무흠한 남자교인 중에서 교인의 택함을 받고 당회의 교양과 고시에 합격하면 당회가 임직한다. "집사"는 안수 받는 또 하나의 항존직이다(빌 1:1, 딤전 3:1~7, 8~13).

1. 집사직은 목사직과 구별된다(정문 제120문답).

1) 목사직은 가르치는 직무가 전문이나, 집사직은 가르침을 받아 봉사하는 직무이다.
2) 목사직은 장로직과 함께 교회를 치리하는 자로 다스리는 직무

이나, 집사직은 다스림을 받는 직무이다.
3) 목사는 교회에서 생활비를 받고 일하나, 집사는 보수 없이 봉사하는 자이다.
4) 목사는 세상 직업을 가질 수 없으나, 집사는 직업을 가지면서 교회의 직분도 갖는다.
5) 목사는 전교인을 대상으로 일하나, 집사는 당회의 지도하에 빈곤한 사람을 위하여 일한다.
6) 목사는 장로와 함께 노회, 대회, 총회의 회원이 될 수 있으나, 집사는 상회 회원권을 가질 수 없다.

2. 집사직은 장로직과 구별된다(정문 제121문답).

장로는 교회의 신령한 일을 주관하나, 집사는 교회의 재정출납과 구제에 관한 일만 주관한다.

3. 집사직은 항존직이다.

정치 제3장 제2조에서 집사는 목사와 장로와 함께 교회의 항존직임을 규정하고 있다. 이것은 집사직이 일시적이고 긴급하게 필요해서 도입된 것이 아니기 때문이다(정문 제115문답).

4. 집사의 피선거권

집사는 무흠한 남자 교인이어야 한다. 장로는 무흠 5년을 경과하여야 하나 집사는 그 기간에 대한 규정이 없다. 단, 무임 집사의 피택은 본교회 전입 만 2년이란 조건이 있다(정치 제6장 제4조 4항).

5. 집사의 임직

집사의 임직은 지교회 교인들의 택함을 받아야 한다. 공동의회에서 투표수 3분의 2 이상의 찬성을 얻어야 한다.

집사의 임직은 안수 임직으로 받아야 한다. 당회의 교양과 고시에 합격한 자를 당회가 임직하기로 작정한 일시에 안수 기도하여 집사 직무를 위임하는 임직식을 거행하여야 한다.

안수 집사를 세우는 권한은 당회에 있다(정치 제13장 제2조). 그런데 본 조문은 "목사에게 안수 임직을 받는"다 하였으므로 혼동이 있을 수 있다. 안수 집사를 세우는 일은 조직 교회에서 세우되 노회의 규칙에 의할 것이며, 만일 노회의 규칙이 없으면 미조직 교회에서도 당회가 유익하도록 모두 세울 수 있다(정치 제13장 제3조 5항, 1932년 제21회 총회 결의).

> ✣ **제2조 집사의 자격**
> 집사는 선한 명예와 진실한 믿음과 지혜와 분별력이 있어 존숭(尊崇)을 받고 행위가 복음에 합당하며, 그 생활이 다른 사람의 모범이 될 만한 자 중에서 선택한다. 봉사적 의무는 일반 신자의 마땅히 행할 본분(本分)인즉 집사 된 자는 더욱 그러하다(딤전 3:8~13).

l 해 설

집사는 남자 세례 교인 중에 성령과 지혜가 충만하고, 교인들에게 존경을 받는 신실한 성도로 교인의 선택을 받은 디모데전서 3:8~13에 해당한 자이어야 한다.

1. 진실한 믿음의 소유자로서 믿음과 성령이 충만하여 일구이언하지 않는 자이어야 한다.
2. 복음에 합당하게 행하여 모든 성도들 가운데 모범이 되는 자이어야 한다.

3. 신령한 지혜가 충만하여 영적 분별력이 있어야 한다.
4. 술에 인 박이지 아니한 자이어야 한다. 여기서 "술에 인 박이지 아니하고"는 중독만 안 되면 된다는 의미가 아니다(잠 23:31). 헌법적 규칙 제2조 5항은 음주 흡연을 금하고 있다.
5. 더러운 욕심을 탐하지 않고 깨끗한 양심을 가져야 한다.

✢ 제3조 집사의 직무

집사의 직무는 목사 장로와 합력(合力)하여 빈핍 곤궁한 자를 권고하며 환자와 갇힌 자와 과부와 고아와 모든 환난당한 자를 위문하되 당회 감독 아래서 행하며 교회에서 수금한 구제비와 일반 재정을 수납 지출(收納支出)한다(행 6:1~3).

| 해 설

집사의 직무는 단독으로 행사할 수 있는 직무가 아니고 목사, 장로와 협력하여 행해야 한다. 지교회에서 목회의 주체는 담임목사이고 당회원이 협력자이기 때문에, 당회의 감독 하에서 수임된 직무를 수행해야 한다.

1. 봉사하는 직분이다.

집사는 교회를 위하여 당회로부터 봉사의 권한과 의무를 수임 받았으므로 교회에서 봉사 헌신해야 하고, 또한 "가난한 자, 환자, 갇힌 자, 고아, 과부, 환난당한 자"들을 섬겨야 한다. 그러므로 집사의 직무는 교회생활 속에서 봉사해야 하며, 소외된 자들의 이웃이 되어 그들을 권면하고 위로하여야 한다.

2. 구제와 재정 출납을 담당하는 직분이다.

집사의 처음 직무는 구제를 담당하는 일이었다(행 6:1~3). 그러다가 교회의 성장에 따라 재정 출납에 대한 직무까지 맡게 되었다. 집사의 재정 출납이나 구제는 공동의회의 결의와 당회의 감독 아래 이루어져야 한다.

> ❖ **제4조 집사의 칭호**
> 1. **시무 집사**: 본 교회에서 임직 혹은 취임 받아 시무하고 있는 집사
> 2. **휴직 집사**: 본 교회에서 집사로 시무하다가 휴직 중에 있거나 혹은 사임된 자
> 3. **은퇴 집사**: 연로하여 은퇴한 집사
> 4. **무임 집사**: 타 교회에서 이명 와서 아직 취임을 받지 못한 집사이니, 만 70세 미만인 자는 서리 집사직을 맡을 수 있고, 본 교회에 전입하여 만 2년이 경과하고, 공동의회에서 집사로 피선되면 취임식만 행하고 안수 없이 시무 집사가 된다.

| 해 설

1. 시무 집사

"본 교회에서 임직 혹은 취임 받아 시무하고 있는 집사"로 규정하였다. 집사 임직은 공동의회에서 투표를 받고 6개월 이상 당회의 교양을 받은 후 당회의 고시에 합격한 자가(정치 제9장 제5조 4항) 목사에게 안수 임직 혹은 시무 취임 받는 것을 의미한다. 본 조에서 "임직"이란 안수 임직을 말하며, "취임"이란 과거에 임직 받은 집사나 휴직 집사나 무임 집사로 있다가 교인의 투표를 받고 시무 취임만 거행하는 것을 의미한다.

2. 휴직 집사

"휴직 중에 있는 자나 사임된 자"라고 규정하였다. 사임된 자는 시무 집사가 사직서가 아닌 사임서를 제출한 후 당회에서 수리 된 자이니 이는 곧 무임 집사와 다를 바 없고, 다시 시무하려면 교인의 투표를 받은 후 안수는 하지 아니하나 취임식을 행해야 한다. 그러나 휴직 중에 있는 자는 유기 휴직은 휴직 기간이 끝나면 당회장의 선언으로 시무 집사가 되나 무기 휴직은 다시 시무를 하려면 당회의 결의로 시무를 허락할 수 있다(정치 제13장 제5조).

3. 은퇴 집사

"연로하여 은퇴한 집사"로 규정하였다. 은퇴 집사는 만 70세 시무 정년이 되었거나, 연로, 병환, 일신상의 이유로 은퇴한 자이다. 은퇴 집사는 사실상 무임집사와 동일하며, 집사의 칭호만 가질 뿐이다.

4. 무임 집사

"타 교회에서 이명 와서 아직 본 교회 교인의 투표와 교회의 취임을 받지 아니한 자로, 만 70세 미만인 자는 협동 집사직을 맡을수 있고, 본 교회에 전입하여 만 2년이 경과하고, 공동의회에서 집사로 피선되면 취임식만 행하고 안수 없이 시무 집사가 된다." 라고 규정하였다. 무임 집사는 만 70세가 지나면 자동적으로 은퇴 집사의 칭호로 바뀐다.

제7장 교회 예배 의식(儀式)

교회는 마땅히 교회의 머리 되신 그리스도의 설립하신 예배 의식을 준수(遵守)할지니 그 예식은 아래와 같다.

1. 기도(행 6:4, 딤전 2:1)
2. 찬송(골 3:16, 시 9:11, 엡 5:19)
3. 성경 낭독(행 15:21, 눅 4:16~17)
4. 성경 해석과 강도(딛 1:9, 행 9:20, 10:42, 눅 24:47, 딤후 4:2)
5. 세례(마 28:19~20, 막 16:15~16)
6. 성찬(고전 11:23~28)
7. 금식과 감사(눅 5:35, 빌 4:6, 딤전 2:1, 시 50:14, 95:2)
8. 성경 문답(히 5:12, 딤후 3:14~17)
9. 헌금(행 11:27~30, 고전 16:1~4, 갈 2:10, 6:6)
10. 권징(勸懲)(히 13:17, 살전 5:12~13, 고전 5:4~5, 딤전 1:20, 5:12)
11. 축복(고후 13:13, 엡 1:2)

해설

본 장의 "예배 의식(儀式)"이란 예배를 드리는 일정한 법식 또는 정하여진 방식에 따라 치르는 순서(Order)를 의미하지 않는다.[12] 본 조항은 헌법 1922년 초판에는 "敎會禮儀와 律例"로 되어 있다가 1930년 판에서 "교회 예배 의식"으로 개정되었다. 본 조항은 핫지(John Aspinwall

---

12) 본 조항의 율례(律例)가 John Aspinwall Hodge의 『교회 정치문답조례』에 제시된 1886년은 미국 남장로교회가 최초로 예배서(service book)를 제정한 1894년보다 이전이었다.

Hodge)의 『교회 정치문답조례』 제135문 "그리스도는 어떤 율례를 세우셨는가?"(What ordinances has Christ established?)에 대한 11가지 항목을 한국 초기 헌법을 제정할 때 그대로 법제화 한 것이다.

핫지가 말한 율례(律例, ordinances)란 성경 안에 있는 하나님의 모든 법으로 정해진 예배, 절기, 의식, 예표, 직원 등을 말한다. 이것은 하나님께서 성도를 모으시고 온전케 하며 구원의 유익을 주시기 위해 정하신 것이다. 1930년 판에서 "존경의 뜻을 표하기 위하여 예로써 나타내는 말투나 몸가짐"을 의미하는 "예의"(禮儀)는 삭제하여 율례의 의미만 남았다. 따라서 본 조항은 그리스도께서 명하신 교회 안에서 반드시 시행되어야 할 모든 '정통 실천'(orthodox praxis)의 의미를 가지고 있다. 따라서 본 조항은 예배와 관련된 것을 넘어 성도의 모든 실천 강령임에 유의하여야 한다.

교회가 예배 의식(율례)을 반드시 준수할 것을 명시하셨다. 그 이유는 교회의 머리 되신 그리스도께서 설립하셨기 때문이요 그리스도께서 말씀하신(요 4:21~23) 바이다.

예배 의식(율례)에 관하여서는 교회 헌법 대소요리 문답, 정치, 권징 조례, 예배 모범에 상론하였고, 헌법적 규칙 제4조에서도 규정하고 있으니 "주일 예배 시간에는 예배와 성례만 행하고 그 외의 모든 예식은 다른 날에 행하도록 하였으며, 주일에는 음식을 사 먹거나 모든 매매하는 일과 연회나 쾌락을 금"하였으며, 헌법적 규칙 제2조 5항에서는 "교회의 직원으로 성일을 범하는 자는 직임을 면함이 당연하고"라고 하였다.

1. 기도(행 6:4, 딤전 2:1)

성령께서 은혜의 직분을 행하실 때에 은혜를 베푸는 방도는 특별히 성경 말씀과 성례와 기도이다(신조 제9조). 그러므로 교회에서 행해져야 할 그리스도의 율례는 기도이다. 기도는 예수 그리스도와 그의 제자들이 성경에 지시하신 대로 하여야 한다.

그러나 잘못되어가는 기도의 형태를 지적해보면 다음과 같다.

1) 기도할 때 잘못된 용어를 사용하고 있다. 기도는 예배 모범 제5장에 상론하였다. 근래에 와서 '중보기도'라는 말을 분별없이 사용하는 이들이 많이 있음을 보게 된다. 이에 대하여 총회는 2000년 제85회 총회에서 "타인을 위한 기도를 '중보기도'라는 용어를 사용치 말고 '부탁기도'나 '이웃(남)을 위한 기도'로 사용하는 것이 합당하다."고 결의하였고, 2004년 제89회 총회에서는 '중보기도'란 용어 대신 '이웃을 위한 기도'를 사용하기로 한다고 하였다.

'중보기도' 대신 성경 디모데전서 2:1에 기록된 대로 '도고'란 용어를 사용함이 좋겠다.

디모데전서 2:5에 "하나님은 한 분이시요 또 하나님과 사람 사이에 중보자도 한 분이시니 곧 사람이신 그리스도 예수라"고 하신 말씀과 함께 로마서 8:34에 "이는 그리스도 예수시니 그는 하나님 우편에 계신 자요 우리를 위하여 간구하시는 자시니라"고 하였으니 여기 그리스도께서 하나님의 보좌 우편에서 기도하심은 예수님의 이름으로 기도하는 모든 성도들의 기도를 성부 하나님께 중보하시는 간구에 이의가 없다.

2) 2000년 제85회 총회 시에 헌금 기도를 하면서 "예수님의 이름으로 기도하옵나이다."로 끝맺지 않고 바로 축도로 들어가는 것은 잘못된 것이라고 결의하였다.

3) 그 외에 기도의 마무리를 "예수 이름으로 기도하옵나이다."나 "예수 씨의 이름으로 기도하옵나이다."라는 말은 좋은 것이 아니다. 반드시 "예수님의 이름으로 기도드립니다."라고 하는 것이 옳다.

2. 찬송(골 3:16, 시 9:11, 엡 5:19)

찬송에 관하여는 예배 모범 제4장에 상론하고 있다. 총회에서 찬송에 대하여 몇 가지 결의한 것이 있으니 다음과 같다.

1) 1936년 제25회 총회 시 "불신자의 집필(번역) 시는 찬송가에서 빼기로" 하였다(1936년 제25회 총회 결의).
2) 1988년 제72회 총회 시 "찬송가 582(구 261)장 〈어둔 밤 마음에 잠겨〉는 교회에서 부르지 않기로" 하였다(1988년 제72회 총회 결의).
3) 1993년 제78회 총회 시 "예배 시 악기 사용과 복음성가 사용건은 찬송가만 사용하고 예배 시 몸가짐은 예배 모범에 따르도록 하다."라고 하였다(1993년 제78회 총회 결의).
4) 1999년 제84회 총회 시 "열린 예배는 금지하기로 하다"라고 하였다(1999년 제84회 총회 결의).

3. 성경 낭독(행 15:21, 눅 4:16~17)

본 조에서 예배 시의 성경 낭독은 예배 모범 제3장에 상론하였다. 전술한 대로 예배 시의 낭독뿐만 아니라 성경을 주기적으로 경건하게 읽는 모든 성경 읽기(reading of Word of God)를 포함한다.

1) 성경 낭독은 공식 예배 순서 중의 한 부분이니 엄숙하며 경건하게 하여야 한다.
2) 아무나 자의로 낭독할 수 없고 반드시 목사나 그 밖에 허락을 받은 사람이 봉독하여야 한다.
3) 성경은 청중들이 알아듣게 하기 위하여 한글 성경을 봉독하여야 한다.[13]
4) 전체 예배 시간에 적당하게(균형 있게) 성경을 봉독하여야 한다.

4. 성경 해석과 강도(딛 1:9, 행 9:20, 10:42, 눅 24:47, 딤후 4:2)
강도는 예배 모범 제6장에 상론하였다.

> 1) 강도(講道)는 사람을 구원하는 하나님의 방침이니 강도하는 사람은 정성을 다하여 성경 해석에 오류가 없어야 한다.
> 2) 강도하는 사람은 그 언어가 성경에 적합하고 강도를 듣는 사람이 알아듣기 쉽게 말해야 한다.
> 3) 강도하는 사람은 자기의 학문을 자랑하지 말아야 한다.
> 4) 강도하는 사람은 자기 행실로 도리를 빛나게 하여야 한다.
> 5) 강도의 시간은 전체 시간에 알맞도록 배려하여야 한다.
> 6) 강도를 마친 후에는 기도로 하나님께 감사를 돌리고, 찬미와 축도로 폐회함이 옳다. 장로교 예배 순서는 강도 후 강도자의 기도와 찬송을 부르고 축도로 폐회하는 것이다.
> 7) 노회의 관할 하에 있는 모든 교회는 노회에서 파송한 사람 외에는 수하를 불문하고 당회나 담임 목사의 허락 없이는 강도함을 허락해서는 안 된다.

5. 세례(마 28:19~20, 막 16:15~16)
세례는 주 예수 그리스도께만 복종하고 다른 어떤 영적 주인도 갖지 않는 은혜의 언약이며 생의 전환으로서의 고백이자 시작이다. 따라서 초대교회에서 세례는 정식으로 기독교에 입문하는 '그리스도인 형성'(christian formation)의 가장 중요한 의식이었다. 그러므로 세례 전에는 반드시 일정한 그리스도인 형성 훈련(교육)이 필요하다.

---

13) "각 교회 예배 시 성경 봉독은 국문 성경으로 낭독케 하기를 각 노회에 부탁하기로 하다(1918년 제7회 총회 결의)."

세례에 관하여는 예배 모범 제9장과 헌법적 규칙 제6조에 상론하였다.

1) 어떠한 형편에서라도 평신도가 베풀 수 없다.
2) 세례는 반드시 목사가 베풀어야 한다.
3) 세례는 교회 예배 시 회중(공회) 앞에서 베풀어야 한다.
4) 세례는 교회당 회중 앞에서 베푸는 것이 당연하나 특별한 경우에는 사가(私家)에서도 행할 수 있으니 당회가 그 일에 대하여 결정한다.
5) 세례는 만 14세 이상 되고 예수를 믿은 지 6개월 이상 된 자에게 먼저 학습예식을 행한 후 계속하여 6개월 동안 신앙생활을 잘한 자에게 세례 문답을 하여 예식을 행한다.
6) 유아 세례는 만 6세까지의 유아에게 부모가 대신 신앙으로 양육할 것을 문답하고 예식을 행한다. 제102회 총회결의 헌법적 규칙 제6조 2항에 부모 중 한 편만이라도 세례 교인이면(혹은 입교인이면) 줄 수 있다고 되어 있다.
7) 어린이세례는 만 7세부터 13세까지 예수 그리스도를 영접하고 구원에 대한 확신이 있는 어린이가 세례를 받을 수 있으나 부모 중 한편 만이라도 세례교인이어야 한다. 또한 부모가 부재하거나 불신자일 때 신앙적 후견인(담당교역자, 교사, 교우, 신앙 지도를 할 수 있는 성도) 요청에 의해서 당회가 심사하여 어린이 세례를 줄 수 있다(제103회 총회결의).

6. 성찬(고전 11:23~28)

성찬에 관하여는 예배 모범 제11장에 상론하였다.
성찬은 예수 그리스도께서 세우신(마 26:26~28, 고전 11:23~28) 예식으로서 구원받은 성도가 대속의 은총에 감사하여 주님 다시 오실 때까지 주님을 기념하고 주의 죽으심을 전하는 것이다. 이러한 성찬은 보이지 않는 말씀으로 은혜의 수단이고 방편이며, 하나님의 영적 임재이며, 그리스도와 연합 그리고 성도들의 교제와 한몸 됨을 확증하는 예식이다. 이러한 성찬은 예배 중에 정기적으로 시행하여야 한다.

성찬은 1년에 2회 이상 거행하도록『헌법적 규칙』에 규정되었으나 『예배 모범』제11장 1항은 "성찬은 종종 베푸는 것이 좋으나 1년에 몇 회를 거행하든지 각 교회 당회가 작정하되 덕을 세우기에 합당한 대로 정한다."라고 되어 있다.

성찬의 시행은 반드시 1주일 전에 광고하여 성도들이 준비하게 하고 성찬에 쓰고 남은 떡과 포도즙은 정한 곳에 묻거나 불에 태워야 한다(헌규 제6조 4,5항).

7. 금식과 감사(눅 5:35, 빌 4:6, 딤전 2:1, 시 50:14, 95:2)

청교도들은 교회의 예전 절기를 주일성수와 금식일과 감사일로 집약하였다. 그러므로 금식과 감사는 중요한 교회의 실천 율례이다.

금식일과 감사는 예배 모범 제14장에 상론하였다. 개인적으로나 가족적으로나 교제하는 교우들끼리나 교회적으로나 전국 교회가 지킬 수도 있으니 미리 공포하여 육신의 일을 잠시 정돈하고 준비하여 이 날에는 목사가 공동 예배를 인도하고 종일토록 통회하고 자복하는 마음과 감사함으로 지내야 한다.

8. 성경 문답(히 5:12, 딤후 3:14~17)

성경의 교훈이나 교리를 잘 깨닫지 못하는 신자들을 가르치는 규례를 말한다(딤전 4:13). 웨스트민스터 신앙 고백이나 대·소요리 문답은 신자들에게 교리를 가르치는 데 중요한 자료가 된다. 교회는 전반에 걸쳐 교리를 체계적으로 배우는 교리교육(catechising)이 절대 필요하다. 성경을 교리적으로 이해하도록 성경공부를 장려해야 한다.

9. 헌금(행 11:27~30, 고전 16:1~4, 갈 2:10, 6:6)

본 항의 헌금은 "구제와 기타 경건한 목적을 위한 헌금"이다(정문 제135문답). 헌금은 예배 모범 제18장에 상론하였다.

1) 헌금은 주일마다 해야 한다.
2) 헌금은 전능하신 하나님께 엄숙히 예배드리는 일부분이다.
3) 헌금에 관한 일은 목사와 당회의 결의대로 하여야 한다.
4) 주일학교나 기타 부속회는 헌금에 관하여 당회에 보고하여 허락을 받고 사용해야 한다.

10. 권징(히 13:17, 살전 5:12~13, 고전 5:4~5, 딤전 1:20, 5:20)

권징은 성도의 구원의 유익을 위해 반드시 필요하다. 목회적 돌봄 속에는 반드시 교회의 훈육(church discipline)이 있어야 그 영혼이 살 수 있다.

권징에 관하여는 '권징 조례'에 상론하고 있다. 진정한 교회의 3대 표지는 정당한 말씀 선포, 정당한 성례 거행, 정당한 권징의 시행이다. 권징의 목적은(권징 조례 1장 제2조) "진리를 보호하며 그리스도의 권병과 존영을 견고하게 하며 악행을 제거하고 교회를 정결하게 하며 덕을 세우고 범죄한 자의 신령적 유익을 도모하는 것"이라고 하였다.

본 항에서 유의해야 할 점은 본 조항이 예배 순서와 같은 조문으로 생각하고 권징을 예배 순서 속에서 반드시 행하는 것으로 오해하는 경우가 없어야 한다는 것이다. 권징 조례와 예배 모범에 의하면 죄의 종류와 경중에 따라 비밀 책벌, 파송 책벌, 치리회 공개책벌 혹은 교회 앞에서의 책벌 등으로 권징의 시벌 방법이 다르다는 사실이다(권징 조례 제36조, 예배 모범 제16장 1항).

11. 축복(고후 13:13, 엡 1:2)

예배 모범 제6장 5항에 "강도를 마친 후에는 목사가 기도하여 전능하신 하나님께 감사를 돌리고 그 다음에는 시나 찬미를 부르고 하나님을 대표하여 축복기도로 폐회함이 옳다."고 하였다.

여기 '축복기도'는 본 항의 '축복'과 같은 의미이다.[14] 기도를 마칠 때에는 고린도후서 13:13대로 "있을지어다."라고 해야 한다. 총회는 "목사가 예배 폐회 때 삼위의 이름으로 축도할 때에는 예배 모범에 있는 대로 '있을지어다'로 일치하게 실시하기를 각 노회에 시달하도록" 가결하였다(1960년 제45회 총회).

제8장 교회 정치와 치리회

✢ 제1조 정치의 필요

교회를 치리함에는 명백한 정치와 조직이 있어야 한다(고전 14:40) 정당한 사리(事理)와 성경 교훈과 사도 시대 교회의 행사(行事)에 의지한즉 교회 치리권은 개인에게 있지 않고 당회, 노회, 대회, 총회 같은 치리회에 있다(행 15:6).

▌해 설

1. 정치에 대한 바른 이해

오늘날 많은 성도들 가운데는 정치는 안 좋은 것이며, 경건치 않은

---

14) 축복기도(1913년 제2회 총회 결의), 축도(1916년 제5회 총회 결의), 축기도(1960년 제45회 총회 결의), 축복(2011년 제96회 총회 결의).

목사나 장로만이 하는 언짢은 행위로 보는 경향이 있다.

그러나 정치란 상호 갈등을 해소하고 화합하여 협력을 도출해 내는 수단이라고 할 수 있다. 성경에는 하나님께서 만물을 다스리시고(롬 11:36) 계신다고 했다. 다시 말하면 통치는 곧 정치이다. 그러므로 하나님께서는 섭리를 하고 계시며 사도 시대에 초대교회도 다 정치를 했다(행 15:1~16:5).

2. 교회에 무슨 정치가 필요한가?

교회는 그리스도의 몸이요, 그리스도는 교회의 머리가 되신다. 온 몸에 여러 가지 지체가 있으나 그 몸의 각 지체를 통치하는 부분은 머리이다. 그와 같이 그리스도께서 교회를 다스리기 위해서는 일정한 법과 규칙과 예배 모범이 필요할 것은 자명한 일이다.

3. 장로교회 정치만이 완벽한 것인가?

모든 교파들의 정치가 다 있지만 장로회 정치가 성경에 가장 가까운 원리이다. 교회 정치의 상세한 부분이 성경에 의해 결정되어 있지는 않지만 교회 정치의 조직 형식은 근본적으로 장로회주의(presbyterianism)를 기본을 삼았다는 것은 피하기 어려운 결론이다.

다시 말하면 교회는 그리스도를 머리로 한 공동체이므로 정치가 필연적으로 요구 된다. 그런데 그 치리권은 교인 개인에게 있는 것이 아니고, 교인들이 투표하고 교회와 노회에서 위임한 목사와 치리 장로로 구성된 당회, 노회, 대회, 총회로 말미암아 행사하는 것이다. 이는 곧 치리회이다.

✥ 제2조 치리회의 성질과 관할

교회 각 치리회에 등급(等級)은 있으나 각 회 회원은 목사와 장로 뿐이므로 각 회가 다 노회적 성질이 있으며, 같은 자격으로 조직한 것이므로 같은 권리가 있으나 그 치리의 범위는 교회 헌법에 규정하였다.

1. 교회의 교리와 정치에 대하여 쟁론(爭論) 사건이 발생하면 성경 교훈대로 교회의 성결과 화평을 성취하기 위하여 순서에 따라 상회에 상소함이 가하며, 각 치리회는 각 사건을 적법(適法)하게 처리하기 위하여 관할 범위를 정할 것이요, 각 회(各會)는 고유한 특권이 있으나 순서대로 상회의 검시와 관할을 받는다.
2. 각 치리회는 각립(各立)한 개체가 아니요 서로 연합한 것이니 어떤 회에서 어떤 일을 처결하든지 그 결정은 법대로 대표된 치리회로 행사하게 하는 것인즉 전국 교회의 결정이 된다.

▎해 설

1. 각 치리회의 노회적 성질

교회는 어느 치리회(당회, 노회, 대회, 총회)든지 목사와 장로들에 의하여 다스림이 된다. 본 조에 "각 회가 노회적 성질"이 있다는 의미는 각 치리회가 목사와 장로로만 구성되어 있다는 말이다. 그러므로 집사들이 당회원이 되도록 지교회 정관(定款)을 만들거나 치리회를 대신하는 소위 '교회운영위원회'로 교회를 치리하는 것은 장로회 정치 원리와 치리회의 성질에서 벗어나는 것이다.

또 "각 회가 노회적 성질"이 있다는 의미는 어느 치리회든지 계급이 없는 동등한 목사와 교인의 기본 주권을 대표하는 장로로만 구성되어 있으므로 교회의 질서와 신령적 문제에 대해 같은 목적을 가지고 치리한다는 의미이다.

2. 각 치리회의 동등권과 쟁론(爭論)

장로교회는 일반적 의미에서 치리회의 높고 낮음을 생각하지 않는다. 위계적으로 조직된 치리회(당회, 노회, 대회, 총회)의 관할 범위는 각 치리회에 따라 다르지만 그 권한은 동등하다.

보다 큰 치리회의 결정은 더 많은 교회를 대표한 것인 만큼, 그것이 성경과 위반됨이 없는 한 보다 작은 치리회는 따라야 된다.

그러나 보다 큰 치리회도 어떤 중요한 결의안에 있어서 보다 작은 치리회들에게 먼저 수의(垂議)[15]하는 순서를 경유한 후에 결정한다. 총회의 노회 수의가 곧 그것이다.

이것을 보면 장로교 정치 원리는 밑에서부터 올라가며 다스리는 요소도 가지고 있다. 교회의 치리와 정치에 대하여 쟁론 사건이 발생하면 먼저 성경의 교훈대로 처리하여야 할 것이며, 성경에 없는 경우는 그 회가 속한 헌법에 의해서, 그리고 헌법에도 없는 경우는 그 회의 회칙대로 해야 하고, 이 모든 것이 없는 경우는 만국 통상회의법에 의한 종다수 가결로 한다.

3. 치리회 동일체의 원리

각 치리회는 개체가 아니고 서로 연합한 것이니 어떤 회에서 어떤 일을 처결하든지 그 결정은 법대로 대표된 치리회로 행사하게 하는 것이므로 전국 교회의 결정이 된다(제8장 2조). 이것을 치리회 동일체 원리라고 한다. 즉 지상 교회가 나뉘어 있을지라도 각립한 개체가 아니요

---

[15] 수의(垂議)란 수(垂) 자가 '드리울 수'로 총회에서 전국 노회 혹은 노회가 지교회까지 의안(議案)에 대한 의견을 묻는 의사표시 행위이다.

서로 연합하여 그리스도의 몸을 이루는 지체이므로 근본적으로 동일체이며 교회는 하나라는 말이다.

그러므로 지교회의 판결이라 할지라도 그것은 전국 교회(대한예수교장로회)의 판결이 되어 그 효력은 전국에 미친다.

❖ 제3조 치리회의 회집

당회와 노회는 매년 1회 이상, 대회와 총회는 매년 1회 회집하되 기도로 개회와 폐회한다.

I 해 설

1. 치리회의 회집

당회의 회집은 매년 1회 이상 정기회로 모일 수 있다. 관례적으로 전국 교회는 매월 혹은 매 분기별, 상·하반기별로 '당회 정기회'로 모이고 기도한다. 당회의 회집 요건은 별도로 규정하였다(정치 제9장 제7조).

노회의 회집은 매년 1회 이상 예정된 날짜와 장소에 회집함으로 '노회 정기회'와 '노회 임시회'[16]로 모일 수 있다(정치 제8장 3조). 임시회의 회집 요건은 별도로 규정하였다(정치 제10장 제9조). 정기 노회는 1년에 두 번 봄, 가을 정기회로 회집하는 경우도 있고, 1년에 한 번 봄에 정기회로 모인다.

---

16) 각 치리회의 회집에 대한 각 호칭은 당회는 '정기당회 혹은 임시당회'보다는 '당회 정기회 혹은 임시회'로, 노회는 '정기노회 혹은 임시 노회'라는 호칭보다 「○○ 노회 제○○회 정기회 혹은 임시회」로 호칭함이 좋고(정치 제9장 제7조, 제10장 9조), 총회는 임시회가 없으므로 「대한예수교장로회 제○○회 총회」로 호칭함이 좋다. 그러나 '정기노회' '임시 노회' 등을 구어체로 사용하는 것도 무방하리라 본다(정치 제22장 제1조 1항).

당회나 노회, 대회는 폐회될 때에 파회된 것이 아니기 때문에 필요하면 연중에 몇 번이라도 모이게 된다.

그러나 총회는 1년에 한 번 모였다가 폐회될 때에 파회(罷會)되는 법이니 연중에 한 번만 모인다. 따라서 총회는 임시회로 모일 수 없다.

2. 총회 파회 후의 사무처리

총회는 일시적인 회합에 불과할 뿐 상비 단체가 아니니, 총회를 교단과 동일시하지 말아야 한다. 총회는 교단이 매년 한 번 사용하는 회의의 제도에 불과한 것이다. 그것은 모였다가 흩어진 후에는 없어지는 것(파회)이다. 다만 대회는 필요에 따라 임시회나 계속회도 할 수 있다(정치 제11장 5조).

총회의 파회 후 교단의 필요한 사무는 총회가 지시한 범위 내에서 위원회나 상설부서에서 처리한다.

그러므로 총회 재판국이 상설 재판국이라고 해도 총회가 파회한 후에 임의로 어떤 재판 사건을 맡아 처리하지 못하고 오직 총회에서 접수하고 총회에서 맡긴 건만 판결할 수 있다.

3. 치리회의 회집과 기도

각 치리회가 개회하거나 폐회할 때 기도로 개회와 폐회함을 헌법에 규정한 것은 각 치리회의 신성함을 표현한 것이다. 그러므로 각 치리회는 세속적인 정치적 이익 집단의 회합이 아니라 신령한 공회로서 성경과 하나님의 공의를 대변함으로 치리회를 시작할 때 기도로 시작하고 결의할 때마다 기도하는 마음으로 진행하고 마지막에도 기도로 폐회하여야 한다.

❖ 제4조 치리회의 권한

교회 각 치리회는 국법상 시벌(施罰)을 과(科)하는 권한이 없고(눅 12:2~14, 요 18:36) 오직 도덕과 신령상 사건에 대하여 교인으로 그리스도의 법을 순종하게 하는 것뿐이다(행 15:1, 32). 만일 불복하거나 불법한 자가 있으면 교인의 특권을 향유(享有)하지 못하게 하며, 성경의 권위를 보장하기 위하여 증거를 수합(收合)하여 시벌하며, 교회 정치와 규례(規例)를 범한 자를 소환하여 심사하기도 하며, 관할 아래에 있는 교인을 소환하여 증거를 제출하게 할 수도 있으니 가장 중요한 벌은 교리에 패역한 자와 회개하지 아니한 자를 교인 중에서 출교할 뿐이다(마 18:15~17, 고전 5:4~5).

▎해 설

교회의 각 치리회는 국법상의 권한이 아니라 교회법상의 권한으로 교회법을 어기는 자에게 그의 신령적 유익을 도모하며 교회의 진리를 보호하기 위하여 권징하되 끝까지 순복하지 아니하는 자에게는 출교할 뿐이다.

1. 권징의 목적과 시행 정신

권징의 목적은 진리를 보존하고 그리스도의 권위와 영예를 수호하는 것이며, 죄악을 제거하고 교회의 순수성과 덕을 세우는 데 있고 범죄자의 영적 유익을 위해서이다(고전 5:4, 14:26, 딛 1:9, 살전 5:12~13, 히 13:17, 정문 제212문답).

이러한 권징의 시행은 목양적 관점에 시행해야 하며, 예수 그리스도의 정신으로 하고, 곧 겸손과 온유와 오래 참음과 온순함과 단호함으로 두려움이나 치우침이 없이 해야 할 것이다(갈 6:1, 고후 10:1, 8~10, 딤전

5:1, 딛 1:13, 약 2:4,9, 3:19, 딤후 4:2). 그러므로 권징은 그 타당한 목적에 맞도록 매우 신중하고 분별력 있게 시행하여야 한다(정문 제213문답).

2. 국법과 교회법

각 치리회가 교회를 다스리는 것은 국법으로 하는 것이 아니라 교회법으로 하는 것이다(정문 제203문답). 국법은 사람들이 모여 사람을 위하여 만든 것이지만 교회법은 그리스도와 그의 나라를 위하여 성경에 근거하여 만든 것이므로 국법과 교회법은 부득불 마찰이 생기는 경우도 없지 않다.

유의해야 할 점은 치리회의 결정이라고 하더라도 그 결정이 현저하게 부당한 경우 대한민국의 국법의 적용을 받는 부분이 있음으로 각 치리회는 공명정대하게 정의로운 결의를 하여야만 한다. 특히 교회 재정의 횡령은 형법(刑法)의 적용을 받으며, 지교회의 정관(定款)은 비영리법인에 관한 민법(民法)의 적용을 받음에 유의하여야 한다.

반대로 성직자의 정치 참여에 대해서는 총회가 그 활동의 한계를 결의한 바 있음에 유의하여야 한다. 즉 목사로서 공직이나 정당 활동, 사회 정치에 종사하는 자는 사직하여야 하며(제38회 총회 결의), 집단 조직 정치 행동에 참가하지 못하고, 예언자적 입장에서 선교와 말씀을 전파하는 것 이외에 다른 활동을 삼가도록 결의하였다(제54회 총회 결의).

또 1996년 총회는 교인이 사회법에 고발하는 경우 "상황에 따라 하되 상습적으로 사회법에 고발하는 자는 권징하기로" 결의하였다(제81회 총회 결의). 또 2012년에는 "노회나 총회 결정사항에 대하여 이의가 있을 시 반드시 소속노회를 통하여 정식 절차를 밟아 이의 제기하도록 하고, 절차 없이 사회법정에 직접 고소하는 자가 패소할 시, 당사자에게 소송비용 일체를 변상토록 하고, 소속노회가 면직하도록 하고, 불이행 시 노회는 5년간 총대권을 정지하기로" 가결하였다(제97회 총회 결의).

3. 치리권의 범위

교회의 각급 치리회는 교인들에게 그리스도의 법을 순종하게 하는 일인데 만일의 경우 순종하지 아니할 때는 교인의 특권 일부 혹은 전부를 제한하거나 끝까지 회개하지 아니한 자는 교인의 권리 모두를 박탈하는 출교를 하게 된다. 출교에도 불복할 경우에는 오직 하나님의 진노에 맡기고 그 영혼을 위하여 간절히 기도할 일이요 그 이상의 다른 방도가 없다.

4. 치리회의 재판권

각급 치리회가 교회법에 의한 재판권을 행사할 때는 사사로운 지혜나 지식이나 인간적 재주에 의존하지 말고 오직 겸비한 마음으로 예수 그리스도의 교훈에 따라 할 것이니 이는 그 판결을 선포할 때에 "주 예수 그리스도의 이름과 그의 직권과 그의 명의로"(예배 모범 제16장 5~6항) 하기 때문이다.

제9장 당회

✤ 제1조 당회의 조직

당회는 노회의 파송을 받아 지교회를 담임하는 목사와 치리 장로로 조직하되 세례 교인 25인 이상을 요하고(행 14:23, 딛 1:5) 장로의 증원도 이에 준한다.

❙ 해설

1. 당회의 기원과 목적

당회(consistory, session)는 지교회의 실제적 권세가 있는 목회의 주체 기관이다. 따라서 지교회에서의 당회는 소위 교회 재판만을 목적으로 세워진 기관이 아니다. 당회가 제네바 교회에서 처음 세워질 때 그 역할은 신자들의 영혼을 돌보는 목회 기관으로 설립되었다. 다만 지금과 같이 심방을 정례화하기보다는 강제적으로 성도를 소환하여 신앙과 행위에 대해 목양적 상담을 하고 훈계와 권고를 주로 하였던 목양 기관이었다. 따라서 당회는 근본적으로 하나님의 목회를 대변하는 기관으로 성도를 훈련하고 치리하는 교회 훈련 기관 혹은 권징(church discipline) 기관이다.

2. 당회 조직의 요건

당회 조직의 3대 요건은 지교회 목사, 치리 장로, 세례 교인 25명 이상이 있어야 한다. 지교회의 담임 목사는 목회권과 교회를 대표하는 위임 목사인 당회장이다. 치리 장로는 교인의 기본 주권을 대표하는 시무 장로이다. 세례 교인 25명 이상은 목회의 객체인 성도들이 있어야 당회가 구성된다.

개인의 양심과 인권을 중요시하는 것이 교회 정치의 원리인 것처럼, 노회와 대회와 총회를 구성하는 기본 조직은 역시 당회인 것이다. 아무리 수천수만 명이 모인 교회라도 당회가 조직되지 못한 교회는 미조직 교회라 하고, 또 장로가 아무리 많다 할지라도 그 교회에 담임하는 목사가 없으면 허위 교회라 하는 것이다.

그러므로 적어도 세례 교인 25명만 모이면 반드시 당회를 조직하는 것이 건전한 교회요 합법적인 장로교의 교회가 되는 것이다.

세례 교인 25인 이상이 있는 지교회에 담임 목사와 치리 장로가 있어야 당회 조직의 요건이 된다. 본 조항에 "세례 교인 25인 이상을 요하고(행 14:23, 딛 1:5)"라고 했는데 이것이 성경에 명시된 숫자는 아니고 다만 합리적으로 규정된 것이다.

부목사가 당회원이 될 수 없는 이유는 당회원은 교인의 주권을 대표함으로 반드시 교인들의 투표를 통해 치리권자가 되어야 하는데 부목사는 그런 과정이 없기 때문이다. 만약 원리가 지켜지지 않는다면 목사들의 독주가 되기 때문에 합당하지 않다.

3. 장로의 증원 기준

장로의 증원 기준도 장로 1인 증원 때마다 세례 교인 25인을 요한다. 당회원 수가 교인 수에 비하여 지나치게 적을 때는 장로회의 정치 원리 중 대표성의 원리를 지켜 장로를 더 증원하여야 한다.

> ✥ **제2조 당회의 성수**
>
> 당회에 장로 2인이 있으면 장로 1인과 당회장의 출석으로 성수가 되고, 장로 3인 이상이 있으면 장로 과반수와 당회장이 출석하여야 성수가 된다. 장로 1인만 있는 경우에도 모든 당회 일을 행하되 그

장로 치리 문제나 다른 사건에 있어 장로가 반대할 때에는 노회에 보고하여 처리한다.

▌해 설

당회의 성수는 당회장의 출석이 필수적이며 장로의 재적수에 따라 달라진다.

1. 장로 3인 이상인 경우 : 당회장과 장로 과반수가 출석하여야 한다. 당회장을 포함한 전체 과반이 아님에 유의하여야 한다.
2. 장로 2인인 경우 : 당회장과 장로 1인의 출석으로 성수가 된다.
3. 장로 1인인 경우 : 당회장과 장로가 모두 출석하여야 한다.
4. 장로 1인이 있는 당회에서 처리할 수 없는 사건

   1) 그 장로를 치리해야 할 경우에 장로가 반대하는 경우
      당사자 제척 원리(除斥原理)에 의하여, 장로가 본인의 치리에 대해 반대하면 치리할 수 없으니 노회에 보고하여 위탁 처리한다. 만약 본인이 반대하지 않으면 치리할 수 있다.
      "목사 1인, 장로 1인으로 조직한 당회에서 만일 장로가 범죄하면 어떻게 처리할 것인지를 묻는 건은 장로가 자복하고 책벌 받을 것까지 순종하면 목사가 치리하고, 불복하면 상고할 일 (1919년 제8회 총회 결의)."
   2) 장로가 반대하는 사건
   3) 위의 1, 2항의 경우는 노회에 보고하여 위탁 처리한다. 이 경우 회의법상 동의(動議)는 있으나 재청(再請)이 없으므로 동의가 자동 폐기되기 때문이다.

4) 위의 1, 2항의 경우 이외에는 모든 것을 처리한다(정문 제219문답).

> ❖ **제3조 당회장**
> 당회장은 교회의 대표자로 그 지교회 담임 목사가 될 것이나 특별한 경우에는 당회의 결의로 본 교회 목사가 그 노회에 속한 목사 1인을 청하여 대리 회장이 되게 할 수 있으며 본 교회 목사가 신병이 있거나 출타한 때에도 그러하다.

해설

당회장이란 당회의 회장이다. 당회장은 그 지교회의 담임 목회자가 되는 것이므로 교회의 대표자이며 목회권을 가진 당회·제직회·공동회의의 사회자이다. 따라서 모든 당회의 결정은 '하나님의 목자'와 '하나님의 종'으로서 성경과 헌법과 양심에 따라 당회를 주재하여야 한다.

1. 당회장의 자격

1) 당회장은 목사만이 될 수 있다(정치 제4조).
2) 당연직 당회장은 그 지교회의 위임 목사(담임 목사)가 된다.
3) 당회장 본인의 문제를 다룰 때 당회가 노회에 소속한 목사를 청하거나, 노회가 파송한 목사가 대리 당회장이 된다.
4) 본 교회 당회장이 신병이 있거나 출타할 때도 그러하다(정문 제223문답).
5) 당회장이 출타하였을 경우, 장로들의 결의로 당회장이 아닌 임시 사회권을 줄 수 있으나, 이때 다루는 안건은 교회 일반적인 행사와 행정권만 다룰 수 있다(정문 제220문답).

2. 당회장의 권한

당회장은 목회의 주체자로서 당회에서 사회를 본다. 노회의 위이므로 지교회의 담임 목사가 항상 당회장이 되는 것이므로 당회장은 자신이 시무하는 교회의 당회원이 아니다. 비록 교인들의 투표(3분의 2 이상)를 통해 청빙을 받았으나 당회장으로서 행실과 결정에 대해 그 교회 앞에서나 당회 앞에서 해명할 처지에 있지 않다. 그러므로 질서 면에서 당회나 공동의회가 그를 소송할 수 없다.

간혹 당회장의 불법이나 비윤리적인 사건을 조사하기 위해 당회 산하 소위 '비상대책위원회'를 두어 '담임 목사 비리조사특별위원회'를 구성하는 경우가 있는데 이는 불법이다. 당회장은 오직 노회의 관할 하에 있고 노회만이 감독하거나 재판할 수 있다(정문 제222문답). 장로회 정치에서 당회나 공동의회는 위임 목사 해제권이 없다. 단, 당회 결의 후 공동의회에서 과반수 이상으로 위임목사 해약(권고사면)하는 결의를 하였을 경우, 대리 당회장이 노회에 청원하여 노회가 결정한다.

✤ 제4조 당회 임시 회장

당회장은 목사가 되는 것이므로 어떤 교회에서든지 목사가 없으면 그 교회에서 목사를 청빙할 때까지 노회가 당회장 될 사람을 파송할 것이요, 노회의 파송이 없는 경우에는 그 당회가 회집할 때마다 임시 당회장 될 목사를 청할 수 있으나 부득이한 경우에는 당회장 될 목사가 없을지라도 재판 사건과 중대 사건 외에는 당회가 사무를 처리할 수 있다.

| 해 설

본 조항에서 당회장은 반드시 목사만 된다고 규정하였다. 제3조와 함께 당회장의 종류는 다음과 같이 분류할 수 있다.

1. 당회장의 종류

1) **당회장**(정치 9장 제3조 : 노회에서 파송한 당회장)
   (1) 당연직 당회장인 위임 목사
   (2) 노회에서 미조직 교회에 파송한 목사
   (3) 노회에서 허위 교회에 파송한 목사
   위임 목사는 위임식에서 공포와 동시에 당연히 당회장이다. 미조직 교회의 시무 목사도 노회에서 파송하여 허락한 당회장이다. 조직 교회에서 목사가 없는 허위 교회에 파송한 목사도 당회장이다. 그리므로 노회가 파송한 목사는 모두 '당회장'의 호칭으로 부른다.
   　노회가 파송한 당회장의 시무 기간은 당연직 당회장은 만 70세 정년까지이며, 조직된 교회에서 위임 받지 못한 당회장은 시무 기간이 1년이며 1회 연장할 수 있으므로 청빙 받은 날부터 2년안에 위임식을 거행하지 않으면 무임 목사가 된다. 미조직 교회 당회장은 3년간이되 계속 시무 청원을 노회가 허락하면 3년간씩 더 시무할 수 있다. 허위 교회의 당회장은 교회가 목사를 청빙할 때까지 시무한다.
2) **대리 당회장**(당회장이 있을 때 당회가 결의 하여 초청한 목사, 또는 당회장의 문제로 노회가 파송한 목사. 정치 9장 제3조)
   (1) 목사가 출타할 경우
   (2) 목사가 신병이 있을 경우
   (3) 기타 특별한 경우
   (4) 당회장 본인에 관한 사항을 다룰 경우
   (5) 당회의 결의로 당회장이 그 노회원 중 청함을 받을 경우

대리 당회장은, 당회장이 있을 때 당회의 결의로 노회에 소속한 목사 중에 청한 목사이다. 단, 특별한 사항이 생겼을 때 노회가 노회원 중에서 대리 당회장을 파송할 수 있다. (1), (2), (3), (4)의 경우 중 하나만 해당되어도 가능하다. "기타 특별한 경우"란 출타나 신병은 아니지만 피치 못하여 당회장의 직무를 수행할 수 없을 때 청한다.

3) **임시 당회장**(당회장이 없을 때 당회가 초청한 당회장. 정치 9장 제4조)

(1) 당회장이 없을 경우

(2) 노회 또는 시찰회에서 당회장을 파송하지 않았을 경우

(3) 당회 회집이 필요할 때

(4) 당회가 회집되는 시간만 본 노회원 중 당일 임시 당회장으로 청함을 받은 목사로서 1회에 한한다(정치 제21장 제1조 3항). (1), (2), (3) 공히 해당될 때 청할 수 있다. 타 노회에 속한 목사는 임시 당회장으로 청할 수 없다(정문 제223문답).

　　유의해야 할 점은 노회가 허락하여 파송하는 당회장이나 대리 당회장을 임시 당회장으로 호칭하여서는 안 된다는 점이다. 본 조가 "노회가 당회장 될 사람을 파송"하고 "당회가 …… 임시 당회장될 목사를 청할 수" 있다고 규정하고 있기 때문이다.

2. 당회 임시 의장

당회 임시 의장은 당회장이 아니다. 정치 제9장 제3조와 제4조가 목사만이 당회장이 될 수 있다고 규정하고 있으므로 당회장의 부재시 회의를 진행하는 장로는 의장(moderator)으로서만 역할을 할 수 있다.

1) 당회장이 없을 경우
2) 노회 또는 시찰회에서 임시당회장을 파송하지 않았을 경우
3) 임시 당회장도 청할 수 없을 때
4) 부득불 당회를 회집해야 할 경우에
5) 중대사건과 재판 사건 외에 당회 사무에 대하여 장로 중 1명을 당일 임시 의장으로 정하여 사무를 처리한다. 단, 위의 (1), (2), (3)항이 동시에 해당될 경우만 가능하다(정문 제220문답).

✤ 제5조 당회의 직무

1. 교인의 신앙과 행위를 총찰

당회의 직무는 신령상 모든 사무를 처리하는 것이니(히 13:17) 교인의 지식과 신앙상 행위를 총찰한다.

2. 교인의 입회와 퇴회

학습과 입교할 자를 고시하며 입교인 된 부모를 권하여 그 어린 자녀로 세례를 받게 하며, 유아 세례 받은 자를 고시하여 성찬에 참여하게 하며 주소 변경한 교인에게는 이명 증서(학습, 입교, 세례, 유아 세례)를 접수 또 교부(交附)하며 제명도 한다.

3. 예배와 성례 거행

목사가 없을 때에는 노회의 지도로 다른 목사를 청하여 강도하게 하며 성례를 시행한다.

4. 장로와 집사 임직

장로나 집사를 선택하여 반 년 이상 교양하고 장로는 노회의 승인과 고시한 후에 임직하며 집사는 당회가 고시한 후에 임직한다.

5. 각 항 헌금 수집하는 일을 주장

각 항 헌금 수집할 날짜와 방침을 작정한다.

6. 권징하는 일

본 교회 중 범죄자와 증인을 소환 심사하며 필요한 경우에는 본 교회 회원이 아닌 자라도 증인으로 소환 심문할 수 있고 범죄한 증거가 명백한 때에는 권계(勸誡), 견책(譴責), 수찬 정지(受餐停止), 제명(除名), 출교(黜敎)를 하며 회개하는 자를 해벌한다(살전 5:12~13, 살후 3:6, 14~15, 고전 11:27~30).

7. 신령적 유익을 도모하며 각 기관을 감독

당회는 교회의 신령적 유익을 도모하며, 교인을 심방하고 성경 가르치는 일과 주일학교를 주관하며, 전도회와 면려회와 각 기관을 감독한다.

8. 노회에 총대를 파송하며 청원과 보고

노회에 파송할 총대 장로를 선정하며 청원을 제출하며 교회 정황을 노회에 보고한다.

해설

1. 교인의 신앙과 행위를 총찰함

당회의 임무는 교회를 영적으로 다스리는 것이다. 이 일을 하기 위해서는 영적 분별력이 필요하다. 당회원들이 명심할 것은 이 사역이 영적으로 실현되어야 한다는 것이다. 그들이 지배자로 또는 통치자의 자세로 이 사역을 집행해서는 안 된다. 그들은 그리스도의 권위에 시중드는 자이다(마 23:8~12).

당회가 교인을 지도할 때는 자기를 살피듯 교인의 신앙과 행위가 일치하도록 지도하여야 한다(마 28:20, 제1장 4조). 여기서 행위는 교회에서의 생활뿐만 아니라 사회생활(outward life)까지 포함한다(정문 제237문답). 또 교인들도 역시 교회의 성결을 위해 당회의 교훈과 치리에 순종하고 복종하여야 한다(히 13:17).

2. 교인의 입회와 퇴회

당회는 교인의 입회와 퇴회를 주관하는데 이는 초대교회부터 그리스도인 형성(christian formation)에 대한 신앙고백을 확인하고 교회 회원 여부를 교회의 권위기관이 검증하였기 때문이다. 이를 위해 당회는 제9조에 명시된 8가지 명부 외에도 원입 교인(願入敎人)[17] 명부까지 작성하여 교인을 관리하여야 한다.

1) 교인의 입회

교인의 입회란 정식 교인이 되기 전의 모든 예비 회원까지 포괄하여 받아들이는 용어이다. 따라서 원입 교인이 되어 학습 교인을 거쳐 세례 교인이 되었을 때 비로소 교회의 최고 의결기관인 공동의회에서 결의권을 행사할 수 있다. 물론 유아 세례, 어린이 세례 교인은 입교 서약을 하여야 한다.

학습, 입교, 세례, 유아 세례, 어린이 세례 등의 교인은 반드시 당회의 고시(신앙문답)에 합격한 자로 그 예식을 행한 후에 학습, 세례 명부에 등재한다. 따라서 교인 명부에 없는 교인은 있을 수 없다. 여기서 고시(考試)는 당회 앞에서 신앙고백과 기본적 교리 문답을 받는 것이다.

타 지역에서 이사해온 교인은 이명서를 접수하고 등재함이 없이 본 교회에 등재할 방법이 없고(권징 조례 제108조, 111조, 113조, 115조), 타 교단 교인이라도 이명서를 받고 접수함이 더 옳은 일이나 이명서를 받을 수 없으면, 그 행위와 품행에 대하여 증서

---

[17] 예수를 믿기로 작성하고 교회에 그 이름을 등록한 후 공동 예배에 출석하는 자.

를 받고 그 증서도 받지 못하면 그 신앙생활에 대하여 충분히 문답하고 입회시켜야 한다(정문 제247문답). 타 교단 간에는 이명서를 교부하지 않는 것이 상례이기 때문이다.

2) 교인의 탈회

교인을 그 명부에서 제명(탈회)하는 경우에도 반드시 당회의 가결로 할 수 있으니 아래와 같다(정문 제265문답). 본 조항에서 제명은 명문상으로는 행정 처분에 의한 제명을 지칭하나 재판에 의한 제명 출교도 모두 포함한다.

(1) 사망 시

(2) 이명(dismission) 시(권징 조례 제108조, 113조, 정문 제248~265문답)

(3) 재판에 의한 제명 출교 확정 시(권징 조례 제35조)

(4) 교단을 이탈 시(권징 조례 제53조)

이명 외에 교인이 교회와의 관계를 소홀히 하거나 종료시킬 수 없다. 임의로 교회를 떠나려고 했다면 책벌해야 한다. 이명서 없이 다른 교파에 가입하면 이는 무례한 일이니 당회는 제명한다(정문 제266문답).

3. 예배와 성례 거행

예배와 성례는 당회의 절대적 직무로서 특히 목사가 없을 때는 노회의 지도로 강도할 목사와 성례를 집행할 목사를 청하여 거행하여야 한다. 왜냐하면 세례와 성례는 오직 합당하게 임직을 받은 말씀의 사역자인 목사만이 베풀 수 있기 때문이다(정문 제169문답). 그러나 성례 거행의 방조(돕는 것)자는 장로이다. 그러므로 성례를 행할 시에 장로가 없으면 떡과 잔을 나누는 것까지도 목사 혼자서 대행해야 한다. 그러나 이웃교회의 장로를 초빙해서 성례를 집행할 수도 있다.

유의해야 할 점은 장로가 없는 교회에서 전도사나 권사 혹은 집사가 예배위원으로 성례를 방조하는데 이는 헌법을 위배한 것이다. 간혹『교회 정치문답조례』제130문을 근거로 집사도 당회의 결의로 성찬식 때 장로를 보조할 수 있다고 하나, 이는 1867년 미국 구파 총회의 결의이며 본 교단 헌법은 성례 거행을 당회의 고유 직무로 규정하였으므로 집사, 전도사, 권사의 성례 거행과 그 방조는 위헌이다. 장로가 없을 경우 목사가 단독으로 하든지, 아니면 노회 산하 교회의 장로를 청하여 거행할 수 있다.

4. 장로와 집사 임직

장로는 총대로 선출 되었을 때 전국 교회를 총찰함(정치 제5장 제4조 1항)으로 노회의 허락과 지시가 필요하고, 집사는 지교회의 직무만(정치 제6장 제3조) 수행함으로 당회의 결의와 고시로 임직한다.

1) 장로의 임직

장로는 25인의 세례 교인이 있을 때 당회의 결의로 노회에 선택 허락 청원으로 승낙을 받은 후, 당회는 공동의회 날짜를 결의하여 1주일 전에 광고하고 공동의회에서 투표수 3분의 2 이상의 투표를 받은 자를 당회가 만 6개월 이상 교양하여 노회의 고시에 합격하면 당회가 임직한다.

2) 집사의 임직

집사는 당회의 결의로 공동의회에서 투표수 3분의 2 이상의 투표를 받은 자를 당회가 만 6개월 이상 교양한 후 당회가 고시하여 합격하면 당회가 임직한다. 여기서 집사는 안수 임직하는 집사이다.

5. 각 항 헌금 수집하는 일을 주장

교회 정치 제21장 제2조 3항에 교회의 재정 처리는 제직회에서 행하도록 규정하고 있으나 헌금을 수집하는 일에는 당회의 직무로 규정하고 있다(예배 모범 제18장 2항, 3항). 그러므로 교회의 각 항 헌금하는 일에 대하여는 당회 밖의 어느 누구도 관여할 수 없다(정문 제249문답).

따라서 본 조항대로 헌금 수집할 날짜와 방침을 작성하는 것은 오로지 당회의 고유 직무이다. 그러므로 제직회 등에서 회장(담임 목사)가 당회의 승인 없이 특별헌금 등 각종 헌금 명목(名目)을 신설하는 것을 제안하거나 의결하는 것은 위법이다.

"대한예수교장로회 교인으로 조직 된 단체는 소속 치리회의 승인을 받지 아니하면 집회와 헌금을 할 수 없다(1965년 제41회 총회 결의)."

6. 권징하는 일

1) 권징의 목적

재판권은 당회의 고유 직무이다. 교회의 재판권이 당회에 있는 이유는 교회의 권세가 목사 개인이나 회중에게 있지 않기 때문이다. 권징의 목적은 무엇보다 먼저 범죄한 자로 하여금 돌이키도록 하여 그 영혼을 구원하려는 데 있다(딤후 2:25~26, 마 18:15~17). 『권징 조례』는 권징의 목적을 "진리를 보호하며 그리스도의 권병(權炳)과 존엄을 견고하게 하며 악행을 제거하고 교회를 정결하게 하며 덕을 세우고 범죄한 자의 신령적 유익을 도모하는 것이다."라고 규정하였다(제1장 2조). 그러므로 모든 사건에 있어서 주님의 교훈한 바를 우선적으로 권면하고(권징 제18조) 권징의 모든 절차에 소홀함이 있어서는 아니 된다.

2) 권징의 증거주의

본 조항에서 "범죄자와 증인을 소환 심사하며 필요한 경우에는 …… 증인으로 소환 심문할 수 있고"라고 규정한 것은 『정치』 제8장 4조에 이어 절차법인 『권징 조례』에 대한 실체법에서 권징의 증거주의를 다시 확인한 것이다. 증인은 "본 교회 중"이나 "본 교회 회원이 아닌 자라도" 가능하나, 변호인은 반드시 본 장로회 목사나 장로만 될 수 있다(권징 조례 제4장 27조).

3) 당회 권징의 대상

당회 재판권의 대상은 교인(장로, 안수집사, 권사, 서리집사, 세례교인, 성도)에게만 적용된다. 왜냐하면 장로와 교인은 당회가 원심 치리회(1심 재판)이고, 목사는 지교회의 회원이 아니므로 노회가 원심 치리회(1심 재판)이기 때문이다.

4) 당회 권징의 종류

본 조항에서 당회 권징의 종류는 권계(勸誡), 견책(譴責), 수찬 정지(受餐停止), 제명(除名), 출교(黜敎) 등 다섯 가지를 규정하였다. 그러나 권징 조례 제35조는 "당회가 정하는 책벌은 권계, 견책, 정직, 면직, 수찬 정지, 제명, 출교니 출교는 종시 회개하지 아니하는 자에게만 한다."

여기서 권계는 권하여 타이름이요, 견책은 허물을 밝혀 꾸짖어 책망함이며, 수찬 정지는 일정 기간 성찬식에 참여치 못하게 하는 것이며, 제명(striking)은 교적명부에서 삭제하는 것이고 마지막 출교(excommunication)는 기독교인임을 거부하는 축출 배제(exclusion)로 자동 제명된다.

7. 신령적 유익을 도모하며 각 기관을 감독

당회는 교회의 신령적 유익을 도모하기 위하여 교인을 심방하며 그 신앙을 살피고 성경으로 교훈한다. 심방은 영혼 돌봄(cura animarum)의 중요한 목양 활동 중의 하나이다. 교인이 영적으로 성숙하고 교회가 성장하는 중요한 사역이다. 그래서 헌법은 모든 직원에게 심방하는 책임을 규정하고 있다(정치 제5장 제3조 3, 5항, 제3장 제3조 3항, 제6장 제3조). 따라서 당회는 각 교회와 개인의 독특한 형편을 살펴서 어떻게 심방하는 것이 교인의 영적 삶에 유익하고 최선의 방법인지 결정하여야 한다(정문 제274문답).

또 어린이 교회학교인 주일학교를 주관하며(정문 제276문답) 전도회와 청장년 및 학생 면려회(勉勵會) 등 각 자율 기관을 감독한다(정치 제20장에서 상론). 이러한 속회 기관들은 복음 전파와 성경과 교리 교육을 위해 스스로 애써 노력하거나 힘쓰고 서로 교제하며 남을 고무하여 힘쓰게 하는 교회의 자율적 부속기관이다. 반드시 당회의 지도와 감독을 받아야 한다.

그러나 여기서 감독이라 해도 각 기관의 고유 권한을 침해해서는 안 된다. 감독은 전횡(專橫)과 다르므로 교회의 중대 사건 처리를 제직회에서만 가결하고 교인 전체의 의사를 청취할 공동의회를 개최하지 않은 일은 불가하다(1940년 제29회 총회 결의).

8. 노회에 총대를 파송하며 청원과 보고

본 항에 총대라 함은 파송하는 장로를 의미한다. 목사는 안수 직후 혹은 노회에 이명 접수 직후 노회원권이 부여되고, 장로는 각 지교회에서 세례 교인 수에 따라 당회가 파송한 총대를 노회 서기가 호명한 후부터 노회원권이 부여된다(정문 제282문답).

1) 총대 파송

정치 제10장 2조에 규정한 대로 세례 교인 200명 미만인 교회는 1명, 200명 이상 500명 미만인 교회는 2명, 500명 이상 1000명 미만인 교회는 3명, 1000명 이상인 교회는 4명의 장로를 당회가 선택하여 당회록에 기록된 대로 노회에 총대로 파송한다. 당회의 총대 파송은 선택 사항이 아니라 반드시 당회가 해야 할 의무이다(정문 제283문답).

2) 청원권

노회에 청원하는 각종 서류는 목사의 생각대로 청원하는 것이 아니라 당회의 가결로 당회록에 기록된 대로 청원한다.

3) 상황 보고

규칙에 정해진 보고서 양식에 따라 시찰회를 통하여 한 회기 동안의 교회 정황을 보고한다.

❖ **제6조 당회의 권한**

당회는 예배 모범에 의지하여 예배 의식을 전관하되 모든 회집 시간과 처소를 작정할 것이요, 교회에 속한 토지 가옥에 관한 일도 장리(掌理)한다.

해 설

1. 예배 의식의 전관(專管)[18]

예배 의식은 당회에서 전권을 가지고 주관한다는 것이다. 예배 모범

---

[18] 전관(專管)이란 "오로지 그 일만 책임지고 맡아서 관리 함"이다.

에 규정한 대로 예배 의식, 장소, 시간을 당회가 정하고 시행할 것이며 당회 허락 없이는 아무것도 할 수 없다(정문 제246문답).

2. 부동산 관리

모든 부동산은 당회에서 장리(掌理)한다.[19] 교회 예산을 집행하고 재정을 관리하는 직무는 제직회의 소관이나 토지와 가옥 등 부동산은 당회의 관리 소관이다. 유의해야 할 점은 교회 재산은 대법원 판례에서 민법(民法) 제275조에 의하여 총유(總有)이다.[20] 총유는 민법상 '법인 아닌 사단(社團)'의 사원이 집합체로서 물건을 소유하는 공동소유의 형태이다. 교회의 각 기관이나 개인은 총유물에 대한 지분권(持分權)이 없다.[21]

따라서 총유물의 관리, 처분과 사용, 수익은 교회 부동산이 누구의 명의로 되어 있든지 민법 제276조에 따라 교인 주권을 가진 공동의회의 결의에 의한다.[22] 따라서 당회는 교회 재산에 관한 중요한 결정을 할 때 공동의회의 결의를 거쳐야 교회 갈등을 예방할 수 있다.

❖ 제7조 당회 회집

당회는 1년 1회 이상을 정기회로 회집하며, 본 교회 목사가 필요한 줄로 인정할 때와 장로 반수(半數) 이상이 청구할 때와 상회가 회

---

[19] 장리(掌理)는 일을 맡아서 처리함.
[20] 제275조(물건의 총유) ① 법인이 아닌 사단의 사원이 집합체로서 물건을 소유할 때에는 총유로 한다.
[21] 대법원은 2006년 4월 20일 지분권 없는 교회 재산에 대해 50년 만에 판례를 변경하여 기존 교인 3분의 2 이상이 새 교회를 세우면 기존 교회의 재산권을 갖는다고 판시함으로 교회 재산의 총유 개념을 수정하였다.
[22] 제276조(총유물의 관리, 처분과 사용, 수익) ① 총유물의 관리 및 처분은 사원총회의 결의에 의한다.

집을 명할 때에도 소집하되, 만일 목사가 없는 경우에는 필요에 응하여 장로 과반수(過半數)가 소집할 수 있다.

I 해설

1. 당회 정기회

당회의 규칙으로 연 1회 이상 정하여 정기 당회로 모여야 한다. 정기회는 안건이 있으나 없으나 반드시 모여야 한다.

2. 당회 임시회

정기 당회까지 기다릴 수 없는 긴급한 사인이 있을 때 아래와 같이 임시 당회를 회집한다.

1) 목사가 필요하다고 인정될 때
2) 장로 반수 이상이 안건을 제시하며 요청할 때
3) 상회가 회집을 명할 때
4) 만일 목사가 없어 부득이한 경우에 장로 과반수의 요청으로 모일 때는 제4조에 규정한 대로 회집 때마다 노회원 중에 임시 당회장을 청해야만 하며, 재판건과 중요 사안은 상정할 수 없고 그 외의 긴급을 요한 행정적인 사소한 사안은 장로 중 임시 의장을 선정하여 회집할 수 있다(정문 제220문답).

❖ 제8조 당회 회록

당회록에는 결의 사항을 명백히 기록하고 회록과 재판 회록은 1년 1차씩 노회 검사를 받는다.

┃해 설

회록(會錄)은 회의록의 약자이다. 당회록은 교회의 역사와 모든 증거 자료가 되므로 사실대로 명백히 기록하고 1년에 1차씩 노회의 검사를 받아야 하며 당회록을 기록할 때 아래 사항을 유의하여야 한다.

1. 모든 회록은 제안자의 이름을 기록하지 않기로 1913년 제2회 총회에서 가결하였다. 그러므로 결의된 내용만 기록하면 된다.
2. 당회록에는 유인물을 부착해서는 아니 되고 서기가 일일이 기록하되 정정할 때에는 정정한 글자가 보이도록 줄로 긋고 서기가 날인해야 한다.
3. 회의록 내에 여백을 남겨두어서는 아니 되고 계속 기록해야 하며 반드시 마감표시를 해야 한다(정문 291~292문답).

❖ 제9조 각종 명부록

당회는 아래와 같은 명부록을 비치(備置)한다.
1. 학습인 명부(학습 년 월 일 기입)
2. 입교인 명부(입교 년 월 일 기입)
3. 책벌 및 해벌인 명부(책벌, 해벌 년 월 일 기입)
4. 별 명부(1년 이상 실종된 교인)

5. 별세인 명부(별세 년 월 일 기입)
6. 이전인 명부(이명서 접수 및 발송 년 월 일 기입)
7. 혼인 명부(성혼 년 월 일 기입)
8. 유아 세례 명부(세례 및 성찬 허락 년 월 일 기입)
성명은 호적대로 기록하되 여자와 아이는 친족의 성명도 기입한다.

I 해 설

당회의 직무 가운데 아주 중요한 것은 교인들을 관리하는 것이다. 교인들을 관리함에 있어 명부는 필수적이다. 어떤 교회는 수십 년이 되도록 치리하거나 해벌할 자가 없을 수 있다. 그러할지라도 헌법이 규정한 명부는 정확히 작성하여 비치해야 한다(정문 제298문답). 4항의 "별 명부(別名簿)"는 권징 조례 제50조의 2년(탐문 회보 가능자)과 3년(실종자)과 상이한바 실체법인 본 조가 우선한다.

❖ 제10조 연합 당회

도시에 당회가 2개 이상 있으면 교회 공동 사업의 편리를 위하여 연합 당회를 조직할 수 있나니, 그 회원은 각 당회원으로 하며 본회는 치리권은 없으나 협동 사무, 기타(其他) 교회 유익을 서로 도모할 수 있다.

I 해 설

연합 제직회와 같은 연합 당회를 구성하여 교회의 공동 사업의 편리를 위하여 조직한 교회의 협의체이다. 구속력도, 치리권도 없고, 피차 유익한 일만 도모하기 위한 기구이며 개 교회가 단독으로 할 수 없는 일을 협력할 수 있는 일종의 협의체이다.

제10장 노회

✣ 제1조 노회의 요의(要義)

그리스도의 몸된 교회가 나뉘어 여러 지교회가 되었으니(행 6:1~6, 9:31, 21:20) 서로 협의하며 도와 교회 도리의 순전을 보전하며, 권징을 동일하게 하며, 신앙상 지식과 바른 도리를 합심하여 발휘하며 배도(背道)함과 부도덕(不道德)을 금지할 것이요, 이를 성취하려면 노회와 같은 상회(上會)가 있는 것이 긴요하다(사도 시대 노회와 같은 회가 있었나니 교회가 분산한 후에 다수의 지교회가 있던 것은 모든 성경에 확연하다) (행 6:5~6, 9:31, 21:20, 2:41~47, 4:4). 이런 각 교회가 한 노회 아래 속하였고(행 15:2~4, 11:22, 30, 21:17~18) 에베소 교회 외에도 많은 지교회가 있고 노회가 있는 증거가 있다(행 19:18, 20).

| 해 설

노회(Presbytery; Classis)는 문자적으로 '장로의 회로 모이는 회의'를 의미한다. 이때 '장로의 회'란 '원로의 회'란 의미를 갖고 있다. 노회는 어떤 유용성에 의해 조직된 지교회들의 단순한 연합체가 아니다. 장로회의 정치 원리는 개교회 중심의 원리가 아니기 때문에 각 지교회가 서로 연합하여 교회의 진리와 성결을 보전하기 위한 각 지교회들의 상급 치리회이다.

1. 노회 조직의 성경적 근거

사도 시대의 예루살렘 교회(행 2:41~47, 6:1~6)가 분산되기 이전이나 그 후에도 많은 지교회들이 각처에 있었다(행 9:31, 19: 17~20; 20:28, 고전 16:19). 그 교회들이 예루살렘 노회를 통하여 여러 가지 어려운 문제 해결에 도움을 받았다(행 15:4~29, 21:17~26). 디모데전서 4:14의 원문 'πρεσβυτελιον'(presbytery)은 '장로의 회'란 뜻이다. '장로의 회(會)'란 강도권과 치리권을 가진 목사와 치리 장로로 구성된 노회를 의미한다.

2. 노회의 필요성

1) 교회의 통일을 위하여
2) 많은 교회들의 합심 협력에 의한 교회의 지속적인 발전 및 신잉과 행위의 순결을 위하여
3) 많은 교회들의 협력에 의한 회중의 자유 수호를 위하여
4) 하나님의 말씀대로 교회의 모든 일이 유지되고 규율과 권징이 실시되기 위하여 노회는 그 직무를 이행함에 있어서 하나님의 말씀에 의지하여 수종드는 것이다(행 20:32, 벧전 5:3).

3. 노회를 통한 교회의 유익

1) 진리 보호
2) 권징의 일치
3) 신앙의 일치
4) 정치의 일치
5) 노회와 지교회의 협력(정문 제302~305문답)

❖ 제2조 노회 조직

노회는 일정한 지방 안에 모든 목사와 각 당회에서 총대로 세례 교인 200명 미만이면 1인, 200명 이상 500명 미만이면 2인, 500명 이상 1,000명 미만은 3인, 1,000명 이상은 4명씩 파송하는 장로로 조직한다. 단, 21당회 이상을 요한다.

| 해 설

노회는 일정한 지방 안에 21당회 이상 조직된 교회를 필요로 하고, 노회 관할 안에 있는 해 노회에 소속된 목사와 각 당회에서 파송한 총대 장로로 조직한다.

1. 일정한 지방

노회는 일정한 구역 내에서 있어야 한다. 아주 특별한 경우가 아니고는 일정한 관할 지역이 있어야 한다(정문 제316문답). 이것은 성경적으로 노회가 사람을 따라 친화 설립되지 않고 지역을 따라 설립되었기 때문이다. 친화 설립은 교리의 통일성과 일치성, 교회의 통일성과 화평에 지장을 준다(정문 제313문답). 회원 사이의 교제가 정실주의(情實主義)로 흘러 공정한 결의가 이루어지지 않기 때문이다.

따라서 원칙적으로 노회는 대회(총회)가 정하여 준 노회의 관할 경계 안에 있는 교회의 목사와 총대 장로로 조직된다. 그렇게 함이 교회의 본질이 되는 통일성을 유지함에 필요한 까닭이다(엡 4:1~16).

현재 본 교단은 6 25전쟁 이후 이북에서 피난 온 노회들에 한하여 무지역 노회를 인정하여 왔다(1953년 제38회 총회). 주요 총회 결의는 무지역 노회는 가급적 지역 노회로 귀속하기로 하였으며(1983년 제68회), 본 교단은 무지역 노회의 교회의 이적(移籍)과 목사의 이명(移名)

을 동시에 할 수 있도록 다음과 같이 결의하였다.

"무지역 노회 목사는 이명 없이 지역 노회에 가입할 수 없으며 본인의 이명청원이 있을 시 이명하여 주는 것이 가한 줄 아오며,"(1988년 제73회 총회)

"무지역 노회에 소속한 교회와 목사가 지역 노회로 이적의 건은 공동의회 결의로 청원하면 교회와 목사를 이명하여 주기로 가결하다. 단, 고의로 이명하여 주지 않을 시는 지역 노회 결의로 이명한다."(2001년 제86회 총회)

2. 교회 수

한 노회 안에 교회 수가 21당회 이상을 요한다. 미조직 교회 수가 아무리 많아도 노회를 조직할 수 없다. 21개이 조직 교회로 구성된 장로가 최소한 21명 이상이 되어야 한다는 의미이다.

3. 목사와 장로의 수

대회와 총회는 선거로 선출한 동수의 목사와 장로를 총대로 파송하기 때문에 목사와 장로의 수가 같다. 그러나 노회는 그 노회 안에 있는 모든 목사는 다 노회원이 되고 장로는 당회에서 파송한 장로에게만 회원권이 부여되므로 그 수가 같지 않다. 그래서 목사는 노회원이라 하고 장로는 총대라 하는데 세례 교인 200명 미만인 당회는 장로 1명, 세례 교인 200명 이상 500명 미만인 당회는 장로 2명, 세례 교인 500명 이상 1천 명 미만인 당회는 장로 3명, 1천 명 이상인 당회는 4명을 노회에 총대로 파송하여 노회 서기가 장로 총대를 호명함과 동시에 회원권이 인정된다.

❖ 제3조 회원 자격

지교회 시무 목사와 정년 이전의 원로 목사와 총회나 노회가 파송한 기관 사무를 위임한 목사는 회원권을 구비하고, 그 밖의 목사는 언권 회원이 되며 총대권은 없다.

해설

본 조의 회원은 목사를 의미하는데 목사의 시무 형편에 따라서 회원권이 구별된다. 그러므로 노회의 회원이란 목사만을 의미하며 장로는 회원이 아니라 '장로 총대'이다. 장로 총대는 노회 서기가 호명한 후부터 회원권이 부여된다.

1. 정회원

1) 지교회 시무 목사

시무 목사란 지교회에서 시무하는 목사로 제4장 4조 2항의 미조직 교회의 '시무 목사'와는 다르다. 본 조의 시무 목사는 위임 목사, 조직 교회의 당회장권을 허락 받은 시무 목사, 미조직 교회의 당회장권을 허락 받은 시무 목사, 위임 목사를 보좌하기 위해 허락 받은 부목사 등을 말한다.

2) 정년 이전의 원로 목사

3) 총회나 대회, 노회가 파송한 기관 사무를 위임한 목사(군종 목사, 교육 목사, 선교사 포함)

2. 언권 회원

전 항 외의 목사(전도 목사, 무임 목사, 은퇴 목사)와 정년이 지난 원로 목사는 언권은 있으되 총대권은 없다. 전도 목사와 무임 목사도 노회원이기 때문에 임시 당회장이나 대리 당회장으로 청함을 받을 수 있다.

> ❖ **제4조 총대**
> 총대 장로는 서기가 천서를 접수 호명한 후부터 회원권이 있다.

┃해설

총대(總代)란 전체를 대표하는 사람이니 치리회에서 총대는 하회를 대표하여 상회에 파송된 자란 뜻이다. 노회에서의 총대는 당회에서 파송한 장로를 말하는데 노회가 모여 서기가 호명하기 전에는 회원일 수 없다. 서기가 호명하기까지는 하급 치리회에서 선정하여 추천한 예비회원일 뿐이다. 총대 장로는 서기가 천서를 접수 호명한 후부터 회원권이 있다.

> ❖ **제5조 노회의 성수**
> 노회가 예정한 장소와 날짜에 본 노회에 속한 정회원 되는 목사와 총대 장로 각 3인 이상이 회집하면 개회할 성수가 되나니 노회의 일체 사무를 처리할 수 있다.

┃해설

노회는 예정된 날짜와 장소에서 목사 3인 총대 장로 3인의 최소 개회 성수가 모여야 개회하여 회무를 처리한다. 노회의 개회 성수(成數)는 다음과 같은 세 가지 요건이 모두 충족되어야 한다.

1. 노회 개회 성수의 요건

1) 예정한 날짜에 모여야 한다.
예정된 날짜란 년 월 일 시를 말한다. 한 시간 전 후에 모이거나 하루 전날 후 날짜를 바꿔 모여도 노회는 개최하지 못한다.

2) 예정된 장소에 모여야 한다.
예정된 장소가 아니라 다른 장소에서 모였다면 그 어떤 결정도 무효이다. 개회 성수가 안 되기 때문이다.

3) 최소한의 성수는 모여야 한다.
최소한 본 노회 소속 정회원 목사와 총대 장로 각 3인 이상이 모여야 한다. 서기가 호명 전에 다수가 모여 예배를 드렸더라도 호명 때 성수가 되지 않으면 개회는 불법이다.

2. 노회의 개회 성수

노회의 개회 성수는 재적 수에 관계없이 정회원 되는 목사 3인, 총대 장로 3인만 출석하면 개회 성수가 된다. 이것은 회의에서 지교회의 대표들(치리 장로들)과 교역자 대표들(목사들)이 서로 균형을 이루어 모든 결의에 있어서 공평을 기하기 위함이다. 장로교회는 "사역상 균등 혹은 평형"이란 교리를 가지고 있다.

여기서 "목사와 총대 장로 각 3인 이상"이란 교회 수와 관계 없이 각기 다른 교회에 목사 3인과 장로 3인이 출석하여도 성수에 문제가 없다는 말이다. 단, 노회 임시회는 "각 다른 지교회 목사 3인과 장로 3인"의 청원(3당회의 각기 다른 3안건)이 있어야 회장이 임시회를 소집할 수 있다.

❖ 제6조 노회의 직무

1. 노회는 그 구역에 있는 당회와 지교회와 목사와 강도사와 전도사와 목사 후보생과 미조직 교회를 총찰한다.

2. 노회는 각 당회에서 규칙대로 제출하는 헌의와 청원과 상소 및 소원과 고소와 문의와 위탁 판결을 접수하여 처리하며, 재판건은 노회의 결의대로 권징 조례에 의하여 재판국에 위임 처리하게 할 수 있다(고전 6:1, 8, 딤전 5:19). 상소건 등은 접수하여 상회에 보낸다.

3. 목사 후보생을 고시하여 받고 그 교육, 이명, 권징하는 것과 강도사를 인허하고 이명, 권징, 면직을 관리하며 지교회의 장로 선거를 승인하며 피택 장로를 고시히여 임직을 허락하고 전도사를 고시하여 인가하며 목사 지원자의 고시, 임직, 위임, 해임, 전임, 이명, 권징을 관리하며(딤전 4:14, 행 13:2~3) 당회록과 재판 회록을 검열하여 처리 사건에 찬부(贊否)를 표하며 도리와 권징에 관한 합당한 문의를 해석한다(행 15:10, 갈 2:2~5).

4. 교회의 신성과 화평을 방해하는 언행을 방지하며(행 15:22, 24) 교회 실정과 폐해(弊害)를 감시하고 교정(矯正)하기 위하여 각 지교회를 시찰한다(행 20:17, 30, 6:2, 15:30).

5. 지교회를 설립, 분립, 합병, 폐지 및 당회를 조직하는 것과 지교회와 미조직 교회의 목사의 청빙과 전도와 학교와 재정 일체 사항의 처리 방침을 지도 방조한다.

6. 본 노회의 청원과 헌의를 상회에 올려 보내며 상회에서 내려 보내는 공한(公翰)을 접수하여 그 지휘를 봉행하며, 교회 일을 질서 있게 처리하며(고전 14:33, 40), 전도 사업을 직접 경영함과 상회 총대를 선정 파송함과 범사(凡事)에 관한 각 교회의 신령적

유익을 도모한다.
7. 목사 고시를 행하되 그 과목은 신조, 권징 조례, 예배 모범, 목회학, 면접 등이다.
8. 어느 지교회에 속한 것을 물론하고 토지 혹 가옥 사건에 대하여 변론이 나면 노회가 지도할 권한이 있다.
9. 노회는 교회를 감독하는 치리권을 행사하기 위하여 그 소속 목사 및 장로 중에서 시찰 위원을 선택하여 지교회 및 미조직 교회를 순찰하고 모든 일을 협의하여 노회의 치리하는 것을 보조할 것이니 위원의 정원과 시찰할 구역은 노회에서 작정한다. 시찰 위원은 치리회가 아니니 목사 청빙 청원을 가납(可納)하거나 목사에게 직전(直傳)하지 못하고 노회가 모이지 아니하는 동안 임시 목사라도 택하여 세울 권한이 없다. 그러나 허위 당회에서 강도할 목사를 청하는 일을 같이 의논할 수 있고 또 그 지방의 목사와 강도사의 일할 처소와 봉급에 대하여 경영하여 노회에 보고한다.
10. 노회는 허위 교회를 돌아보기 위하여 시찰 위원 혹은 특별 위원에게 위탁하여 노회 개회 때까지 임시로 목사를 택하게 할 수 있고 혹 임시 당회장도 택하게 할 수 있다. 시찰 위원을 두는 목적은 교회와 당회를 돌아보고 노회를 위하여 교회 형편을 시찰하는 것이니 시찰 위원은 교회의 청함이 없을지라도 그 지방 안에 있는 당회와 연합 당회와 제직회와 부속한 각 회에 언권 방청원으로 출석할 수 있고 투표권은 없다. 각 당회는 장로 및 전도사를 선정할 일에 대하여 의논할 때에는 시찰과 협의함이 가하다. 시찰 위원은 그 구역 안 교회 형편과 위탁받은 사건을 노회에 보고할 것이나 당회나 교회 헌법에 의하여 얻은 직접 청구권을 침

> 해하지 못한다.
> 11. 시찰 위원은 가끔 각 목사와 교회를 순찰하여 교회의 신령상 형편과 재정 형편과 전도 형편과 주일 학교 및 교회 소속 각 회 형편을 시찰하고, 목사가 결과 있고 유익하게 역사하는 여부와 그 교회 장로와 당회와 제직회와 교회 대표자들의 제출하는 문의(問議) 및 청원서를 노회에 제출한다.

| 해 설

1. 지교회 및 교역자를 총찰한다.

노회 구역 안에 있는 지교회를 총찰한다. '총찰한다'는 '모든 일을 맡아서 보살핀다'는 말이며 서론적인 언사로 총찰하는 내용은 2항부터 여러 가지로 진술한다.

2. 헌의 안건 및 재판건을 처리한다.

각 당회에서 규칙대로 제출하는 여러 가지 의제들을 처리한다. 당회로서 감당할 수 없는 일들을 처리한다(헌의와 청원 기타). 노회로서 감당할 수 없는 일을 상회(대회, 총회)로 보낸다(상소장 등).

상소건을 제외하고는 당회장이나 시찰장을 경유하여야 노회가 문서를 접수할 수 있다. 이때 문서가 합당하지 아니하면 경유를 거부할 수는 있어도 기각(棄却)하지는 못한다. 경유를 거부할 시는 그 사유를 밝힌 부전지(附箋紙)를 붙여 본인에게 돌려주어야 한다.

3. 각종 고시 및 인사 행정과 권징을 관장한다.

1) 각종 고시를 시행한다.
목사 후보생, 피택 장로, 전도사, 목사 지원자의 고시를 실시한다.

2) 인사 행정을 관리한다.
목사 후보생의 교육, 이명, 권징하는 것과 강도사의 인허와 이명, 권징, 면직을 관리하고 지교회의 장로 선거를 승인하며, 임직을 허락하고 전도사를 인가하며 목사 지원자의 임직, 해임, 전임, 이명, 권징을 관리한다(정문 제350문답).

3) 회의록을 검사한다.
각 지교회의 당회록과 재판회록은 1년에 1차씩 검열하여(정치 제9장 제8조) 모든 행정건과 재판건이 규칙대로 처리 되었는지에 대한 적부를 살펴서 찬부를 표한다(정문 제397~399문답). 당회록은 노회의 허락 없이는 당회가 임의로 변경할 수 없다(정문 제400문답).

4) 도리와 권징에 대한 문의 해석을 한다.
노회는 교회의 성결을 위해 권징을 성실히 시행해야 된다. 각 지교회에서 쟁론이 생겨 노회에 질의하였을 때 해석해 주는 것이니 지교회를 지도하는 입장에서 해석하는 것이다(정문 제404문답).

4. 지교회를 시찰한다.
시찰의 목적은 지교회의 거룩과 화평을 보존하기 위하여 각 지교회가 요청하거나 청함이 없을지라도 폐해의 정도를 감지하였을 때 시찰하여 감독하고 교정하여 교회의 본질이 훼손되지 않도록 한다.

5. 지교회를 관리 지도한다.

노회 지역 안에 있는 지교회와 미조직 교회를 관리하되 설립, 분립, 합병, 폐지 및 당회 조직과 목사 청빙에 관한 일을 관리한다. 복음 전파와 교육과 재정 처리 방침을 지도한다.

6. 상회로서의 책무와 하회로서의 의무를 질서 있게 처리한다.

1) 상회로서의 책무

노회의 하회인 당회에서 헌의 청원한 안건을 처리하고, 상소, 소원, 고소 건을 적법하게 처리하며 각 지교회를 위하여 노회 전도부로 하여금 직접 또는 간접적으로 전도하며 교회의 성장을 도우며 지교회의 모든 일을 질서 있게 처리하며 특히 신령적 유익을 도모한다.

2) 하회로서의 의무

노회는 대회와 총회인 상회가 있고 당회인 하회가 있는바, 상회에서 하달하는 공한을 접수 처리하며, 상회에 청원과 헌의를 발송하고, 상회 총대를 선정하여 파송하고,[23] 각종 통계와 상황을 보고한다.

---

23) 상회 총대권과 관련한 총회의 결의 사항은 다음과 같다.
  (1) "미조직 교회 목사(임시 시무 목사)는 노회장과 총대가 될 수 없다(정치 제4장 제4조 2, 5, 6항. 2002년 총회 제87회 결의)."
  (2) "지역 노회 경내의 타 지역 노회 소속교회는 해당 지역에 보내고 이 결의를 위반할 때는 위반한 노회의 총대권을 전원 중지한다(1994년 제79회 총회 결의)."
  (3) "세례 교인 헌금 100% 미실시 교회 소속 목사, 장로는 총대권을 제한키로 한다(2001년 제86회 총회 결의)."

7. 목사 고시를 시행한다.

1) 목사 고시의 중요성
목사 고시는 하나님의 사자가 되기 위한 최후 고시로서 가장 중요한 관문이다.

2) 고시 과목
목사 고시 과목은 신조, 권징 조례, 예배 모범, 목회학, 면접 등이다. 학과 시험에 통과했을지라도 면접에서 신앙과 인격을 잘 살펴서 당락을 결정하여야 한다.

8. 지교회 부동산의 관리

지교회에 속한 토지, 가옥, 사건에 대하여 변론이 나면 노회가 지도할 권한이 있다. 지교회의 부동산 관리권은 지교회에 있고, 지교회에서 부동산에 관한 문제가 발생하여 변론이 생겼을 경우에만 노회가 지도할 수 있다. 이때 지교회가 불만이 있을 때에는 대회, 총회에 소원, 상고할 수 있다(정치 제12장 제5조 4항).

9. 시찰 위원을 선택하여 노회의 치리를 보조한다.

시찰회는 노회의 치리권을 방조하는 협의체이다. 시찰회는 당회와 지교회를 순찰(巡察)하고 협의하여 노회의 치리권을 돕는 상설 위원일 뿐이요 치리회는 아니다.

1) 시찰 위원의 선택과 조직
시찰 위원은 노회에서 정해준 해 시찰 구역 안에 있는 위임 목사와 장로 총대 중에서 선택받은 자로 조직하며, 위원의 수와 선택 방법도 노회에서 규정한 규칙대로 선택 조직하며, 각 지교회를 감독하여 노회의 직무를 돕는다.

2) **시찰 위원회의 업무**

시찰 위원회는 시찰회 경내의 교회를 순찰(巡察)하여 노회의 치리를 돕는다. 허위 교회에는 노회가 모이기까지 강도할 목사를 임시로 청하는 일과 그 지방의 목사와 강도사의 사역지를 알선하는 일과 생활비 등을 정하는 데 협의하여 노회에 보고하는 일을 한다.

3) **시찰 위원회의 권한과 성격**

(1) 시찰 위원회는 노회의 상설 위원회로서 당회의 상회도 아니고 치리회도 아니다. 그러나 필요시에는 언권 방청으로 출석하여 시찰할 수 있는 시찰권이 있다. 지교회는 시찰회의 협의를 불응할 수는 있어도 거부할 수는 없다.

(2) 목사 청빙 등 모든 지교회의 사건을 가납하거나 결정할 권한이 없다.

(3) 각 지교회가 노회로 보내는 공문을 시찰회에서 경유하도록 하는 규칙이 있어서 서류의 미비점이나 부적격하거나 불법적인 서류에 대하여 보완하도록 지도할 것이요, 상회에 보낼 수 없는 서류는 경유인(印)을 날인함에 거부권을 행사할 수 있다(정문 제406문답).

10. 허위 교회를 돌아보기 위한 기구를 설치한다.

1) 노회는 노회의 폐회 기간 동안에 허위 교회가 발생할 때에 허위 교회를 돌아보기 위하여 폐회하기 전에 특별 위원이나 시찰 위원에게 임시 노회를 모이지 아니하더라도 당회와 협의하여 임시로 설교할 목사를 택하거나 당회로 하여금 임시 당회장을 청하여 당회 행정에 차질이 없이 지교회를 돌보게 해야 한다.

2) 시찰 위원의 시찰에 대하여 양심의 자유 원리에 의한 교회의

기본권을 보호하기 위하여 교회에 지나친 간섭을 하지 못하도록 어디까지나 언권 방청으로 제한하고 "투표권은 없다."고 명문화하였다.

3) 교회가 원하지 않는데 시찰회가 장로를 증선하게 하거나 전도사를 청빙하게 하는 강제권은 행사할 수 없는 일이다.

11. 시찰 위원의 직무는 다음 세 가지로 나누어 생각할 수 있다.

1) 지교회의 신령상 형편과 재정, 전도, 주일학교의 형편을 살핀다.
2) 목사가 교회를 시무하는 바 그 합법성과 정당성 여부를 살핀다.
3) 당회와 제직회와 교회 각 기관의 대표들이 문의, 헌의, 청원, 진정하는 일들을 경유하여 노회에 제출하는 일이다. 이는 교회의 유익을 위함이요 노회의 치리권을 돕는 일이다.

❖ 제7조 노회록과 보고

노회는 강도사 및 전도사 인허와 목사의 임직과 이명과 별세(別世)와 후보생의 명부와 교회 설립, 분립(分立), 합병과 지방 안 각 교회 정황(情況)과 처리하는 일반 사건을 일일이 기록하여 매년 상회에 보고한다.

▎해 설

노회록에는 인사건과 교회의 설립, 분립, 합병, 폐지 및 교회 형편을 상세히 기록 보존한다. 이러한 노회 문서는 영구보존 문서로서 인사건이나 재판건 등의 시비가 있을 때 중요한 근거자료가 된다. 노회의 처리된 모든 안건도 상세히 기록하여 매년 상회에 보고하고 검사를 받는다. 노회록의 검사와 각종 교회 현황과 통계 보고는 총회의 감독에 대한 하회의 의무이므로 반드시 보고하고 검사를 받아야 한다.

> **제8조 노회가 보관하는 각종 명부**
> (1) 시무 목사 (2) 무임 목사 (3) 원로 목사 (4) 공로 목사
> (5) 전도사 (6) 목사 후보생 (7) 강도사

해설

노회가 보관해야 할 각종 명부는 역사의 자료가 되므로 정확하고 상세히 기록 및 정리하여 영구 보존하여야 한다. 노회가 보관하는 명부로는 시무 목사 명부, 무임 목사 명부, 원로 목사 명부, 전도사 명부, 강도사 명부, 목사 후보생 명부 등이다.

본 조 목사 명부에서의 분류는 제3조 회원 자격의 분류와 다르게 시무 목사 명부에서 목사의 직무를 수행하는 모든 목사를 포함하였다.

그래서 본 조의 시무 목사 명부에는 위임 목사, 시무 목사, 부목사, 전도 목사, 교단 기관 목사, 군종 목사, 교육 목사, 선교사를 다 포함하여 기록한다.

그러나 은퇴 목사 명부가 없어서 은퇴 목사를 시무 목사 명부에 기록할 수도 없고 원로 목사 명부에 기록할 수도 없어 법조문에 없는 은퇴 목사 명부를 만들어 사용하는 실정이다.

4항의 공로 목사는 없어진 목사 호칭이지만 과거의 공로 목사 명단은 노회가 보존할 의무가 있다. 역사적인 자료이기 때문이다.

❖ 제9조 노회 회집

노회는 예정한 날짜와 장소에 회집하고 특별한 사건이 있는 경우에는 각 다른 지교회 목사 3인과 각 다른 지교회 장로 3인의 청원에 의하여 회장이 임시회를 소집할 수 있다(회장이 유고한 때는 부회장 또는 서기가 대리로 소집한다). 회장이 임시회를 소집할 때는 회의(會議)할 안건과 회집 날짜를 개회 10일 선기(先期)하여 관하(管下) 각 회원에게 통지하고 통지서에 기재한 안건만 의결(議決)한다.

해 설

1. 노회 정기회

정기 노회는 1년에 한 번이나 혹 두 번 이상 회집하되 안건이 있든지 없든지 모여야 한다. 정기 노회는 개회 성수 요건을 갖춰 예정된 날짜와 장소에서 목사 3인, 총대 장로 3인의 최소 개회 성수가 모여야 개회하며 회무를 처리한다.

2. 노회 임시회

1) 노회 임시회의 안건

임시 노회는 "특별한 사건이 있는 경우"에 개최된다. 특별한 사건이란 정기회까지 지체할 수 없는 중요한 일이 발생한 경우이다. 재판 안건은 임시회에서 다루지 않는 것이 원칙이다(정문 제417문답).

"임시 노회에서 재판 사건을 취급할 수 있는지에 대해 임시 노회에서 취급하지 않는 것이 옳은 줄 아나 특별한 사건에 대해서는 취급할 수 있다(1978년 제63회 총회 결의)."

2) 노회 임시회의 소집

임시 노회는 각 각 다른 교회 목사 3인, 장로 3인의 청원에 의하여 회장이 소집한다. 여기서 "각 다른 지교회 목사 3인과 장로 3인"의 청원이란 각기 다른 3당회에서 각기 다른 3안건의 청원이 있어야 한다. 이것은 임시 노회의 소집을 신중하게 하기 위함이다.

다만 회장의 유고시에는 부회장이나 서기가 대리로 소집하되 회장이 임시회를 소집할 때는 회의할 안건과 회집 날짜를 개회 10일 선기(先期)하여 관하 각 회원에게 통지하고 통지서에 기재한 안건만 의결한다(정문 제416문답). 여기서 선기(先期)란 약속한 기한보다 앞선다는 의미이므로 우리나라 민법에서는 도달주의를 재택하고 있기 때문에, 임시노회 소집 통지서가 각 회원에게 도달한 10일 이후에 임시노회가 모여야 한다.

제11장 대회

장로회 정치 체제는 당회, 노회, 대회, 총회로 되어 있으나 삼심제(三審制)의 재판 체제를 가지고 있다(정치 총론 5항 참조). 당회에서 제기되는 교인들에 대한 재판은 삼심제 원리에 의하여 대회가 최종심의회가 되고, 노회에서 제기되는 목사의 재판 사건과 교회의 도리나 헌법에 관계되는 사건은 삼심제 원리에 의하여 총회가 최종심의회가 된다. 이렇게 헌법상으로는 대회제가 보장되었으나 실제로는 대회가 조직되지 못하고 있는 실정이다.

대회제에 대한 기록을 보면 1922년판 제헌 헌법정치 제11장에서는 "朝鮮敎會에서는 대회를 아직 組織하지 아니함으로 정치가 업슴"이라고 규정했고, 1928년 1차 개헌에 이어 1934년판 헌법에서는 이 구절까지 삭제하였고, 1964년판 헌법에서는 제11장 제6조에서 대회제에 대한 조항을 신설했다. 1968년 제53회 총회에서는 대회제 실시를 결의하되 중부대회를 조직하였으나, 지역 노회와 무지역 노회에 대한 문제로 1972년 제57회 총회에서 폐지하되 휴전선이 해결되기까지 거론하지 않기로 결의한 후 지금에 이른 것이다.

❖ 제1조 대회조직

대회는 1지방 안 모든 노회(3개 이상 노회 됨을 요한다)를 관할하는 회니 각 노회에서 파송하는 총대 목사와 장로로 조직하되 목사와 장로는 그 수를 서로 같게 한다.

    총대는 매 5당회에 목사 장로 각 1인 비율로 파송하며 5당회가 미급되고 3당회 이상이면 목사 장로 각 1인씩 더 택하고 3당회가 미급(未及)되는 노회는 목사 장로 각 1인씩 언권회원으로 참석한다. 단, 1당회에 총대 목사 장로 각 1인을 초과하지 못한다.

▍해 설

1. 대회의 정의

대회(大會, Synod)란 노회보다 넓은 지역에서 노회처럼 그 일정한 지역 내의 목사들과 장로들로 회집하는 치리회인데 3개 노회 이상을 관할하기 때문에 대노회(a larger Presbytery)이다. 대회는 그 방법과 비율 등을 노회와 대회가 결정하여 조직하며 대회의 회원은 노회가 선택 파송한다. 특히 대회라 함은 일정한 지역이 연합하여 조직해야 하는 것이지 무지역으로 조직하는 것은 원리가 아니다(정문 제426문답).

2. 대회의 조직

대회는 총회가 설립하며, 대회의 지역도 총회가 결정한다(정문 제 427문답). 단, 노회에서 파송하는 총대 목사와 장로로 조직하며 목사와 장로는 그 수를 같게 한다(정문 제426, 429문답).

3. 대회 총대

매 5당회에서 목사 장로 각 1인씩 비율로 파송하며, 5당회가 미급되고 3당회 이상이면 목사 장로 각 1인씩 더 택하고, 3당회가 미급되는 노회는 목사 장로 각 1인씩 언권회원으로 참석한다. 단, 1당회에서 총대 목사 장로 각 1인을 초과하지 못한다(정문 제431문답).

> ❖ **제2조 개회 성수**
> 예정한 날짜와 장소에 목사 7인과 장로 3인 이상이 회집하면 개회 성수가 된다.

▎해 설

예정한 시일과 장소에 목사 7인과 장로 3인이 출석하면 개회할 성수가 되나 만일 출석 목사 7인 중 3인 이상이 동일한 노회 소속이면 성수가 될 수 없다. 성수 미달이면 아무런 사무도 처결하지 못하나, 다시 회집할 시일과 장소는 작정할 수 있다(정문 제430문답).

❖ 제3조 언권 방청

다른 노회 목사나 또는 서로 교통하는 교파 목사를 언권 방청원으로 허락할 수 있다.

▎해 설

대회의 언권 방청 회원은 노회와 총회와 마찬가지로 그 대회의 결의에 의해서 된다(정문 제425, 437, 465문답)

❖ 제4조 대회 권한과 직무

1. 노회 판결에 대한 공소 및 상고를 수리 처결한다.
2. 모든 하회의 문의에 대하여 결정 지시권이 있다.
3. 각 노회록을 검사 인준한다.
4. 각 노회에 법규를 위반한 사실이 있으면 교정하게 하고 교회 헌법을 잘 준수하게 한다.
5. 노회를 설립, 합병, 분설하며 노회 구역을 변경하는 일을 행할 수 있다.
6. 교회의 건덕과 유익될 일을 각 교회에 권장하며 총회에 헌의할 수 있다.
7. 대회는 고소, 소원, 공소, 상고에 대한 결정을 전권으로 행하되 직접 판결하든지 또한 하회에 반환할 수 있다.
8. 대회에 제기한 상고, 고소, 문의의 안건이 교회의 도리나 헌법에 관계되는 일이 아니면 대회가 최종 심의회(最終審議會)가 된다.
9. 당회는 교인을 직접, 노회는 목사를 직접 재판할 수 있으나 대회

는 노회에서 판결한 데 대하여 불복 상고한 것이나 노회에서 제출한 문의 같은 문서(文書)를 받은 후에야 재판할 수 있다.
10. 대회가 하회에 대하여 만일 불법한 사건이 있는 줄로 아는 때는 상고하는 일이 없을지라도 자세히 조사하며, 하회 회록을 검사하여 과연 사실이 있으면 심사 교정하든지 하회에 명령하여 교정하게 한다.
11. 대회는 재판국을 두어 (국원은 목사 장로 9인 이상) 권징 조례대로 재판한다. 재판국 개회 성수는 국원 4분의 3 이상이 출석하여야 개심하며 재판국 판결은 법규에 대한 사건 외에는 변경하지 못한다. 그러나 대회가 직접 재판회로 다시 일일이 재판한 후에 재판국 판결을 변경할 수 있다.
12. 대회는 총회에 헌의와 청원을 제출할 수 있고 다른 노회나 대회의 헌의에 대하여 동의를 표할 수 있다.

해 설

1. 재판권

노회 판결에 대한 고소 및 상소를 수리 처결한다. 대회는 재판회 성격이 강하다. 왜냐하면 목사의 재판 사건과 교리나 헌법에 관계되는 일이 아니면 대회가 최종심이 되기 때문이다.

2. 문의에 대한 결정 지시권

모든 하회(당회와 노회)의 문의에 대하여 결정 지시권이 있다(상기 1, 2항의 대회의 결정에 목사의 재판 사건과 교회의 도리나 헌법에 이의가 있을 시에는 총회에 올릴 수 있다. 본 조 8항).

3. 회의록 검사 인준권

상회로서 하회인 각 노회 회의록을 검사 인준한다. 그 구체적인 절차법은 권징 조례 제9장 제72~77조에 규정되어 있다.

4. 교정권과 지도 감독권

각 노회에 법규를 위반한 사실이 있으면 교정하게 하고 교회 헌법을 잘 준수하도록 지도 감독한다.

5. 노회 설립 변경권

노회를 설립, 합병, 분설하며 노회 구역을 변경하는 일을 행할 수 있다(정문 제438문답).

6. 권장권과 헌의권

교회의 건덕과 유익될 일을 각 교회에 권장하며 총회에 헌의할 수 있다.

7. 판결 환송권

대회는 고소, 소원, 상소에 대한 결정을 전권으로 행하되 직접 판결하든지 또는 하회에 반환할 수 있다.

8. 최종 심의권의 한계

대회에 제기한 상소, 고소, 문의(問議)의 안건이 목사의 재판 사건과 교회의 도리나 헌법에 관계되는 일이 아니면 대회가 최종 심의회(最終審議會)가 된다. 이는 교인은 원 치리회가 당회이기에 삼심제에 의하여 대회가 최종 심의회가 되고, 목사의 원 치리회는 노회이기에 삼심제에 의하여 총회가 최종 심의회가 되기 때문이다.

9. 대회의 원 치리권

당회는 교인을 직접 재판할 수 있고, 노회는 목사를 직접 재판할 수 있으나, 대회는 노회에서 판결한 데 대하여 불복 상소한 것이나 노회에서 제출한 문의 같은 문서(文書)를 받은 후에야 재판할 수 있다.

10. 조사처결 및 교정권

대회가 하회에 대하여 만일 불법한 사건이 있는 줄로 아는 때는 상소하는 일이 없을지라도 자세히 조사하며, 노회의 회의록을 검사하여 과연 사실이 있으면 심사 교정하든지 하회에 명령하여 교정하게 한다.

11. 대회 재판국

대회는 재판국을 두어 재판하는데 그 판결은 변경하지 못한다. 단, 대회가 직접 재판회로 개심한 후에는 재판국 판결을 변경할 수 있다.

1) 대회는 재판국을 두어 권징 조례대로 재판한다(재판국원은 목사, 장로 9인으로 하되 목사가 한 사람 더 많게 한다).
2) 재판국 개회 성수는 국원 4분의 3 이상이 출석하여야 개심(開審)하며 재판국 판결은 법규에 대한 사건 외에는 변경하지 못한다. 이는 대회 재판국은 법률심(法律審)이기 때문에 재판국이 재판 절차에 관한 법규를 어겼거나, 법률을 잘못 알고 적용하였거나, 부득이한 경우 증거조(證據調)를 취급하되(권징 조례 제9장 제94조 참조) 증거 채증(採證) 법칙을(권징 조례 제8장 참조) 위반했을 때, 그 진부(眞否)를 재판하는 법규에 대한 사건 외에는 변경치 못한다는 것이다.
3) 그러나 재판국의 보고를 채용하지 않고, 대회를 재판회로 변격(變格)하여 재판한 후에나, 특별 재판국을 설치하여 재판한 후에는 재판국의 판결을 변경할 수 있다(권징 조례 제13장 참조).

12. 헌의안 제출권 및 동의권

대회는 총회에 헌의와 청원을 제출할 수 있고 다른 노회나 대회의 헌의에 대하여 동의를 표할 수 있다.[24]

✢ 제5조 대회 회집

대회는 매년 1회 정기회로 회집하고 필요한 때는 임시회와 계속회도 할 수 있다. 임시회는 2개 노회의 목사 장로 각 3인의 청원에 의하여 회장이 임시회를 소집한다. 임시회는 개회 10일 전기하여 회집 통지서와 의안을 관하 각 회원에게 통고하고 통지(通知)서에 기재한 안건만 의결(議決)한다.

▎해 설

1. 대회는 매년 1회 정기회로 회집하고 필요할 때는 임시회와 계속회도 할 수 있다(총회는 임시회가 없으나 대회는 임시회가 있는 것이 다르다).

2. 임시회는 2개 이상 노회의 목사 장로 각 3인의 청원에 의하여 회장이 임시회를 소집한다.

3. 임시회는 개회 10일 전기하여 회집 통지서와 의안을 관하 각 회원에게 통고하고 통지서에 기재한 안건만 의결한다(정문 제436, 449문답).

---

[24] 위 12가지 권한 외에 기타 자세한 것은 정문 제437~447문답을 참고하라.

❖ 제6조 회록 및 보고

서기는 회의록을 작성 보관하며 특별히 재판 기록을 자세히 하여 총회의 검사를 받으며 대회 상황을 총회에 보고한다.

┃해 설

1. 서기는 회의록을 작성 보관하며, 특별히 재판 기록을 자세히 기록하여 총회의 검사를 받고, 대회 상황을 총회에 보고한다(정문 제454, 455문답).

2. 대회 회록은 1년에 한번 씩 총회의 감사를 받는다.

3. 각 노회원과 노회의 논쟁점에 대해서도 총회에 보고한다.

4. 대회록을 검사받는 목적은 노회가 당회록을 검사하는 목적과 같다(정문 제296문답). 검사 중에 큰 잘못을 발견하면 재고나 경정을 요구하든지 혹은 시간을 정해 명령대로 그것들을 취소하고 보고하게 해야 한다.

5. 재판 사건은 회록 검사에 의해서 변경되지 아니하고, 대회에 명령하여 다시 재판하게 하든지 총회가 친히 재판한 후에야 이를 변경할 수 있다.

6. 총회가 대회 회록을 검사할 때에 대회 회록을 상송(上送)하지 않았으면 그 대회를 권면(勸勉)하든지, 혹 그 대회 서기를 불러 총회에 회록을 상송하지 아니한 이유를 물어야 한다(정문 제454문답).

제12장 총회

❖ 제1조 총회의 정의(定義)

총회는 대한예수교장로회의 모든 지교회 및 치리회의 최고회(最高會)니 그 명칭은 대한예수교장로회 총회라 한다.

▎해 설

총회는 장로교 정치 삼심제하에서 최고 치리회로서 상소 사건의 최고심이요 최종심의회가 된다. 그러므로 상소건에 대한 총회의 처결은 전체 교회의 결정이요 최종 심의의 결정이니 다시 변경할 회가 없다. 총회는 당회나 노회나 대회와는 달리 총회 개회 시부터 산해 시까지만 총회이고 총회를 마친 후에는 없어진다. 그래서 폐회를 선언하지 아니하고 파회를 선언한다.

❖ 제2조 총회의 조직

총회는 각 노회에서 파송한 목사와 장로로서 조직하되 목사와 장로는 그 수를 서로 같게 하고 총대는 각 노회 지방의 매 7당회에서 목사 1인, 장로 1인씩 파송하되 노회가 투표 선거하여 개회 2개월 전에 총회 서기에게 송달(送達)하고 차점 순(順)으로 부총대 몇 사람을 정해 둔다. 단, 7당회 못되는 경우에는 4당회 이상에는 목사 장로 각 1인씩 언권 회원으로 참석한다. 총회 총대는 1당회에서 목사 장로 각 1인을 초과하지 못한다.

┃ 해설

총회는 각 노회에서 헌법에 규정한 대로 목사와 장로를 투표 선거하여 파송된 자들로 조직한다.

1. 총회의 회원

총회는 전국 각 노회에서 목사와 장로의 수를 서로 같게 선출하여 총회 개회 2개월 전에 총회 서기에게 송달된 자들로 회원이 된다. 단, 서기가 호명할 때까지는 예비회원일 뿐이다(정치 제12장 제6조).

2. 총대 파송 기준

1) 총회 전 정기 노회에서 선택하여야 한다.
2) 총회 개회 6개월 이상을 격(隔)하여 선거하지 못한다(정치 제22장 제1조 1항). 총회와 정기 노회 사이 기간이 6개월 이내여야 한다는 뜻이다.
3) 각 노회가 파송할 총대의 수는 매 7당회에 목사, 장로 각 1명씩으로 하고, 7당회 미만일 경우에는 4당회 이상이 되면 목사 장로 각 1인씩 더 파송할 수 있다.
4) 21 당회 이하인 노회는 언권 회원으로 목사, 장로 각 1인씩 파송한다(제105회 총회결의).
5) 총회 총대는 1당회에서 목사, 장로 각 1인을 초과하지 못한다. 영주권자도 상비부장 및 총회 임원 입후보 자격을 주기로 가결(2007년 제92회 총회 결의)하였으므로 노회 정회원인 영주권자는 총대로 선출될 수 있다.

3. 총대 선출 방법

노회원 목사와 총대 장로에 의하여 무기명 비밀 투표(헌규 제7조 1항)로 선거하거나, 노회 규칙에 규정된 대로 총대를 선출한다.

4. 부총대

부총대는 총대 중에 유고가 생길 때를 대비하여 차점 순으로 몇 사람을 미리 정해두는 예비 총대이다.

> ❖ **제3조 총회의 성수**
> 총회가 예정한 날짜에 노회의 과반수와 총대 목사 장로 각 과반수가 출석하면 개회할 성수가 되어 일반 회무를 처리한다.

▎해 설

총회의 성수는 소속한 노회 수 과반수와 총대 목사 수 과반수, 총대 장로 수 과반수가 참석하면 개회 성수가 되고 일반 회무를 처리한다. 총회는 최종, 최고 회의이니만큼 신중하여야 한다.

1. 예정한 날짜와 장소에서 모여야 한다. 장소가 누락된 것은 개헌으로 추가하여야 한다.
2. 노회의 과반수가 출석하여야 한다(전국 노회 수에 대한 과반수의 노회가 참석해야 한다).
3. 총대 목사와 총대 장로의 과반수가 출석하여야 한다(총대 목사와 장로의 수를 합한 과반수가 아니고, 총대 목사 재적의 과반수와 총대 장로 재적의 과반수가 모여야 한다).

4. 성수 미달일 경우

성수는 노회와 대회처럼 장로가 없이는 구성될 수 없다. 만일 총회 출석 수가 성수에 미달하면 노회와 대회의 경우처럼 시일을 정하고 연기할 수 있다(정문 제467문답).

> ✣ **제4조 총회의 직무**
> 총회는 소속 교회 및 치리회의 모든 사무와 그 연합 관계를 총찰하며, 하회에서 합법적으로 제출하는 헌의와 청원과 상고와 소원과 고소와 문의와 위탁 판결을 접수하여 처리하고, 각 하회록을 검열하여 찬부를 표하고 산하 각 교회 간에 서로 연락하며 교통하며 신뢰(信賴)하게 한다.

┃해 설

1. 총회는 소속 지교회와 지교회 사이 또는 노회와 노회 사이, 대회와 대회 사이의 모든 사무와 그 연합 관계를 총괄한다.

2. 하회에서 합법적으로 제출하는 모든 헌의, 청원, 상소, 소원, 문의, 위탁 판결 및 총회 개회 후 48시간 안에 제출된 긴급동의안을 접수하여 처리한다. 단 총회는 원심치리권이 없으므로 하회의 처결에 대한 소원과 상소가 없는 경우에는 목사와 장로 총대에 대한 사건을 총회가 직접 처리하지 못한다.

3. 총회재판회에서 범죄 행위를 하였을 경우에 즉결 처결할 수 있다. 즉결 처결 사건이 아닐 경우에는 총회는 기소 위원회를 선정하여 목사와 장로 총대의 원심 치리회로 각각 고소할 수 있다.

4. 총회 산하 각 기관과 각 상비부와 특별위원회의 활동을 보고받고 의결한다.

5. 각 하회 회의록을 검열하여 찬부를 표한다.

❖ 제5조 총회의 권한

1. 총회는 교회 헌법 (신조, 요리문답, 정치, 권징 조례, 예배 모범)을 해석할 전권이 있고 교리(敎理)와 권징에 관한 쟁론(爭論)을 판단하고 지교회와 노회의 오해와 부도덕(不道德)한 행위를 경책하며 권계(勸戒)하며 변증(辨證)한다.
2. 총회는 노회, 대회를 설립, 합병, 분립하기도 하며 폐지하는 것과 구역을 작정하며 강도사 지원자를 고시하며 전국 교회를 통솔하며, 본 총회와 다른 교파 교회 간에 정한 규례에 의하여 교통한다.
3. 교회를 분열(分裂)하게 하는 쟁단(爭端)을 진압하며 전교회(全敎會)를 위하여 품행을 단정하게 하고, 인애(仁愛)와 성실과 성결한 덕을 권장하기 위하여 의안(議案)을 제출하여 실행하도록 계도(計圖)한다.
4. 어느 교회에서든지 교회 재산에 대하여 쟁론이 있어 노회가 결정한 후 총회에 상고하면 이것을 접수하여 판결한다.
5. 내외지 전도 사업이나 기타 중대 사건을 주관할 위원을 설치(設置)할 수 있으며 신학교와 대학교를 설립할 수 있다.
6. 총회의 재산은 총회 소유로 한다.

┃해 설

총회는 헌법 해석권과 교리와 권징 논쟁을 판단하고, 대회의 관리와 지교회의 재산에 대한 쟁론이 있을 때 판결하며, 강도사 고시와 신학교와 대학교를 설립, 운영한다.

1. 헌법 해석권, 변증권, 경책권

1) 총회는 교회 헌법을 해석할 전권이 있다.
헌법 해석권은 총회의 고유한 권한이다. 당회나 노회나 대회에서는 헌법 해석권이 전혀 없고 총회가 절대권을 가진다(신조, 성경 대소요리 문답, 정치, 헌법적 규칙, 권징 조례, 예배 모범).

2) 교리와 권징에 관한 쟁론을 판단한다.
어느 치리회에서든지 교리에 대한 논쟁이나 도덕적인 논쟁이나 교회와 교회, 교회와 노회 등 어떤 관계이든 간에 권징에 대한 논쟁이 있을 때는 총회가 일관성 있게 변증하여 상호간의 오해와 불신을 종식시키고, 전국 교회의 건전한 발전과 부흥에 장애 되는 요소를 제거하는 데 그 목적이 있다. 그래서 경우에 따라서는 견책과 권계도 행하게 한 것이다.

2. 전국 교회와 치리회 통솔권

1) 총회는 노회, 대회를 설립, 합병, 분립하기도 하며 폐지하는 것과 구역을 작정하는 권한을 가지고 있다. 이때 총회는 독단을 피하고 상대방 혹은 노회, 대회의 의견을 존중하며 돕는 태도로 처리해야 한다. 그러나 총회가 노회, 대회에 대한 직권은 한계가 있다.

본 헌법은 당회, 노회, 대회, 총회까지 사심제인 것처럼 보이나, 실제로는 교인의 재판 사건은 당회, 노회, 대회까지 삼심제요(정치 제11장 제4조 8항), 목사의 재판 사건은 노회, 대회, 총회까지 삼심 제도(三審制度)이다.

정치 제11장 제4조 5항에 의하면 노회의 설립, 합병, 분설(分設), 구역 변경은 대회의 권한이나 총회가 대회 설립 전에는 직접 노회를 설립하고 분립하며 합병하며 폐지할 수 있다. 그러나 대회 설립 후에는 소원 혹은 상소가 있든지, 비상한 형편 아래 놓였든지, 재판에 의하지 아니하고서는 이 같은 직접 권한이 없다(정문 제481문답).
2) 총회는 강도사 고시권을 가진다.
강도사 고시에 관한 절차와 진행은 대한예수교장로회 총회의 결의와 헌법에 따라야 한다.
3) 전국 교회의 통솔권을 가진다.
총회는 전체 교회를 대표하기 때문이다(정문 제469문답).
4) 본 총회와 다른 교파 교회 간에 정한 규례에 의하여 교제할 결정권을 가진다(정문 482문답).

3. 교회 분열 쟁단 진압권

총회는 교회를 분열케 하는 논쟁을 바로 해결하는 권한을 가진다. 총회는 쟁단(爭端)의 논쟁점을 바로 파악하고 소수보다는 다수를, 다수보다는 진리를 따라 바른 치리를 함으로 논쟁을 진압하고, 모든 교회 성도들에게 신실하여 본이 되는 생활을 하게 하는 일과 인애와 성실과 성결한 덕을 권장하기 위하여 의안을 제출 실행하도록 계획한다(정문 제468문답).

4. 교회 재산권 상고심 판결권

교회 재산의 논쟁에 판결권을 가진다. 교회의 재산 문제로 논쟁이 생겼을 때에 신자들이 세상 법정(불신 법정)에 가서 판단을 구하는 것은 하나님께 영광이 되지 못한다(고전 6:1~7). 그러므로 이런 문제는 교회의 치리회에 의뢰하여 해결을 받도록 양쪽이 다 힘써야 된다.

5. 상비부, 특별위원, 신학교와 대학교 설립권

총회는 총회의 사업을 추진하기 위하여 특별 위원을 둘 수 있다.

1) 상비부의 설치권
총회 기간은 물론 총회가 파한 후에도 총회가 맡긴 사건을 처리하기 위하여 상비부서를 설치하여 총회의 직무를 대행케 한다.

2) 특별 위원 설치권
특별 위원은 상비부서에서 처리하기에는 애매한 특별한 사안을 위하여 위원을 선정하여 맡기는 위원회이다.

3) 신학교와 대학교
신학교를 설립하는 권한은 총회가 가지는 특권이다.

6. 총회의 재산은 총회의 소유로 한다.

총회의 재산은 총회 직영으로 유지하는 모든 기관의 토지, 건물, 차량 등을 총회의 소유로 한다는 말이다. 각 지교회의 토지, 건물, 차량 등 부동산은 총회유지재단에 등록되었을 경우 총회 소유의 재산이다.

❖ **제6조 총회의 회집**

총회는 매년 1회 정례로 회집하되 예정한 날짜에 회장이 출석하지 못할 때는 부회장 혹 전 회장이 개회하고 신 회장을 선거할 때까지 시무할 것이요, 각 총대는 서기가 천서를 접수 호명(呼名)한 후부터 회원권이 있다.

▎해 설

총회는 1년에 1회밖에 모일 수 없고, 각 노회에서 파송한 총대를 호명한 후부터 회원권이 구비되고, 개회 선언 후부터 산회 시까지만 존재하는 치리회이다.

1. 총회의 정례회

총회는 매년 1회의 정례회로 회집하고, 회의를 마칠 때는 파회한다(정문 제500, 512문답).

2. 회장 유고시 의장 대리 서열

회장이 출석하지 못할 때는 부회장 또는 직전 회장이 개회하고, 직전 회장도 유고시는 증경 회장(밑에서 위로)이, 증경 회장이 모두 유고시에는 최선(最先) 임직 목사 총대가 의장이 되어 새 회장을 선택할 때까지 사회한다(1918년 제7회 총회 결의, 정문 제809문답). 그러나 임시회는 소집할 수 없다(정문 제503문답).

3. 총대권

총대는 서기가 천서를 접수 호명한 후부터 회원권이 부여된다. 이는 천서에 아무 하자가 없다는 공표이기도 하다.

❖ 제7조 개회 폐회 의식(儀式)

총회가 기도로 개회하고 폐회하되 폐회하기로 결정한 후에는 회장이 선언하기를 「교회가 나에게 위탁한 권세로 지금 총회는 파(罷)함이 가한 줄로 알며 이 총회같이 조직한 총회가 다시 아무 날 아무

> 곳에서 회집함을 요하노라」한 후에 기도함과 감사함과 축도로 산회(散會)한다.

▮ 해 설

1. 총회는 기도로 개회하고 기도와 감사와 축도로 폐회한다.
2. 회원 호명과 성수 보고 이후 반드시 총회장의 개회 선언이 있어야 한다. 폐회도 총회의 결의와 총회장의 파회 선언이 있어야 한다. 총회의 폐회는 파회(罷會)이다. "파회"란 뜻은 그 총회는 폐회되는 순간부터 없어진다는 것이다. 파회한 후 1년 동안은 지교회의 어떤 일이든지 총회의 권위로써 관여하지 못한다.
3. 총회는 해마다 새로 조직하여 모이는 회합이다.
4. 산회 후에 대한 봉사는 각 상비부서와 각 위원회가 하도록 되어 있다. 각 상비부서와 각 위원회는 총회가 그 회무 중에 지시한 범위 안에서만 사역하는 법이다(정문 제469, 512문답).

제13장 장로 집사 선거 및 임직

헌법 [정치]의 기본 체계는 실체법(제1~12장), 절차법(13~23장)으로 구성되어 있다고 서두에서 설명한 바 있다. 이제까지 실체법(實體法)을 해설하였고, 본 장부터 절차법(節次法)을 해설한다. 지금부터는 권리의 실질적 내용을 실현하는 데 필요한 절차를 해설한다. 제13장부터 교회 직원의 선거 및 임직 등 인사 규정, 각 치리회의 회의 관련 규정, 교회의 속회와 의회 관련 규정 그리고 헌법 개정 등이다.

왜 하나님께서는 교회의 직분자를 세우실 때에 직접 불러서 임명하지 않고 선거를 통하여 선출하는 제도를 제정하셨는가 하는 의문이 생길 수 있다. 물론 하나님께서는 계시가 완성되기 전에는 모세를 직접 불러서 세우셨고(출 3:4), 주님께서도 사도들을 부르실 때에 "나를 따라오라 내가 너희를 사람을 낚는 어부가 되게 하리라"(마 4:19) 하셨으며, 성령께서는 "내가 불러 시키는 일을 위하여 바나바와 사울을 따로 세우라"(행 13:2)고 지명하여 부르기도 하셨다.

그러나 계시가 완성된 오늘에 이르러서는 하나님께서 모든 일을 "이렇게 하라" 혹은 "누구를 세우라"고 낱낱이 명령하지 않으신다. 다만, 성령의 감동으로 각 사람의 양심을 간섭하셔서 자기의 뜻에 합당한 사람을 투표로 선출하도록 하신 것이 바로 선거 제도인 것이다. 이 제도가 지교회의 교인들이 장로를 선택하여 당회를 조직하고, 그 당회로 치리권을 행사하게 하는, 주권이 교인들에게 있는 대의민주 정치인 것이다(정치 총론 5항).

❖ 제1조 선거 방법

치리 장로와 집사는 각 지교회가 공동의회 규칙에 의하여 선거하되 투표 3분의 2 이상의 찬성을 요한다. 단, 당회가 후보를 추천할 수 있다.

l 해 설

치리 장로와 집사의 선거에 있어서 그 선거 절차와 방법은 다음과 같다. 먼저 교회가 선거에 임하기 전에 당회는 다음과 같은 절차를 밟아야 한다.

1. 선택할 장로나 집사의 수 결정

목사는 있으나 치리 장로가 없는 교회는 미조직 교회라 하고, 치리 장로는 있으나 담임 목사가 없는 교회는 허위 교회(虛位敎會)라고 한다(정문 제320, 588문답). 그리고 당회를 조직함에 있어 치리 장로는 세례 교인 25인 이상을 요하고, 장로의 증원도 이에 준한다(정치 제9장 제1조). 이 법 정신에 따라 당회는 선출할 수를 확실히 정해야 한다.

2. 당회 조직 및 장로 증원 청원

치리 장로가 없는 미조직 교회에서는 당회 조직 청원서를, 조직 교회가 장로를 증원하고자 할 때에는 장로 증원 청원서를 노회에 제출하여 승인을 얻어야 선거할 수 있다.

3. 선거할 시일과 장소의 결정

당회는 선거할 교인들이 공동의회에 가장 많이 참석할 수 있고, 피택자들이 노회의 고시에 응시할 수 있는 시기를 감안하여 선거 일시와 장소를 미리 결정해야 한다.

4. 선거 운동 방지를 위한 교육

헌법적 규칙이 규정하기를 선거 투표는 기도하는 마음으로 해야 하며 인위적인 선거 운동을 금지하고 있다(헌규 제7조 1항). 그러므로 당회는 이렇게 불미스러운 운동이 없도록 하되 무슨 임의 단체의 회식이나 전화를 이용하여 서로 담합 운동이 발생하지 않도록 교육을 시킴이 옳다.

5. 선거권자와 피선거권자의 선별

1) 선거권자
(1) 무흠 입교인이어야 한다.
무흠 입교인이라 할 때에 도덕적으로나 윤리적으로 전혀 결함이 없고 완벽한 자를 의미하는 것은 아니다(시 130:3, 잠 16:2). 그러므로 법이 정한 바 무흠 입교인은 다음과 같은 원리에서 찾아야 한다.
① 권징 조례 제5장 제35조에 의거 처벌 받지 아니한 자
② 헌법적 규칙에 의하여 권리가 중지되지 아니한 자
무고히 6개월 이상 본 교회 예배회에 계속 출석한 교인 (헌법적 규칙 제3조 2항)
③ 교리적으로 이단에 빠지지 않은 자

(2) 본 교회의 소속 교인이어야 한다.
정문 제102문에서 "장로는 누가 선출하는가?"에서 "장로는 교인의 대표이므로 교인이 선출한다." 또 "세례 받지 못한 교인은 장로를 선출할 자격이 없다.", "무흠 입교인만이 교회 직원들을 선출할 수 있다."라고 답했다.

정문 제517문에서는 "누가 장로와 집사를 투표하느냐?"에 대한 답으로 무흠 입교인이라도 별명부에 이름이 올라 있는 자는 투표할 수 없다고 했다. 따라서 투표권자는 본 교회 소속 무흠 입교인으로 당회록과 교인 명부에 기록된 자에 한한다.

2) 피선거권자
정치 제5장 제3조에서 장로의 자격은 "만 35세 된 남자 중 입교인으로 흠 없이 5년을 경과하고 상당한 식견과 통솔력이 있

으며 디모데전서 3:1~7에 해당한 자로 한다."로 규정하고 있다. 헌법정치 제5장 제3조와 제6장 3조, 헌법적 규칙 제7조,『교회정치문답조례』에는 장로와 집사의 피선거권에 대해 자세히 규정해 놓았다(정문 제103, 518문답).

　이상의 법조문에 의해서 상고해 보면 장로나 집사의 피선거권은 아래와 같다.

(1) 본 교회에 소속된 교인이라야 함.
　본 교회 교인 25명 중 한 사람의 감독자가 되려면 당연히 본 교회 교인이어야 하며, 더구나 본 교회 교인이라야 본 교회의 사정을 알아서 치리해 나갈 수 있는 것이다. 소속 교인이란 본 교회 당회록과 교인 명부에 기재된 세례 교인과 유아 세례 교인, 어린이 세례 교인 중 입교 서약을 한 교인 등이다.

(2) 남자라야 한다.
　성경이 말씀하기를 "감독은……한 아내의 남편이 되며(딤전 3:2)"라 했으니 장로나 집사는 당연히 남자라야 한다. 미혼 장로의 피선거권에 대해서는 제77회와 제95회 총회 때까지 미혼 장로의 피선거권을 인정하지 않았으나 2011년 제96회 총회에서는 가능하도록 하였다.

(3) 35세 이상 된 자라야 함.
　장로라고 하는 명칭과 또 장로직 자체가 본래는 '앞서간 자', '연장자'라는 의미가 있다. 그리고 구약 모세 시대에 천부장 백부장 오십부장 직을 수행하려면 적어도 35세 이상은 되어야 그 직을 수행할 수 있었다고 보는 것이다.

(4) 무흠 5년이 경과된 자라야 함.
　성경에 장로의 자격을 규정하기를 "새로 입교한 자도 말지니(딤전 3:6)"라고 했다. 그러므로 최소한 입교한 지 5년 이상이 되어야 한다.

다른 교회에서 장로가 되었다 할지라도 본 교회로 이적해 와서 적어도 5년은 경과해야 피선거권이 있고, 또 시벌 중에 있던 자가 해벌된 지 5년이 경과해야 피선거권이 주어진다.

본 교회의 무흠 입교인 중 남자라도 시벌(施罰) 중에 있는 사람은 안 되고 유아 세례를 반대하는 자도 안 된다(정문 제103문답).

(5) 상당한 식견과 통솔력이 있는 자라야 함.

성경이 규정하는 바에 의하면, "감독은……절제하며, 신중하며, 단정하며, 나그네를 대접하며, 가르치기를 잘하며, 술을 즐기지 아니하며, 구타하지 아니하며, 오직 관용하며, 다투지 아니하며, 돈을 사랑하지 아니하며, 자기 집을 잘 다스려 자녀들로 모든 공손함으로 복종하게 하는 자라야 할지며(딤전 3:2~5)"라고 했다. 그러므로 성경의 지식과 사회적인 식견과 통솔력이 있어야 하되 특히 자기 가정을 잘 다스려야 한다.

(6) 당회가 후보를 추천할 수 있음.

정치 제13장 제1조에서는 "……단, 당회가 후보를 추천할 수 있다"고 되어 있다. 당회가 후보를 추천할 수 있다는 것은 반드시 당회가 후보를 추천해야 된다는 법정신이 아니다. 다만 교인 수가 몇 천 몇 만 명이 되다보면 교인들은 누가 자격자인지 식별이 불가능하기 때문에 형편상 단서를 첨가하여 추천할 수 있다고 비켜나갈 길을 열어주는 것뿐이다. 또 한 가지 중요한 것은 교인 수가 많지 않은 교회에서는 자격이나 인격이 갖추어지지 않은 자가 나타나서 교인들을 선동하거나 선거 운동을 하여 당선되므로 교회를 어지럽히는 폐단을 방지하자는 목적도 있다.

6. 선거일과 장소 광고

교회의 선거 투표는 공동의회에서 하는 것이다. 따라서 장로와 집사의 선거는 당회가 공동의회 소집을 결의하여야 한다(정문 제281문답). 정치 제21장 제1조 4항에서는 "당회는 개회할 날짜와 장소와 의안을 1주일 전에 교회에 광고 혹은 통지하고 그 작정한 시간에 출석하는 대로 개회하되 회집수가 너무 적으면 회장은 권하여 다른 날에 다시 회집한다."라고 했다(정문 제515문답).

7. 공동의회 규칙에 의한 선거

1) 공동의회 회장과 서기

지교회의 당회장과 당회 서기는 공동의회의 회장과 서기를 겸한다(정치 제21장 제1조 3항). 조금 더 구체적으로 설명하면 공동의회의 회장은 (1) 본 교회 담임 목사 (2) 노회가 임명한 당회장 (3) 본 노회 소속 인근 교회 목사를 당회가 청할 수 있다. 다만, 전기 (1), (2)항이 불가능할 경우에 한한다(정치 제9장 제3~4조 해설 참조).

2) 공동의회 개회와 성수

회장의 사회로 기도하고 개회하여 회장이 설교하고, 장로나 집사의 직분의 성질과 중대함에 대하여 설명한 후에 회장이 기도하거나 다른 당회원으로 기도하게 한 후에 투표할 의안을 제출하고 하나님의 인도하심과 복 주심을 위하여 기도한다. 그리고 그 작정한 시간에 출석하는 대로 개회하되 회집 수가 너무 적으면 회장은 권하여 다른 날에 다시 회집하는 것이 좋다(정치

제21장 제4조).

그러면 어떤 범위까지 적은 수라고 할 수 있는가? 그 판단은 공동의회 의장의 생각대로 함이 가하고 다만 장로를 선거한 공동의회에 모인 수가 너무 적은 줄로 노회가 인정하는 때에는 장로 문답을 정지하고 다시 선거하라고 명령할 수 있다(1924년 제13회 총회 결의).

3) 선거 투표

"선거 투표는 무흠 입교인이 기도하는 마음으로 비밀히 할 것인데 교회에서나 어떤 회에서든지 투표하는 일에 대하여 사회에서와 같이 인위적으로 선거 운동을 하여 당선시키고자 하는 사람의 성명을 기록하여 돌리거나 방문 권유하거나 문서로나 집회를 이용하여 선거 운동하는 일을 금한다."고 되어 있다(헌법적 규칙 제7조 1항).

(1) 기도하는 마음으로 투표해야 한다.

장로나 집사를 투표하면서 기도하는 마음이 없으면 성령의 지시를 따라 투표하지 못하고(행 1:24, 13:2~3), 사탄의 사주를 받을 수밖에 없는 것이다(행 5:3). 그러므로 교회의 유익을 위하지 않고 개인적인 감정이나 친인척만을 세우려는 생각을 버리기 위해서는 기도하는 마음으로 투표에 임해야 한다.

(2) 인위적인 선거 방법이 동원되지 말아야 한다.

금품을 수수하거나, 당선시키고자 하는 사람의 성명을 기록하여 돌리거나, 또는 휴대전화로 문자를 주고받거나, 열 사람을 선출해야 할 투표지에 자기가 당선시키고자 하는 한 사람의 이름만 기록하거나, 무슨 회합이나 회식을 통하여 사전 운동을 해서는 아니 되고 공정하고 신성하게 투표해야 한다.

(3) 비밀 투표로 해야 한다.

헌법적 규칙이 규정하는 선거 방법은 비밀 투표로 하게 하였다. 그런데 정문 제464문답에서는 "교회의 직분을 택하는 법이 어떠하뇨?"의 물음에 답하기를 "장로나 집사(본 장의 장로는 치리 장로요, 집사는 안수식으로 임직하는 자를 가리키는 것이니라.)를 택하는 것은 제각기 본 교회의 규칙대로 할 것인데 그 교회의 무흠 입교인이 투표하는 것이 제일 좋은 방법이니라. 그러나 본 교회 무흠 입교인 등이 투표권을 대리자에게 위탁하기를 원하여 가결할 때에는 그렇게 위탁할 수도 있느니라."고 했다. 가령 전형 위원을 선정하여 투표권을 일임하거나 당회에 일임하여 비밀 투표에 붙일 수도 있다는 것이다.

8. 선거 결과

1) 당선의 확정

본 법조문에서는 "…… 공동의회 규칙에 의하여 선거하되 투표 3분의 2 이상의 찬성을 요한다."고 되어 있다. 각 회장이나 임원 선출함에 있어서는 과반수 이상의 찬성으로 당선된다. 그러나 목사나 장로나 집사를 선거할 때는 3분의 2 이상의 찬성을 얻어야 한다.

교회 안의 항존직은 그만치 비중이 크기 때문에 반드시 3분의 2 이상의 찬성을 요하는 것이다. 다시 말하면 교회의 항존직을 수행하려면 교인들 절대 다수의 지지와 선택을 받아야 한다.

그러기에 헌법이 규정하기를 "기도하는 마음으로" 하나님이 주신 양심에 의하여 투표하라는 것이다. 소수의 양심은 잘못 판단할 수 있지만 다수의 양심 자유는 잘못 판단과 실수가 적으리라 믿어지는 것이다. 그러므로 과반수를 훨씬 넘어선 절대 다수인 3분의 2 이상의 득표로 당선이 확정되게 하는 법은 타당한 것이라 하겠다.

2) 당선 발표와 이의 신청

투표수의 3분의 2 이상의 득표한 자는 당선이 확정되었으므로 선거를 주관하는 회장은 후보들의 득표수를 발표하고 당선된 자를 공포해야 한다. 그러나 만약 투표인들 가운데 재검표를 요청하거나 당선에 대한 이의를 신청하는 자가 있으면 회장은 즉시 선거위원에게 재검표를 명하고 또 그 이의가 무엇인가 경청해야 한다.

3) 당선 무효

(1) 불법 선거에 의해 당선되었을 경우에는 당선이 무효된다. 『교회 정치문답조례』에서는 불법 선거는 무효가 된다고 규정하되 그 불법 선거란 다음과 같다.
- ① 당회는 물론 노회의 명령도 없이 교인들이 임의로 모여서 행한 선거
- ② 교회의 정관이나 헌법대로 하지 않고 임의로 연한을 정하고 행한 선거
- ③ 목사나 당회가 선택했을 경우라고 되어 있다(정문 제516문답).

(2) 사전 선거 운동에 의하여 당선된 경우 무효가 될 수 있다. 후보로 경선에 임한 자나 유권자가 고발하거나, 사전 선거 운동의 사실을 구체적으로 유효하고 확실한 증거를 들어 지적할 때는, 엄밀히 심사하여 당선 무효를 시키고 재선거해야 한다.

(3) 피선거권이 없는 자가 당선될 경우 무효가 된다(상기 '피선거권자' 문항 참고).

(4) 검표에 차질이 있어 당선되었을 경우 무효가 된다. 고의는 아닐지라도 유효표와 무효표를 식별하지 못하고 어느 후보에게 유리하게 되었을 경우에는 당선을 무효화시키고 공개적으로 재검표를 실시해야 한다. 유효표와 무효표의 관리는 헌법적 규칙 제7조 3항, 4항을 참조하라.

> ❖ **제2조 임직 승낙**
> 치리 장로 혹은 집사를 선거하여 노회가 고시 승인하고(집사는 제외한다) 선거된 본인도 승낙한 후에 당회가 임직한다.

해설

임직 승낙이라 할 때는 자기 의지의 자유로 승낙할 수도 있고 안 할 수도 있는 것이 아니다. 모세가 하나님의 부르심을 받았을 때에 자기의 무능을 깨닫고 겸손한 마음으로 사양을 할 때도 있었으나 불복을 의미하는 것은 아니었다(출 4:1~17).

이사야는 하나님의 부르심을 받았을 때에 "내가 여기 있나이다. 나를 보내소서(사 6:8)" 하였던 것처럼 장로나 집사로 피택된 자는 주님의 부르심인 줄 믿고 승복을 의미하는 마음으로 승낙해야 한다. 그러므로 장로나 집사가 임직식을 하기 전에 몇 가지 밟아야 할 수순이 있다.

1. 본인의 승낙

헌법은 선거된 '본인의 승낙'을 요구하고 있다. 헌법적으로 본인의 승낙이 있어야 당회가 임직한다. 그러나 『교회 정치문답조례』는 교회 직분을 주시는 분은 하나님이시므로 개인적인 기분(personal preference)에 따라 직분을 수락하거나 사양하지 않고 기도함으로 깊이 생각하여야 한다고 했다.

어떤 경우에는 온 교회가 추대하고 압도적인 표차로 장로나 집사로 피택된 자가 한사코 자기는 장로나 집사가 될 수 없다고 사양하는 자가 있다. 그러나 아무리 봉사의 직분이라 할지라도 사명감이 투철하지 않으면 그 직을 감당할 수가 없는 것이다.

사람의 보기에는 신앙과 교양이 겸전하여 장로나 집사의 자격이 인정된다 할지라도 하나님은 심장과 폐부를 감찰하신다. 그러므로 장로나 집사로 피택된 자가 극구 사양할 때는 자기만 아는 양심상 죄가 생각나서 사양하는 수도 있는 것이다. 그러므로 어떠한 동기에서든지 사양하는 자를 억지로 임직시켜서는 곤란하다. 본 교회 당회장은 본인의 승낙을 받은 연후에 임직함이 옳은 것이다.

2. 교회의 교양

개 교회에서 투표로 선택한 장로나 집사 후보자는 그 당회가 반 년 이상을 교양한 다음 노회의 고시와 승인을 얻어서 임직시켜야 한다(정치 제9장 제5조 4항). 피택자는 이 반 년 동안에 본인의 신앙 양심상 거리끼는 행위나 그 사업까지라도 다 정리하고, 또한 기도하는 마음으로 다음의 세 가지를 고려해야 한다.

1) 성경에 기록한 자격과 본분은 하나님께서 맡기신 것이요,
2) 교인들의 투표는 하나님께서 인도하신 일이며,
3) 하나님께서 우리들에게 대하여 명령적으로 그 뜻을 나타내심이라 하는 것이다.

그러므로 투표를 받은 자가 즉시 대답하지 말고 하나님이 인도하시

는 대로 대답할 것이요, 직분을 맡겠다고 허락한 후에 임직을 받아야 한다(정문 제519문답).

그리고 당회는 장로교는 어떤 교회이며, 하나님께서 명하신 장로와 집사의 본분이 무엇이며, 의무와 사명이 무엇인가를 가르친 후에 노회의 승인과 고시를 위탁해야 한다.

3. 노회의 승인과 고시

지교회를 담임하고 있는 목사는 피택 장로의 교육을 철저히 시킨 후에 노회에 고시를 위탁하는 서류를 구비하여 제출하고 정해진 날짜에 고시에 응하도록 피택자를 보내야 한다.

노회에 승인 청원서류는 1) 본인의 자필 이력서 2) 호적등본(요즘은 기본증명서) 3) 당회장 추천서 4) 공동의회록 등이다.

노회는 피택 장로의 도덕석 윤리적 신앙적인 면을 잘 심사해 보고, 또 본직을 잘 수행할 수 있는가 엄격히 고시하여 결과를 발표해야 한다.

❖ 제3조 임직 순서

교회가 당회의 정한 날짜와 장소에 모여 개회하고 목사가 강도한 후에 그 직(장로 혹 집사)의 근원과 성질의 어떠한 것과 품행과 책임의 어떠한 것을 간단히 설명하고, 교회 앞에서 피선자를 기립하게 하고 아래와 같이 서약한다.

1. 신구약 성경은 하나님의 말씀이요 또한 신앙과 행위에 대하여 정확 무오한 유일의 법칙으로 믿느뇨?
2. 본 장로회 신조와 웨스트민스터 신도게요 및 대소요리 문답은 신구약 성경의 교훈한 도리를 총괄할 것으로 알고 성실한 마음

으로 받아 신종하느뇨?
3. 본 장로회 정치와 권징 조례와 예배 모범을 정당한 것으로 승낙하느뇨?
4. 이 지교회 장로(혹 집사)의 직분을 받고 하나님의 은혜를 의지하여 진실한 마음으로 본직에 관한 범사를 힘써 행하기로 맹세하느뇨?
5. 본 교회의 화평과 연합과 성결함을 위하여 전력하기로 맹세하느뇨?

　이상 4와 5항은 취임 서약이다.
　피선자가 각 묻는 말에 대하여 서약한 후에 목사는 또 본 지교회 회원들을 기립하게 하고 아래와 같이 서약한다.
　이 지교회 회원들이여, 아무 씨를 본 교회의 장로(혹 집사)로 받고 성경과 교회 정치에 가르친 바를 좇아서 주 안에서 존경하며 위로하고 복종하기로 맹세하느뇨?
　교회원들이 거수로써 승낙의 뜻을 표한 후에 목사가 개인으로나 전당회로 안수와 기도하고, 피선자를 치리 장로(혹 집사)의 직을 맡긴 다음 악수례를 행하고, 공포한 후, 새로이 임직한 자와 교인에게 특별히 합당한 말로 권면한다.

해설

1. 임직식의 의미
　임직식은 교회에서 피택되고, 특히 피택 장로는 노회의 시취와 승인을 얻은 후에 피택자들에게 기도하고 안수함으로 교회의 직분을 맡기기 위하여 경건하게 세우는 예식이다(정문 제520문답, 행 6:6, 13:2~3, 딤전 4:14).

2. 임직식의 중요성

이 임직식은 사도로부터 전승되어온 예식으로서 대단히 중요하고 성스러운 예식이다. 장로나 집사 후보자가 투표는 받았을지라도 임직식(장립식)을 행치 아니하면 아무 치리회에든지 참여할 권이 없고 위임식(취임식)을 행치 아니하면 위임할 때까지 본 교회에서라도 치리권이 없는 고로 임직(장립)과 위임식은 불가불 행할 것이다.

만약 사고로 말미암아 휴직되거나 혹 타처로 이거한 경우에 다시 시무코자 하면 다시 투표하고 취임해야 한다(정치 제6장 제4조 4항).

3. 임직식의 시기[25]

임직의 시기는 반드시 당회가 작정한 일시와 장소에서 거행해야 한다. 다만 주일에는 본 총회가 금하였으므로 주일은 피해야 한다. 그리고 낮 시간만을 고집할 필요는 없고 저녁 시간에도 가할 것이니 교회의 형편을 따라 정할 것이다.

4. 임직식에서 유의할 점

교회의 임직식은 교회를 설립하신 하나님 중심으로 하지 아니하고 인간 중심이 되어서는 결코 안 된다. 바울이 자기의 직분을 영광스럽게 여긴다(롬 11:13, 고후 3:8)고 했다. 그러나 거룩하시고 영광의 왕이신 하나님으로부터 받은 직분이란 의미에서 영광스럽다고 했지 그 직분 맡은 당사자에게 영광이 있다는 것은 아니었다. 그러므로 임직식은 되도록 경건하고 위엄 있게 순서를 진행해야 한다.

---

[25] "주일예배 외에 임직식, 야외예배는 할 수 없음"(제41회 63회 총회 결의 재확인, 1999년도 제84회 총회 결의).

5. 임직 순서

장로, 집사의 임직식 순서는 위의 법조문과 『교회정치문답조례』 제527문답과 본 총회 교육부에서 발행한 『표준예식서』를 참고하라. 임직 순서는 예배, 취지 설명, 피선자 서약, 교인 서약, 안수, 악수례, 공포, 교인 권면 순으로 진행한다. 임직 시 집례자는 당회장이 집례한다.

1) 예배

본 조항에 "목사가 강도한 후에"란 하나님께 예배를 먼저 드려야 함을 요약한 것이라고 보아야 한다. 따라서 임직식 거행 전에 반드시 예배를 먼저 드려야 한다.

2) 취지 설명

집례자는 예배를 마친 후 장로와 집사직의 기원과 성격 및 그 책임을 설명하고 임직하는 그 취지를 설명함으로 임직자와 교인들에게 그 직분의 중요성을 상기시켜야 한다.

3) 임직 서약

임직 서약은 본 조항 서약문에 따라 5항의 서약을 하는 것이다. 임직 서약은 ①~③항까지는 성경과 신조와 대소요리 문답 그리고 헌법에 근거하여서만 교회의 치리와 봉사를 하겠다는 하나님 앞에서의 서약이다. ④~⑤항은 '취임 서약'으로 자신이 받는 본직(本職)을 어떻게 받아들일 것인지에 대한 위임(委任)의 맹세이다. 피선자는 각 묻는 말에 대하여 서약한 후에 목사는 또 본 지교회 회원들을 기립하게 하고 헌법의 서약문대로 서약한다.

정치 제13장 제3조 2항의 서약문에는 "본 장로회 신조와 웨스트민스터 신도게요 및 대소요리 문답은 신구약 성경의 교훈한 도리를 총괄한 것으로 알고 성실한 마음으로 받아 신종하느뇨?"라고 묻고 있다. 그런데 오늘날 교회에서 신조와 웨스트민스터 신도게요와 대소요리 문답을 얼마나 가르치고 있으며 서약에 임하는 장로나 집사가 이 같은 물음에 자신 있게 "예" 할 수 있는가 반성해 보아야 할 것이다.

그리고 정치 제13장 제3조 3항에서는 "본 장로회 정치와 권징 조례와 예배 모범을 정당한 것으로 승낙하느뇨?"라고 되어 있다. 그런데 오늘날 장자교단이요, 전통적 칼빈주의를 지향하는 교회들이 예배 모범에 규정한 대로 어김없이 예배드리고 있는가 반성해야 할 것이다.

4) 교인 서약

교인 서약은 교회원들이 거수로써 승낙의 뜻을 표한다. 본 법 조문에 "이 지교회 회원들이여 아무 씨를 본 교회의 장로(혹, 집사)로 받고 성경과 교회 정치에 가르친 바를 좇아서 주 안에서 존경하며 위로하고 복종하기로 맹세하느뇨?"라고 되어 있다. 성경과 교회 정치에 가르친 바를 좇아서 주 안에서 존경하며 위로하고 순종 협력해야 한다. 치리권을 가진 장로직에 복종하라는 말은 타당하나 치리권이 없는 집사나 권사를 임직할 때에는 존경하며 위로하고 도와주는 의미에서 순종하라는 말이 좋겠다.

5) 악수례

목사가 안수 기도를 한 다음에는 장립 받는 당사자들은 담임 목사부터 돌아가면서 안수 위원들과 악수를 하는 것이 예의이다. 정문 제528문답에서는 "악수례란 어떠한 의미를 가지는가?"에 대한 물음에 다음과 같이 답하였다. "당회원들은 임직식이 끝난 후에 교인들의 면전에서 새로 임직된 장로의 손을 붙잡고 다음과 같이 말한다. "당신이 우리와 같이 이 직분에 참여하게 되었으니, 우리는 당신에게 악수례를 청합니다." 이는 축하하는 예인데, 그 뜻은 아래와 같다.

(1) 이미 직분을 받은 자들이 새로 직분 받은 자를 엄숙하게 공식적으로 인정하는 것
(2) 그리스도의 교회 안에서 책임감을 가지고 수고할 임직자를 동역자로 환영하는 것
(3) 일치한 마음으로 협력할 것을 약속하는 것이다(갈 2:9).

✣ 제4조 임기

치리 장로, 집사직의 임기는 만 70세까지다. 단, 7년에 1차씩 시무 투표할 수 있고 그 표결 수는 과반수를 요한다.

▮ 해 설

1. 만 70세 정년

장로, 집사직의 임기는 목사와 같이 만 70세까지 시무하도록 되어 있다. 장로와 집사직이 종신직이라 할지라도 노쇠하거나 판단력이 흐려지기 전에 후진들에게 양보하고 행정적 직무에서 은퇴하는 것이 가하므로 총회가 결의하고 70년 정년제를 실시하고 있다(1993년 총회 제78회 헌법 개정). 그러나 이들의 시무권은 없어져도 그 직함은 종신직이므로 그대로 존속한다. 따라서 장로와 집사의 은퇴 시기는 만 70세 생일로 한다. 여기서 생일은 교회의 항존직 시무연한은 만 71세 생일 하루 전까지이다(2013년 98회 총회 결의).

2. 시무 투표

장로의 시무 투표는 신임을 묻는 투표를 의미한다.

법조문에는 "7년에 1차씩 시무 투표할 수 있고 그 표결 수는 과반수를 요한다."고 되어 있다. 즉 "7년에 1차씩 시무 투표를 해야 한다."가

아니라 "할 수 있고"라고 되어 있다(1999년 제84회 총회 결의).

그리고 2000년 제85회 총회에서 수정된 7년에 1차씩 할 수 있는 시무 투표의 기준년도는 헌법 제정 공포일(2000년 9월)로부터 시행토록 하였다.

그러므로 교회가 특별한 상황이 아니면 수습을 잘 하여 자진 사퇴하게 할지언정 신임을 물어 퇴출시키는 극단의 상황에까지 이르지 않도록 노력해야 한다.

3. 장로의 임기에 대한 참고 법적 배경

『교회정치문답조례』에서는 "장로의 임기가 어떠하뇨?"에 대해 장로와 집사직은 항존직이라고 하였으며, 또 "장로가 임기를 정하여 선출할 수 있는가?"에 대해 장로의 직분은 항존직이지만 직분과 직무의 이행과는 언연한 구분이 있다고 했다(정문 제 541문답).[26]

그러나 대한예수교장로회 헌법은 종신직으로 규정해 오다가 1993년 제78회 총회에서 정년제가 처음 시행되었고, 1993년 제78회 헌법 개정에서 시무 투표제가 임의 규정으로 제정되었다.

1922년판 제헌 헌법에는 정치 제13장 제5조에서 "치리 장로 집사의 직은 종신 항직(終身恒職)인즉……"이라고 했고, 동 8조에서는 시무 반차를 두되, 기한은 3개년 이상 3반으로 매년 1반씩 교체하게 했었다.

그 후 1934년판 헌법은 제13장 제4조에서 치리 장로와 집사를 종신직으로 규정하고, 반차제를 폐지하는 대신 3년에 1차씩 시무를 투표할 수 있고, 그 표결수를 과반수로 규정하였다. 그러나 최근 2000년 제85회 총회 개정에서는 7년에 1차씩 시무 투표를 할 수 있다고 수정하였다.

---

26) 미국 장로교회 연합 이후 총회의 입장은 1872년 이전까지는 장로 임기제를 불법으로 인정했다.

❖ 제5조 자유 휴직과 사직

장로 혹 집사가 노혼(老昏)하거나 신병(身病)으로 시무할 수 없든지 이단이나 악행은 없을지라도 교회원 태반이 그 시무를 원하지 아니할 때 본인의 청원에 의하여 휴직과 사직을 당회의 결의로 처리한다.

❙ 해 설

1. 용어 해설

1) **자유 휴직** : 누가 권하거나 재판에 의해서 장로나 집사의 직을 면하게 하는 것이 아니요, 자기의 자의로 직분을 쉬겠다는 것이다.
2) **자유 사직** : 자유 휴직과 같이 자신의 의지에 의해서 그 직분을 그만두겠다고 하는 것이다.

　　휴직(休職)은 일정 기간 동안 쉬겠다는 것이므로 유기 휴직이면 자동 복직되지만, 사임(辭任)은 그 직분은 유지하면서 직무를 면하는 것이기 때문에 다시 취임을 받으면 된다. 그러나 사직(辭職)은 임직(장립) 자체를 포기하는 것으로 안수도 다시 받고 임직을 새로 받아야 한다. 따라서 휴직서(원), 사임서(원), 사직서(원) 등을 잘 분별하여 신중하게 제출하거나 받아야 한다. 특히 제목은 사직서이지만 내용은 사임서인 경우를 잘 분간하여 일치시키도록 하여야 한다.

2. 장로(집사)의 휴직이나 사직의 조건

장로나 집사의 시무 연한이 만 71세 하루 전까지로 한정되었다(제

98회 총회결의). 그러나 체질에 따라 조로(早老)하거나 지병이 있어서 시무하기 곤란한 사람이 있다. 치료기간이 하루이틀이 아니고 장기간이 소요될 경우에는 자기 자신이 당회에 휴직 청원을 제출하는 것이 교회의 발전에 유익할 것이다. 혹 가정에나, 사업에 문제가 생기거나, 자녀들의 문제로 덕이 되지 못하거나, 도덕적인 문제로 사법당국에서 중벌을 받았을 때에도, 교회에서 치리를 받기 전에 사직을 청원하는 것이 좋을 것이다. 그리하면 당회가 심사하여 처리함이 가할 것이다.

3. 휴직이나 사직원을 내기 전 유의할 점

『교회정치문답조례』에서는 "장로와 집사직은 모두 항존직이며 임의로 그만둘 수 없다. 장로는 사면은 할 수 있으나 그 직위는 박탈할 수 없다. 그러나 부득이한 경우 사면하고 무임 장로가 될 수 있다."고 되어 있다(정문 제108문답).

그러나 장로나 집사가 무슨 연고로 말미암든지 교회에 덕을 세우도록 자기 직분을 행할 수 없는 경우에 본인이 당회나 노회에 제의(提議)하면 재판 없이 그 직분을 해면(解免)할 수 있는 것이 법 정신이다.

> ✥ **제6조 권고 휴직과 사직**
> 장로나 집사가 범죄는 없을지라도 전조(前條) 사건과 방불하여 교회에 덕을 세우지 못하게 된 경우에는 당회가 협의 결정하여 휴직 혹 사직하게 하고 그 사실을 회록에 기록한다. 본인이 원하지 아니하면 소원할 수 있다.

해설

권고사직이란 범죄는 없을지라도 교회에 덕을 세우지 못하게 된 경우에 권징 재판 절차가 아닌 당회의 행정 결의로 본인의 사직 의사와 상관없이 강제적으로 그 직을 사면시킨 것을 권고사직이라고 한다. 권고사직은 행정 치리권이 아닌 치리회의 행정 결정에 해당되고, 행정 결정은 당회의 직무에 해당한다.

1. 권고 휴직이나 사직

자기의 무능함과 부덕함을 깨닫고 스스로 휴직이나 사직을 청원해야 할 당사자가 자기를 깨닫지 못하고 계속 실수를 거듭하면서 교회에 누를 끼칠 경우에는 어찌할 수 없이 휴직이나 사직을 권할 필요가 있다(정문 제531문답).

2. 장로나 집사의 무능을 누가 판단하는가?

『교회 정치문답조례』에서는 "교회 직분자의 직무상 무능함을 누가 판단할 수 있는가?" 하는 물음에 답하기를 "자신 스스로가 무능함을 의식하고 있어야 하며, 담임 목사나 당회가 그에게 그 사실을 알려 주어야 한다."고 했다(정문 제535문답). 또 "당회는 직무를 행할 능력이 없는 직분자를 어떻게 처리하는가?" 하는 물음에 답하기를 "장로나 집사가 불법으로 판단되는 일을 하거나 그렇지 않더라도 교회에 덕을 세우지 못할 만큼 교회 봉사에 무능할 때에는 당회가 그 문제에 대해서 처리한다. 당회는 사실을 당회록에 기록하되 문제가 발생하게 된 이유도 덧붙여서 기록한다. 문제의 당사자가 인정하지 않을 경우에 노회의 권고가 없으면 문제로 인정되지 않는다. 그가 인정하면, 당회는 현재의 직분에서 그를 해임한다. 이런 경우 장로 직분은 유지하되 무임 장로가 된다. 그가 해임을 인정하지 않을 경우, 노회가 당회록을 재검토하여 그에게 장로 시무를 중지하도록 권고하거나 당회가 이 문제를 위탁 판결이나 청원에 의해서 노회에 제기한다. 그의 무능함의 이유가 범죄 때문이라고 판단되면, 그를 법적인 판결과 치리를 받게 해야 한다."고 했다(정문 제536문답).

3. 장로직을 휴직, 정직 혹 면직할 조건

1) 사망한 경우,
2) 연로하거나 병약하여 직무를 계속할 수 없을 때, 본인의 동의나 노회의 권고로 당회가 그 직위를 해면(解免)할 수 있다.
3) 이단 사상에 물들었거나 도덕적으로 문제가 있지 않더라도 직무상 교인 다수와 불합하게 되면 본인의 동의나 노회의 권고로 당회가 그 직위를 해면(解免)할 수 있다.
4) 당회의 재판으로 정직이나 면직 당한 때,
5) 노회나 대회나 총회의 불복으로 해면될 때,
6) 상회의 권고로 교회의 화평을 위해서 장로는 사임해야 한다. 사임은 당회가 해야 하며 수락이 되었을 때만 효력이 발생한다.
7) 타 교회 이명 후 투표하여 위임식을 받지 못한 때와 본 교회로 돌아왔을지라도 투표하여 위임식을 받지 못한 때,
8) 간질병이나 실성(失性)이나 특별한 사고로 인하여 직무를 감당키 어렵고, 교회에 수치까지 되므로 정직 혹은 면직된 자,
9) 본 지교회의 규례에 의하여 휴직된 자 등이다(이상 정문 제109문답 참조).

4. 휴직 장로나 정직 장로의 복직

1) 휴직 장로의 지위

장로는 종신직인즉 치리회 사무는 정지하되 그 직은 항존한 고로, 휴직 장로가 당회에 참여하지 못하며 당회 재판석에 참여하여 원고 혹 피고를 위하여 변호할 권은 없으나(권징 제4장 제27조), 당회의 문의에 대하여 답변할 수 있으며 당회 혹 노회의 선거를 받아 총대로 상회에 참여하여 행사할 권은 있다(정

문 제543문답).

그러나 실제로 휴직 장로가 상회의 총대로 나가기는 불가능하다. 왜냐하면 휴직 장로가 교회를 대표하기도 어렵고 노회나 대회에서 총대가 아니면 상회 총대로 피선될 수도 없기 때문이다.

2) 휴직 장로의 복직

(1) 자유 휴직이나 권고 휴직 중 유기 휴직은 그 기간이 종료되면 당회장의 선언으로 다시 시무하게 된다.

(2) 무기 휴직은 당회 결의로 휴직되었으므로 당회 시무 결의로 다시 시무하게 된다.

(3) 공동의회 신임 투표에서 투표수 과반 이상의 찬성을 얻지 못하여 시무가 불신임된 장로가 다시 시무장로가 되려면 공동의회에서 3분의 2의 찬성표를 받아야 시무장로가 될 수 있다(정문 제544문답).

3) 정직 장로의 복직

본 당회가 교인의 가부를 기다릴 것 없이 해벌하고 직무를 회복시킬 수 있다. 정직과 수찬 정지를 당했으면 당회가 때때로 심찰(審察)하여 성찬에 참여함을 허락할 수 있으나, 그 직무에 대하여는 교회의 가부 결정에 의하여 정직 장로로만 있어야 한다(정문 제111문답).

4) 권고 사직 장로의 복직

당회의 권함을 받아 사직한 장로를 복직하게 하려면 본 교회가 다시 투표해서 3분의 2의 득표를 하여 다시 위임해야 한다(정문 제539문답).

제14장 목사 후보생과 강도사

❖ 제1조 양성의 요의(要義)

목사의 중임을 연약하고 부적당(不適當)한 자에게 위임함으로 성역(聖役)이 사람의 멸시됨을 면하기 위하며, 또한 교회를 교도(敎導) 치리할 자의 능력을 알기 위하여 성경에 명한 대로 목사 지원자를 먼저 시험하는 것이 가하다(딤전 3:6, 딤후 2:2). 이러므로 총회가 신학 졸업생을 고시하고, 노회가 강도사로 인허한 후, 그 강도사는 특별한 이유가 없으면 총회 고시 합격 후 1개년 이상 노회 지도 아래서 본직의 경험을 수양한 후에야 목사 고시에 응할 수 있다.

▌해 설

1. 목사 후보생

1) 목사 후보생 양성의 역사적 배경

목사직 희망자들을 신학적으로 훈련시켜야 할 필요성은 종교개혁 직후의 지도자들이 절실히 느꼈다. 그 때에 로마교에서 일하던 신부들이 떠돌아다니면서 개혁교회의 지교회에서 일하기를 원했으므로 그들을 방관할 수 없었다. 왜냐하면 종교개혁 이전 로마교의 신부들은 무식하여 진리를 분변하지 못하는 형편이었고, 이것은 중세 시대 교회 부패의 중요한 원인들 중 하나였다. 종교개혁 후에 개혁교회에는 목사들의 수효가 부족했고, 일하겠다고 찾아 온 신부들은 자격이 없었으므로 개혁교회 치리회는 교역자 양성을 강조하게 되었다.

2) 자격 시험의 신중성

현대는 사회적으로 지식 수준이 날로 높아지고 성도들의 성경 지식 수준도 향상되고 있어서 목회자가 무식하다는 평가를 받으면 안 된다. 그러므로 목사 지망자는 두 가지로 자격을 구비해야 된다.

첫째, 믿음과 덕을 겸전함이 필요한데 그것은 경건, 겸손, 균형 있는 도덕생활, 지혜 등이다.

둘째, 지식 면의 자격인데 일반 지식도 고등교육 이상 수학하고 신학적 지식도 풍부해야 진리를 바로 분변할 수 있다.

교회는 건전한 신학교육에 의하여 목사 후보생들을 철저히 양성시켜야 한다.

3) 목사 후보생의 정의

목사 후보생이란 목사가 되기를 원하는 자이니, 노회가 그의 신앙과 목사 되고자 하는 이유와 목사 직분에 대한 자격 유무의 심사를 거쳐서 신학교에 입학한 자이다(정문 제346문답).

조금 더 구체적으로 말하면 목사 후보생이란 목사 되기를 원하여 신학을 학습하는 남자 세례 교인인데, 자기를 받아 그 수학하는 일을 감독해 달라고 노회에 청원하여 노회가 받기로 결정한 후에 비로소 목사 후보생이 되는 것이다. 그날부터 장립되는 날까지 그 목사 후보생의 명칭을 갖는 것이다. 노회는 본인이 하나님께 목사로 부르심을 입은 줄 분명히 알고, 또 그 의지가 진정한 것을 발견할 때까지 목사 됨을 허락해서는 아니 된다. 왜냐하면 용렬한 사람과 악한 사람이 목사가 될까 염려해서이다(정문 제547문답).

4) 목사 후보생의 자격

(1) 남자라야 함
성경의 원리와 법의 규정에 의하여 남자들에게만 목사 후보생의 자격을 부여하고 있다.
(2) 무흠한 입교인이라야 함
무흠 세례 입교인이라야 목사 후보생이 되고 타 교회 및 타 교파 교인은 이명하여 총회에 속한 지교회에 입회하여야 그 노회 관할 하에 속한 목사 후보생이 될 수 있다(정문 제554문답).
(3) 소명 의식이 분명한 자
어떤 자는 목사가 되어서까지도 자신이 목사로 부르심을 받은 것인지 아닌지 반신반의하는 자가 있다. 그러나 이렇게 소명 의식이 없는 자는 목회지에서나 신학자로서나 성공할 수가 없는 것이다. 물론 목사로 지망한 자가 하나님의 음성을 들어서 소명을 받을 수는 없는 것이다.

그러나 다음 네 가지 조건에 의해서 목회적 소명(a call to the ministry)을 분별할 수 있다.
① 성령의 인도
성령께서 그 사람에게 목사 될 권능을 주사 하나님을 영화롭게 하며 예수님께 복종하는 열심을 분발(憤發)하게 하시나니 이는 실로 신령한 부르심이다.
② 본인이 피소(被召)된 자 됨을 자각하는 증거
   가. 자기 마음속에 성령이 주신 능력이 있는 것과 성령에게 이끌린 바 된 것을 깨달음
   나. 자기의 형편을 성찰(省察)해 보고 하나님의 특별한 지도(고후 2:12)로 알아 자기의 생각을 확정함

③ 그 사람의 확실한 피소 여부에 대하여 교회가 심찰(審察)할 조건
  가. 그 능력이 목사 될 자격에 합당한 여부
  나. 목사 직분을 구하는 것이 성령의 인도를 좇아 합당한 주의(主意)로 행한 여부
④ 목사 임직식으로 입증
  목사 임직식으로 목회적 소명을 받은 자임을 교회에 입증한다. 본인이 아무리 원한다 할지라도 이 확정케 하는 임직이 없으면 누구든지 목사의 일을 할 수 없는 것이다(정문 제549문답).
  만약에 어떤 부모가 그 자녀를 목사로 하나님께 바치겠다고 서원했을지라도 위와 같은 확실한 소명이 없으면 목사의 사역을 할 수가 없다. 그러므로 부모는 자녀가 어릴 때부터 목사로 바치겠다는 서원을 삼가야 할 것이다.

(4) 건강한 자
  심신이 건강해야 목회에 성공할 수 있다. 그리고 교회의 성도들은 모두가 다 영육이 약한 자들이 많다. 양 무리는 대조적으로 건강한 목자를 원한다. 물론 목회자 가운데는 과로하거나 사고로 인하여 약해진 수도 있다. 그러한 경우는 예외로 하고 목사 지망생은 이 점에 유의할 필요가 있다.

2. 강도사

1) 강도사의 정의

목회를 위한 준비과정으로 설교할 수 있는 자격을 받은 목사 후보생을 강도사라 한다(정문 제581문답).

2) 강도사 인허가 무엇인가?

총신대학교 신학대학원(총회신학원 포함)을 졸업하고 총회 고시부에서 강도사 고시에 합격한 자를 노회에서 정식으로 승인하는 예식을 강도사 인허식이라 한다.

『교회 정치문답조례』는 강도사 인허란 노회가 하나님의 말씀을 일정 기간 동안 설교하도록 목회 수습생에게 부여하는 시험인 동시에 권한이라고 했다(정문 565문답).

3) 강도사의 권한

강도사란 설교 인허를 받은 성역의 견습자이다. 직무 관계로는 노회의 관할을 받으나 목사로 임직될 때까지는 평신도요 당회의 관할 아래 있다.

강도사는 성례를 베풀지 못하며(정문 제156, 제169문답), 축도도 하지 못하며(정문 제179, 제197문답), 견습하기 위하여 방청은 할지라도 담임 목사가 아닌즉 당회나 치리회 재판에 회원이 되어 언권을 가질 수 없으며, 공동의회 회장이 될 수 없다(정문 제581문답, 예배 모범 제7장, 8장).

4) 강도사의 임기

강도사가 4년간 아무 교회에든지 청빙을 받지 못하면 노회가 권고하고 1년간 더 허락하였다가 그래도 역시 청빙 받지 못하면 그 인허는 취소할 것이며 노회가 보기에 그 사람의 행사가 교회에 덕을 세우지 못하면 그 인허를 취소할 수 있다(정치 제14장 8조).

강도사는 강도사 고시를 받았다 할지라도 특별한 이유가 없으면 총회 고시 합격 후 1개년 이상 노회 지도 아래서 목사직의 경험을 수양한 후에야 목사 고시에 응할 수 있다.

5) 군목 후보로서의 강도사

군목으로 안수 받을 강도사는 3개월 이내에 소집될 자로 하고,

임직 후 설교를 청하는 교회가 있을 때는 설교할 수 있으며, 안수는 임시 노회라도 소집하여 하도록 하되, 안수 후에는 대기 상태이며, 지교회의 정식 청빙을 할 수 없고, 당회장권 행사도 불가하다(1971년 제56회 총회 결의).

❖ 제2조 관할

목사 후보생 지원자는 소속 본 노회에 청원하여 그 노회 관하에서 양성을 받는다.

1. 혹 편의(便宜)를 인하여 멀리 있는 다른 노회 아래서 양성을 받고자 하면 본 노회 혹 본 노회 관할 아래 있는 무흠 목사 2인의 천서를 얻어 그 노회에 제출한다.
2. 천서는 그 사람의 무흠 교인 된 것과 모범적 신앙과 기타(其他) 목사됨에 합당한 자격 유무(有無)를 증명한다.
3. 누구든지 총회가 인정하는 어느 신학교에 입학코자 할 때에는 마땅히 본 노회에 청원을 제출하여 노회 관할 아래 속한 목사 후보생이 되고, 대한예수교장로회 노회의 지도 아래서 수양 받지 아니한 자는 신학 졸업 후 노회 관할 아래 후보생으로 1년간 총회 신학교에서 신학과 교회 헌법을 수업한 후에 강도사 고시 자격을 얻을 수 있다.

| 해 설

목사 후보생 지원자(신학교육을 받기 원하는 자)에 대한 취급은 엄격해야 한다. 그가 노회 아래서 감독을 받도록 된 것은 매우 필요한 일이다. 사정에 의하여 그가 본 노회를 떠나서 타 노회로 옮길 경우에도 본 노회의 "무흠 목사 2인의 추천서"를 제출하도록 한 것은 그를 위한 노회의 감시가 계속 따르고 있음을 알려준다. 이는 목사될 사람에 대해 교계가 잘 알아야 되기 때문이다. 거룩한 하나님의 교회를 봉사할 사람은 말과 행실과 사랑과 믿음과 정절에 대하여 믿는 자에게 본이 되어야 하기 때문이다(딤전 4:12하). 목사 후보생을 양성하는 책임자들은 그 일을 하나님 앞에서 책임 있게 실행하기 위하여 기도하며 잘 지도해야 된다(히 13:17).

본 1항에서 목사 후보생의 이명에 무흠 목사 2인의 추천서로만 가능하도록 한 것은 노회 회원의 이명의 요건인 노회의 결의보다 노회의 목사 후보생 명부 이명에 무흠 목사 2인의 추천을 요구한다고 보아야 한다. 왜냐하면 총회가 후보생이 강도사 고시를 볼 때 '당회 증명'[27]과 '노회 증명'을 요구하기 때문이다.

> ❖ **제3조 강도사 고시 및 인허**
> 강도사 인허를 청원하는 자는 반드시 총회가 그 덕행(德行)이 단정함과 지교회의 무흠 회원됨을 증명하는 당회 증명과 노회 추천서 및 지원서와 이력서를 제출하게 할 것이요, 총회는 그 사람의 신덕과 종교상 이력을 시문(試問)하며 성역(聖役)을 구하는 이유를 묻되 그 고시는 신중히 하고 인허는 노회가 한다.

| 해 설

---

27) 현재 총회 강도사 고시에서는 실무적으로 노회 증명만 하고 당회 증명은 노회장 추천 시 포함되도록 했음.

1. 강도사 고시의 필요성

신학교 교수들과 학생들로부터 강도사 고시 제도에 대한 의문이 제기되어 온 것이 사실이다. 학, 박사들이 교육해서 양성해온 목사 후보생들을 목회와 정치에 종사하는 목사들로 조직된 총회에서 어떻게 시험을 치를 수 있느냐고 하는 이의였다. 그러나 강도사 고시는 그것을 준비하는 가운데 3년씩 배웠던 신학과 목회에 절대 필요한 제반 과목들을 총 정리함으로 신학의 기반을 튼튼히 세워 나가는 아주 유익한 제도임을 재인식해야 할 것이다. 이렇게 신학을 재정립함으로 칼빈주의 개혁신앙의 확고한 기반을 세우고 보수 장자 교단의 정체성을 살려 나가야 한다.

2. 강도사 고시의 연혁

목사는 노회에 소속되었기에 노회에서 강도사 고시를 행함이 당연하다고 보여진다. 그럼에도 불구하고 총회가 관장하였던 것은 해방 후 한국교회가 성경유오설을 공공연히 주장하는 등 신학적인 혼란이 거듭될 때에 교회의 순결을 지키는 일에 유익하다는 생각에서였다고 보여진다.

3. 강도사 인허의 중요성

강도사 고시 응시자에 관하여 그의 '덕행'에 대한 당회의 증명과 노회의 추천서를 필요로 하는 제도는 지도자 양성에 있어서 책임 있는 처사를 하기 위함이다. 당회와 노회는 그 일에 있어서 유일한 증인이다. 지교회(또는 교단)의 올바른 발전은 결국 치리회에 의하여 좌우된다고 할 수 있다.

❖ **제4조 고시 종목**
고시는 구두(口頭)와 필기 2종이 있으니 그 과목은 아래와 같다. 조직 신학, 교회 헌법, 교회사, 논문, 주해(註解), 강도. 고시부장은 강도사 지원자의 실지 능력을 알아보기 위하여 고시 5개월 전에 아래와 같은 고시 문제를 준다. 논문, 주해(註解), 강도.

해 설

목사 고시 과목은 신조, 권징 조례, 예배 모범, 목회학 등의 필답 고사를 치른다. 그러나 강도사 과목은 조직 신학, 교회사, 교회 헌법, 논문, 주해, 강도(설교)이다.

1. 조직 신학

조직 신학은 성경에 근거하여 신론부터 말세론까지 체계화한 신학의 알파와 오메가라 할 수 있다. 그러기에 이 조직 신학을 토대로 하여 우리 한국교회, 특히 본 교단을 철저한 보수신학의 반석 위에 세워 놓게 되었고, 거기에다 성령의 역사가 결합하여 세계 교회사를 다시 쓰는 놀라운 부흥을 가져왔다. 강도사 고시 과목이 다 중요하지만 이 조직 신학을 맨 먼저 배치하는 이유는 이 과목을 완벽하게 익히고 소화시키지 못하면 목회자나 신학자로서 자격을 상실하거나 혹은 이단 사상에 현혹될 수가 있기 때문이다.

2. 교회사

목사 후보생으로서는 교회가 어떻게 설립되었으며, 하나님께서 어떻게 역사하셨는가 하는 문제를 학문으로 체계화한 것이 교회 역사이며, 역사 신학이다. 역사는 이렇게 중요한 것이기에 구약 성경이나 신약 성경에서도 역사를 중요한 위치에 배정한 것이다. 목사가 목회 현장에서 하나님께서 어떻게 간섭하셨고, 어떻게 선교하셨으며, 어떻게 발전해 왔는가 하는 역사를 잘 터득해야 할 것이다. 그러므로 역사 신학도 중요한 위치에 서 있는 것이다.

3. 교회 헌법

목회자가 교회에서 목회 사역을 할 때나 치리회에서 교정(敎政) 활동을 함에 있어서 모든 분규와 난관에 부딪칠 때에는 그냥 "은혜롭게"라는 편의한 구호 아래 적당히 넘어가는 것을 볼 수 있다. 그러나 두고두고 후회가 없는 질서 유지를 위해서는 확실한 법 적용을 하여서 문제를 해결해 나가야 한다. 많은 양 무리를 치는 데 있어서 무엇보다도 중요한 것은 법을 준수해야 한다는 것이다. 법(法)은 곧 질서이다. 물이 아래로 흘러가는 것이 피조 세계의 법칙이며, 그것이 곧 하나님의 은혜로운 질서이다. 그러기에 구약 성경에 율법을 초두에 배치한 것이다.

4. 논문

논문이란 어떤 문제에 대한 학술적인 연구 결과를 체계적으로 적은 글이다. 목회자는 그 누구보다도 월등한 논술자가 되어야 하고, 또 모든 사건을 처리함에 있어서나, 설교를 할 때에도 논리에 모순을 범한다면 성령께서 말씀하고자 하는 본 취지에서 벗어나는 수가 있다. 그러므로 논문 역시 목사 후보생에게 있어서 무시 못할 중요한 과목이다.

5. 주해(註解)

설교자로서 가장 소중한 과제는 역시 성경 주해이다. 그리고 설교의 꽃 중의 꽃은 주해 설교이다. 그러므로 이 주경 신학을 철저히 연구하고 개발할 능력을 시험하는 것이다.

6. 강도(설교)

목회자는 하나님의 말씀을 전하는 설교가 전문과목이다. 우리 주님께서 "내 양을 치라 …… 내 양을 먹이라(요 21:15~17)"고 하신바 목회자는 이 사명 곧 죽을 때까지 강도하는 일을 감당하기 위해서 하나님께 시험을 치르는 심정으로 실력을 향상해야 할 것이다.

✛ 제5조 인허 서약

노회는 강도사 인허할 자에게 아래와 같이 서약한다.

1. 신구약 성경은 하나님의 말씀이요 신앙과 행위에 대하여 정확무오한 유일의 법칙으로 믿느뇨?
2. 장로회 신조와 웨스트민스터 신도게요 및 대소요리 문답은 신구약 성경의 교훈한 도리를 총괄할 것으로 알고 성실한 마음으로 받아 자기의 사용할 것으로 승낙하느뇨?
3. 교회의 화평과 연합과 성결함을 도모하기로 맹세하느뇨?
4. 주 안에서 본 노회 치리를 복종하고 다른 노회에 이거할 때는 그 노회의 치리를 복종하기로 맹세하느뇨?

l 해설

1. 강도사 인허에 앞서 본인의 다짐

목사가 될 의향이 없으면 강도사 인허를 받지 말아야 한다. 뿐만 아니라 본 법조문의 서약문에서는 목사 임직 서약에 있는 예배 모범의 서약은 들어 있지 않다. 이는 강도사는 정식 목회자가 아니라는 조건 때문에 그러했지만 강도하는 사명을 가진 강도사 인허를 받는 자는 예배 모범의 중요성을 인지하며 예배 모범을 따라 예배드릴 것을 다짐해야 한다.

2. 강도사 인허만 받으려는 자의 불허

『교회 정치문답조례』에서 해설하기를 "복음을 강도할 권위를 부여하는 것이다. 목사 후보생이 목회자로서 적합한지를 검증하는 한 방법이다. 목사 후보생의 봉사가 교회를 세우는 데 적합하지 않게 보이면 인허를 취소할 수 있다 …… 인허는 목회에 관련된 것이어야 한다. 이것은 목사 안수를 목적으로 하지 않는 어떤 수단으로 생각해서는 안 된다."(정문 제346문답)라고 하였다.

뿐만 아니라 강도사 인허를 "단순히 매우 유용한 수단으로" 받으려 하고 목사 임직 받기를 원치 않는 자에게 강도사로 인허하는 것이 부당하다(정문 제576문답).

❖ 제6조 인허식

그 지원자가 전조와 같이 서약한 후에 회장이 기도하고 그 사람에게 아래와 같이 선언한다. "교회에 덕을 세우기 위하여 주신 권세와 주 예수 그리스도의 이름으로 우리가 하나님의 지도하시는 곳에서 복음을 전파하기 위하여 그대에게 강도사 인허를 주고, 이 일을 선히 성취하기 위하여 하나님께서 그대에게 복을 주시며, 그리스도의 성령이 충만하기를 바라노라 아멘."

▮ 해 설

1. 인허의 중요성

목사 후보생이 총회에서 시행하는 강도사 고시에 합격한 다음 해당 노회에서 인허를 받게 된다. 아무리 강도사 고시에 합격했다 할지라도 인허를 받지 못하면 무허가 의료인처럼 강도할 공인의 자격이 없는 것이다. 담임 목사나 당회의 동의 없이 예배를 주관하거나 설교를 할 수 없다. 『교회 정치문답조례』는 설교권이 없는 자나 평신도가 설교하는 것은 적절하지 않다고 하였다. 다만 목사 후보생인 경우 견습을 위해 담임 목사의 지도 아래 설교할 수 있다고 하였다(정문 제150, 577문답).

2. 인허할 시기와 장소

총회에서 강도사 고시 발표가 있은 다음 열리는 노회 시에 그 장소에서 인허해야 한다.

3. 인허식 순서

정치 문답 조례 제521문답과 총회 교육부에서 발행한 개혁 표준예식서를 참조할 것이다.

> ❖ **제7조 인허 후 이전**
> 강도사 인허를 받은 후에 본 노회 허락을 얻어 다른 노회 지방에 이거하게 되면 강도사 이명 증서를 받아 그 노회에 드린다.

| 해 설

강도사가 타 노회로 이거하고자 하면 본 노회의 허락을 받은 후에 그 강도 인허 증서와 본 노회 서기가 날인한 이명서를 가지고 가면 그 노회가 접수 처리한다(정문 제580, 582문답).

✥ 제8조 인허 취소

강도사가 4년간 강도하는 데 덕을 세우지 못하는 경우에는 노회가 결의에 의하여 인허를 취소할 수 있다.

┃해설

1. 인허 취소 조건

1) 강도사의 임기는 4년으로 정해져 있다. 그러나 4년간 아무 교회에서도 청빙을 받지 못하면 1년간 더 허락했다가 그래도 청빙을 받지 못하면 인허를 취소할 수 있다(정치 제14장 8조).
2) 강도사가 청빙 받지 못함은 물론 그보다 더 중요한 것은 강도사가 어느 중요한 시간이나 혹은 예배 시간에 행한 설교가 교회에 덕을 세우지 못하면 노회가 언제든지 그 인허를 취소할 것이요, 혹은 목사로 부적당하든지 부도덕한 일이 있을 때에도 취소한다(정문 제586문답).
3) 부도덕한 일에 대하여는 그 인허를 취소할 뿐 아니라 노회가 소속 당회에 위탁하여 그 행위를 권징한다(정문 제586문답).

2. 재인허

노회는 강도사 인허를 취소한 적이 있을지라도 특별한 이유가 있으면 다시 인허할 수 있다. 건강 회복이나 다른 직장 생활이나 책벌이나 타국 여행에서 돌아온 경우 등을 이유로 노회의 결의로 다시 인허할 수 있다(정문 제585문답).

제15장 목사 선교사 선거 및 임직

> ❖ **제1조 목사 자격**
> 목사는 총신대학교 신학대학원 졸업 후 총회에서 시행하는 강도사 고시에 합격되어 1개년 이상 교역에 종사하고 노회 고시에 합격되고 청빙을 받은 자라야 한다.

▮ 해 설

1. 목사의 자격에 대한 본 조문은 정치 제4장 제2조에서도 규정하고 있다. 그 조항에서는 목사의 자질과 인격적으로 갖추어야 할 내적 요건을 언급하였고, 본 1조에서는 목사로 임직함에 있어 갖추어야 할 필수 요건을 규정하고 있다.

2. 목사로 임직할 자격은 총신대학교 신학대학원(총회신학원 포함) 졸업 후 강도사 고시에 합격되어 1년 이상 강도에 힘쓰고 노회 목사 고시에 합격하고 지교회에서 "청빙을 받은 자"라고 하였다. 그 이유는 위임(委任) 없는 장립은 무임 목사 등을 양산하기 때문이다. 목사가 되려면 반드시 청빙을 받아야 하는 이유는 무분별한 무임 목사들이 양산되지 않도록 하기 위한 제도이다. 451년 칼케돈 공의회(Council of Chalcedon)는 임지가 없는 자에게 성직을 부여하는 소위 '절대 장립'을 반대하는 결의를 했기 때문이다. 즉 중세교회의 타락 원인이 되었던 장립(將立)과 임직(任職)의 분리 현상을 막기 위해서였다.

3. 뿐만 아니라 "대한예수교장로회 노회의 지도 아래서 수양 받지 아니한 자는 신학 졸업 후 노회 관할 아래 후보생으로 1년간 총신대학

교 신학대학원(총회신학원)에서 신학과 교회 헌법을 수업한 후에 강도사 고시 자격을 얻을 수 있다."(정치 제14장 제2조 3항)는 조문은 해외에서 유수한 신학을 졸업한 보수 신학을 전공한 목사라도 본 교단 목사나 교수가 되려면 적어도 1년 이상 본 교단 총신에서 다시 수학해야 한다는 의미이다. 그렇지 않고 타 교단 신학교를 졸업한 사람은 본 장 제13조의 규정을 따라야 한다.

✤ 제2조 목사 선거

지교회에 목사를 청빙하고자 하는 경우에는 당회의 결의로 공동의회를 소집하고, 임시 당회장이 강도한 후 공포하기를, 교회에서 원하면 목사 청빙할 일에 대하여 투표할 것이라고 그 의견을 물어 과반수가 찬성하면 즉시 투표한다.

| 해 설

목사를 선거하거나 목사로 장립하는 일은 청빙이 있을 때에만 가능한 것이다. 그러므로 목사를 선거하려면 먼저 청빙할 대상자를 선택하는 일이 전제(前提)되어야 한다.

1. 선거할 대상의 선택

공동의회는 당회가 소집권이 있고, 또 당회가 선거를 주관하게 된다. 그러므로 사실상 선거의 대상도 당회가 선택하여 공동의회에 회부해야 한다. 당회가 새 담임 목사를 선택하는 방법이 어떠하냐고 하는 문제에 대하여 『교회 정치문답조례』 제590문답에서는 다음과 같이 세 가지 방법이 있다고 한다. 우리 헌법에 맞게 수정하여 제시한다.

1) 설교 지원자를 추천받는 방법

노회나 혹은 어느 목사나 교인이 강도사나 목사나 적당한 목사 후보자를 추천할 수 있고, 그중 어느 한 분에 대하여 교인들이 일치한 뜻을 나타내기까지 저희를 청하여 한 번 이상 주일에 설교하게 한다. 교회에서 선을 보이는 설교 지원자(candidates for the pulpit) 추천 방법은 일반적으로 널리 사용된다.

그러나 중대한 이의가 많다. 그것은 목사를 불편한 위치에 서게 하며, 또한 교회로 하여금 그의 능력을 올바로 판단할 만치 충분한 기회를 주지 못하며, 서로 의견이 갈려 교회의 화평을 깨뜨릴 수 있다.

2) 시무 목사를 청빙하는 방법

당회가 추천을 받은 사 중에서 소식 교회에서는 1년간, 미조직 교회에서는 3년간 시무 목사로 택하여 사역하게 한 후에 만기로 종결하거나, 혹은 위임 목사로 청빙하는 방법이다.

그러나 이 방법은 강도사나 목사에게 불확실한 기간 동안, 더구나 시험을 받기 위해서 기다리게 하니, 강도사나 목사가 좋아하지 아니하며, 교회도 그 기간 동안에 유익을 얻지 못할 수 있다.

3) 담임 목사 청빙위원회를 통한 방법

교회가 허위 교회로 있는 동안 후보자로 고려될 수 없는 타 교회 목사나 교수 중 초청하여 설교하도록 하고 그 기간 동안 공동의회를 소집하여 당회나 일부 당회원과 교인들로 구성된 청빙위원회를 임명하여 담임 목사를 선택하도록 하는 방법이다. 공동의회는 청빙위원회의 결정을 거부할 수 있다.

청빙위원회는 추천을 받고 여러 교회를 방문하여 추천 받은 목사의 직무와 개인적 성품을 알아본다. 청빙할 후보를 찾으면 그 후보자는 청빙을 수락할 뜻이 있을 경우 최종 응답 전에 설교를 하는 것이 타당하다. 청빙위원회는 청빙에 대한 보고서를 공동의회에 제출하고 공동의회는 투표를 통해 최종 결정하여 노회에 청원한다.

2. 공동의회 소집자

1) 목사 청빙을 위한 공동의회는 당회 결의로 소집하며, 당회가 목사 청빙의 필요성을 인정할 때, 제직회의 청원, 무흠 입교인 3분의 1 이상의 청원, 상회의 명령이 있을 때 소집할 수도 있다 (정치 제21장 제1조 2항, 정문 제592문답).
2) 당회가 목사 청빙을 위한 공동의회를 소집하였을 때에 교인들을 크게 자극하며, 부당하게 서두르는 것이 되며, 아직 후보자에 대한 충분한 지식을 가지지 못했거나, 혹은 그를 후보자로 삼는 것이 부당하다고 인정되면, 당회는 조언하여 선거를 늦추게 할 수 있다.
3) 이럴 경우에 교인은 또한 누구든지 노회에 소원할 수 있고, 노회는 그것이 당회나 교인이 부당하게 목사 청빙을 늦추려는 불법인지, 혹은 경솔한 작정을 방지하고 교회에 덕을 세우려는 것인지를 살펴 합당하면 당회에 대하여 공동의회 소집을 명령할 수 있다.

3. 공동의회 청빙투표 공고

위의 세 가지 방법 중 어떤 방법으로 청빙을 하여도 당회는 청빙투표를 위한 공동의회 소집을 1주일 전에 교회에 광고하거나 통지하여야 한다. 이 공고에는 공동의회의 일시와 장소 그리고 안건을 분명히 적어야 한다.

4. 공동의회 사회자

공동의회 사회자는 당회장이나, 후임·담임목사를 선거하기 위한 공동의회의 회장은 누가 되는 것인가 하는 문제이다. 본 조항은 현 당회장이 아니라 "임시 당회장"임을 분명히 밝히고 있다.[28] 따라서 본인이 당회장이라도 본인 청빙을 위한 공동의회 사회를 볼 수 없다. 임시 당회장은 당회가 회집되는 시간만 본 노회원 중 당일 임시 당회장으로 청함을 받은 목사로서 1회에 한한다(정치 제21장 제1조 3항).

5. 공동의회의 투표권자

공동의회의 투표권자는 본 교회 소속 무흠 입교인으로 당회록과 교인 명부에 기록된 자에 한한다. 본 교회 예배회에 6개월 이상 계속 출석하지 않는 자는 투표권이 없다(헌법적 규칙 제3조 2항, 세7조 2항).

6. 공동의회 개회 방법

청빙투표 공동의회 사회자인 임시 당회장은 강도 후 바로 투표로 들어가는 것이 아니라 후보자에 대해 교회가 원하는지 회중에게 물어야 한다. 이는 헌법 사항이므로 반드시 물어야 한다. 교회가 원하지도 않는데 투표하면 후보자나 교회 모두 좋지 않기 때문이다.

『교회 정치문답조례』는 목사를 선거하기 위한 공동의회는 아래와 같이 개회한다고 하였다(정문 제596문답).

1) 임시 당회장이 회장으로 사회한다.
2) 기도로 개회하여 편리한 대로 회장이 설교하고, 목사 직분의 성질과 중대함에 대하여 설명하며, 기타 합당한 교훈을 한다.

---

[28] 임시 당회장의 개념에 대해서는 헌법정치 제9장 4조 해설을 참고.

3) 기도한 후에 투표할 의안을 제출하고, 하나님의 인도하심과 복 주심을 위하여 기도한다.
   4) 당회가 공동의회를 소집하게 된 관계기록을 낭독한다.
   5) 회장이 목사를 선거하는 투표를 즉시 진행할 여부에 대하여 회중에게 물어 과반이 예라고 대답하면 투표한다.
   6) 기도와 축도로 폐회한다.

7. 공동의회 회장의 본분
목사 선거가 필한 후에 공동의회 회장이 행할 본분은 아래와 같다.

   1) 선임 공포.
   2) 소수가 달리 투표하였으면 다수와 합하도록 권면하여 일치가 되게 할 일. 청빙서의 서명은 혹 다음에 할 수도 있다(정문 제598문답).
   3) 회장의 기도와 축복으로 폐회한다.

8. 공동의회 회록 작성
공동의회에서 목사 선거가 끝나면 당회 서기가 공동의회 서기로서 공동의회 회록을 작성하되 당회록에 기록하지 아니하고, 다른 책을 예비하여 공동의회 회록을 작성하여 목사 청빙서에는 공동의회 회록 사본을 첨부한다(정문 제599문답).

> ❖ **제3조 청빙 준비**
>
> 투표하여 3분의 2가 가(可)라 할지라도 부(否)라 하는 소수가 심히 반대하는 경우에는 회장은 교우에게 연기하라고 권고하는 것이 가하다.
>
> 투표가 일치하든지 혹 거의 일치하든지 혹 대다수가 양보하지 아니하는 경우에는 회장은 합동하도록 권면한 후 규칙대로 청빙서를 작성하여 각 투표자로 서명 날인하게 하고 회장도 날인하여 공동의회의 경과 정형을 명백히 기록(반대자의 수와 그 사람들의 형편도 자세히 기록한다)하여 청빙서와 함께 노회에 드린다.
>
> 단, 청빙서에는 투표자뿐 아니라 무흠 입교인 과반수의 날인을 요한다.

해설

1. 적법한 선임이더라도 소수가 극렬히 반대할 경우

교회가 분쟁이 있어 양분되었을 때에는 그 누구를 놓고 선거할지라도 만장일치는 기대할 수 없는 것이다. 그러한 경우에는 3분의 2 이상의 가표를 얻어 선임되었으면 회장은 반대표를 던진 자들을 설득할 기회를 얻기 위해 냉각기를 잠시 가졌다가 기도하고 선임을 선포하고 청빙 준비를 서둘러야 한다. 그러나 교회가 심각한 분쟁이 없음에도 불구하고 청빙 받은 자의 흠점을 포착하고 극렬히 반대할 때는 그 선거를 유보함이 가하다.

2. 선임 이후 청빙 준비

선임이 선포된 다음에는 선거인 전체와 의장이 서명하여 노회에 청빙을 청원하되, 청빙서에는 투표자는 물론 투표에 참여하지 못한 무흠 입교인 과반수 이상의 날인이 필요하다. 청빙서는 두 통을 작성하여 노회에 제출하며 노회는 한 부는 노회에 보관하고, 한 부는 같은 노회의 경우 청빙 받는 목사에게 준다.

제4조 청빙 서식

○○곳 ○○교회 교인들은 귀하께서 목사의 재덕과 능력을 구비하여 우리 영혼의 신령적 유익을 선히 나누어 주실 줄로 확신하여 귀하를 본 교회 담임 목사(혹 임시 목사)로 청빙하오며, 겸하여 귀하께서 담임 시무 기간 중에는 본 교인들이 모든 일에 편의와 위로를 도모하며, 주 안에서 순복하고 주택과 매삭 생활비 ○○를 드리기로 서약하는 동시에 이를 확실히 증명하기 위하여 서명 날인하여 청원하오니 허락하심을 바라나이다.

년 월 일

각 교인 연서 날인

증인, 공동의회장 서명 날인

귀하

해설

1. 청빙서에는 목사 생활비를 명기할 것

1) 청빙서는 청빙하는 교회와 청빙 받은 목사와의 계약서와 같은 것이다. 그러므로 청빙서에는 반드시 목사의 생활비를 명시해야 한다. 특히 목사의 생활비를 명시해야 할 이유는 "누가 양 떼를 기르고 그 양 떼의 젖을 먹지 않겠느냐 …… 곡식을 밟

아 떠는 소에게 망을 씌우지 말라(고전 9:4~9)" 하는 말씀과 같이 목사가 교회에서 생활비를 받고 일하는 것이 너무나 당연하기 때문이다.
2) 청빙서에 교회에서 작정한 생활비를 기록해야 할 이유는 노회가 그 청빙을 승인하기 전에 생활비의 다소를 알아야 할 것이니 만일 그것이 너무 약소하여 목사의 생활이 곤란 할 듯하면 노회가 그 청빙을 허락하지 않을 수 있다. 혹 어떤 교회에서는 헌금이 수입 되는 대로 얼마든지 지급하기로 허락함도 불가하니 명백히 작정한 액수가 있어야 노회가 승인함이 옳다(정문 제601문답).

2. 청빙서는 청빙 받은 자의 소속 노회에 제출한다.

1) 목사는 교회로부터 직접 청빙서를 받지 못한다(정치 제15장 6조). 청빙서는 본 노회에 제출할 것인데 교회가 피빙자와 먼저 의논할 수는 있으나 노회를 경유하지 아니하고 피빙자가 청빙서를 직접 받지 못한다(정문 제610문답).
2) 피빙자가 강도사이면 고시하고 장립과 위임식을 거행한다.

3. 타 노회에 속한 자를 청빙하는 규례

1) 지교회가 목사 청빙을 위해 공동의회에서 결정하고, 청빙서를 본 노회 서기에게 보내면 본 노회가 결의하고 서기는 청빙서를 피빙된 목사의 소속노회에 통보하며, 그 노회에서는 피빙된 목사에게 청빙서를 주되 승낙하며 청빙 교회 소속 노회로의 이명 청원서를 제출하면 접수한 후 청빙 교회 소속 노회로 이명을 보내 청빙하도록 한다.

2) 강도사를 이명하기로 결정하면 이거하는 노회 안에서 사역할 자인즉 그 노회가 고시하고 장립하도록 할 것이요, 다른 노회의 청빙을 받는 자는 미리 이명 증서를 가지고 이거하면 더욱 편리하다.

❖ 제5조 청빙 승낙

어느 목사나 강도사에게든지 청빙서를 드리면 그 교회가 원하는 줄로 인정할 것이요 그 목사나 강도사가 그 청빙서를 접수하면 승낙하는 것으로 인정한다. 강도사가 청빙서를 받아 목사로 임직하게 될 경우에는 노회는 구애되는 것이 없으면 동시에 위임식까지 행한다.

| 해 설

1. 본 조항은 청빙서를 드리고 받은 후의 변심(變心)을 막기 위한 조항이다. 청빙 승낙은 청빙 받은 자가 어느 교회의 청빙을 승낙함을 의미하는 것이다. 청빙을 받은 목사나 강도사는 어느 교회의 청빙을 받은 다음 더 좋은 교회에서 청빙 받는다 할지라도 흔들리지 않고 이미 청빙 받은 교회에 부임하기를 주저하지 않아야 하며, 청빙을 받을 때는 신중을 기해서 승낙할 것이다.

2. 본 조문이 "…… 강도사가 청빙서를 받아 목사로 임직하게 될 경우에는 노회는 구애(拘礙)[29]되는 것이 없으면 동시에 위임식까지 행한

---

[29] 구애(拘礙)란 거리낌이란 말로, 걸리는 일이 없으면 임직식과 위임식을 동시에 할 수 있다는 뜻.

다."고 되어 있는데, 이는 목사 임직은 노회 석상에서 행하고 위임식은 위임국을 선택 파송하여 청빙하는 교회당에서 행한다는 의미이다(정문 제609, 619문답).

> ✣ **제6조 청빙서 제정(提呈)**
> 청빙서는 청빙 받은 자를 관할하는 노회에 드릴 것이요 그 노회가 가합한 줄로 인정할 때는 청빙 받은 자에게 전함이 옳으니 목사 혹 강도사가 노회를 경유하지 아니하고 직접 청빙서를 받지 못한다.

❙ 해 설

1. 목사나 강도사가 어느 교회에 청빙 받아 부임할 때는 반드시 청빙서를 받고 가야 한다(정문 제607문답).

2. 목사나 강도사가 노회를 경유하지 않고 청빙 받은 교회로부터 직접 청빙서를 받을 수 없다는 것이다(정문 제642, 643문답).
   이렇게 합법적으로 청빙을 받고 부임하기 위해서는 청빙하는 교회는 청빙서를 청빙 받은 자를 관할하는 노회에 제출해야 하고, 그 노회가 가합한 줄로 인정할 때는 청빙 받은 목사에게 전함이 옳은 것이다(본 장 제8조 해설).

3. 노회가 청빙서를 거부할 수 있느냐의 문제
   『교회 정치문답조례』에서 "노회는 청빙 받은 목사에게 청빙서 교부하는 것을 거절할 수 있는가?"에 대해 거부할 수 있다고 하였다. 목사의 생활비가 목사와 교회가 만족하게 여길지라도 노회의 판단에 부족하다고 인정될 때 청빙서 교부를 거절할 수 있다(정문 제601, 612문답).

❖ 제7조 서약 변경

청빙할 때에 약속한 목사의 봉급을 변경하고자 할 때에 목사와 교회가 승낙하면 노회에 보고하고 만일 승낙치 아니하는 경우에는 그 사유를 노회에 보고하되 반드시 정식으로 공개한 공동의회를 경유한다.

▎해 설

교회는 목사의 육신의 생활을 총책임을 져 주고 목사는 성도들의 영적 생활을 총책임을 져 주는 것이 이상적인 교회상이라 믿어진다. 목사로 하여금 목회생활에 지장을 없애려면 생활비를 처음 서약한 대로 드려야 한다. 그러나 슬프게도 목사를 모신 후 세월이 지나고 불만이 표출되면 생활비를 삭감하려 든다. 이러한 태도는 비신앙적이요 비기독교적 행위요 또 청빙서의 계약과 위임식 당시의 서약에 위배되는 불법이다(정문 제364, 667문답).

목사를 청빙한 후에 생활비를 증감할 수 있는 방법은 다음과 같다.
1. 생활비는 목사와 교회 간의 계약으로 성립하였은즉 공동의회의 결의와 목사의 허락이 있기 전에는 일방적인 변경이 불가능하고,
2. 생활비가 본래 어려움 없는 생활로써 신령한 직무 수행에 장애됨이 없도록 하는 것이니, 형편에 의해서 마땅히 증액할 수 있으나 감액하는 일은 목사나 교회가 서로 승낙해도 노회가 거부할 수 있다(정문 제601, 603, 545, 612문답).

> ✤ **제8조 다른 노회 사역자 청빙**
>
> 지교회가 청빙서를 노회 서기에게 송달한다. 노회 서기는 즉시 해 노회에 통보하며 노회는 해당 사역자의 이명서를 접수하고 청빙을 허락한다.

해설

지교회가 목사 청빙을 위해 공동의회에서 결정하고, 청빙된 목사에 대한 청빙서를 본 노회 서기에게 보내야 한다. 본 노회의 결의 후 서기는 청빙서를 "즉시" 피빙된 목사의 소속노회에 통보하며, 그 노회에서는 피빙된 목사에게 청빙서를 주되 청빙 받는 목사가 청빙서를 수락하면 그를 현재 교회에서 사면케 하고 이명서를 본인에게 교부한다(정치 제16장 제3조). 이명서를 받은 피빙 목사는 청빙 받을 교회가 속한 노회에 이명서를 접수한다. 본 노회는 이명과 청빙을 허락하고 위임 예식을 거행한다.

이러한 다른 노회 사역자의 청빙 과정은 1992년 개정 전에 있었던 청빙 교회 소속 본 노회의 승인권과 청빙 목사 소속 노회의 전임 허락권이 1992년 헌법 개정에서 생략된 것이다. 현행 헌법은 목사 청빙에 노회의 권한을 축소함으로 지교회의 목사 청빙에 관한 자율권을 확대한 셈이다. 그러나 현재 과거의 헌법대로 목사 청빙 절차를 운영하는 노회들이 많다.

❖ 제9조 임직 준비

노회는 청빙 받은 자가 성직을 받을 만한 자격자인 줄 확인하면 편의를 따라 임직식을 교회나 노회 당석에서 행하고 위임식은 그 시무할 교회에서 거행하되 그 교회 교인들은 이것을 위하여 준비 기도를 할 것이다(행 13:2~3).

| 해 설

1. 우리 하나님께서는 자기의 피로 사신 교회를 맡기실 일꾼을 찾고 계시되 "내가 누구를 보내며 누가 우리를 위하여 갈꼬"하며 찾고 계신다(사 6:8). 그러므로 그리스도의 신부가 되는 교회를 맡기는 장립식은 너무나 어마어마하고 귀중한 예식이다. 그러므로 장립 받을 목사나 교회는 신중하게 준비해야 한다.

2. 목사의 장립을 준비하는 위원들은 예식의 시간과 장소와 예식 순서 맡을 위원들을 정하고, 또 그 예식 날 아침에는 참석을 확인하고 참석을 독려해야 한다. 위임식은 청빙 받는 교회에서 하는 것이 원칙이다.

3. 목사를 청빙한 교회와 임직할 당사자는 무엇보다도 기도함으로 준비하되 할 수만 있으면 안디옥 교회처럼 금식 기도로 준비하면 주님이 기뻐하실 것이다(행 13:2~3, 정문 제620문답).

4. 장립식이나 위임식은 주일을 피해야 한다(정문 제618문답, 1999년 제84회 총회 결의).

5. 임직 감사 예배, 위임 감사 예배라는 명칭의 예배는 임직과 위임

예식과 함께 행할 수 없는 일이다.

> 1) 임직식이라면 직분자를 교인들이 선출하여 그 교회에 세우는 임직과 위임이요, 목사 위임식이라면 노회가 목사에게 그 교회를 맡기는 예식이다.
> 2) 임직 또는 위임 감사 예배라고 한다면 그 대상이 하나님이어야 하는데 잘못 생각하면 그 대상이 교인과 당회원이 되거나 노회가 될 수 있으니 이는 불가한 일이다.
> 3) 꼭 감사예배를 드리고자 한다면 임직식이나 위임식을 마친 후에 따로 행해야 좋을 것이다.

제10조 임직 예식

1. 서약

노회는 예정한 회원으로 임직에 적합하도록 강도한 후 회장이 정중히 취지를 설명하고 청빙 받은 자를 기립하게 한 후 다음과 같이 서약한다.

> 1) 신구약 성경은 하나님의 말씀이요 신앙과 본분에 대하여 정확무오한 유일의 법칙으로 믿느뇨?
> 2) 본 장로회 신조와 웨스트민스터 신도게요 및 대 소요리 문답은 신구약 성경의 교훈한 도리를 총괄한 것으로 알고 성실한 마음으로 받아 신종하느뇨?
> 3) 본 장로회 정치와 권징 조례와 예배 모범을 정당한 것으로 승낙하느뇨?
> 4) 주 안에서 같은 직원 된 형제들과 동심협력(同心協力)하기로 맹세하느뇨?

5) 목사의 성직을 구한 것이 하나님을 사랑하는 마음과 그 독생자 예수의 복음을 전포(傳布)하여 하나님의 영광을 나타내고자 하는 본심(本心)에서 발생한 줄로 자인(自認)하느뇨?
6) 어떠한 핍박이나 반대를 당할지라도 인내하고 충심으로 복음의 진리를 보호하며 교회의 성결과 화평을 힘써 도모하여 근실히 역사하기로 작정하느뇨?
7) 신자요 겸하여 목사가 되겠은즉 자기의 본분(本分)과 다른 사람에 대한 의무와 직무에 대한 책임을 성실히 실행하여 복음을 영화롭게 하며 하나님께서 그대에게 명하사 관리하게 하신 교회 앞에 경건한 모본을 세우기로 승낙하느뇨?

2. 안수

회장이 전항에 의하여 서약을 마친 후에 청빙 받은 자를 적당한 곳에 꿇어앉게 하고 사도의 규례에 의하여 노회 대표자의 안수와 함께 회장이 기도하고 목사로 임직한 후 악수례를 행하여 말하기를 「성역(聖役)에 동사자가 되었으니 악수로 치하하노라」 한다(갈 2:9, 행 1:25).

3. 공포

4. 권유

회장 혹은 다른 목사가 신임 목사에게 권면할 것이요(딤후 4:1~2) 노회는 그 사건을 회록에 자세히 기록한다.

▎해 설

1. 장립(將立)의 의의

강도사로서 흠 없이 1년 동안 시무하던 중에 어느 교회의 청빙이 있을 경우에는 노회는 장립을 시키는 데 주저할 이유가 없다. 또한 지교회의 청빙이 없을지라도 전도 목사로 장립(將立)하여 외지나 본국 지방에서 선교사로 사역하게 할 수 있는 것이다(정문 제631문답).

장립(將立, Ordination)이란 신학적으로 하나님께서 교회의 직원의 자리로 인도하여 직분(職分)을 수여하는 것이다. 이 예식에는 반드시 안수(按手) 행위가 따른다. 이러한 장립은 위임(委任) 행위가 없이는 불가능함으로 그 직분(職分)을 수행할 수 있도록 권한을 부여하는 위임 예식(委任禮式)이라는 것이 동반되고, 아주 예외적인 경우를 제외하곤 청빙서 없이는 안수가 없다.[30] 그래서 안수 장립이라는 개념을 그 위임 행위 과정과 합하여 임직(任職)이라고 부른다. 1922년 헌법 초판 이후 1928년 1차 개헌 수정본부터 상립(將立)이라는 용어가 사라지고 임직(任職)이라는 용어로 개정되었기 때문에 임직식(任職式)이라고 부르는 것이 더 헌법적이다.

임직(installation)은 장립뿐만 아니라 위임(委任)이라는 행위를 통해 노회에서나 지교회에서 그 직분을 수행하도록 권한을 부여하는 것이다. 따라서 위임식(委任式)은 장립 대상자가 안수 없이 그 위임을 하는 예식이 될 수 있다. 보통 목사에게 이 용어를 사용한다(정치 15장 제9조). 그러나 무임 집사 위임에도 '위임 예식'(헌법적 규칙 제8조)이라고 할 수 있으나 취임식이라고 부르는 것이 더 헌법적이다(정치 제6장 제4조 4항).

그러므로 취임(就任)은 안수 받지 않는 항존직 권사나 무임 집사가 그 직을 수행할 수 있도록 권한을 부여하는 것이며 그것을 거행하는 예

---

30) 전도 목사나 선교사의 경우도 개척 지원이나 선교 청빙으로 개척지나 선교지에 대한 위임이 있다고 보아야 한다.

식은 안수 행위 없이 그 직분을 받는 취임식(就任式)이다. 한편, 직분자 외에 교회의 은사에 따른 각종 직책자 혹은 보직자(補職者)에게는 임명(任命)이라는 용어를 사용한다. 임명은 안수 받지 않는 자에게 그 직책(職責)을 수행할 수 있도록 권한을 부여하는 것이며, 임명식(任命式)은 안수 없이 그 임명을 하는 의식이다.

2. 임직식의 진행 순서와 방법

목사 임직식은 노회가 예정한 시일과 장소에 계속 회집하여 일반 예배 순서대로 예배하되, 회장이나 혹은 다른 회원으로 사회하게 하고, 반드시 본 노회의 회원이 아닐지라도 필요하면 내빈을 청하여 설교하게 할 수 있다(정문 제620문답). 기본 순서는 서약, 안수, 공포, 권면이다. 이를 구체적으로 더 나열하면 다음과 같다.

1) **예식의 취지 설명**
2) **후보자에게 서약**
3) **교인에게 서약**
4) **안수 기도**
5) **악수례**
6) **공포**
7) **목사와 교인에게 권면**
8) **찬송과 축도로 폐회**
9) **신립(新立) 목사 영접(본 교회 교인)**
10) **노회록의 기재**

3. 이 모든 순서에서 유의할 사항

1) 목사의 서약

"본 장로회 정치와 권징 조례와 예배 모범을 정당한 것으로 승낙하느뇨?"(정치 제15장 제10조 3항)라고 되어 있다. 그래서 이 서약은 목사가 교회에서 목회함에 있어서 본 헌법대로 교회를 가르치며 치리하겠느냐고 하는 서약이다.

그러나 장로교의 본질과 정체성과 예배 모범에 따라 예배드리는 교회가 적다는 사실을 명심해야 할 것이다.

2) 안수식

안수하는 순서는 구약 시대에 왕과 선지자와 제사장을 세울 때에 기름을 부었던 것처럼 성령을 부으시는 상징으로 안수를 하되 하나님의 종으로 구별하여 인을 치는 것이요 능력을 주시는 표가 되는 것이다.

목사 임직 때 안수할 수 있는 직분자는 오직 목사만이다. 치리 장로는 목사 임직 때에 안수할 수 없다(정문 제625문답). 본 10조 2항이 "사도의 규례에 의하여 노회 대표자의 안수와 함께 회장이 기도하고"라고 되어 있기 때문에 노회의 먼저 장립을 받은 노회의 대표자만 안수식에 참여하도록 했다.

3) 악수례

악수례는 안수 기도가 끝난 후에 일어나서 주례자를 처음으로 순서를 담당한 모든 목사들과 악수하되 "우리와 함께 거룩한 사역에 참여하게 되었으니 교제의 악수를 청합니다."고 말한다(정문 제626문답).

❖ 제11조 위임 예식

노회는 예정한 날짜와 장소에서 노회 전체로나 혹은 위원으로 예식을 다음과 같이 행한다.

1. 목사의 서약

1) 귀하가 청빙서를 받을 때에 원하던 대로 이 지교회의 목사 직무를 담임하기로 작정하느뇨?
2) 이 직무를 받는 것은 진실로 하나님께 영광 돌리며 교회에 유익하게 하고자 함이니 본심으로 작정하느뇨?
3) 하나님의 도와주시는 은혜를 받는 대로 이 교회에 대하여 충심으로 목사의 직분을 다하고 모든 일에 근신 단정하여 그리스도의 복음의 사역에 부합하도록 행하며 목사로 임직하던 때에 승낙한 대로 행하기를 맹세하느뇨?

단, 전임하는 목사를 위임할 때에도 위와 같이 서약한다.

2. 교인의 서약

본 교회 교인들을 기립하게 한 후에 다음과 같이 서약한다.

1) ○○교회 교우 여러분은 목사로 청빙한 ○○씨를 본 교회 목사로 받겠느뇨?
2) 여러분은 겸손하고 사랑하는 마음으로 그의 교훈하는 진리를 받으며 치리를 복종하기로 승낙하느뇨?
3) 목사가 수고할 때에 위로하며 여러분을 가르치고 인도하며 신령한 덕을 세우기 위하여 진력할 때에는 도와주기로 작정하느뇨?
4) 여러분은 저가 본 교회 목사로 재직(在職) 중에 한결같이 그 허락한 생활비를 의수(依數)히 지급(支給)하며 주의 도에 영광이

되며 목사에게 안위가 되도록 모든 요긴한 일에 도와주기로 맹세하느뇨?
5) **공포** 내가 교회의 머리 되신 주 예수 그리스도의 이름과 노회의 권위로 목사 ○○씨를 본 교회 목사로 위임됨을 공포하노라.

　　이같이 서약을 마친 후에 회장이나 다른 목사가 신임 목사와 교회에게 정중히 권면한 후에 축도로 폐식한다.

| 해설

1. 위임의 의의

위임(委任)이란 넓은 의미로 하나님께서 교회 직원에게 자신의 직무를 맡기는 것이다. 따라서 위임이라는 용어는 법적으로 목사 위임에게만 적용되는 것은 아니다. 그래서 무임 안수 집사에게도 '위임 예식'이라는 용어를 사용하였다(헌법적 규칙 제8조). 그러나 위임은 좁은 의미로 안수 임직자에게만 이 용어를 사용하였고 특히 목사 위임에 전적으로 사용하였다(정치 15장 제5조, 제9조).

목사 위임이란 목사에게 지교회를 맡기는 것이다. 목사나 강도사를 청원하려면 노회에 청빙서를 제출해야 하고, 피빙자가 응낙하면 강도사는 노회가 노회 석상에서 장립식을 거행하고 그 교회에서 위임식을 거행할 것이요, 목사이면 위임국으로 위임식을 행하게 한다.

2. 위임식의 중요성

위임식의 본 정신은 위탁한다는 중요한 의미가 있다. 목사의 위임식은 목사와 교인이 서로 목양 관계(pastoral relation)가 목회 신학적으로 성립되었음을 확증하는 예식이다. 교회는 주님의 신부라 했고(고후 11:2), 주님은 자기의 신부요, 자기의 양 무리를 목사에게 위탁하신 것이다. 교회를 맡기시되 아무에게나 맡기지 않으시고 주님을 진정으로 사랑하는 종에게 맡기시며(요 21:15~17), "내가 누구를 보내며 누가 우리를 위하여 갈꼬" 하실 때에 "내가 여기 있나이다 나를 보내소서" 하는 자에게 맡기심을 깨닫고 두렵고 떨리는 마음으로 위임 받으며, 교회도 두렵고 감사한 마음으로 목사를 받아야 한다.

위임식이 중요하다는 것은 청빙을 받은 자의 위임식은 반드시 거행해야 한다는 의미가 있다. 만약 이것이 없으면 교인들이 서약하지 않은 시무 목사이므로 그 교회의 당회에 참석하지 못하며, 권징이나 정치를 집행할 권한이 없기 때문이다(정문 제656문답).

3. 위임 받은 목사의 소명의식

목사가 위임을 받을 때에는 특별한 문제가 없으면 정년 때까지 그 교회를 잘 섬기고 발전시킬 각오가 없이는 위임을 사양해야 할 것이다. 어떤 목사가 위임을 받은 지 1년도 못 되어서 다른 교회로 떠나 버린다면 교회의 설립자가 되신 하나님과 교회를 기만하는 행위가 되는 것이다. 그러므로 위임 받은 목사는 신중을 기해서 받아야 한다.

4. 임직 예식 및 위임 예식 순서

1) **회장이 개회함**.
2) **찬송, 성경봉독, 기도**(회장 임의로).
3) **예식에 적당한 강도**(본 노회 회원 혹 내빈 목사).
4) **예식의 취지 설명**(회장 혹 택정한 위원이 몇 마디 말로 노회의 결정을 설명하고, 그 예식의 성질이 어떠함과 또 어떻게 중대한 것임을 해석하며, 교인으로 하여금 그 예식에 경외하는 마음으로 참석하게 할 것).

5) **목사 후보자에게 대한 서약**(회장) (정치 제15장 제10조 1항, 제11조 1항, 정문 제648문답).
6) **교인에게 대한 서약 문답**(정치 제15장 제11조 2항, 정문 제649문답). 이때 교인들은 동의한다는 표시로 오른손을 들어야 한다. 이 서약은 목사가 지교회에 청빙되는 위임식 때만 하지만 장립과 임직은 분리할 수 없으므로 장립식에는 이미 청빙서에 위임되는 교회의 목양 대상이 있다고 보아야 한다.

> ✥ **제12조 시무 목사의 권한**
> 1. 특별한 이유가 있으면 노회 허락으로 조직한 교회는 1년간 시무 목사로 시무하게 할 수 있고 만기 후에는 다시 노회에서 1년간 더 승낙을 받을 것이요, 미조직 교회는 3년간 시무 목사로 시무하게 할 수 있고 만기 후에는 다시 노회에 3년간 더 승낙을 받을 것이요, 노회 결의로 당회장권을 줄 수 있다.
> 2. 교회 각 기관에 종사하는 목사는 지교회 위임 목사가 될 수 없고 임시로 시무할 수 있다.

│ 해 설

시무 목사에 대한 규정은 정치 제4장 제4조 2항에 규정되어 있다. 본조 1항에서는 시무 목사에게도 당회장권(堂會長權)을 줄 수 있다는 점이 더 규정되었다.

1. 시무 목사의 권한

시무 목사는 교인의 대표인 장로로 구성된 당회가 없으므로 당연직 당회장권이 없다. 다만 노회가 임시로 당회장권을 부여할 수 있다. 그 이유는 당연직 당회장권은 위임 목사에게만 부여되기 때문이다.

시무 목사의 당회장권은 노회가 정해주나 미조직 교회 시무 목사에게는 행정 처리권만 부여하고 권징 치리권은 없는 것이니 치리권은 치리회에 있고 개인에게 있지 않다(정치 제8장 제1조).

당회가 있는 조직 교회에서 위임 목사가 아닌 시무 목사는 노회에서 당회장권을 허락하지 아니하면 1년간 시무하면서도 당회장도, 공동의회 회장도 될 수 없다(정치 제21장 1조 3항).

또 시무 목사는 총회의 총대권이 없다. 총회는 시무 목사가 노회장과 총회 총대가 될 수 없다고 다음과 같이 가결한 바 있다. "미조직 교회 목사(임시 목사)가 총회 총대가 될 수 있는지에 대한 질의 건은 법(노회장과 총회 총대가 될 수 없다)대로 하기로 가결하다"(2002년 제87회 총회). 그 이유는 시무 목사는 기본적으로 교인의 기본 주권을 존중하는 장로회 정치 원리가 지교회에서 완전히 시행되지 못하였다고 보기 때문이다.

또 2항에서는 기관에 종사하는 목사는 위임 목사도 안 되고 시무 목사만 할 수 있다고 규정되었다. 조직 교회에서는 위임 서약이 있기 때문에 지교회 목양에 더욱 전념하라는 것이 헌법 정신이다.

2. 시무 목사의 임기

원칙적으로 시무 목사의 임기는 조직 교회에서는 1년, 미조직 교회에서는 3년이라는 사실을 명심해야 한다. 다만 조직 교회에서 1년 만기가 지나면 당회의 결의로 다시 노회에서 1년간 더 승낙을 받아야 한다. 미조직 교회에서 시무목사의 임기는 시무 3년이 지나면, 대리당회장(당회장)이 공동의회에서 청빙 결의 한 후 노회에 청원하여 시무할 수 있다. 그러나 열심히 목회하여 당회를 조직하고 위임받도록 노력하라는 법 정신을 잘 지켜야 한다. 시무 목사의 청빙과 시무 기간에 대해서는 제4장 제4조에서 해설하였다.

❖ 제13조 다른 교파 교역자

다른 교파에서 교역하던 목사가 본 장로교회에 속한 노회에 가입하고자 하면 반드시 본 장로회 신학교에서 총회가 정한 소정의 수업을 한 후 총회 강도사 고시에 합격하여야 한다. 한국 이외 다른 지방에서 임직한 장로파 목사도 같은 예(例)로 취급한다.

또한 본 장 10조에 규정한 각 항의 서약을 하여야 한다.

▎해 설

1. 다른 교파란 "본 교단 외에는 모두가 다 타 교파로 간주하기로 하다(1966년 제51회)."[31]라고 총회에서 결의하였다. 그러므로 다른 교파에서 교역하던 목사가 총회에 속한 노회에 가입하고자 한다면 반드시 총신대학교 신학대학원에서 편목 과정의 수업을 한 후에 강도사 고시에 합격해야 정식 노회원이 될 수 있다.

2. 본 13조의 법 정신은 오늘날 우후죽순같이 일어난 각종 무인가 신학교에서 무자격 목사를 대량 생산하여 교계의 혼란과 무자격 목사들의 부끄러운 행실로 인하여 사회의 지탄을 야기하는 것을 방지하고자 "목사 될 자는 총신대학교 신학대학원을 졸업하고 학식이 풍부하며 행실이 선량(善良)하고 신앙이 진실하며 교수에 능한 자가 할지니……"(정치 제4장 제2조)라고 규정한 법을 보완하기 위한 것이다.

---

31) "타 교파 목사라 할지라도 개신교 정규 신학 졸업자에 한하고 총신 1년 이수도 출석과 학점을 완전히 이수하여야 강도사 고시 자격을 부여하기로 하다(1974년 제59회 총회 결의)."
"편목의 목사 임직과 위임 기산은 정치 제15장 제13조에 의하되 '강도사 인허 때부터 교단 가입으로 한다.'를 삽입하도록 하다(1997년 제82회 총회 결의)."

3. 타 교파에 속한 목사가 본 교단의 소속 노회에 가입하고자 하면 반드시 본 총신대학교 신학대학원(총회신학원 포함)에서 총회가 정한 소정의 수업을 한 후 총회 강도사 고시에 합격해야 한다고 명시한 것이다.

제16장 목사 전임(轉任)

❖ 제1조 전임 승인

목사는 노회의 승낙을 얻지 못하면 다른 지교회에 이전하지 못하고 또 전임 청빙서를 직접 받지 못한다.

┃해 설

1. 본 조문은 목사는 노회의 승낙 없이는 지교회의 청빙을 받더라도 전임할 수 없다는 것과, 또 목사는 노회의 허락 없이 청빙서를 직접 받지 못한다고 못을 박았다.

2. 지교회나 노회나 대회나 총회는 다 한 몸이요, 각 지체와 같은 유기적 생명체인 것이다. 그러므로 노회는 지교회를 잘 지도하고 치리를 잘함으로 교회에 유익함과 성장을 돕는 것이다.

3. 목사는 원 치리권을 가지는 노회에 적을 둔 교인으로 생각할 수가 있을 것이고, 지교회는 설립, 분립, 합병, 폐지의 권을 가진 노회를 상회로 하는 그 하회요, 노회야말로 그 구역 안에 있는 당회와 지교회와 목사와 강도사와 전도사, 목사 후보생과 미조직 교회를 총찰하는 치

리회인즉 목사가 노회의 승낙 없이는 지교회를 시무하거나 전임할 방도가 없고, 또한 지교회도 노회의 허락 없이는 목사를 청빙할 방도가 없다.

> ❖ **제2조 본 노회 안에 전임**
> 본 교회의 결의로 청빙서와 청원서를 노회 서기에게 송달하고 노회 서기는 그 청빙 사유를 청빙 받은 목사와 해교회에 즉시 통지할 것이요 합의하면 노회는 그 교회를 사면케 하고 청빙을 허락한다.

| 해 설

1. 목사가 본 노회 안에 있는 교회의 청빙을 받아 이임할 수는 있다. 그러나 목사가 한 교회에서 위임을 받았으면 아무리 어렵더라도 처음 서약한대로 인내로써 교회 발전에 힘쓸 것이요, 더 나은 조건이 갖추어진 교회에서 청빙할지라도 경홀(經忽)히 청빙에 승낙하는 것은 삼가야 한다.

2. 그러나 노회가 판단할 때 본 노회에 소속한 목사가 본 노회 안의 교회로 이임해서 유익이 될 것 같으면 본 법조문이 규정한 대로 이행할 것이다. 노회는 양측 교회와 원만한 합의를 거쳐서 이임을 승낙해야 한다.『교회 정치문답조례』제641문에서 "본 노회 소속 목사 청빙 과정을 줄일 수 있는가?" 하는 질문에 "청빙하는 교회의 청빙 사실이 목사에게 전해지면 그는 당회의 의견을 물어 그 문제를 논의할 공동의회를 소집한다. 그리고 위원들을 세워 그 결과를 노회에 설명하여 노회가 청원서를 접수했을 때 쌍방이 바로 당석에서 이 문제를 해결하도록 할 수 있다."라고 답했다.

3. 그러나 청빙 목사의 교회 총대 장로들의 답변이 불확실하고, 노회가 즉시 처결하기가 불편하면 해교회로 하여금 공동의회를 소집하여 해답하도록 명령할 수 있다(정치 제21장 제1조 2항).

4. 이같이 공동의회의 결정을 가지고 와서 설명하는 해교회 대표들의 설명에도 불구하고 노회가 처결하기가 어려우면 대회(총회)에 그 처결 방안에 대하여 지시를 구하는 문의를 행할 수 있다.

5. 노회는 양방의 설명과 형편을 상고하여 교회의 평안과 덕을 세우기 위하여 청빙 목사가 섬기는 교회의 강력한 항거에도 불구하고 목사의 전임을 명할 수 있다. 그러나 청빙 목사나 섬기는 교회가 불복하고 대회에 소원할 수 있다.

6. 노회가 이같이 전임을 결정하면 원 교회의 담임을 해제하고 청빙 교회는 다시 위임한다. 노회는 현재 시무하고 있는 목사의 동의 없이는 전임을 명할 수 없으나 해임은 가능하다. 이럴 경우에 청빙자는 노회의 처결대로 순복하는 것이 옳다(정문 제644문답).

❖ 제3조 다른 노회로 전임

다른 노회 소속 교회의 청빙을 받은 목사가 해교회와 합의되면 본 노회는 그 교회를 사면케 하고 이명서를 본인에게 교부한다.

l 해 설

목사와 지교회의 목양관계는 영구적 관계이다. 그러한 목양관계의 상실은 노회의 허락으로만 가능하다. 목사는 지교회의 위임을 받음으로 부득이한 경우 외에는 지교회에서 정년이 될 때까지 계속 시무하도록 되어 있다. 이 같은 목사와 교회와의 목양관계는 일반 계약과 다르다. 그러므로 목사가 타 노회에 속한 교회의 청빙을 받아 이임하려 할 때에는 반드시 해교회와 합의를 전제해야 한다. 청빙을 받은 목사가 위임 사면 청원과 이명 청원을 할 때 노회는 이 같은 합의 여부를 확인하고 나서야 그 교회 시무를 사면케 하고 이임 승낙을 해야 한다.

그러나 제15장 제8조에서 해설하였듯이 이러한 장로교회의 청빙 과정의 원칙이 1992년 헌법 개정으로 단순화되었다. 즉 노회의 전임 허락권이 법적으로 약화된 것이다.[32] 그러나 이는 제16장 제1조의 전임 승인이 노회가 갖고 있다는 대원칙 안에서 시행하여야만 한다.

제17장 목사 사면 및 사직

제1조 자유 사면

목사가 본 교회에 대하여 어려운 사정이 있어 사면원을 노회에 제출하면 노회는 교회 대표를 청하여 그 목사의 사면 이유를 물을 것이니 그 교회 대표가 오지 아니하든지 혹 그 설명하는 이유가 충분하지 못하면 사면을 승낙하고 회록에 자세히 기록할 것이요 그 교회는 허위 교회가 된다.

| 해 설

---

32) 함북노회가 청원한 다른 노회 사역자 청빙건에 관한 법절차 유권해석의 건은 정치 제15장 제8조와 제16장 제3조에 의하여 청빙받은 자가 응낙할 마음이 있으면 그 노회는 이명서를 청빙받은 자에게 줄 것으로 가결하다(1991년 제76회 총회 결의).

사면(辭免)과 사직(辭職)은 다르다. 사면은 맡아보던 사역을 그만두고 물러나는 것이나, 사직은 맡은 직무의 직분을 내놓고 물러나는 것이다. 따라서 사임은 목사가 어느 교회를 시무하거나 어느 기관에서 일하다가 그 시무를 그만둔다는 것이고, 사직은 그 성직 자체를 그만두고 평신도가 되겠다는 말이다. 따라서 사면서 혹은 사면원과 사직서 혹은 사직원을 제출할 때 유의하여야 한다.

1. 자유 사면의 의의

자유 사면은 권고 사면일뿐 사직이 아니다. 어디까지나 노회의 권징 없이 목사나 지교회의 자의에 의하여 사면하는 행위를 말한다. 아무리 평생을 같이하기로 약속했다 할지라도 목사와 교회가 서로 맞지 아니하여 목사가 사면을 청하든지, 교회가 담임 해제를 청원하든지, 혹은 서로 간에 합의하고 청원한다 할지라도 노회가 허락해야 자유 사면이 가능한 것이다. 그러면 목사와 교인 간에 서로 맞지 않는다는 것은 무엇인가?

1) 목사가 교회를 불화(不和)하게 여기는 경우.
목사에게 질병이 있거나, 재능을 상실했거나, 오래된 결점을 지녔거나, 목사 가족의 건강 상태가 나쁘거나, 교인들의 시비가 있거나, 생활비를 지급하지 않거나, 신용이나 교인의 사랑을 잃거나, 목사나 목사가 하는 교회 일에 대하여 적극적인 대립관계에 놓였거나, 인정할 수 있을 만치 생활비를 지급하는 일에 실패한 경우들이다.

2) 교인들이 목사를 불화하게 여기는 경우.
약속한 생활비를 계속 지급할 능력을 상실했거나 목사나, 목사가 인도하는 예배의 설교에 대하여 불평이 생기는 등이다. 단, 부도덕한 일이나 이단은 불화한 일에 포함되지 아니하고 노회에 고소하여 재판 사건으로 다루게 한다(정문 제658, 659문답).

2. 사면 절차

본 조항은 목사에 대한 규정이기 때문에 노회의 회원권이 있는 목사가 교회의 분쟁 중에 감정적으로 당회에 사면원이나 사직원을 제출해서는 안 된다. 왜냐하면 목사는 교회에 위임된 것이지 채용된 것이 아니기 때문이다. 목사나 교회가 목사의 사면을 원할 때에 목사가 취할 단계는 아래와 같다.

1) 한 노회 소속 목사들과 협의한다.
2) 본 교회 장로 한두 분에게 조언을 구한다.
3) 목사가 결신한 바를 당회에 알린다.
4) 노회에 사면 청원할 것을 공개한다.
5) 사면을 청원하게 된 상황과 이유를 밝혀 청원서를 제출한다. 단, 노회는 그 교회에 사실을 보고하도록 명하여 처리할 수 있다(정문 제661문답).

❖ 제2조 권고 사면

지교회가 목사를 환영하지 아니하여 해약하고자 할 때는 노회가 목사와 교회 대표자의 설명을 들은 후 처리한다.

▎해 설

목사의 권고 사면이라 함은 지교회가 목사의 해임을 원하는 경우를 의미한다. 그런데 본 법조문은 지교회가 자기들이 섬기던 목사의 임직을 해약하기 위해 배척운동이 일어났을 때에 교회와 노회는 어떻게 해결해야 하는가 하는 문제다.

목사가 자유 사면 할 때에는 목사 개인의 결단이면 그만이지만 지교회는 목사를 배척함에 있어서 만장일치가 되기는 어려운 것이다. 다시 말하면 다수가 목사를 환영해도 해임해야 할 경우가 있고 다수가 배척해도 유임해야 할 경우가 있다는 것이다.

1. 지교회가 할 일

지교회가 불화한 일로 말미암아 목사의 해임을 원할 경우에는 아래와 같은 단계를 통해서 처결한다.

1) 교인들이 은밀히 기도하면서 목사를 돕는 일에 더욱 힘쓴다.
2) 재정상 어려움을 해결하기 위하여 목사와 협의한다.
3) 교회의 영적인 괴로움이 비록 목사의 부족이나 직무상 나태, 정신적인 부족, 불성실, 질병 혹은 노쇠해서 온 것이 사실이라 해도 함께 다스리는 자가 된 장로들은 힘써 기도하면서 사실을 목사에게 알린다.

   그러나 장로들은 목사의 결점을 찾아내거나 비난할 권한이 없으며, 목사와 같은 종이 아니요, 노회 앞에서만 변해(辯解)할 수 있는 교인의 대표자로서 목사와 함께 다스리며 신령적 유익을 계도(啓道)할 뿐이다.

   장로들은 이런 어려움을 당할 때에 하나님 앞에 서약한 바를 되새기면서 신중을 기할 것이요, 목사는 장로의 보고를 받고 의심치 말 것이다.
4) 목사가 장로의 보고에도 불구하고 계속 불화하면 당회가 본 노회 소속 인근 목사를 통하여 문의하고 중재하여 화목할 것을 시도할 것이요, 그 후에는 당회가 목사에게 사면을 권고할 것이요, 그래도 사면코자 아니하면 위임목사의 위임을 해약(권고

사면)할 때에는
- (1) 위임목사 해약(권고사면)을 위한 결의 정족수가 헌법에 명시(성문화)되어 있지 아니하였기에, 헌법에 명시(성문) 되지 않는 공동의회 안건의 의결 정족수는 과반수 이상을 요한다.
- (2) 위임목사의 위임 해약(권고사면)을 위한 공동의회는 노회가 파송한 대리당회장이 소집한 공동의회에서 출석회원 과반수 이상의 동의(찬성)로 시무가 불신임이 되어야 한다.
- (3) 공동의회에서 위임목사의 위임해약(시무불신임)이 결정되면 대리당회장은 불신임된 위임목사의 위임 청원서를 노회에 제출하여 노회가 결정한다.

2. 노회가 할 일

1) 노회는 목사의 사면 청원이나 교회의 위임 목사 위임 해약(권고사면) 청원이 있을지라도 반드시 쌍방을 불러 사실하고, 그 청원이 합당할 때는 불복이 있을지라도 해면하는 것이 좋다(정문 제665문답).
2) 교인 다수가 목사 해면을 청원할 경우.
교인 다수가 목사의 해임을 청원할지라도 노회는 하나님께로서 난 목사직의 중요성을 인정하고 신중을 기하여 처리해야 할 것이니, 목사를 해임하기 위하여 불법한 일을 조작하는 것은 비기독교적 행위요, 교회가 목사 위임식 때에 행한 서약을 위반하는 불법이란 사실을 일깨워 주어야 한다. 그리고 교회의 불법성을 철저히 조사하여 교회를 해치는 요소를 근절시키고 목회자를 보호해야 한다(정문 제666문답).
3) 교인 소수가 목사 해면을 청원할 경우.

교인 소수가 청원할지라도 노회가 합당하다고 인정되면 담임 목사의 목회적 관계를 해제할 수 있다. 그러나 노회는 목사와 장로와 청원하는 소수 등을 자세히 살펴 숫자에 구애 없이 교회 형편을 따라 결정한다. 그러나 교회가 불복하면 소원할 수 있다.

4) 목사가 해임을 반대할 경우.

교회 형편상 합당하다고 인정되면 목사의 반대에도 불구하고 노회가 해임할 수 있다. 그러나 목사도 불복하고 소원할 수 있다.

❖ 제3조 자유 사직

목사가 그 시무로 교회에 유익을 주지 못할 줄로 각오할 때는 사직원을 노회에 제출할 것이요 노회는 이를 협의 결정한다.

| 해 설

목사의 자유사직이라 함은, 목사 본인의 청원에 의하여 목사직을 그만 두는 경우를 말한다. 그러나 하나님으로부터 부름 받아 목사로 임직된 자가 어떠한 난관에 부딪쳤다 할지라도, 그 성직을 그만두고 평신도로 돌아가겠다는 청원은 슬픈 일이 아닐 수 없다. 이렇게 목사직을 버리겠다는 청원을 하였을 때에 노회는 어떻게 처리하는 것이 합당할까 하는 것은 어려운 문제이다.

권징 조례 제7장 52조에서 규정하기를 "무흠한 목사가 정치 제17장 제1조 제3조에 의하여 노회에 청원을 제출하면 그 목적과 이유를 상세히 알아 결정하되 제3조의 경우에는 상당한 방법으로 만 1년간 유예를 지난 후 노회 관할에 그 목사가 단마음으로 유익하게 시무하지 못할 줄로 인정하면 사직을 허락할 것이요, 그 성명을 노회 명부에서 제거하고 입교인의 이명서를 주어 소원하는 지교회로 보낼 것이다"고 했다.

그러나 목사가 평신도로 돌아간 다음에는 목사라는 칭호를 사용할 수 없다. 만약 그 후 그가 다시 목사 되기를 청원한다면 다시 장립을 받아야 한다.

❖ 제4조 권고 사직

목사가 성직에 상당한 자격과 성적이 없든지 심신(心身)이 건강하고 또 사역할 곳이 있어도 5년간 무임으로 있으면 노회는 사직을 권고한다.

┃해 설

1. 목사가 성직에 상당한 자격이 없을 때에 노회는 사직을 권고한다. 정치 제4장 제2조에서 목사 자격을 명시해 놓았다.
그런데 목사가 된 후에 행실이 악해지거나 가정이 파괴되거나 여러 가지 요인으로 자격을 상실할 때는 노회가 사직을 권할 수 있다.

2. 심신이 건강하고 사역할 곳이 있어도 5년간 무임으로 있으면 사직을 권고한다. 사역할 곳이 없어서 무임으로 기다린다면 모르거니와 사역할 곳이 있음에도 불구하고 더 좋은 곳을 바라며 놀고 있다든지, 다른 직업을 가지고 있으면서 5년을 지나면 목사의 소명을 버린 자로 간주하여 시벌해야 한다(정문 제380문답). 왜냐하면 목사는 자기 직분을 임의로 사직할 수 없기 때문이다(정문 제379문답)

❖ 제5조 목사의 휴양

시무 목사가 신체 섭양(攝養)이나 신학 연구나 기타 사정으로 본 교회를 떠나게 되는 경우에는 본 당회와 협의하며 2개월 이상 흠근(欠勤)하게 될 때는 노회의 승낙을 요하고 1개년이 경과할 때는 자동적(自動的)으로 그 교회 위임이 해제된다.

| 해 설

주님의 양 무리를 먹이고 치는 일에 전무하는 목사가 불철주야 충성하는 것 못지않게 휴양도 필요한 것이다. 그러기에 우리 주님께서도 사랑하는 제자들에게 말씀하시기를 "너희는 따로 한적한 곳에 가서 잠깐 쉬어라"(막 6:31)고 하셨다. 다시 말해서 쉬는 것도 주님의 일의 연장이다. 그러나 오래 쉬지 말고 "잠깐만 쉬어라"고 하신 것이다. 본 법조문을 살펴보면 몇 가지 유의할 사항이 있다.

1. 목사의 짧은 휴양

목사의 휴양은 교회와 노회의 허락을 얻어야 하지만, 짧은 기일 동안의 휴식은 교회의 허락을 받아 휴식할 수 있다. 그러나 2개월 이상의 휴식은 교회와 협의하여 노회의 승낙을 받아야 한다.

2. 1년 미만의 휴양

아무리 노회가 허락했다 할지라도 1개년이 경과할 때는 자동적으로 그 교회의 위임이 해제된다.

3. 1년 이상의 휴양

위임이 자동 해제되는 휴양기간이다(정치 제4장 제4조 1항). 지교회를 담임한 목사가 사임하기 이전에는 그 어떠한 이유로도 본 교회를 1년 이상 떠날 수가 없다 함이다.

당회가 허락한다고 해도 지교회 목사를 후대한다는 범주를 벗어나 하나님의 교회를 소홀히 여기는 심사요, 당회가 혹 잘 모르고 청원한다 할지라도 노회는 마땅히 거절할 것이요, 만일 노회가 이를 허락하면 지교회의 관할권을 빙자한 지교회 학대행위요, 월권임을 면치 못한다고 할 것이다. 혹 외국 유학 등 특별한 이유가 있다고 해도 그 기간 안에 돌아올 것이요, 다시 청원하면 노회가 그 실정을 따라 다시 허락할 수 있을 것이다.

4. 안식년 제도

오늘날 교회들이 목사나 선교사가 안식년을 실시하는 가운데 6년 동안 시무하고 7년 만에 1년씩 쉬거나, 신학 연구차 외국으로 가는 형편이다.

성경에서 안식년이나 희년제도를 언급하고 있음을 참작해서 제60회 총회에서 총회 산하 각 교회가 목사의 안식년 제도를 실시하기로 가결한 바 있다(1975년 제60회 총회 결의). 그러나 근간에는 6년 지나고 7년 만에 쉬는 것보다는 3년 지나고 6개월간 쉬는 제도로 전환하고 있는 실정이나, 교회 형편대로 하는 것이 좋겠다.

제18장 선교사

❖ 제1조 권고 사직

총회는 교회를 설립하기 위하여 내외(內外)지를 물론하고 다른 민족에게 선교사를 파송할 수 있나니 이런 일을 위하여 노회에 위탁하여 지교회를 청빙이 없는 이라도 선교사로 임직할 수 있으나 원하지 아니하는 자를 강권하지 못하고 자원하는 자라야 파송함이 옳고 선교사의 봉급과 기타 비용은 파송하는 치리회가 담당한다.

▎해설

1. 선교사의 정의

선교사란 장립 받은 목사로서 교단에서 파송을 받고 이방나라에서 복음을 전하는 전도자이다. 내지 선교사라 함은 노회 소속이 되어 있지 않는 지역이나 교회가 없는 곳, 또는 연약한 교회에서 사역하는 국내 선교부에 소속된 목사나 전도자를 말한다(정문제92문답)

그러나 한국교회가 각 교파에 따라 조금씩 다르지만 대체적으로 국내에서 전도하는 일은 전도라 하고, 외국에 나가서 전도하는 일은 선교라고 분별해 오고 있다. 그러한 개념 아래 선교사라 하면 외국에서 한국에 선교하기 위한 선교사와 한국에서 외국에 선교하기 위하여 파송한 선교사라고 불러왔다. 그러나 오늘에 와서는 문화권이 다른 외국인 근로자가 많이 들어와 있기 때문에 국내에서도 문화권이 다른 사람들에게 전도하는 선교사로 파송할 수 있으며 근간에는 탈북자 단체에도 선교할 수 있다.

2. 선교사 자격

1) 총신대학교 신학대학원(총회신학원 포함) 졸업자
2) 총회에서 실시한 강도사 고시에 합격한 자
3) 만 27세 이상인 자
4) 정치 제4장 제2조에 해당한 자
5) 총회세계선교회(GMS)에서 실시한 선교 훈련원을 수료한 자

3. 선교사 임직

목사 청빙이 있을 때에만 목사 임직을 하는 것처럼 선교사 임직도 선교사를 지원하겠다고 청빙이 있을 때에만 임직을 하는 것이 당연하다. 다만, 이미 목사 임직을 받은 자는 선교사 파송식만 하면 되지만 강도사로서 선교사 지망생은 임직을 받아야 한다.

선교사 임직식은 목사 임직식과 같은 순서로 임직한다. 다만, 선교사 임직식 서약은 『교회 정치문답조례』 제621문답과 같이 하되 제⑧항의 서약은 다음과 같이 바꾸어서 한다. 즉 "귀하가 이 선교사의 직분을 받고, 하나님의 은혜를 인하여 본직에 관한 범사를 힘써 행하기로 맹세하느뇨?"라고 해야 한다(GMS 선교사 파송식 순서 참조)

4. 파송 교회와 기관

지교회나 몇몇 교회가 연합하거나 혹 노회나 총회 어느 기관에서 협력하여 파송하겠다고 청원할 때 노회는 허락하고 파송할 수 있다.

5. 선교비

지교회에서 단독으로 선교비를 부담할 수도 있고, 혹 지교회가 단독 담당하기가 어렵거든 GMS에 청원하여 협력을 주선할 수 있으며, 어느 노회에서 선교비를 부담할 수 있다. 구체적인 선교비 운영 규칙은 '대한예수교장로회 총회세계선교회(GMS) 운영규칙'을 준수하여야 한다.

❖ 제2조 외국 선교사

외국 선교사는 곧 본 총회와 관계 있는 선교사를 가리킴이다.

1. 외국 장로파 선교사가 본 총회 관하(管下) 노회 구역 안에서 선교하게 되는 경우에는 그 선교사는 이명 증서를 그 노회에 제출하여 접수한 후에야 그 노회의 회원이 된다.
2. 각 노회는 이명 증서를 받은 선교사에 대하여 지교회 일을 맡긴 때에만 그 노회에서 가부 투표권이 있다.
3. 본 노회가 직무를 부담하게 아니한 선교사와 파견 증서만 받은 선교사는 투표권은 없으나 언권이 있고 위원회에서는 투표권도 있고 상회 총대권도 있다.
4. 본 총회 산하 노회에서 파견 증서로 시무하는 선교사는 대한예수교장로회 율례를 준행할 의무가 있으니 만일 도덕상 품행에 관한 범과(犯過)나 본 신경 정치 성경에 위반되는 때는 소관 노회가 심사한 후에 언권 회원권을 탈제(奪除)한다.
5. 외국 선교사는 본 총회에서 정한 서약서에 서명하여야 한다.
6. 외국 선교사에 대한 서약문
    1) 사도신경은 성경 말씀의 진리를 옳게 진술한 것으로 알며 또 그대로 믿느뇨?
    2) 본 대한예수교장로회의 12신조와 웨스트민스터의 신도게요 및 대소요리 문답을 정당한 것으로 믿느뇨?
    3) 귀하는 신학상으로 말하는 신신학 및 고등 비평이나 신정통주의 내지 자유주의 신학을 잘못된 것으로 알며, 역사적 기독교의 전통을 항시 이와 투쟁적인 처지에서 진리를 수호해야 하는 줄 생각하느뇨?

4) 귀하는 본 대한예수교장로회의 헌법에 배치되는 교훈이나 행동을 하지 않기로 서약하느뇨?

5) 귀하는 1959년 제44회 본 총회가 의결한 본 총회의 원칙 및 정책을 시인하며 이러한 조치는 W.C.C 및 W.C.C.적 에큐메니칼 운동이 비성경적이고 위태로운 것이므로 이에서 순수한 복음 신앙을 수호하려는 것인 줄 생각하느뇨?

6) 귀하는 신앙 보수는 의논이나 체계적 뿐만 아니라 그 생활도 응분적이어야 할 줄 알며 따라서 우리 총회의 음주 흡연 및 속된 생활 등을 금지하는 의도를 잘 이해하며 잘 순응하겠느뇨?

7) 귀하는 본 총회 산하 노회 및 기관에서 봉직하는 동안 소속 치리회에 복종하며 순종하기로 맹세하느뇨?

해설

과거와는 달리 특별한 경우가 아니면 본 총회 산하에 외국 선교사가 상주하거나 본 교단에 적을 두고 일할 필요가 없기에 본 법조항에 대한 해설이 필요치 않을 것 같아 생략한다.

제19장 회장과 서기

❖ 제1조 회장
교회 각 치리회는 모든 사무를 질서 있고 신속하게 처리하기 위하여 회장을 선택할 것이요 그 임기는 그 회의 규칙대로 한다.

┃해 설

1. 회장의 정의
회장(會長)이란 회무를 처리하기 위하여 회의를 주관하는 직책이다. 치리회의 회장은 영어로 President(회장)로 부르지 않고 Moderator(의장)로 부른다. 의장은 치리회의 모든 회의와 산하 위원회의 업무를 총괄해서 지도, 지휘한다. 각 치리회 회장은 치리회가 정한 규정에 따라서 결정되며 모든 치리회에 반드시 있어야 할 직책이다. 본 조항에서는 회장의 목적을 "모든 사무를 질서 있고 신속하게 처리하기 위하여"라고 규정하였다.

2. 회장 선거
헌법상 치리회장은 당회장, 노회장, 대회장, 총회장으로 당회장을 제외한 회장을 선거할 때는 각 치리회가 정한 규칙에 의해 선거한다(정문 제806, 808문답).[33]

---

[33] "현직 부임원은 기득권을 인정하여 정임원으로 추대하기로 하고 기타 임원은 제비뽑기로 한다 (2000년 제85회 총회 결의)."

3. 장로가 회장이 될 수 있는가?

당회장은 항상 지교회 담임 목사가 된다. 그러나 형편상 같은 노회 소속 다른 목사가 될 수 있다. 또한 목사를 구할 수 없는 비상한 경우에는 장로가 당회를 사회할 수 있다(정문 제218, 220, 227, 808문답). 그러나 상회에서는 그런 비상한 경우가 있을 수 없으며, 노회장, 대회장, 총회장은 항상 목사이어야 한다(정문 제811문답).

4. 회장이 읽어야 할 규칙

회장이 읽어야 할 규칙은 각 치리회를 위한 「각 치리회 보통회의 규칙(General Rules for Judicatories)」이다. 1791년에 미국 북 장로회 총회가 제정하고 1885년에 개정하여 오늘에 이르고 있는데 44개조로 되었고, 일반 사회의 회의 규칙과는 다르다. 대한예수교장로회 총회는 1917년 제6회 총회에서 1년 동안 임시로 준용케 하다가 1918년 제7회 총회에서 본 총회의 회의 규칙으로 정식 채용하고 회록에 부록케 하였다(정문 제809문답).

5. 회장의 사회권 상실

회장이 아래와 같은 사유로 사회권을 상실할 경우에는 부회장에게, 출석 총대 중 최후 증경 회장이나 혹은 최선(最先) 장립자 등 타인으로 사회하게 해야 한다(정문 제806, 807문답 참조).

1) 회장 자신의 신상에 관한 문제
2) 회장 소속 하회의 상소건이나 위탁 판결을 심의할 때
3) 회장이 심의 안건 토의에 발언한 경우
4) 부회장에게 사회권을 이양한 후 부회장 사회로 안건을 심의할 때 그 안건 종결 시까지 사회하지 못한다.

❖ 제2조 회장의 직권

회장은 그 회가 허락하여 준 권한 안에서 회원으로 회칙을 지키게 하고 회석의 질서를 정돈하며 개회, 폐회를 주관하고 순서대로 회무를 지도하되 잘 의논한 후에 신속한 방법으로 처리하고 각 회원이 다른 회원의 언권을 침해하지 못하게 하며 회장의 승낙으로 언권을 얻은 후에 발언하게 하되 의안(議案) 범위 밖에 탈선하지 않게 하고 회원 간에 모욕 혹은 풍자적 무례한 말을 금하며 회무 진행 중에 퇴장을 금하며 가부를 물을 의제(議題)는 회중에 밝히 설명한 후에 가부를 표결할 것이요 가부 동수인 때는 회장이 결정하고 회장이 이를 원하지 않으면 그 안건은 자연히 부결된다. 회장은 매 사건에 결정을 공포할 것이요 특별한 일로 회의 질서를 유지할 수 없는 경우에는 회장이 비상 정회를 선언할 수 있다.

| 해 설

본 조항은 회장의 직권에 대하여 자세히 규정되었으나 『교회 정치문답조례』가 보다 구체적이므로 소개한다. 회장의 직권은 아래와 같다(정문 제805문답). 유의해야 할 점은 헌법 본 조항이 가부 동수인 경우 자동으로 부결되는 것이 아니라 회장에게 결정투표권(a casting vote)이 먼저 있다는 사실이다. 이때 본 투표를 재표결하지 않는다. 따라서 「각 치리회 보통회의 규칙」 8항에서 가부 동수인 경우 회장이 부결 처리하도록 한 규정과 우리 헌법과는 차이가 있다.

1. 개회하는 일
2. 폐회하는 일
3. 교회 법규에 의해 일하도록 지휘하는 일

4. 관할하는 교회의 종이요, 또한 권위가 위탁된 행정관의 일
5. 각 의안의 문제를 선포하는 일
6. 각 의안에 대하여 신속하며 합법적인 속결 방도를 좇아 지도할 일
7. 모든 회원으로 각각 방해를 받지 않도록 하며, 회장을 향하여 발언하게 할 일
8. 발언자가 문제에서 이탈하지 못하게 하며, 인신공격을 금할 일
9. 규칙 위반자에게는 발언을 거부하여 침묵케 할 일
10. 허락 없이 회석을 떠나지 못하게 할 일
11. 토론이 원만하게 이루어진 후에 가부를 묻거나 투표할 일
12. 표결 결과가 가부 동수이면 회장이 결정권을 행사하거나 혹은 재표결한다.

    재표결해도 역시 가부 동수인데, 회장이 결정권 행사를 거부하면 그 안건은 부결된다.
13. 가부를 묻기 전에 표결할 안건을 간명(簡明)히 설명하며, 또한 표결 후에는 그 결과를 선언해야 한다.
14. 회의 규칙에 대하여는 회장에게 우선 설명권이 있고, 회장이 기립 공포한 해석대로 시행하되, 회원 중 2인 이상이 항변하면 회장은 규칙의 문제를 결정해 주어야 한다(각 치리회 보통회의 규칙 6항).
15. 위원을 택하기로 하였으면 본회의 다른 결정이 없는 한 회장이 자벽한다.
16. 회장은 무기명 투표 시 다른 회원들과 함께 투표할 수 있고, 가부 동수인 경우에는 투표하지 않고 결정투표를 할 수도 있다. 이 경우 이중으로 투표할 수 없다.
17. 회장이 사회 중에는 토론에 참가할 수 없고, 토론에 참가하려면 회장석을 떠나 발언대에서 발언해야 한다.

18. 치리회가 재판회로 회집하였을 경우에는 회장은 증인에게 선서케 할 수 있다.
19. 회장이 증인을 선서케 하는 권한은 그 치리회나 총회로 말미암은 것이 아니요, 우리 교회가 채택한 헌법으로 말미암는다.
20. 회가 폐회한 후에 긴급하고 중대한 사건이 발생하면 회를 소집할 수 있다.

❖ 제3조 서기

각 치리회는 그 회록과 일체 문부를 보관하기 위하여 서기를 선택하되 그 임기는 그 회의 규칙대로 한다.

| 해 설

서기(書記)라 함은 당회의 서기, 노회의 서기, 대회의 서기, 총회의 서기를 말함으로 치리회의 서기를 의미한다. 각 치리회에서는 대개 서기, 부서기, 회록서기, 부회록서기를 선출하여 '서기단'이라고 지칭한다. 각 서기마다 규칙에 따라 중대한 임무가 부여되어 있지만 서기 중에도 원서기는 막대한 책임이 부여되어 있다.

회장은 회의 중에 사회하는 권한과 또 회에서 결의하여 맡겨진 사건만 처리할 뿐이다. 그러나 서기는 회의가 끝난 다음에도 모든 서류 발송과 접수뿐 아니라 그 치리회의 각 사무가 부여되어 있다.

권징 조례 제8장 제64조에 "치리회 서기(서기가 별세하였거나 출타하였거나 그 밖의 사고로 인하여 시무하지 못할 때에는 회장이 대행함)가 기록의 원본(原本)이나 초본(抄本)에 서명 날인하면 상회 및 다른 회에서 족히 신용할 증거로 인정한다."고 하여 회장의 서명 날인은 서기가 출타하였거나 그 밖의 사고로 인하여 시무하지 못할 때에 한하여 허용되고, 그 이외의 경우 즉 서기가 엄존한데도 회장이 서명 날인하면 불법이요, 서기의 서명 날인은 항상 합법이다.

> ✢ **제4조 서기의 의무**
> 서기는 회중 의사 진행을 자세히 기록하고 일체 문부 서류를 보관하고 상당한 자가 회록의 어떤 부분에 대하여 등본을 청구하면 회의 허락으로 등본하여 줄 수 있다. 서기가 날인한 등본은 각 치리회는 원본과 같이 인정한다.

❙ 해 설

서기라 함은 원 부서기와 회록서기 부서기를 서기라 한다. 그런데 원서기는 사무 전반에 걸친 문부 일체를 관장하는 직책이다. 요즈음 총회에는 총무가 있고 사무국이 있어서 서기의 할 일을 대리하고 있는 실정이다. 그러나 법적 책임상으로는 서기가 모든 행정 사무상 문서 취급을 관장해야 한다. 치리회의 서기는 당회의 서기, 노회의 서기, 대회의 서기, 총회의 서기로 구분된다.

1. 당회 서기의 임무

1) 회록을 정서하여 두고 1년에 한 번씩 노회로 보내어 검사를 받는 일
2) 당회의 각종 명부, 이명서 및 왕복 서신 등을 편찬 보관하는 일
3) 상당한 권이 있는 자의 청원이 있을 때에는 회록 등본을 발급하는 일
4) 재판회의 회록과 소송 서류와 기타 요긴한 문서를 편찬 보존하며, 각 항 헌의서와 노회에 사용할 청원서를 준비할 일

5) 당회의 명령대로 이명서와 증인을 소환하는 소환장을 발송할 일
6) 노회에 제출할 총계표를 준비할 일
7) 당회에서 소집한 본 교회 공동의회 회록을 작성 비치할 일(정치 제21장 제1조 3항, 권징 제8장 제63조, 정문 제291문답)

2. 노회 서기의 임무 - 각 노회의 규칙에 따를 것

3. 대회 및 총회 서기의 임무

1) 대회, 총회 개회 준비 사무를 주관한다.
2) 대회나 총회 명의로 공문을 발송하며, 헌의, 청원, 보고, 문의, 소송, 서신 등 각양 내신을 접수하되 회가 처결할 모든 문서를 헌의부에 전한다.
3) 대회, 총회록을 인쇄 배부한다.
4) 대회, 총회가 필요로 하는 모든 서류와 인장을 비치하여 보존한다.
5) 대회, 총회의 회의(會議) 절차와 회원 명부와 회에 상정될 각종 의안 등을 기재한 의사 자료를 작성하여 개회 1개월 전에 각 회원에게 배부한다.
6) 총대 천서를 검사하는 위원이 되며, 또한 보도하는 일을 주관한다.
7) 회장과 회원을 도와 신속한 의사 진행을 계도한다.
8) 정당한 요청을 따라 대회록, 총회록을 발췌하여 발급한다.
9) 통계표와 각 의안을 노회에 배부하며, 그 보고를 접수하여 대회, 총회에 보고한다.
10) 대회, 총회 각 위원 관계 문서는 서기가 받아 보관한다(정문 제819문답).

4. 대회, 총회 각종 접수 문서에 대한 서기의 책임

접수 문서에 대해서는 모두 수령증을 발부할 것이요, 기타 일체 문서에 대하여 대회, 총회의 허락 없이는 타인에게 넘기지 못하며, 대회, 총회가 허락했어도 수령증 없이는 타인에게 넘기지 못한다. 그는 노회가 제출한 통계적인 보고에 대하여 분명한 과오는 교정하며 명백한 누락은 보완할 권한이 있다(정문 제820문답).

5. 회록서기

회록서기는 원서기를 보조하며 회록을 작성하여 원서기에게 교부하는 일종의 보조 서기이다(정문 제821문답).

제20장 교회 소속 각 회의 권리 및 책임

> ✤ **제1조 속회(屬會) 조직**
> 지교회나 혹 여러 지교회가 전도 사업과 자선 사업이나 도리를 가르치는 것과 은혜 중에서 자라기 위하여 여러 가지 회를 조직할 수 있다.

▌해 설

1. 속회의 정의와 목적

속회는 교회의 소속회이다. 다시 말하면 교회의 치리회에 소속된 회라는 뜻이다. 당회, 제직회, 공동의회는 공적인 조직이다. 그러나 그 밖에 안수집사회, 권사회, 남전도회, 여전도회, 영유아부, 유치부, 유초등부, 중고등부, 대학부, 청년부, 장년회, 유치원, 경로회, 기타 소그룹 등,

전도 사업, 사회복지를 위한 자선 사업, 혹은 교리 교육을 위하고 신앙과 영적 성장을 위하여 조직하는 단체를 총망라하여 속회라고 부른다. 교회의 사명 중에 예배와 교육과 전도는 필수 요건인데 교육을 담당하는 주일학교는 교회의 기관으로 목사가 교장이 되고 장로가 교감이 되든지 위상을 높여서 중점적으로 육성할 필요가 있다.

2. 속회의 조직

지교회가 전도 사업과 자선 사업, 성경 교육 등 은혜 중에 성장하기를 원하여 여러 가지 회를 조직하여 운영할 수 있다. 그러나 성경과 헌법의 가르침 안에서 이루어져야 한다. 그래서 장로교의 정체성을 이어가며 성경이 가르치는 대로 굳게 서는 지교회가 되도록 속회가 조직되고 운영되어야 한다.

❖ 제2조 속회 관리

어느 지교회든지 위에 기록한 대로 여러 회가 있으면 그 교회 당회의 치리와 관할과 지도를 받을 것이요 노회나 대회나 온 총회 지경 안에 보급(普及)하게 되면 그 치리회 관할 아래 있다.
　당회원이나 다른 직원으로 각 기관에 고문을 정하여 연락 지도할 수 있다.

❙ 해 설

1. 속회는 당회(치리회)에 소속한 단체이므로 당연히 당회의 철저한 감독과 지도 아래 있음을 명심해야 한다. 다시 말하면 속회는 항상 치리회의 치리와 관할과 지도하에서만 존재할 수 있다는 원칙은 변할 수 없는 철칙으로 알아야 한다.

2. 그러나 속회는 어디까지나 자율성을 존중하는 입장에서 육성해 나가야 건전하게 발전할 수 있다. 그렇다고 치리회의 관할과 지도력이 너무 강해서 자율성을 해치는 경우에는 건전한 발전을 기대할 수 없고 속회의 자율성이 너무 강해져서 치리회의 관할권과 지도권을 손상해도 역시 건전을 기대할 수 없는 것이니 당회에서 고문이나 지도위원을 파송해서 탈선하지 않도록 지도함이 옳다.

3. 당회의 속회 관리 방법

당회의 속회 감독 방법에 대해서는 『교회 정치문답조례』가 특별히 규정한 바가 없으며 다음과 같은 방법으로 속회를 관리 감독하여야 한다.

1) 속회의 운영 규칙을 제정해 주고 잘 지키도록 한다.
2) 성경이 신앙과 행위에 대하여 정확 무오한 유일한 법칙으로 받는 범위에서 운영하도록 한다.
3) 인간적인 교제보다 성령의 교제가 되도록 지도한다.
4) 학습과 세례와 입교 등 교육을 강조하되 장로교회의 역사와 신조와 정치를 학습하도록 지도한다. 특히 주일학교에서는 헌금하는 일과 성경공부를 잘 시키도록 하며, 또 찬송가는 어린이 찬송가 뿐 아니라 어른 찬송가도 늘 부르도록 해야 한다(정문 제276문답).
5) 본 교회 공식 예배에 참여하도록 독려한다.
6) 회집 시일과 장소가 적절한지 판단 지도할 것이다.
7) 자율적으로 선정한 임원을 당회가 승인한다.
8) 각 속회들이 정치나 세속의 일에 간여치 말도록 한다.
9) 각 속회의 헌금과 재정은 그 회와 상회의 관계 부서를 위해 쓰도록 하고 재정장부는 정기적으로 검사를 받는다.

❖ 제3조 속회 권한

이런 각 회가 그 명칭과 규칙을 제정하는 것과 임원 택하는 것과 재정 출납하는 것을 교회 헌법에 의하여 그 치리회의 검사와 감독과 지도를 받는다.

| 해 설

아무리 자율성이 어느 정도 보장된 속회라 할지라도 그 속회는 교회 헌법에 의하여 그 치리회의 검사와 감독과 지도를 받도록 되어 있는 것이다. 치리회가 볼 때에 그 속회가 조직 목적에서 벗어나거나 교회에 덕을 끼치지 못하거나 당회의 지도를 거부하는 경우에는 속회를 해산할 수도 있는 것이다. 그러므로 사실상 속회는 단독 권한이 없다고 보아야 한다.

특히 본 조항이 "교회 헌법에 의하여" 치리회의 지도와 감독을 받는다는 뜻은 장로회정치의 원리를 벗어나지 않는 범위 내에서 속회의 조직이 구성되고 운영되어야 한다는 뜻이다.

제21장 의회(議會)

지교회의 입교인들이 장로를 선택하여 당회를 조직하고 그 당회로 치리권을 행사하게 하는 주권이 교인들에게 있는 대의민주 정치 원리를 취택한 장로교에 있어서는 세례 교인으로 조직된 공동의회야말로 교회의 권위의 상징이라 할 것이다.

더구나 장로교에서 기본권을 행사하게 하는 직접 기구로서 공동의회를 두어 예산 결산, 목사 청빙, 목사 해임 청원 관계, 장로 집사 권사 선거, 시무 투표 처리, 당회와 제직회 및 교회 소속 각 회의 보고를 청취하는 등 특정 의안에 대해서는 공동의회에서 심의 처리하도록 되어 있음은 교회에서 공동의회의 비중이 얼마나 크다는 사실을 알 수 있는 것이다. 교회 안에 의회로는 당회, 공동의회, 제직회 등이 있고 상회로는 노회, 대회, 총회가 있다.

❖ 제1조 공동의회

1. 회 원

 본 교회 무흠 입교인은 다 회원 자격이 있다.

2. 소 집

 공동의회는 당회가 필요로 인정할 때와 제직회의 청원이나 무흠 입교인 3분의 1 이상 청원이나 상회의 명령이 있는 때에 당회의 결의로 소집한다.

3. 임 원

 지교회의 당회장과 당회 서기는 공동의회의 회장과 서기를 겸한다. 당회장이 없는 경우에는 그 당회가 임시 회장을 (본 노회 목사 중) 청할 것이요 회록은 따로 작성(作成)하여 당회 서기가 보관한다.

4. 회 집

 당회는 개회할 날짜와 장소와 의안(議案)을 1주일 전에 교회에 광고 혹은 통지하고 그 작정한 시간에 출석하는 대로 개회하되 회집 수가 너무 적으면 회장은 권하여 다른 날에 다시 회집한다.

5. 회 의(會議)

 연말 정기 공동의회에서는 당회의 경과 상황을 들으며 제직회와 부속 각 회의 보고와 교회 경비 결산과 예산서를 채용하며 그 밖에 법대로 제출하는 사건을 의결하나니 일반 의결은 과반수로 하되 목사 청빙 투표에는 투표수 3분의 2 이상의 가와 입교인 과반수의 승낙을 요하며 장로, 집사 및 권사 선거에는 투표수 3분의 2 이상의 가로 선정한다.

부동산 변동은 지교회의 규정(정관)대로 하고, 규정이 없는 경우에는 공동의회 회원 3분의 2 이상의 찬성으로 결정한다.

해설

1. 공동의회의 회원

본 교회 무흠 입교인이라 할지라도 시벌 아래 있는 자는 회원권이 없다. 설령(設令) 본 교회에 출석하는 자라 할지라도 이명서를 가지고 와서 교적부에 오르기 전에는 회원권이 없는 것이다. 본 교회의 교적부에 등록된 입교인이라 할지라도 무고히 6개월 이상 본 교회 예배회에 참석치 아니한 자는 회원권이 중지된다(헌규 제3조 2항, 제7조 2항). 그러나 당회결의로 회원권을 줄 수도 있다.

2. 공동의회의 소집

1) 소집할 이유와 시기
(1) 당회가 필요하다고 인정할 때
(2) 제직회의 청원이 있을 때
(3) 무흠 입교인 3분의 1 이상의 청원이 있을 때
(4) 상회 즉 노회나 대회 혹 총회의 지시가 있을 때에 소집하되 반드시 당회의 결의로 소집해야 한다. 그러한 의미에서 당회가 공동의회를 소집할 절대권이 있다고 하겠다. 그러나

성도 3분의 1 이상이나 제직회가 합법적으로 청원하였을 때 당회는 심사숙고하여 공동의회를 소집할지언정 상회에 소원까지 올라가지 않도록 최선을 다해야 할 것이다.

2) **소집할 목적**
(1) 예결산을 처리할 때
(2) 장로와 집사, 권사를 선거할 때
(3) 목사를 청빙하기 위해 선거할 때
(4) 교인의 총의를 필요로 할 때

3. 공동의회의 임원

1) 지교회의 당회장과 서기가 공동의회의 회장과 서기를 겸한다.
2) 미조직 교회는 노회에서 당회권을 허락 받은 시무 목사가 3년이 지나게 되어 다시 청빙을 위한 공동의회를 할 경우 자신이 공동의회 소집은 할 수 있으나 공동의회 회장이 될 수 없고 대리 당회장을 청빙하여 투표케 해야 한다. 이는 본인 제척(除斥) 사유에 해당되기 때문이다. 물론 조직 교회에서도 위임 청빙이나 임시 청빙이나 마찬가지로 당사자가 본인의 청빙을 위한 공동의회의 회장이 되어 청빙 투표를 실시할 수 없다.
3) 당회장이 없는 경우에는 그 당회가 본 노회 목사 중 임시 당회장을 정할 수 있다.
4) 위의 경우가 불가능할 때에 한하여 장로 1인을 당회가 임시 의장으로 공동의회를 사회케 할 수 있으나 장로 집사 권사 선거, 목사 청빙과 해임, 교단 탈퇴 및 가입을 위한 공동의회는 교회의 중대한 사건이므로 장로가 공동의회 의장이 될 수 없다.

만약 회장에 대한 법적 반론이 생기면 그 회에서 결정하지 못하고 노회로 올려 처결할 수밖에 없다.[34] 그러나 장로가 공동의회 회장이었으면 노회가 아닌 본 당회에 소원해야 한다(정치 제9장 4조, 정문 제278, 593문답).

4. 공동의회의 회집

1) 당회는 개회할 날짜와 장소와 의안을 1주일 전에 교회에 광고하거나 통보해야 한다. 공동의회의 날짜와 의안과 장소를 1주일 전에 광고해야 하는 이유가 무엇인가 하면 교회의 중대사를 결정할 공동의회를 돌연히 회집할 수는 없는 것이다.
   (1) 성도들로 하여금 충분히 주지시켜서 결석하는 사람이 없도록 하기 위함이요,
   (2) 성도들로 하여금 충분히 생각할 기회를 주기 위함이요,
   (3) 성도들로 하여금 교회의 중대사를 위해 충분히 기도 시간을 주기 위함이다. 그러나 만약 1주일 전에 광고하지 않고 공동의회를 가질 경우 만에 하나라도 장소를 옮겨 몇몇 사람들끼리 날치기 통과도 가능할 것이므로 이러한 폐단을 방지하기 위한 선택이기도 하다. 그리고 미리 광고함으로 선거 운동을 하고 당회가 지향하는 뜻을 방해하는 기회를 삼아서는 안 된다.
2) 공동의회의 개회 성수
   공동의회의 개회 성수는 출석수이다. 공동의회는 작정한 시간

---

34) ① "당회장 사임 전에 후임 청빙을 위한 공동의회 광고를 할 수 없다(1985년 제70회 총회결의)."
    ② "목사 청빙을 위한 공동의회 소집 건에 대하여 위임 목사가 사임하지 않은 상태에서 후임 담임 목사 청빙을 위한 공동의회 소집은 불가한 일이다(1985년 제70회 총회결의)."
    ③ "임시 목사의 임기 만료로 인하여 재 청빙을 위한 공동의회 소집은 해 당회장이 소집할 수 있다(1985년 제70회 총회 결의)."
35) 정족수(定足數:quorum)란 회의를 개회하거나 심의 또는 의결하기 위한 회의체 구성원 중 일정한 최소한의 수이다. 의사정족수와 의결정족수가 있다.

에 출석하는 대로 개회한다. 엄밀히 따지면 의사정족수[35]의 규정 없이 출석하는 수가 개회 성수가 된다. 일반적인 사안의 의결 정족수는 과반수로 되어 있다.

3) "너무 적으면"의 의미

회집수가 너무 적으면 회장이 권하여 다시 회집한다. 여기서 "너무 적다"는 정도가 무엇인가에 대한 문제가 대두된다. 그에 대한 해답은 1924년 제13회 총회의 해석으로 다음과 같다.

(1) 공동처리회 개회 시에 모인 수가 너무 적으면 회장이 권하여 다른 날로 다시 모이라 함에 대하여 어떠한 범위까지 적은 수라고 하겠느냐 함에 대하여는 "회장이 자유로 할 수 있다 하오며"

(2) 공동처리회는 예정한 시일과 처소에서 회집하는 대로 개회할 수 있다 함은 회집자의 수가 너무 적을지라도 회장의 자유로 할 수 있느뇨 함에 대하여는 "회장이 자유로 할 수 있다 하오며"

(3) 장로를 선거한 공동처리회에 모인 수가 너무 적은 줄로 노회가 인정하는 때에는 장로 문답을 중지하고 다시 선거하라 명령할 수 있느뇨 함에 "할 수 있는 줄 아오며"

(4) 공동처리회의 성수를 작정할 수 있는가 함에는 "아직 일정한 것이 없사오며" 공동처리회 회장이 회집자의 수효를 소수로 간주치 아니하고 처리한 것이라도 노회에서는 소수로 간주할 수 있어서 서로 모순이 된즉 얼마를 가리켜 소수라 함인지 지시해 달라는 것은 "헌법 제9장 제11조(이는 1922년 판 헌법으로 현재는 정치 제21장 제1조 4항)에 의하여 각각 자기의 권한에 있는 것이요, 얼마라고 지정하여 대답할 것은 아닌 줄 아오며"라고 하였다(1924년 제13회 총회 결의).

5. 공동의회의 회의

공동의회는 연말 정기 공동의회가 있고, 일반 공동의회로 구별된다. 일반 공동의회는 당회가 제시한 의안대로 결의하면 된다. 그러나 연말 공동의회는 한 해 동안의 총 결산과 새해에 모든 계획과 예산 등을 처리할 것이므로 더욱 신중히 심의해야 하는 것이다.

1) 공동의회의 안건

공동의회의 안건은 상회가 지시한 안건, 무흠 입교인 3분의 1 이상이 청원한 안건, 당회에서 의결하여 청원한 안건 등 당회가 의결하여 공동의회 소집 시 제시한 안건만 의결한다.

"법대로 제출된 안건"이라 함은 당회나 제직회에서 합법적으로 결의 송부된 안건, 무흠 입교인 3분의 1 이상이 청원한 안건, 상회 지시로 당회가 청원한 안건 같이 교회 헌법에 맞게 제출된 안건을 의미한다.

2) 공동의회 일반 의결 성수

공동의회의 일반 의결 성수는 과반수이다. 과반수(過半數)란 반(半)을 넘었다는 뜻으로 '과반수 이상'과 같은 의미로 동의반복어이다. 그러나 본 조는 공동의회의 의결정족수에서 교인의 기본 주권을 존중해야 할 안건에 대해서는 예외를 두고 있다.

목사 청빙 투표는 "투표수 3분의 2의 가(可)"와 "입교인 과반수 이상의 승낙"(교인 명부 서명)을 필요로 한다. 여기서 '투표수 3분의 2 이상의 가'란 '투표수 3분의 2 이상'이라는 의미이다.

목사 청빙 투표에는 다른 선거 투표와 달리 "투표수 3분의 2 이상의 가표와 입교인 과반수의 승낙을 요하며"라고 된 것은 정치 제15장 제3조 "단, 청빙서에는 투표자뿐 아니라 무흠 입교인 과반수의 날인을 요한다."는 목사 청빙서 작성 절차를 설명하고 있는 것이다.

공동의회의 결의는 교회의 결의이니 반대한 자나 불참한 자나 다 같이 그 교회 입교인으로서 서명할 권리와 의무가 있기에 무흠 입교인은 목사 청빙서에 서명 날인을 해야 한다.

장로, 집사, 권사 선거에는 투표수 3분의 2 이상의 가표로 선정한다(헌규 제7조 참조).

3) 연말 정기 공동의회

(1) 당회의 경과 상황 청취

목사의 1년간 목회의 실적과 모든 추진 상황을 청취하며, 교인 이래(이사)와 이주 상황, 학습 세례 등등의 경과 상황을 들으며 서로 반성하는 기회를 삼는다.

(2) 제직회와 부속 각 회의 보고 청취

제직회의 업무 실적과 각 속회의 행한 사업들을 보고 받으며 더욱 진취적이고 발전적인 정책을 구상하는 기회로 삼는다.

(3) 결산과 예산의 심의 의결

특히 교회 제반 경비의 예산 결산은 신중하게 처리하되, 공동의회 회원들은 자기들이 의안을 가결했으면 자기들이 책임을 지고 결의를 존중하고 헌금의 의무를 담당해야 한다.

(4) 부동산 변동 및 처분

지교회 부동산 변동 및 처분은 지교회의 규정(정관)대로 하고, 규정에 없는 경우에는 공동의회 참석인원 3분의 2 이상의 찬성으로 결정한다.

제2조 제직회

1. 조직
지교회 당회원과 집사와 권사를 합하여 제직회를 조직한다. 회장은 담임 목사가 겸무하고 서기와 회계를 선정한다. 당회는 각각 그 형편에 의하여 제직회 사무를 처리하기 위하여 서리 집사에게 제직회원의 권리를 줄 수 있다.

2. 미조직 교회 제직회
미조직 교회에서는 목사, 전도사, 권사, 서리 집사, 전도인들이 제직회 사무를 임시로 집행한다.

3. 재정 처리
1) 제직회는 교회에서 위임하는 금전을 처리한다.
2) 구제와 경비에 관한 사건과 금전 출납(出納)은 모두 회에서 처리하며 회계는 회의 결의에 의하여 금전을 출납한다.
3) 제직회는 매년 말 공동의회에 1년간 경과 상황과 일반 수지(收支) 결산을 보고하며 익년도(翌年度) 교회 경비 예산을 편성 보고하여 회에 통과하며 회계는 장부의 검사를 받는다.

4. 제직회 개회 성수
회원 과반수의 출석으로 개회 성수가 되나 통상적인 사무 처리는 출석하는 회원으로 개회하여 처리할 수 있다.

5. 정기회
매월 1회 또는 1년에 4회 이상 정기회를 정함이 편하다.

해설

1. 조직
교회에는 가르치는 직무와 다스리는 직무가 있는데 그 밖에 구제하며 섬기는 직무와 교회의 살림을 맡아 수행하는 당회의 관할 아래 있는 조직체를 제직회라 한다.

1) 제직회원

(1) 지교회의 당회원과 집사와 권사를 합하여 제직회를 조직한다. 다시 말하면 지교회 담임 목사, 장로, 안수 집사, 권사(안수 없는 종신직) 등 항존직을 중심으로 조직한다.

(2) 타교회에서 이명해 온 무임장로가 교인의 투표를 받지 않았으면 만 70세가 넘지 않는 협동장로는 제직회의 회원이 된다(정치 제5장 제5조, 제6조).

(3) 정년 이전의 원로 장로는 제직회 회원권이 있다.

2) 임시회원

(1) 당회는 교회 형편에 따라 서리 집사에게 1년간의 제직회 회원권을 주어 제직회 사무를 처리하게 할 수 있다(정치 제3장 제3조 4항).

(2) 당회는 교회를 잘 봉사할 수 있는 만 70세 이전의 무임 장로에게 임시로 제직회 사무를 처리하게 할 수 있다(헌규 제9조 1항).

3) 언권회원

원로 장로(정년 이전에 은퇴한 원로장로 포함)는 제직회의 언권 회원이고, 은퇴 장로는 당회에서 허락한 경우에 언권이 있다.

4) 제직회 임원

회장은 당회장이 당연직이요, 서기와 회계는 제직회에서 선임하되 당회장이 임명할 수 있다.

2. 미조직 교회 제직회

1) 미조직 교회에서는 목사, 전도사, 권사, 서리 집사, 전도인들이 제직회 사무를 처리하기 위하여 임시로 제직회 사무를 집행하게 한다.
2) 미조직 교회에서는 당회장의 허락으로 전도사가 제직회 임시 회장으로 제직회 사무를 처리할 수 있다(정치 제3장 제3조 1항).

3. 재정 처리

초대교회가 최초로 항존직을 세우는 목적이 사도들이 기도하는 것과 말씀 전하는 일에 전무하도록 돕기 위하여 구제와 접대와 봉사하는 일을 맡기기 위함이었다. 그러므로 사실상 제직회는 교회의 재정을 맡아 살림하는 직책을 맡은 한 의회이다. 다시 말해서 교회의 재정은 당회가 주관하는 것이 아니요, 제직회가 해야 하는 것이다. 그러나 제직회가 교회 재정 전체를 좌우지 하는 것이 아니요, 어디까지나 공동의회에서 결의된 재정을 관리하며 처리한다.

1) 제직회가 처리할 재정의 범위

제직회가 처리할 수 있는 재정이란 반드시 공동의회에서 채택된 범위 내에서만 처리가 가능하다. 단, 노회 유지재단이나 총회 유지재단에 부동산을 신탁할 수 있고, 신탁하지 않는 경우 교회 명의로 등기하여 당회가 관리한다. 그 밖에 상회에서 청하는 특별 헌금과 구제비가 아닌 타 교회 보조를 위한 특별 헌금, 교회 토지, 가옥, 부동산 등은 당회가 주관함이 옳다(정치 제9장 제6조, 정문 제118문답).

2) 방법

"구제와 경비에 관한 사건과 금전출납은 모두 회의에서 처리하며 회계는 회의 결의에 의하여 금전을 출납한다"고 했으니 제직회가 모르는 재정 출납은 불가능하다는 뜻이다. 즉, 제직회 회계 및 부서별 책임자가 재정을 수납하고, 직무에 필요한 재정을 청구하여 지출하는 제반 행위가 제직회 재정사무이며 이를 정기 및 임시 제직회에 보고하여 제직회에 알게 하는 것이다. 그러나 교역자 생활비를 포함한 일 년간의 예산을 공동의회가 결의해 준 바 정기적으로 지출할 한도 내에서는 재정부장과 회계의 자량으로 지출하고 정기 제직회 때에 보고하면 된다.

3) 예산안을 작성하여 공동의회에 제출한다.
회계는 재정 수입지출을 작성하여 공동의회에 보고하여야 한다.

4) 추가경정예산
회계 연도 중간에 예산의 규모나 항목의 개폐가 요구될 때 제직회는 추가 경정 예산안을 작성하여 공동의회에 보고하고 심의, 의결을 받아야 한다.

4. 제직회 개회 성수와 의결 성수

제직회 개회 성수는 과반수이지만 각 교회에서 제직회 참석하는 제직의 수가 적은 형편이기에 "통상적인 사무 처리는 출석하는 회원으로 개회하여 처리할 수 있다"는 예외 규정을 두었다.

본 조항은 제직회의 의사정족수(개회 성수)를 특별 의사정족수와 통상 의사정족수를 구분하여 통상적인 사무 처리는 출석수로 하고, 특별 의사정족수는 과반수로 구분하였다. 이는 제직회 불참자들로 인하여 교회의 막중한 직무들이 정지되거나 방해되지 않게 하기위함이다.

과반수 개회 성수를 필요로 하는 중요한 안건은 ① 예결산 안건 ② 부동산 처리 안건 ③ 공동의회 소집 안건 ④ 예산 이외의 고액 지출 안건(고액은 각 교회 형편에 따라 내규로 정하는 것이 좋겠다) 등이 있다.

제직회의 의결 성수는 본 조항에 규정이 없으므로「만국통상회의법」에 의하여 '종다수 가결'[36]로 함이 옳다. 종다수 가결이란 단순 다수결의 원칙으로 반대수보다 찬성수가 많으면 가결되는 원칙이다.

5. 정기회
정기제직회는 매월 1회씩 모이든지 1년에 4번, 또는 상·하반기에 한 번씩 모이든지 교회 형편대로 모이면 된다.

✤ 제3조 연합 제직회

1. 조직
각 지방 내에 편리한 대로 연합 제직회를 조직할 수 있다. 회원은 그 지방 내에 목사, 전도사와 지교회 제직회에서 파송한 총대 1인 이상으로 조직하되 임원은 투표로 선정한다.

2. 직무
본 회에 치리권은 없으나 그 지방 내 합동 재정과 전도 기타 부흥 사업과 주일 학교 및 기독교 교육에 관한 일을 의정(議定)할 수 있고 그 지방 내 교회 및 전도 상황 보고를 접수하며 남녀 전도사와 전도인을 선정하되 전도사는 노회의 승인을 받는다.

해설

연합제직회는 한 지역 내에 있는 같은 교단의 교회들이 연합하여 연합

---

[36] 종다수 가결의 원칙이 전 세계 민주주의 국가에서 사용하는『만국통상회의법』에 근거하는 것이지만 교회법적 법적 근거는「각 치리회 보통회의 규칙」(General Rules for Judicatories, 1791. 1885)이다. 본 규칙 제25항에 근거하면 표결에 참여하지 않는 회원의 의견은 존중되지 않는다.

당회를 조직하거나 연합제직회를 조직하여 상호 친목을 도모하며, 이단에 대한 공동 대처와, 약한 농어촌 교회들이 초상을 당해도 상조위원이 없어서 애로(隘路)가 많으므로 각 교회의 제직들이 연합하여 서로 돕는다면 하나님께 영광이 될 것이다.

1. 조직

연합제직회는 어디까지나 치리회가 아니고 친목과 연합 사업을 목적한 모임이기 때문에 너무나 까다로운 규정으로 매여서는 안 된다. 법조문에 "회원은 그 지방 내에 시무하는 목사, 전도사와 지교회에서 파송한 총대 1인 이상으로 조직하되"라고 규정해 놓았다. 각 교회에서 파송한 총대 1인 이상이라 했으니 큰 교회에서는 수가 조금 많이 참석할 수도 있고 또 연세가 높더라도 그 지역 사회에 영향력을 미칠 만힌 분들을 모시고 회를 운영해 나가는 것이 유익할 것이다. 그리고 "임원은 투표로 선정한다"고 되어 있는데, "투표로"라고 못을 박아 놓았으나 전형위원을 선출하든지 그 회에서 좋을 대로 선출함이 옳다.

2. 직무

지교회 단독으로는 개척 교회를 설립하기가 버거울 때 각 교회 예산을 할애하여 연합해서 교회를 세우거나, 선교사를 파송하거나, 연합 사경회를 하거나, 이단 방지하는 데 힘을 모으거나, 애경상문(哀慶喪問)에 협조함으로 교회의 유익을 도모할 수 있을 것이다.

제22장 총회 총대

✧ 제1조 총회 총대 자격
1. 총회 총대는 총회 전 정기 노회에서 선택할 것인데 총회 개회 6개월 이상을 격하여 택하지 못한다.
2. 새로 조직한 노회 총대는 개회 후 임원 선거 전에 그 노회 설립 보고를 먼저 받고 총대로 허락한다.
3. 총대될 장로 자격은 그 회에 속한 장로 회원으로 한다.

❘ 해설

총회 총대(總代, Commissioners to the Genernal Assembly)란 각 노회를 대표하는 사람이며 총회의 회원이다(정문 제830문답). 각 노회에서 각 7당회 당 목사 1인, 장로 1인씩 선출하여 노회의 대표로 총회에 파송한 총회 회원이다. 각 노회가 총대를 선택하여 총회에 파송할 때는 다음 사항을 유의해야 한다.

1. 반드시 정기 노회에서 선택해야 한다.

왜냐하면 임시 노회 때에는 안건에 해당되는 회원들만 모여도 성수에 대한 문제가 되지 않기 때문에 전 노회원이 다수 참석하는 정기 노회 때에 선택함이 좋다. 그리고 또 모든 회기가 종료되고 새로운 회기가 시작되는 정기 노회에서 총대 선출시 참석한 자를 총대로 선출하여 파송함이 옳다.

2. 총회 개회 6개월 이상을 초과하여 선택하지 못한다.

왜 총회 개회 6개월 이상을 초과하여 총대 선거를 못하도록 규정하였는가? 그 이유는 ① 원 총대의 결석을 최대한으로 방지하자는 목적과 ② 총대 파송을 일찍함에 따라 오는 사전 선거 부작용 등을 방지하자는 목적이 있다.

3. 총대 수

총대 수는 각 7당회 당 목사, 장로 각 1인씩 파송하되, 7당회가 못되는 경우라도 4당회 이상에는 목사, 장로 각 1인씩 더 파송할 수 있고, 3당회 이하 되는 노회는 목사, 장로 각 1인씩 언권 회원으로 파송할 수 있다. 총회 총대는 1당회에서 목사, 장로 각 1인을 초과하지 못한다(정치 제12장 제2조).

4. 새로 조직한 노회 총대

새로 조직된 노회가 파송한 총회 총대는 총대를 받기 전에 먼저 그 새 노회가 헌법에 의해서 합법적으로 조직되었다는 충분한 증거와 총회와의 관계와 회장을 선거하기 전에 그런 지휘가 있었다는 증거를 갖춘 조직 보고서가 채택되어야 한다. 그럴지라도 만일 그 새 노회가 불법으로 총대 수를 늘렸으면 받지 아니할 것이요, 총대는 거절해도 새 노회를 총회 소속 노회로는 인정해야 한다(정문 제833문답).

5. 총대 될 장로 자격

총대될 장로의 자격은 본 노회 소속 각 지교회의 시무 장로이다. 휴직 장로는 당회 혹 노회의 선거를 받아 총대로 상회에 참여하여 행사할 권은 있다(정문 제543문답). 왜냐하면 휴직 장로가 교회를 대표하기도 어렵고 노회나 대회에서 총대가 아니면 상회 총대로 피선될 수도 없기 때문이다. 또한 해 당회에서 부덕한 행위로 인하여 권고 휴직된 자를 총회 총대로 선택할 수 없는 이유는 개 교회에서 권고 휴직된 자라면 총회에서 활동케 하는 것이 모순이기 때문이다.

❖ 제2조 총대 교체

총회 원총대가 출석하였다가 자기 임의로 부총대와 교체하지 못할 것이나 부득이한 때에는 총회의 허락으로 부총대와 교체할 수 있다.

| 해 설

각 노회가 총회 총대를 파송하는 권리가 있다 할지라도 이 파송권은 결코 교체권까지 포함하지는 않는다.

노회가 총대를 파송하는 것으로써 권리를 행사하면, 총회는 그 총대를 심사하여 일단 받아 호명하여 총회원으로 삼고 난 이후에는 그 총대를 교체하는 여부를 결정할 권은 오직 총회에 있으므로 해 총대나 해당 노회가 총대 교체를 청원할 수는 있어도 임의로 교체할 권은 없다.

원총대 유고 시를 위해서 부총대를 뽑는 것인데, 원총대가 출석하고 난 이후에 부총대로 교체할 수밖에 없을 만한 돌발 사고가 일어날 때는 총회에 허락을 요청해야 한다. 그리고 원총대가 총대석에 앉았다가 부총대에게 양보하거나 혹은 부총대에게 총대석에 앉게 했다가 다시 원총대에게 양보해서도 안 되며, 총회가 파하기 전에 총대가 총회 장소를 떠나서도 아니된다(정문 제836, 837문답).

❖ 제3조 언권 회원

1. 본 총회의 파송으로 외국에서 선교하는 선교사
2. 파견 증서만 가지고 와서 본 총회 산하에서 선교에 종사하는 외국 선교사

3. 본 총회의 증경 총회장과 부총회장
4. 단 총회에서 허락을 받아야 발언할 수 있다.

┃해설

언권 회원이란 결의권과 피선거권은 없지만 예우(禮遇)하는 의미에서 언권만 허락하는 회원을 말한다. 그러한 취지에서 본 교단에서 파송한 선교사나, 본 총회 산하에서 선교에 종사하는 외국 선교사나, 본 총회의 증경 총회장과 장로 부총회장을 역임한 자에게 언권을 준다. 이것은 귀빈들에게 언권을 허락하는 제도이다. 그러나 아무리 언권 회원이라 할지라도 모든 안건마다 나와서 발언하라는 것은 아니고 특별한 안건에 한해서 회장이 의견 수렴을 위해서 제한적으로 언권을 허락해야 발언할 수 있다.

✣ 제4조 총대 여비
총대 여비는 그 노회에서 지급한다.

┃해설

총대 여비는 그 노회에서 지급한다고 규정하고 있다. 본 총회의 결의에 의해서 결정된 사항이기에 다시 번복 결의하기까지는 법대로 시행함이 옳다. 그러나 제2회 독노회록에는 총대 여비는 총회에서 지불하기로 가결한 다음 계속해 나오다가 근년에 와서는 총대 여비를 노회가 지불하도록 되어 있다. 엄밀히 따지면 총대는 총회의 회원이니 그 회원의 여비는 마땅히 총회가 지불함이 가하다고 본다.

제23장 헌법 개정

헌법의 기본 원리와 모범은 오직 성경이다. 그러기에 총회의 결의보다는 헌법이 더 중요하고, 헌법보다 더 중요한 것은 성경이다. 아무리 다수결에 의하여 결의가 되었다 할지라도 법을 어기는 결의는 불법 결의이므로 번복되어야 하는 것이다. 그뿐 아니라 모든 헌법은 성경을 기초로 정해졌기에 법은 성경에 버금가는 것이므로 헌법은 존중되어야 한다. 그러한 의미에서 헌법을 가볍게 개정하거나 폐하지 말아야 한다.

❖ 제1~4조 헌법 조문

제 1 조 정치, 권징 조례, 예배 모범을 변경하고자 할 때는 총회는 각 노회에 수의하여 노회 과반수와 모든 노회의 투표수 3분의 2 이상의 가표를 받은 후에 변경할 것이요 각 노회 서기는 투표의 가부를 총회 서기에게 보고하고 총회는 그 결과를 공포 실행한다.

제 2 조 신조와 요리문답을 개정하고자 할 때는 총회는 그 의견을 제출하고 각 노회에 수의하여 노회 중 3분의 2와 모든 투표수 3분의 2의 가표를 받고 그 다음 회가 채용하여야 한다. 각 노회 서기는 투표의 가부수를 서면으로 총회 서기에게 보고한다.

제 3 조 총회는 신조나 요리문답을 개정하는 의안(議案)을 각 노회에 보내기 전에 특별히 위원 15인 이상(목사와 장로)을 택하여 1년간 그 문제를 연구하게 한 후 총회 때에 보고하도록 할 것이요 그 위원은 1노회에 속한 회원 2인 이상됨을 금한다.

제 4 조 소속 노회 3분의 1 이상이 헌법을 개정하자는 헌의를 총회에 제출하면 총회는 그 의안을 각 노회에 보내고 그 결정은 위의 제 1, 2 조를 준용(準用)한다.

❙ 해 설

본 교단의 헌법 명칭은 『대한예수교장로회 헌법』이다. 본 헌법 개정 절차는 초기 1922년 헌법 이래 크게 달라진 것이 없다.[37] 본 헌법의 개정 체계는 크게 두 가지이다. 하나는 관리적 헌법(정치, 권징 조례, 예배 모범)과 교리적 헌법(신조와 성경 대소요리 문답)의 개정 절차를 상이하게 하였다. 교리적 헌법을 관리적 헌법보다 더 개정하기 어렵도록 규정하여 놓았다. 본 장에 따르면 관리적 헌법의 개정은 "변경"이라고 하고, 교리적 헌법의 개정에 대해서는 "개정"이라고 하여 개정에 더 신학적 의미를 부여하였다.

1. 정치, 권징 조례, 예배 모범의 개정

정치, 권징 조례, 예배 모범을 변경하고자 할 때는 총회는 각 노회에 수의(垂議)[38]하여 노회 과반수 모든 노회의 투표수 3분의 2 이상의 가표를 받은 후에 변경하게 되는데 각 노회는 투표의 가부를 총회 서기에게 보고하고 총회는 그 결과를 공포 실행한다. 구체적인 개정 과정은 차례대로 다음과 같다.

    1) 노회의 개헌 헌의 - 한 노회 혹은 노회수 1/3의 헌의
    2) 총회의 결의(과반수) - 제4조에 의한 헌의 예외[39]
    3) 총회는 각 노회로 개정안을 수의(垂議)함
    4) 노회 과반수와 모든 노회의 투표수 3분의 2 이상의 가표
       (과반수로 결의한 전국 노회수의 과반수와 표결에 참여한 전국 노

---

37) 1886년 판 『교회 정치문답조례』 제497문답을 참고.
38) 수의(垂議) - 의안의 가부 표결을 묻기 위해 각 노회에 보내는 총회의 안건이다. 총회가 헌법 개정 등의 안건을 노회에 의논하도록 시달하면 노회에서 의논하고 찬반투표로 결정된 결과를 총회에 보고하면 총회는 각 노회에 수의한 안건의 결과를 규합하여 개정 여부를 결정한다.
39) 제23장 제4조의 소속 노회 3분 1 이상의 헌의는 헌법 개정 발의 요건이 아니라 그 개정안이 총회에 제출되면 바로 수의(垂議) 요건이 갖추어진다는 의미이다.

회원 수의 3분의 2 이상)

5) 각 노회의 총회 서기 보고

6) 총회장의 공포

2. 교리적 헌법(신조와 성경 대소요리 문답)의 개정

신조와 요리문답은 정치, 권징 조례, 예배 모범보다 더 준엄한 것이므로 개정할 의안이 있을 때에는 이를 각 노회에 수의하되 모든 노회 중 3분의 2 이상과 모든 투표수 3분의 2 이상의 가표로 받고 그다음 회가 채용하도록 규정하고 있다.

신조나 요리문답은 그 중요성의 비중이 크기 때문에 총회는 개정하는 의안을 각 노회에 보내기 전에 특별 위원 15인 이상(목사와 장로)을 택하여 1년간 그 문제를 연구하게 한 후에 총회 때에 보고하도록 하되 그 특별 연구 위원은 1노회에 속한 위원 2인 이상됨을 금하고 있다. 구체적인 개정 과정은 차례대로 다음과 같다.

1) 노회의 개헌 헌의 - 한 노회 혹은 노회수 1/3의 헌의
2) 총회의 결의(과반수) - 제4조에 의한 헌의 결의 예외
3) 헌법개정 15인 위원회의 연구 보고
4) 총회는 각 노회로 개정안을 수의(垂議)함
5) 노회 3분의 2와 모든 노회의 투표수 3분의 2 이상의 가표 (과반수로 결의한 전국 노회수의 3분의 2와 표결에 참여한 전국 노회원 수의 3분의 2 이상)
6) 각 노회의 총회 서기 보고
7) 총회의 집계
8) 다음 회기 총회의 채택
9) 총회장의 공포

제II부

헌법적 규칙

✜ 제1조 미조직 교회 신설립

일정한 구역 안에 예배 장소를 준비하고 장년 신자 15인 이상 합심하여 예수 그리스도를 신봉하여 교회 신설(新設)을 원하는 때에는 다음과 같은 사항을 기록하여 그 구역 시찰회 경유(經由)로 노회에 청원하여 인가를 받는다. 만일 신자가 15인 미만 되거나 예배 장소가 준비되지 못한 때에는 기도회 처소로 하여 부근 어느 교회의 도움을 받는다.

1. 신설 교회 위치, 2. 신설 년 월 일, 3. 장년 신자수와 가정 수, 4. 유년 주일 학생수, 5. 예배당 형편(기지 평수 건물과 소유자), 6. 신설교회의 명칭, 7. 교회 유지 방법, 8. 부근 교회와 그 거리, 9. 구역 가호(家戶) 수(도시는 제외)

| 해 설

1. 입법 취지
교회 설립 전 공동 예배로 모이는 기도처로 시작하는 경우가 있으니 기도처란 예수를 믿는 그리스도인들이 예배드리기 위한 장소를 일컫는 말로써 이는 개인이나 교회의 주관으로 시작하는 경우가 있으나 지금은 교회 설립 요건이 갖추어지기 전 노회로부터 허락받아 시작하기도 하고 원칙은 아니나 교회라 부르는 실정이다.

2. 교회의 설립 요건
1) 공동 예배로 모이는 장소가 있어야 한다.
2) 장년신자[40] 15인(세례 교인) 이상이 있어야 한다.
3) 노회의 설립 허락을 받아야 한다.

교회의 설립 청원은 그 교회 입회할 교인들이 서명 날인한 청원서를 구비해 임시 당회장 되는 목사의 청원으로 지역 시찰회를 경유 노회에 청원하여 허락을 받아야 한다.

3. 교회 설립 청원서에 기재할 사항
1) 설립될 교회의 주소(위치)와 명칭
2) 교회에 입회된 각 기관 주일학교 학생, 장년의 수효
3) 교회에 편입된 부동산의 표시
4) 교회의 유지, 운영방침, 재정, 교역자 등 설명 내용

4. 노회가 교회 설립 시 이행 절차
설립 청원서가 시찰회 경유 접수 시 지교회의 상황을 자세히 살펴 근동 교회와의 거리 등 교회 설립 청원서에 기재한 사항이 적법한지를 신중히 살펴 설립 가부를 결정해야 한다.

교회 설립이 허락되면 노회는 위원을 선정, 설립 예배를 드리며 교인들에게 교회 헌법과 노회 규칙 준수를 서약케 하고 교회가 설립됨을 선언한다.

> ❖ **제2조 교인의 의무**
> 1. 교인은 교회의 정한 예배회와 기도회와 모든 교회 집회에 출석하여야 한다.

---

40) 장년신자의 의미 : 교회에서는 성찬에 참례(參禮)할 수 있는 법적 연령이 될 때 장년교인으로 보아야 할 것이다. 그런데 헌법적 규칙 제6조 제3항에서는 유아 세례를 받은 자가 만 14세 이상이 되면 입교문답(세례문답) 할 연령이 된다고 규정하고 있다. 따라서 만14세가 되면 장년교인의 모든 권리와 의무도 함께 가지게 된다고 보아야 할 것이다.

2. 교인은 노력과 협력과 거룩한 교제로 교회 발전에 진력하며 사랑과 선행(善行)으로 하나님을 영화롭게 하여야 한다.
3. 교인은 교회의 경비와 사업비에 대하여 성심 협조하며 자선과 전도 사업과 모든 선한 일에 노력과 금전을 아끼지 않아야 한다.
4. 성경 도리를 힘써 배우며 전하고 성경 말씀대로 실행하기를 힘쓰며 예수 그리스도의 정신을 우리 생활에서 나타내어야 한다.
5. 교회의 직원으로 성일(聖日)을 범하거나 미신(迷信) 행위나 음주 흡연(飮酒吸煙) 구타하는 등의 행동이나 고의(故意)로 교회의 의무(義務)금을 드리지 않는 자는 직임(職任)을 면(免)함이 당연하고 교인으로는 의무를 이행하지 않는 자로 간주한다.
6. 교인은 진리(眞理)를 보수(保守)하고 교회 법규(法規)를 잘 지키며 교회 헌법에 의지하여 치리함을 순히 복종하여야 한다.

해설

1. 교인의 종류와 그 의무

교인이란 "예수를 믿는다고 공언(公言)하는 자들과 그 자녀들"이라고 규정하고 있다(정치 제2장 제4조). 원입교인, 학습 교인, 유아 세례 교인, 어린이 세례 교인, 입교인(세례 교인) 등이 있다(구체적인 차이는 헌법적 규칙 제5조를 참고)

입교인만이 교회의 정회원으로서 그 교회 교인의 모든 권리를 가진다. 즉, 입교인은 선거권, 피선거권이 있고, 성찬에 참례할 권리를 가지며, 교회를 위하여 봉사할 책임이 있다. 그러나 모든 교인은 아래와 같은 의무를 가지지만 법적으로 교인 주권을 가진 입교인은 더욱 의무를 가진다.

2. 교인의 의무

1) 공예배 출석 의무
교인은 교회에서 실시하는 공예배에 출석해야 한다.

2) 거룩한 교제와 교회 발전을 위한 노력의 의무
교인은 거룩한 교제와 교회 발전을 위한 노력의 의무가 있다. 교인은 하나님께 영광이 되며 교회 발전에 힘써 노력하며 성도 간에 사랑과 선행으로 교제하면서 선행과 사랑의 덕을 끼쳐야 한다. 자기의 유익이나 매사 부정적인 사고로 피차 허물을 드러내려 하는 자는 하나님의 영광을 가리고 교회 발전을 해치는 자로 합당치 못하며 이는 교인이라 볼 수 없다.

3) 헌금의 의무
교인은 하나님께 즐거운 마음으로 헌금을 드려야 한다(고후 9:7). 헌금은 주께서 성도에게 주신 모든 은혜에 대한 감사의 표시이며 신앙생활의 성실한 표현이다. 뿐만 아니라 헌금은 성도 자신의 생활 전체를 하나님께 드리는 표이기도 하다. 교회 헌금에는 여러 종류가 있으나 기본적인 헌금은 십일조, 주일헌금, 감사헌금, 절기헌금, 교회 사업을 위한 목적헌금 등이 있다.

4) 성경의 도리와 행위의 교훈을 배우고 실행할 의무
성도는 성경의 도리를 듣고 성경 공부를 통해 힘써 배운 것을 전할 뿐 아니라 말씀대로 실천하는 데 게을리 말아서 삶 가운데 그리스도의 뜻을 생활로 나타냄으로 자신의 기쁨과 많은 다른 사람에게 복음이 전하여지도록 해야 한다.

5) 교회 직원의 의무

교회의 직분을 맡은 자는 세상 사람과 같은 악습을 버리고 교회가 정한 의무를 게을리하거나 불이행하지 말아야 한다.

이를 위반할 시는 의무 불이행자로 교회의 임직을 면하게 된다. 본 조항은 교회 직원에게 주일성수와 음주 흡연을 비롯한 행동을 금하고 있다.

6) 진리 보수와 교회 법규의 준수와 치리의 복종 의무

교인은 진리를 굳게 지키고 보수하는 데 힘써야 하며(살후 2:15, 딤후 3:14~17) 교회 법규를 비롯하여 교회 헌법에 의거한 치리회에 순종, 복종하여야 할 의무가 있다(정치 제15장 제11조 2의 2항). 여기에서 치리란 교회에서 다스리는 것을 의미하는 것으로 교회의 질서와 평안, 발전을 위한 규정과 결의를 순종해야 한다는 것이다.

❖ 제3조 교인의 권리(權利)와 소원(訴願)

교회의 주권과 모든 권리는 교인에게 있다.

1. 교인은 교회 헌법대로 순서를 따라 청원(請願) 소원(所願) 상소(上訴)할 권리가 있다.
2. 교인은 지교회에서 법규대로 선거 및 피선거권이 있다. 그러나 무고히 6개월 이상 본 교회 예배회에 계속 출석치 아니한 교인은 위의 권리가 중지된다.
3. 무흠 입교인은 성찬에 참례하는 권한이 있다.
4. 교인은 그리스도의 몸된 교회를 위하여 분량(分量)에 따라 일할(奉仕) 특권이 있다.

❙해 설

장로회 정치는 지교회 교인들이 그들의 대표자인 장로를 선출하여 당회를 조직하게 하고 그 당회로 하여금 치리권을 행사하게 하는 주권이 교인들에게 있는 대의민주 정치이다. 즉, 교회의 주권과 권리는 교인으로부터 나오는 정치를 말한다.

1. 교인의 주권

교인의 권리와 주권 행사는 헌법에 근거하고 헌법에 명시된 절차를 좇아 당회와 노회, 대회, 총회에 청원, 소원, 상소를 제기할 수 있다. 이외 교인의 권리로 공동의회 회원권, 선거권, 피선거권이 있으며 성찬 참례권, 봉사의 권 등이 있다.

1) **청원권** : 자신이나 교회에 필요한 것을 요청하는 권리를 말한다.
2) **소원권** : 행정 사건에 대하여 하회가 그 책임을 이행하지 않거나, 위법한 행동이나, 결정한 일에 대하여 변경을 구하는 권리를 말한다(권징 제9장 제84조).
3) **상소권** : 재판 사건에 대하여 하회의 판결을 취소하거나 변경하고자 해서 상회에 서면으로 제출하는 권리를 말한다(권징 제9장 제94조).
4) 원고의 자격은 "학습 교인은 원고가 될 수 없으며, 수찬 정지 책벌을 받은 것이 확정되면 불가능하다(1973년 제58회 총회 결의)." 따라서 무흠 입교인이어야 한다.
5) 무흠 입교인의 성찬 참례권이란 세례 교인이나 유세와 어린이 세례 후 입교한 교인은 성찬에 참례할 수 있는 권이 있다는 말로 성찬 시, 세례 받지 아니한 교인은 참례할 수 없다.
6) 교인은 교회에서 행하는 내외의 봉사를 할 권한이 있고 의무도 있다.

2. 교인의 주권 제한

무흠 입교인은 공동의회 회원 자격이 있으나(정치 제21장 제1조 제1항) 선거 및 피선거권의 제한자로는 다음과 같다.

1) 병로(病老), 여행이나 부득이한 사유 외에 무고히 6개월 이상 본 교회 예배회에 참석치 아니한 교인은 선거권과 피선거권이 중지된다(헌규 제7조 제2항).
2) 본 조 2항 "예배회"는 새벽기도회, 삼일예배[41], 구역예배, 금요기도회 등을 제외한 주일예배를 칭하는 것으로 해석되어야 하며, 6개월의 기간은 계속적이어야 한다.
3) 중간에 단 한 번이라도 참석하였으면 그 참석한 날이 다시 기산일이 된다. 즉, 최종 참석일로부터 계속적으로 6개월 이상이 되면 선거권과 피선거권이 중지된다.

3. 무흠 입교인과 유흠의 의미

1) 무흠(無欠)이란 권징 조례 제5장 제35조에 의하여 시벌을 받지 아니한 자를 가리킨다.
2) 국법과 교회법은 본질상 다르기 때문에 국법상 유죄라도 교회법상 무죄가 되는 것이 있으며, 국법상 무죄라도 교회법상 유죄가 될 수 있는 것도 있다.
3) 국법상 재판에서 실형을 받은 자(자격정지 이상의 형)와 파렴치범은 그리스도의 명예를 훼손한 자이기에 다른 사람에게 선행과 사랑의

---

41) '삼일예배'를 '수요예배'란 명칭으로 사용하는 교회가 있으나 '삼일예배'라고 함이 좋다. 1911년 제1회 총회에서 "매 삼일예배에 모이는 이"라고 기록되어서 주일예배 후 삼일예배라는 명칭이 우리나라 초대교회에서부터 사용하던 전통적 명칭이다(회록 17쪽 참조).

덕을 세움에 방해가 되는 자로 권징 조례가 금하는 범인이므로 무흠이 될 수 없다. 곧 유흠이 된다.

> **제4조 주일 예배회**
> 1. 종용히 묵도로 예배를 시작하며 단정하고 경건한 태도로 엄숙히 예배하여야 한다.
> 2. 이상한 동작과 경건하지 못한 태도로 찬송이나 찬양을 인도하여 예배의 신성함을 감손(減損)하게 하지 말 것.
> 3. 주일 예배 시간에는 예배와 성례 외에 다른 예식은 다른 날에 행하되 가급적 간단히 행함이 좋다.
> 4. 주일 예배 시간에 어떤 개인(個人)을 기념, 축하, 위안, 치하하는 예배를 행하지 말고 온전히 하나님께만 예배하여야 한다.
> 5. 주일에 음식을 사먹거나 모든 매매하는 일을 하지 말며 연회나 세속적 쾌락을 삼가며 힘써 전도, 위문, 기도, 성경과 종교 서적 열람하는 일로 시간을 보내어야 한다.
> 6. 예배당 구내에 개인을 위하여 송덕비(頌德碑)나 공로 기념비나 동상 같은 것은 세우지 않는다.

해 설

주일성수(主日聖守)는 교인의 기본적인 당연한 의무이다. 따라서 위 규정은 주일예배 참석자의 자세와 주일성수하는 방법에 대한 지침이다.

1. 예배자의 자세

1) 예배 시간이 되어 예배당에 들어가 단정하고 엄숙한 몸가짐과 자세

로 앉아 자기와 목사와 모든 사람을 위하여 묵기도로 복을 빌어야 한다.
2) 예배 시간에는 엄숙한 태도와 공경하는 마음으로 예배드리고 성경 밖에 다른 것을 읽지 말아야 한다. 다른 이와 말하거나 인사하거나 졸음이나 웃는 등 합당치 못한 행동을 일체 하지 말아야 하며, 어린이들은 부모가 데리고 있어 한 가족이 하나님의 집에 모여 경건하게 예배드릴 수 있어야 한다(예배 모범 제2장).
3) 예배드리는 자는 하나님께 신령과 진정으로 드려 하나님이 기뻐 받으시도록 해야 한다.

2. 예배와 관련된 총회 결의 사항

1) "열린 예배는 금지하기로 하다."(1999년 제84회 총회 결의).
2) "주일예배 외에는 임직식, 야외예배는 할 수 없음."(제41회, 63회 총회 결의 재확인)(1999년 제84회 총회 결의).
3) "기도와 설교할 때에 촬영과, 강단에 등단하여 촬영하는 것을 금하는 것이 좋다." (1962년 제45회 총회 결의).
4) "녹화 방송 예배는 예배 모범에 위배됨."(1989년 제74회 총회 결의).
5) "찬송가 582장(구 찬송가 261장)은 교회에서 부르지 않기로 하다." (1988년 제73회 총회 결의, 2008년 제93회 총회 재확인 결의).
6) "4. 신도들이 모여서 찬송 기도 성경낭독 설교의 순서를 가지는 것은 곧 예배니 부흥회도 여기에 준하여 예배 모범에 지시한 대로 단정 엄숙 경건하게 할 것이요 성경에 위반되지 않게 하라.
    5. 부흥회에서 찬송 기도하는 것도 예배 모범에 준하여 하되 박수치는 것 북치는 것 공연히 안수하는 것을 삼가기 바란다."(1965년 제41회 총회 결의).
7) "예배 시 악기 사용과 복음성가 사용 건은 찬송가만 사용하고 예배

시 몸가짐은 예배 모범에 따르도록 하다."(선동적 악기 사용은 금함) (1993년 제78회 총회 결의).

8) "본 총회가 설정한 윤리에 위배된 교직자(주초)[42]는 강단에 세움을 금한다."(2000년 제85회 총회 결의).

9) "교회 중 여학도들과 부인들의 의복과 모양은 외인의 치소를 면하도록 각 대리회에서 일층 주의할 일(1909년 대한노회[43] 제3회 결의)."

10) "사순절을 성경적 절기로 지키는 것은 바람직하지 않으며 더 연구키로 하다."(1998년 제83회 총회 결의).

11) "새찬송가의 사순절 교독문(124~128까지)은 제83회 결의가 유효함을 확인하여 사용하지 않기로 하다."(2008년 제93회 총회 결의).

12) "십자가 강단 부착 건은 1957년 제42회 총회에서 결의한 대로 부착할 수 없다."(1989년 제74회 총회 결의).

13) "'성경'을 '성서'라고 호칭하지 않기로 하다."(1977년 제62회 총회 결의)."

14) "제62회 총회 결의 인 '하나님'을 '하느님'으로 호칭함을 부당하다고 가결하다."를 재결의하다(1999년 제84회 총회 결의).

15) "공예배 시 강단에 설 수 있는 자격자에 대한 문의건은 목사와 장로가 설 수 있는 줄 아오며."(1980년 제65회 총회 결의).

16) "본 총회가 허용치 않는 여목사나 여장로는 강단에 세울 수 없다."(2000년 제85회 총회 결의).

---

42) 주초(酒草)는 술과 담배를 아울러 이르는 말.
43) 독노회(獨老會)가 5회 계속되었는데 그 독노회 회록의 명칭이 따로 있었다.
    독노회 제1회 - 대한예수교장로회 로회 회록(1907년).
    독노회 제2회 - 예수교장로회대한로회 제이회 회록(1908년).
    독노회 제3회 - 예수교장로회대한로회 제삼회 회록(1909년).
    독노회 제4회 - 예수교장로회조선로회 제사회 회록(1910년).
    독노회 제5회 - 예수교장로회조선로회 제오회 회록(1911년).

3. 주일예배 시간에 사람을 위한 일은 일체 하지 말아야 하며, 사람에게 향하여 하는 일도 하지 말아야 한다.

4. 주일성수를 본 헌법적 규칙과 예배 모범, 그 위에 성경대로 지켜야 하나 너무 부족하거나 잘못되어져 가므로 주일성수로 온전한 교회를 유지해 나가야 한다. 곧 상행위나 물질거래, 연회나 세속적 쾌락을 삼가며 전도하며 곤고한 자를 위문하며 기도하고 성경과 종교 서적 연구와 읽기를 힘써야 한다. "성경에 근거한 요리문답, 예배 모범, 헌법적 규칙대로 주일을 성수토록 하다."(1970년 제55회 총회 결의).

5. 교회당을 성전이라 부르므로 교회당 경내는 하나님께 구별하여 드린 장소이기에 예배와 관련 없는 시설물은 세우지 말아야 하며 특히 사람을 위하여, 또는 사람을 기념하는 어떤 일도, 어떤 모양도 만들지 말아야 한다. "성전(예배당 및 부속시설물 포함)은 예배 이외에 사용할 수 없는 일임을 결의하다."(1973년 제58회 총회 결의).

❖ 제5조 학습(學習)

1. 연령이 만 14세 이상이 되고 믿은 지 6개월이 경과되어 신앙이 독실한 자는 학습인 고시를 받을 자격이 있다.
2. 학습 서약문
   1) 천지 만물을 창조하시고 홀로 주장하시는 하나님을 성심으로 신봉(信奉)하느뇨?
   2) 예수는 우리 죄를 대속하신 구주이심을 믿느뇨?
   3) 하나님의 말씀인 성경을 힘써 배우며 그대로 지키기를 힘쓰

> 겠느뇨?
> 4) 주일을 거룩히 지키며 힘써 기도하기로 작정하느뇨?

l 해 설

교회의 신급은 원입교인, 학습 교인, 유아 세례 교인, 어린이 세례 교인, 세례 교인(입교인) 등으로 구분한다(제2조 해설 참고).

1. 원입교인 : 예수 믿기로 작정하고 교회 공예배에 참석하여 등록한 자를 원입교인이라 한다.

2. 학습 교인 : 교회 출석한 지 6개월 이상 되고 만 14세 이상 된 자가 당회에서 실시하는 세례(입교)교인 문답에서 합격하고 성례식에 참석하여 공 교회 앞에서 신앙을 고백하고 서약하면 당회장은 학습 교인됨을 공포한다.

> ✢ **제6조 성례(聖禮)**
> 1. 신앙이 독실하고 학습인으로 6개월간 근실히 교회에 출석하면 세례 문답할 자격이 있다.
> 2. 만 6세까지 유아(乳兒) 세례를, 만 7세부터 13세는 어린이 세례를 줄 수 있으되 부모 중 한 편만이라도 세례 교인이면(혹은 입교인이면) 줄 수 있고, 부모의 부재시 당회의 허락으로 가능하다.
> 3. 유아 세례나 어린이 세례를 받은 자가 만 14세 이상이 되면 입교 문답할 연령이 된다.

4. 교회가 성례를 1년에 2회 이상 거행함이 적당하고 성례 거행하기 1주일 전에 교회에 광고하는 준비 기도회로 교인의 마음을 준비하게 한다.
5. 성찬으로 쓰고 남은 떡과 포도즙은 정한 곳에 묻거나 불에 태운다.

| 해 설

1. 세례와 성찬은 예수 그리스도에 의해 제정된 신약의 성례이다(신도게요 제28장 1항, 제29장 1항).
2. 세례는 학습인으로 6개월간 근실히 신앙생활한 자에게 베풀 수 있다.[44]
3. 세례는 물세례와 불세례로 나누는데, 물세례는 당회에서 실시하는 세례(입교)교인 문답에서 신앙을 고백하여 합격한 자가 공예배시 목사에게 받고, 불세례는 성령을 통해 받는 것을 의미한다.
4. 입교(세례)인은 교회의 정회원으로서 그 교회의 모든 의무를 이행해야 하고 모든 권리를 가진다. 즉, 입교인은 공동의회 회원권, 선거권, 피선거권이 있고 성찬에 참례할 권리를 가지며 교회를 위하여 봉사할 책임이 있다.
5. 유아(乳兒) 세례는 만 6세까지 줄 수 있고, 부모 중 한 편만이라도 세례 교인이어야 하며, 만 14세 이상이 되면 입교 문답할 수 있다.
6. 어린이 세례는 만 7세부터 13세까지 줄 수 있고, 부모 중 한 편만이라도 세례 교인(혹은 입교인 이면) 이어야 하며, 부모 부재시 당회가 신앙적 후견인(어린이를 신앙적으로 돌볼 수 있는 사람으로 부모나

---

[44] "관직으로 주일을 못 지키는 자에게 세례 주는 여부를 묻는 편지에 대하여 세례 주는 것이 옳지 않다고 하다(1911년 제5회 조선노회 결의)."

교사 등)의 청원을 받아 어린이 세례를 베풀 수 있다. 만 14세 이상이 되면 입교 문답할 수 있다.

7. 성찬은 우리 주 예수 그리스도께서 그의 몸과 피에 관한 성례를 친히 제정하시고 교회에서 세상 끝까지 지키라고 명하신 예식으로(신도게요 제29장 1항) 성찬은 그리스도와 성도의 연합을 의미해서 떡을 뗌으로 우리 죄를 위해 십자가상에서 상하신 그리스도의 몸을 상징하고, 포도즙을 마심으로 흘리신 그리스도의 피를 기념하는 예식으로, 믿음으로 참여한 자에게 신령한 은혜를 주신다.

8. 성찬에 대해 로마카톨릭 교회는 떡과 포도즙이 예수님의 살로 변한다는 화체설을 주장하고, 루터파 교회에서는 예수님의 인성이 떡과 포도즙에 깃든다는 공재설을 주장하며, 츠빙글리는 떡과 포도즙은 예수님의 몸과 살을 기념하는 상징설을 주장하고, 개혁주의 신학(장로교)의 아버지인 칼빈은 떡과 포도즙은 예수님의 몸과 살을 상징하지만, 믿음으로 성찬에 참여한 자에게 하나님께서 신령한 은혜를 주신다고 하는 영적 임재설을 주장한다.

9. 교회가 성례를 1년에 2회 이상 거행함이 적당하고 성례를 거행하기 1주일 전에 광고하여 준비 기도하며 교인들이 성찬에 참여할 마음을 준비케 해야 한다.

10. 성찬은 무흠 입교인만 참례(參禮)할 수 있고 교리를 깨닫지 못하는 자와 교회를 부끄럽게 하는 자는 성찬에 참례할 수 없다(예배 모범 제11장 2항).

11. 성찬으로 쓰고 남은 떡과 포도즙은 정한 곳에 묻거나 태워야 하며 먹거나 사람들이 보게 버리지 말아야 한다.

❖ 제7조 교회의 선거 투표

1. 선거 투표는 무흠 입교인이 기도하는 마음으로 비밀히 할 것인데 교회에서나 어떤 회에서든지 투표하는 일에 대하여 사회에서와 같은 인위적(人爲的)으로 선거 운동을 하여 당선시키고자 하는 사람의 성명을 기록하여 돌리거나 방문 권유하거나 문서로나 집회를 이용하여 선거 운동하는 일을 금한다.
2. 교회 직원을 선거함에 있어 병로(病老) 여행(旅行)이나 그 외에 부득이한 사유(事由) 외에 무고히 계속 6개월 이상 본 교회 예배회에 참석하지 아니한 교인은 선거와 피선거권이 중지된다.
3. 연기명(連記名) 투표에 있어 계표(計票)함에 대하여 투표 정원(定員) 수를 초과하여 기록한 표는 무효로 인정하고 정원 수 이내를 기입(記入)한 표는 유효(有效)표로 정한다.
4. 지정한 투표 용지를 사용하지 않거나 백표가 잘못 기록한 투표지는 무효표로 하되 잘못 기록한 투표지는 총 표수로 계산하고 백표는 총표수에 계입(計入)하지 않는다.

| 해 설

위 규정은 교회에서 직원 등을 선출하는 선거 투표에 관한 규정이다.

1. "교회"의 의미

위 제1항에서 "교회"라고 함은 정치 제2장 제4조에서 명시한 지교회(支敎會)를 지칭하며 따라서 교회는 대한예수교장로회 총회의 지교회로 "치리회 동일체 원리"에 의해서 노회, 대회, 총회를 다 포함한다(정문 제513문답).

그러므로 교회의 선거 투표에서 선거 운동 하는 일을 금한다는 것은 지교회뿐 아니라 노회, 대회, 총회에서 인위적인 선거 운동을 금한다는 것이다.

2. "비밀히"의 의미

다른 사람에게 묻거나 다른 사람에게 보이게 하는 것이 아니고 기도하는 마음으로 성령께서 인도하심을 따라 자기만 알도록 투표하는 것을 말한다.

3. 연기명 투표에 있어서의 유, 무효판정

한 번의 투표에서 둘 이상의 피선거인을 선출하는 연기명(連記名)으로 투표를 하고 계표할 때 투표 정원 수 보다 많은 수의 피선거인을 기입한 표는 무효로 인정하고, 투표 정원 수까지의 피선거인을 기입한 표는 유효로 인정한다.

예를 들어 3명을 뽑는 선거에서 4명(4명, 5명…) 이상을 기입한 표는 무효표가 되고, 3명까지(3명, 2명…) 기입한 표는 유효표로 인정한다.

4. 백표의 계표상 불포함

1) 아무것도 기입하지 아니한 백표(白票)는 투표지에 아무런 의사 표시가 없는 것이므로 사실상 투표에 참여하지 않은 것과 같기에 총투표 수에 포함하지 않는다.
2) 지정한 투표 용지를 사용하지 않거나, 잘못 기입된 무효표(無效票)는 의사 표시를 하였으나 잘못 표기되어 무효가 된 표이기에 총투표 수에 포함된다.

5. 재검표 요청 기간

1) 교회 선거 투표에서는 투표지 보존 기간이 없다.
2) 교회에 따라 내규를 정하고 그에 따라 투표지를 보존하고자 한다면

그 내규대로 하면 된다.
3) 그러므로 공동의회에서 투표를 한 후 당락이 결정되어 선포할 시 재검표 요청이 없는 한 공동의회를 마치고 나서 즉시 소각하거나 폐기 처분하여도 무방하다.
4) 일반적으로 회의에서 행한 투표의 재검표를 요구할 수 있는 기간은 집계가 끝나고 당락을 선포하기 직전이나 직후에 회원의 재검표 결의가 있어야만 가능하다.

당락을 선포할 때 재검표 요청이 없었다면 이는 개표에 이의 없이 승복하겠다는 의사 표시이다.

6. 정족수 계산

1) "과반수"라는 말은 반을 지난 수, 즉 반보다 1이 더 많은 수를 의미한다.

예컨대 100의 반수는 50이요 과반수는 51이 된다. 그러므로 과반수 찬성이나 과반수 이상 찬성이나 다같이 100명 중 51명 찬성이면 가결된다.

2) 이하라는 의미도 이상과 동일하다, 즉 그 수를 포함한다. 그러므로 이하라는 말은 "…부터 시작하여 그 밑으로"라고 이해하면 된다.

3) 미만이란 말은 그 수에 못 미친다는 뜻으로 그 숫자를 포함하지 않는다. 예를 들어 "과반수 미만일 때"라고 한다면 100명 중 반은 50이요 과반은 51이므로 과반 미만은 50부터 시작하여 그 밑으로가 된다.

❖ 제8조 무임(無任) 집사

안수 집사가 다른 교회로 이거하여 무임 집사인 경우에 그 교회가 투표로나 당회의 결의로나 서리 집사의 임무(任務)를 맡길 수 있고 안수 집사로 투표를 받으면 위임 예식만 행하고 안수는 다시 하지 않는다.

| 해 설

1. 안수 집사가 본 교단 다른 교회에서 이명(移名)와서 새 교회에서 투표를 받지 못하고 아직 취임을 받지 못하면 무임 집사이다. 무임 집사는 본 교회에 전입하여 만 2년이 경과하고 공동의회에서 안수 집사로 피선되면 취임식만 행하고 안수 없이 장립 집사가 된다.
   단 당회 결의가 있으면 서리 집사로 임명할 수 있다(정치 제6장 제4조 제4항).

2. 본 교회 안수 집사로 시무 중에 당회의 결의로 권고사임 했거나 본인이 범법하지 않았을지라도 교회에 덕이 되지 못할 줄 알고 자의로 사직했다면 무임 집사가 되며 다시 시무하려면 앞의 모든 절차를 받아야 한다.

❖ 제9조 무임 장로
1. 교회를 잘 봉사할 수 있는 무임 장로가 있는 경우에 당회의 결의로 그 장로를 제직회의 회원으로 참여시킬 수 있다.
2. 성찬 예식을 거행할 때에 필요하면 무임 장로에게 성찬 나누는 일을 맡길 수 있다.

| 해 설

1. 무임 장로가 되는 경우

1) 장로가 시무하는 본 교회를 떠나 다른 교회로 이거하고 그 교회 공동의회에서 장로로 선임 받지 않을 때 무임 장로가 된다.
2) 시무 장로가 시무 투표에서 신임을 받지 못하여 부결되므로 시무를 중단하게 되면 무임 장로가 된다(정치 제13장 제4조).
3) 시무 투표에서 낙선된 장로를 시무케 하려면 "시무 투표에 낙선된 장로는 3년(현재는 7년 - 정치 제13장 제4조) 경과 후에 투표 시무케 함이 원칙이로되 해교회의 실정에 의하여 1년 후에 투표 시무케 함도 무방한 줄 아오며"라고 총회에서 결의하였다(1956년 제41회 총회 결의).
4) 장로가 권징에 의하여 정직되면 무임 장로가 된다.
5) 장로가 이명 증서를 수취한 후 다시 본 교회로 돌아왔으나 투표하여 재 취임하지 않으면 무임 장로가 된다(권징 제11장 제108조).
6) 장로가 무고히(신고 없이) 일정 기간(6개월 이상) 교회를 떠났거나 타 교회로 출석하여 교인의 의무를 이행하지 아니하던 중 본 교회로 다시 돌아왔으나 당회 결의와 공동의회의 투표를 통하여 취임 받지 못하면 무임 장로가 된다(헌규 제3조 2항).

2. 무임 장로의 권한

교회를 잘 봉사할 수 있는 만 70세 전의 무임 장로가 있는 경우에는 당회의 결의로 그 장로를 제직회의 회원으로 참여시킬 수 있고, 성찬 예식을 거행할 때에 필요하면 무임 장로에게 성찬 나누는 일을 맡길 수 있다.

무임 장로는 교인의 투표와 복종 서약을 받지 않았기 때문에 기본 교권인 치리권은 행사할 수 없으나, 교회에 봉사할 수 있는 기회를 주고, 교회는 무임 장로일지라도 마음껏 교회를 봉사할 수 있게 하는 것이 신령상 유익하다.

3. 협동 장로의 선임

무임 장로 중에서 당회 의결로 협동 장로(協同長老)를 선임할 수 있고, 협동 장로로 선임되면 당회의 언권회원(言權會員)이 된다(정치 제5장 제7조). 여기서 무임 장로는 타 교회에서 이명 온 무임 장로로서 기본 주권자인 교인의 서약을 받지 않았으므로 당회에서 협동장로로 의결하지 아니하면 당회의 언권 회원이 될 수 없다.

✤ 제10조 권찰(勸察)

1. 제직회원 이외 권찰을 세워 교인 심방하는 일을 맡길 수 있으니 신앙이 독실한 남녀 교인 중에서 목사나 당회가 권찰을 임명하되 그 임기는 1개년이요 혹은 제직회원으로 권찰의 의무를 겸무하게 할 수도 있다.
2. 권찰의 임무는 구역을 정하고(1구역은 약 10가정) 남녀 권찰에게 맡겨 매주간 혹은 매월 교인의 가정을 방문하고 믿지 아니하는 가정을 심방 전도하며 구역 기도회도 하고 매월 정기(定期) 권찰회로 회집하여 구역 형편을 각각 보고한다.

| 해 설

1. 교인 심방을 전담하여 사역케 하기 위하여 권찰을 세울 수 있되, 그 자격, 임명절차, 임기, 임무 등을 규정한 것이다.

2. 권찰은 목사의 사역을 돕는 직으로 성도들의 가정을 심방하며, 믿지 않는 가정을 심방 전도하므로 권사와 함께 교회의 신령한 일들을 위해 희생 헌신하는 귀한 직분이다.

❖ 제11조 혼(婚)·상례(喪禮)

1. 혼상 예식에 번다(煩多)한 허례는 폐하고 정숙하고 간단히 행하며 비용은 절약하여야 한다.
2. 부모상에 상복은 소복(素服)을 입고 양복인 경우에 흰(白) 상장(喪章)을 가슴이나 왼편 팔 위에 붙인다. 장례식에 상주는 베 감투(頭巾)를 쓰고 여자는 베 수건을 쓴다.
3. 복기(服期)는 부모상에는 1개년이고 부(夫)상에는 6개월간으로 한다.
4. 시신을 입관할 때에 관 안에 고인(故人)의 성경과 찬송가를 넣거나 또는 불에 태우는 일은 옳지 않고 잘 보관하여 고인을 추념(追念)함이 정당하다.
5. 별세자의 무덤이나 관 앞에 촛불을 켜거나 향(香)을 사르거나 배례(拜禮)하는 일을 금한다.
6. 부부(夫婦) 간 일방이 별세한 후에 재혼(再婚)하려면 별세한 후 6개월이 지나야 한다.

| 해 설

1. 혼상 예식은 허례를 피하고 정숙하고 간단하게 해서 하나님께 영광을 돌리고 불신자에게 전도가 될 수 있도록 해야 한다.
2. 위 제11조 제2항에서 소복은 한복일 때 흰옷을 말하고 양복일 때는 검정색 옷을 말한다.
3. 위 제11조 제3항에서 복기(服忌)는 상복(喪服) 입을 기간을 말하지만, 현재는 상(喪) 당한 표시로 남자는 흰 상장(喪章)을 가슴 위에 붙이고, 여자는 머리에 꽂는 것으로 한다.
4. 고인의 유품을 관에 넣거나 불태우는 것은 세상 사람의 법도이므로

성도로서는 합당하지 아니하다.
5. 고인의 무덤이나 관 앞에 장식을 갖추는 일은 금할 것이다. 이는 이방인의 예법이다.
6. 부부(夫婦) 간 일방이 별세한 후에 재혼(再婚)하려면 별세한 후 6개월이 지나야 한다.
7. 기독교 장례는 매장을 원칙으로 하되 매장할 수없는 경우에 화장도 가능하다(1999년 제84회 총회 결의).
8. 혼인 주례에 대하여 예배 모범은 성례가 아니라고 가르치므로 정당한 결혼에는 목사가 불신자에게도 서약을 받으면 주례할 수 있다(1941년 제30회 총회 결의)고 하였으나 목사가 불신자 결혼 주례를 할 수 없다(예배 모범 제12장 2항)(1996년 제81회 총회 결의)고 번복하여 결의하였다.

❖ 제12조 병자에게 안수

교회에서 헌법에 의지하여 성직(聖職)을 받은 자 외에 병자를 위하여 함부로 안수하는 일을 삼가야 한다.

▮해 설

1. 안수는 세례와 같은 성격을 띠고 있으므로 교회에서 헌법에 의하여 성직을 받은 자 외에 병자를 위하여 함부로 안수하는 일을 삼가도록 하는 것은 교회가 시험에 들고, 어지러워짐을 막기 위함이다.
2. 여기에서 "헌법에 의지하여 성직을 받은 자"라고 함은 헌법이 규정하는 절차에 따라 성직을 받아 병자(病者)를 위로할 직무를 가진 목사를 말한다(정치 제4장 제3조 제1항). 집사와 권사는 당회의 지도 아래 환자를 돌아보고 위문할 뿐이다(정치 제3장 제3조 3항, 제6장 제3조).

❖ 제13조 문서 비치

교회마다 다음과 같은 문서(文書)를 비치(備置)하여야 한다.

1. 교인의 각종 명부, 2. 당회록, 3. 공동 회의록, 4. 재판 회록
5. 제직 회록과 각 단체 기관 회록, 6. 본 교회 사기,
7. 교회 재산 목록, 8. 교회 물품 대장, 9. 각종 통계표,
10. 각 보고철과 참고 서류철.

▎해 설

1. 교인의 각종 명부는 정치 제9장 제9조에 의하여 당회가 아래와 같은 명부를 작성 비치해야 한다.

1) **학습인 명부**(학습 년 월 일 기입)
2) **입교인**(세례 교인) **명부**(입교 년 월 일 기입)
3) **책벌 및 해벌인 명부**(책벌, 해벌 년 월 일 기입)
4) **별명부**(1년 이상 실종된 교인 명부)
5) **별세인 명부**(별세 년 월 일 기입)
6) **이전인 명부**(이명서 접수 및 발송 년 월 일 기입)
7) **혼인 명부**(성혼 년 월 일 기입)
8) **유아 세례명부**(세례 및 성찬 허락 년 월 일 기입)
  등으로 성명은 호적대로 기록하되 여자와 아이는 친족의 성명도 기입한다.

2. 당회록과 재판 회록은 1년 1차씩 노회로부터 검사를 받는다(정치 제9장 제8조, 권징 제9장 제72~88조).

3. 본 교회 사기(史記)는 본 교회 연혁지이다.

> ✤ **부칙**
> 본 헌법적 규칙을 개정 증감하고자 할 때는 총회의 결의로 각 노회에 수의하여 노회 과반수의 가결로 한다.

| 해 설

1. 헌법적 규칙은 헌법에 준하여 제정한 규칙으로 헌법적 성질이 담겨 있는 규칙이므로 일단 제정한 후에는 총회가 임의로 변경할 수 없고, 일반 규칙과 같이 결의로 되는 것이 아닌 헌법에 준하는 법규다.
2. 헌법적 규칙의 개정은 하회(下會)가 총회에 헌의하고, 총회가 가결한 후에, 각 노회에 수의(垂議)하여 노회 과반수 이상의 가결로 개정한 후 이를 공포한다.

    그러나 총회가 수의한 안건 중에서 노회가 제외하고 표결한 것이 있으면 총회가 마땅히 이를 기각하고 부결을 선언하여야 한다.

    총회의 수의 건에 대하여는 노회가 그 중에서 한 어귀라도 변경하지 못한다.
3. 헌법적 규칙 개정안의 노회 수의의 정족수 "노회 과반수의 가결"은 총회 산하 전 노회수의 과반 이상을 말하며, 노회에서의 가결 정족수는 노회원 과반수 이상의 출석과 출석한 노회원의 과반수 이상이다.

제III부

권징 조례

제1장 총론

✢ 제1조 권징의 의의

권징은 예수 그리스도께서 그 교회에 주신 권을 행사하며, 설립하신 법도(法度)를 시행하는 것이니 교회에서 그 교인과 직원의 각 치리회를 치리하며 권고하는 사건이 일체 포함된다.

▎해 설

1. 권징(勸懲)이란 권선징악(勸善懲惡)의 준말이다. 본 법을 권징 조례라 하는 것은 그리스도의 권세로 교인과 직원 및 각 치리회의 위법 행위를 시정하고 징계하는 것을 규정한 법이며, 성도를 권고하여 덕을 세우며, 신령한 유익을 얻게 하여 선한 자로 하여금 더욱 선하게 하려는 법이기 때문이다.
2. 교회의 치리권에는 행정 치리권(行政治理權)과 권징 치리권(勸懲治理權)이 있다. 헌법 중에 정치는 행정 치리권에 관한 규정이요, 본법은 권징 치리권 행사에 관한 규정이다.
3. 행정 치리 중에는 소원 등으로 처리하며, 권징 치리는 재판으로만 처리하는 것을 말한다.

✢ 제2조 권징의 목적

진리를 보호하며 그리스도의 권병(權炳)과 존영을 견고하게 하며 악행을 제거하고 교회를 정결하게 하며 덕을 세우고 범죄한 자의 신령적 유익을 도모하는 것이다.

> 1. 이상 목적을 성취하려면 지혜롭게 하며 신중히 처리할 것이다.
> 2. 각 치리회는 권징할 때에 그 범행의 관계와 정형의 경중(輕重)을 상고하되 사건은 같으나 정형이 같지 아니함을 인하여 달리 처리할 것도 있다.

| 해설

권징의 목적은 다음과 같다.

1. 진리를 보호하기 위함이다.

예수 그리스도가 진리요, 신구약 성경이 진리인데 권징은 신리의 기둥과 터인 교회(딤전 3:15)에 이단이나 다른 복음(갈 1:6~9)이 교회에 침투하는 것을 막고 진리를 보호하기 위함이다.

2. 그리스도의 권병과 존영을 견고하게 하기 위함이다.

그리스도의 권병이란 그리스도의 절대주권, 권능을 의미하고, 존영(尊榮)이란 거룩한 위엄을 의미하는 바, 권징의 목적은 이러한 그리스도의 권병과 존영을 견고하게 하기 위함이다.

3. 악행을 제거함으로 공동체(교회)의 성결함을 지키고, 교회가 세속화되는 것을 방지하여 교회가 거룩한 공동체가 되게 함에 목적이 있다.

4. 덕을 세우고자 함이며, 그리스도 예수로 말미암아 모든 이에게 신령적 유익을 주고자 함이다. 권징은 범죄자로 하여금 회개케 하여 영적 유익을 주고자 함에 그 목적이 있어, 권징을 통하여 범죄한 자가 회개하고 궁극적으로 구원을 얻게 하고자 함이다(정문 제212문답).

❖ 제3조 범죄

교인, 직원, 치리회를 불문하고 교훈과 심술과 행위가 성경에 위반 되는 것이나 혹 사정이 악하지 아니할지라도 다른 사람으로 범죄 하게 한 것이나 덕을 세움에 방해되게 하는 것이 역시 범죄이다.

┃해 설

1. 사람의 말과 행실 그리고 마음가짐이 성경에 위반 되는 것이 범죄다.
2. 다른 사람으로 범죄하게 하는 행위 즉 다른 사람을 미혹하거나 다른 사람으로 죄를 짓도록 유도하거나 교사하는 행위가 범죄다.
3. 다른 사람이 덕을 세우도록 다른 사람에게 모범을 보이지 아니하는 생활과 습관도 범죄다.

❖ 제4조 재판 안건

성경에 위반으로 준거(準據)할 만한 일이든지 성경에 의하여 제정 한 교회 규칙과 관례에 위반되는 일이든지 다른 권징 조례로 금지 할 일이 아니면 재판 안건이 되지 아니한다.

┃해 설

1. 재판 안건이라 함은 재판할 수 있는 사건을 말한다. 즉 성경과 교회 규칙, 교회 관례 그리고 권징 조례로 금지할 만한 일(제3조에 해당하는 행위)이 발생할 시 이 사실을 재판 안건이라 한다.
2. 성경에 의해 제정한 교회 규칙과 교회 관례 위반이 다 범죄이지만 그렇다고 이 모든 범죄가 다 재판의 대상이 아니고, 권징 조례로 금

지할 만한 일이어야 재판 사건이 된다 함이다.
3. 그러나 재판 안건이라 할지라도 소송하는 자가 없으면 재판하지 못한다.

> ❖ **제5조 재판건과 행정건**
> 교인이나 직원에 대하여 범죄 사건으로 소송하면 하회(下會)와 상회를 불문하고 이런 사건은 재판건이라 하고 기타는 행정건이라 한다.

해설

1. **재판건**

   성경과 법을 위반하여 범법함으로 고소자가 소송을 제기하는 것을 재판건이라 한다(제4조).

2. **행정건**

   치리회(당회, 노회, 대회, 총회)가 범한 행정상의 불법, 부당한 행정처분의 취소, 변경을 구하는 것을 행정건이라 한다(제84~93조).

> ❖ **제6조 교인의 자녀**
> 교회 입교인의 소생 자녀는 다 교인이니 마땅히 세례를 베풀고 교회의 보호 아래 두어 정치와 권징에 복종하게 할 것이요 또 그가 장성하여 지각 있는 나이가 되면 교인의 각 항 본분을 마땅히 이행할 것이다.

1. 입교인의 자녀는 다 교인이다(정치 제2장 제4조).
2. 교인의 자녀에게는 마땅히 세례를 베풀어 교회에서 성경과 법도대로 양육하여 교회 헌법에 복종하게 해야 한다.
3. 교인의 자녀가 만 14세 이상이 되면 세례를 베풀고 또는 입교를 하여 교인의 각 항 본분을 마땅히 이행하게 해야 한다.

제2장 원고와 피고

❖ 제7조
누가 범죄하였다는 말만 있고 소송하는 원고가 없으면 재판을 열 필요가 없다.
　단, 권징할 필요가 있는 경우에는 치리회가 원고로 기소(起訴)할 수 있다.

▎해 설

원고와 피고

1. 원고가 없으면 피고도 없다. 그리고 원고와 피고가 없으면 재판하지 못한다. 교회 재판에는 원칙적으로 고소, 고발인이 원고가 되는데 만일 범죄사건이 있어도 고소 또는 고발하는 자가 없으면 원고가 없기 때문에 재판하지 못한다(정문 제387문답).
　소송을 하는 자가 피해 당사자인 본인이면 고소, 제삼자이면 고발이라고 하는데 이렇게 고소를 하면 재판이 이루어지고 재판을 해서야 벌을 줄 수 있다고 하여 불고불심(不告不審), 불심불벌(不審不

罰)이라고 말한다.
2. 고소가 없어도 권징할 필요가 있는 경우에는 치리회(당회, 노회, 대회, 총회)가 직접 원고가 되어 기소할 수 있다. 치리회가 기소 위원을 선정하고 기소 위원이 원고가 되어 기소한 후 재판할 수 있다.

제8조

혹시 범죄 사건이 중대할지라도 이상한 형편을 인하여 판결하기 극난한 경우에는 차라리 하나님께서 공의의 방침으로 실증을 주시기까지 유안(留案)하는 것이 재판하다가 증거 부족으로 중도에 폐지하여 일반 권징의 효력을 손실하는 것보다 낫다.

해설

심리유보

1. 재판은 증거제일주의이기 때문에 유죄판결을 하려면 심증만으로는 안 되고 반드시 유죄를 증거할 만한 객관적 증거가 있어야 한다.
2. 확실한 증거를 제시하지 않고 고소를 할 경우 치리회는 이를 기각하여 하나님의 공의에 맡겨야 한다.
3. 그러므로 재판회를 개설하기 전에 고소장을 면밀히 검토하여 재판 여부를 심리하여야 한다.

❖ 제9조

누가 다른 사람에게 피해되었다 하여 소송할 때에 치리회는 그 원고로 하여금 마태복음 18장 15~17절에 있는 주님의 교훈에 의하여 먼저 피고인과 화목하게 하여 볼 동안에는 재판을 열지 말 것이다.

「네 형제가 죄를 범하거든 가서 너와 그 사람과만 상대하여 권고하라 만일 들으면 네가 네 형제를 얻은 것이요 만일 듣지 않거든 한 두 사람을 데리고 가서 두세 증인의 입으로 말마다 증참하게 하라 만일 그들의 말도 듣지 않거든 교회에 말하고」 하였다.

해 설

고소의 절차

1. 피해를 입었다고 주장하는 자가 가해자를 고소하고자 할 때는 먼저 가해자를 찾아가 주님의 교훈(마 18:15~17)대로 권고해야 한다.
2. "권고하라"는 의미는 죄를 범한 자가 잘못을 깨닫고 뉘우칠 수 있도록 고소하기 전에 먼저 찾아가 사랑으로 권면하라는 말이다. 그리고 그 권고를 듣지 않거든 믿음의 형제 두세 사람과 같이 찾아가 재차 권면해 보아서 만일 회개하면 잃었던 생명을 찾은 것이니 기뻐할 일이요, 만일 그 권면을 듣지 않으면 그때에야 교회에 알려(고소) 권징을 해서라도 그의 잘못을 깨닫도록 하여 구원하라는 말씀이다.

❖ 제10조

치리회가 직접 기소하고자 할 때에는 전조를 준용할 것이 없으나 치리회나 피해자 이외의 제3자가 기소하고자 할 때에는 치리회는 쌍방으로 종용히 화해하게 하고 가급적 재판하는 데 이르지 않게 하는 것이 옳다.

| 해 설

화해의 권고

1. 치리회가 원고가 될 때는 고소 전 화해 권고가 필요 없다. 왜냐하면 치리회는 직접 피해자로서 기소하는 것이 아니라 하나님의 공의를 이루기 위한 기소이기 때문이다(제2조 참조).
2. 재심자 고소일 때는 직접 피해자가 아니기 때문에 마태복음 18장 15~17절의 이행 의무는 없으나 혹 사감(私感)으로 고발할 수도 있기 때문에 재판회가 재판 전에 쌍방 화해할 것을 권고할 수 있다.

❖ **제11조**
치리회가 기소할 때에는 곧 대한예수교장로회가 원고와 기소 위원이 되며 이 밖에는 소송하는 자가 원고가 된다.

| 해 설

기소 위원 선정

1. 치리회가 원고가 되는 경우는 소송을 제기하는 자가 없을지라도 재판을 할 필요가 있다고 인정될 때 치리회가 기소 위원을 선임하여

그 기소 위원이 원고가 되게 한다(제12조). 이 경우 기소 위원은 각 치리회에서 선정하지만 그는 '대한예수교장로회'를 대표하는 원고가 된다.
2. 개인이 원고가 되는 경우는 고소 또는 고발을 불문하고 소송을 제기한 자가 원고가 된다.

❖ 제12조

치리회가 기소하여 재판할 때에는 그 회원 중 한 사람이나 혹 두세 사람을 기소 위원으로 선정할 것이니 그 위원이 자초지종(自初至終) 원고가 되어 상회의 판결이 나기까지 행사할 것이다.

만일 소송 사건이 상회에 송달될 때에는 기소 위원은 지원대로 상회원 중에서 자기 변호인을 지명 청구할 수 있고 상회는 그 청구에 의하여 본 회원 중 한 사람 혹은 두 사람을 선정하여 돕게 할 것이다.

| 해 설

기소 위원과 변호인

1. 치리회가 원고가 되어 재판하려 할 때는 치리 회원 중 1~3명을 선정하여 기소 위원(원고)이 되게 하고 기소 위원은 원심 원고가 되어 본 사건이 종결될 때까지(상소되면 상소심 종결까지) 본건에 관한 소송을 수행한다. 즉결 심판의 기소 위원을 제외한 모든 기소 위원은 기소할 때 (a) 고소장 (b) 죄증 설명서를 제출하여 원고가 되어야 한다.
2. 그 사건이 상소될 때에는 기소 위원이 원심 원고이기 때문에 상소심에서는 원심 원고인 기소 위원이 피상소인이 되어 재판을 받는다.

예컨대 당회에서 기소 위원을 내어 재판한 것이 노회로 상소되었을 때 그 당회가 피고가 되는 것이 아니고 원심 원고인 기소 위원이 피고가 되어 자초지종 재판에 임한다.
3. 변호인은 피상소인인 기소 위원을 돕는 역할을 담당한다. 변호인은 기소 위원의 요청에 따라 치리회가 선정하여 직무를 감당케 한다.

❖ 제13조

교인이 다른 사람의 훼방을 당하고 그 치리회에 대하여 그 일의 조사 변명을 구하는 경우에는 그 치리회가 상당한 줄로 인정하면 위원 일인 이상을 선정하여 조사 회보하게 할 것이요 그 치리회는 그 위원의 회보를 접수하여 회록에 기재함으로 그 사건을 종결한다.

▌해 설

조사 변명의 청원

1. 터무니없는 헛소문 때문에 명예가 심히 훼손된 자가 치리회에 그 풍문을 조사하여 그 풍문이 허위임을 확인하고 자신의 결백을 변명해 달라는 청원이다.
2. 풍문을 퍼뜨린 자를 찾아 처벌해 달라는 고소가 아니라 풍문이 허위 사실임을 치리회가 조사하여 자신의 결백을 변명해 달라는 청구다. 이는 양심 자유의 원리를 따라 치리회에 교인의 권리로 조사 변명을 구하는 것이다.
3. 치리회는 합당한 줄 알면 일인 이상의 조사 위원을 선정해서 풍문을 조사하여 사실무근이면 사실무근임을 밝혀 주고 풍문이 재발되지 않도록 회중에게 경고도 한다.

✢ 제14조

다음에 해당한 자의 제기(提起)하는 소송을 접수하려 할 때에는 신중히 고려함이 옳다.

1. 평소에 피고에게 대하여 혐의가 있는 자[45]
2. 성격이 불량한 자[46]
3. 재판 혹 처벌 중에 있는 자
4. 피고의 처벌을 인하여 이익을 얻을 자
5. 소송을 좋아하는 성질이 있는 자
6. 지각이 부족한 자

| 해 설

기각 사유

신중히 고려함이란 앞뒤를 생각하고, 소송 제기자가 취할 이익 및 교회에 미칠 영향을 고려하여 교회에 유익되는 경우는 이를 기각함이 당연하다(즉, 그리스도의 권병을 훼손시키는 사건일 때). 기각(棄却) 시에는 기각 사유와 근거 법조문을 명하게 제시하여야 한다.

1. 신중히 고려해야 할 소송자
   1) 평소에 피고에게 대하여 혐의가 있는 자
   2) 성격이 불량한 자

---

45) 평소에 좋지 않은 감정을 가지고 있는 자
46) 재판하기를 좋아하고 남을 폄하하기를 좋아하는 자

3) 재판 혹 처벌 중에 있는 자
4) 피고의 처벌을 인하여 이익을 얻을 자
5) 소송을 좋아하는 성질이 있는 자
6) 지각이 부족한 자

2. **고소장 접수 시 서기가 해야 할 일**
    1) 노회인 경우 당회나 시찰회의 경유 여부와 부전지(附箋紙)가 적합한지를 살펴야 한다.
    2) 소송의 내용이 제4조에 의해 재판안건이 되는지를 살펴야 한다.
    3) 죄상에 헌법 적용 여부와 죄증 설명서에 증인의 성명 기록 여부를 살펴야 한다.
    4) 원고로서의 적격 여부를 본 조문에 따라 살펴야 한다.
    5) 마태복음 18장 15~17절의 말씀대로 행한 권면진술서 여부를 살펴야 한다.
    6) 고소장을 반려할 때는 그 이유를 정확히 기록한 부전지를 붙여 반려해야 한다.
    7) 소송 내용이 전에 소송하였다가 취소하였거나, 재판에 의해 죄를 벌하지 아니한 사건의 재 소송이라면 일사부재리 원칙으로 반려해야 한다.

제15조
기소인이 치리회에서 선정한 위원이 아니요 자의(自意)로 소송한 자이면 개심(開審)하기 전에 치리회는 먼저 경계하되「송사가 허망하여 너의 악의와 경솔한 심사가 발현되면 형제를 훼방하는 자로 처단하겠다」언명할 것이다.

| 해 설

원고 권고

1. 원고가 치리회에서 선정한 기소 위원이면 개인적 이해 관계나 원한 관계가 아니라 공무집행 차원이므로 고소자에게 경계할 필요가 없다.
2. 원고가 개인으로 이해 관계나 원한관계로 소송하는 경우를 전혀 배제할 수 없으므로 고소인의 고소의 진실 여부를 위하여 원고에게 만일 허위사실로 고소한 것이 발견되면 무고, 명예훼손, 치리회 기만(治理會 欺瞞)을 이유로 처벌할 것임을 미리 통지함으로 경솔한 고소가 없도록 해야 한다.
3. 이는 선서와 마찬가지로 반드시 재판 개심 전에 원고에게 통고하여야 한다.

제3장 고소장과 죄증 설명서

❖ 제16조

소장에는 범하였다는 죄상을 밝히 기록하고 죄증 설명서에는 범죄의 증거를 상세히 기록하는 것이니 범죄의 날짜 및 처소와 정형과 각 조에 대한 증인의 성명을 자세히 기록할 것이다.

| 해 설

고소장과 죄증 설명서

소송을 제기하려면

1. 고소장을 제출하여야한다. 고소장에는 범법한 죄목을 분명하게 기록하여야 한다.
2. 죄증 설명서를 첨부하여야 한다. 소장에 기록된 죄명을 증명하는 설명을 상세히 기록한다. 즉 범죄의 날짜, 장소, 증인 등을 육하원칙(六何原則)에 의거 누가, 언제, 어디서, 무엇을, 왜, 어떻게 하였는가를 상세히 기록하여야 한다. 그리고 증인의 성명, 연령, 주소, 교회직분, 소속치리회 등을 상세히 기록하여 범죄한 사실을 설명해야 된다.

> ❖ **제17조**
> 소장은 1조에 한 가지의 범죄 사건만 기록하되 한 사람에 대하여 여러 가지 범행을 동시에 고소할 수 있고 매 사건에 죄증 설명서를 각기 제출할 것이며 치리회는 결의에 의하여 그 모든 사건을 일시에 재판하되 매 사건을 축조(逐條)하여 가부 결정한다.

해 설

복수 범죄의 고소와 심리

1. 동일인에 대하여 여러 범죄 사건을 고소하고자 할 때는 고소장은 한 장으로 하지만 그 소장에 여러 가지 범죄 사건을 각각 개별로 기록하고 거기에 해당하는 죄증 설명서도 각각 기록하되 한 통에 다 기록하여 제출해도 된다.
2. 각각 재판국을 따로 구성하여 재판하는 것이 아니라 한 재판국에서 동시에 재판하되 "축조(逐條)하여 가부 결정한다."

축조란 해석이나 검토 따위에서 한 조목 한 조목씩 차례로 좇아 하는 것이므로 각각 심의하여 각 죄목별로 유무죄를 각각 판결하여야 한다. 한 재판국이 여러 가지 범법한 사실을 병합심리한다. 그러나 판결은 각 죄목별로 죄가 있는가 없는가를 각각 판결하여야 한다.

제18조

손해를 당한 사건에 피해자 측의 개인 혹 두 사람 이상이 직접 고소하고자 하면 그 소장과 마태복음 18장 15~17절에 기록한 바 주님의 교훈대로 행하여 보았다는 진술서까지 제출할 것이다.

| 해 설

고소 사건의 성립

1. 재판 사건이 성립되려면 소송할만한 범죄 사건과 원고 혹은 기소 위원이 있어야 하고, 피해를 입었다고 주장하는 자가 가해자를 고소하는 고소장이 접수되어야 한다.
2. 고소하기 전에 먼저 가해자를 찾아가 주님의 교훈(마 18:15~17)대로 먼저 사랑으로 권면해야 한다. 그리고 그 권면을 듣지 않으면 믿음의 형제 두세 사람과 같이 찾아가 재차 권면해야 한다.
3. 고소하려고 할 때는 주님의 교훈대로 권면하여도 듣지 아니할시 불가불 고소한다는 사실을 진술하는 권면진술서를 고소장과 함께 제출하여야 한다.

제4장 각 항 재판에 관한 보통 규례

> ❖ **제19조**
> 목사에 관한 사건은 노회 직할에 속하고 일반 신도에 관한 사건은 당회 직할에 속하나 상회가 하회에 명령하여 처리하는 사건을 하회가 순종하지 아니하거나 부주의로 처결하지 아니하면 상회가 직접 처결권이 있다.

해 설

재판의 관할과 상회의 직접 처결권

1. 목사는 지교회 회원이 아니요 그의 소속은 노회에 있으므로 노회가 원심재판권을 행사한다. 따라서 목사에 대한 고소는 노회로 하여야 하고 제1심 재판권은 노회에 있다. 장로교 재판은 원래 삼심 제도(三審制度)가 원칙이나 목사의 사건에 대하여는 대회제가 시행되지 않고 있는 현 시점에서는 총회가 최종심이 되므로 목사에 대하여는 3심이 아니라 2심이 된다. 대회제가 실시되어야 목사에 대한 사건도 삼심인 노회, 대회, 총회 재판이 이루어지게 된다.

2. 교인은 지교회의 소속회원이므로 교인에 대한 재판 사건의 원심재판권(原審裁判權)은 당회에 있고, 항소재판권(항소심)은 노회에 있으며, 상고재판권(상고심)은 대회가 없으므로 총회에 있다(정문 제239문답 참조).

3. 상회의 처결권은 교인은 노회에, 목사는 대회와 총회에 있다.

1) 교인에 대한 일심재판권은 해 당회에 있으나 해 당회가 재판권을 행사하지 않을 때 노회는 재판할 것을 명령할 수 있고, 이 때 해 당회가 고의 또는 과실로 재판권을 행사하지 않을 때는 노회가 교인에 대한 사건을 직접 재판할 수 있다. 그러나 판결 시에도 당회에 어느 날까지 선고하라고 지시하되 상회가 정한 기일이 경과되면 상회가 직접 판결을 선고한다(정문 제229, 234문답 참조).
2) 목사에 대한 사건도 마찬가지다. 대회나 총회가 어느 목사를 무슨 죄로 재판하여 처리하라는 명령을 할 수 있고, 노회가 고의 또는 부주의로 이를 시행하지 않을 때는 대회, 총회가 직접 재판하여 처리 판결할 수 있다.

4. 이에 대해 제77조에는 "하회가 각기 책임을 이행하지 아니하므로 이단과 부패한 행위가 성행하며 뚜렷한 행악자가 징벌을 면하게 되며, 처결한 사건을 회록에 누락하였든지 잘못 기록하였을 때 상회는 이런 사실을 확인하면 하회로 하여금 회록의 검사를 받게 한 후 문부의 잘잘못을 물론하고 그 사건을 처리하되 제76조를 적용한다."고 하였다.

　　이는 범죄사항이 뚜렷하거나 악행이 성행함에도 어떤 사유로 인하여 원심 치리회가 행악자를 치리하지 않음으로 교회의 성결함이 크게 훼손되는 것을 방지하기 위하여 상회가 취하는 예외적 비상조치다. 그러기에 이는 상회가 하회에 대한 재판권을 행사하여야 될 사유를 밝히고 있다(정문 제196문답 참조).

> ✥ **제20조**
>
> 치리회가 재판회를 회집하면 회장이 먼저 그 이유를 공포하고 정중히 처리하기를 선언한 후 그 고소장과 죄증 설명서를 한 번 낭독할지니 만일 원·피고가 당석에서 심문함을 원하지 않고 연기를 청원하면 다음 몇 사건만 행한다.
>
> 1. 고소장과 죄증 설명서 1통을 피고에게 교부할 것(각 조에 대한 증인의 성명도 자세히 기록할 것).
> 2. 원·피고와 그 관계자에게 다음 회에 출석하라는 소환장을 발할 것(10일 이상으로 정함).
> 3. 소환장에는 그 치리회의 명칭을 기록하고 회장 서기가 날인할 것.
> 4. 원고 혹 피고의 청구에 의하여 증인도 출석하게 할 것이요 피고는 자기 증인의 성명을 원고에게 알게 아니하여도 무방하다.

┃해 설

재판회의 회집과 연기 청원

1. 치리권에는 행정 치리권과 재판(권징) 치리권이 있다. 통상적으로 당회, 노회, 대회, 총회 등이 회집되면 자동적으로 행정 치리회가 된다.
2. 그러므로 치리회가 재판 사건을 심의하기 위해서는 행정 치리회를 재판(권징) 치리회로 바꾸어야 한다. 이를 치리회의 변격(變格)이라고 한다.

　　행정 치리회가 재판(권징) 치리회로 변격되면 그때로부터 그 치리회는 재판회가 된다. "치리회가 재판회로 회집한다"는 말이 이런 뜻이다.

3. 치리회가 재판회로 변격되면 회장은 그 사유를 설명하고 고소장과 죄증 설명서를 직접 낭독하든지 서기로 하여금 낭독케 한 후 일반 재판 절차에 의하여 원·피고를 신문(訊問)한다. 이를 당석 재판(當席裁判)이라고 한다.
4. 이때 원·피고 중 어느 일방이라도 연기를 청원하면 10일 이상의 여유를 두고 다음 일정을 정하고 명시된 몇 사건만 처리하고 재판을 연기하여야 한다.
5. 당석 재판을 연기할 때 우선적으로 처리할 사건.
   1) 고소장과 죄증 설명서 1통을 각 조에 대한 증인의 성명도 자세히 기록하여 피고에게 교부해야 한다.
   2) 원·피고와 관계자에게 10일 이상으로 정한 다음 회에 출석하라는 소환장을 발부해야 한다.
   3) 소환장에는 치리회의 명칭을 기록하고 회장 서기가 날인해야 한다.
   4) 원·피고의 청구에 의하여 증인도 출석하게 하되 피고는 자기 증인의 성명을 원고 모르게 해도 무방하다(정문 제242문답).

❖ **제21조 의식 송달**

소환장은 그 치리회가 본인에게 전달할 것이니 본인에게 전달하지 못할 경우에는 최후 거주소에 송달하되 개심하기 전에 의식송달(依式送達)한 증거가 있어야 합당하다.

| 해 설

소환장의 송달

1. 재판회가 재판하기 전 반드시 원·피고에게 소환장을 보내야 한다.
2. 소환장은 원·피고 간 최후 주소지로 지정하되 송달에 불응 시는 배달증명으로 우송해야 할 것이다. 이는 의식송달(依式送達)한 증거가 있어야 하기 때문이다. 우리나라 민법의 통지 발생 효력은 통지문이 발송한 날이 아니라 도달한 날이다.[47]
3. 배달증명으로도 송달에 불응 시는 그 재판을 유보해야 된다.

> ❖ **제22조**
> 피고가 소환장을 받고도 출석하지 아니하면 치리회는 재차 소환장을 발송하되 그 소환장에 대하여 불가피한 사유 없이 출석하지 아니하면 본 권징 조례(34, 39, 47조)에 의하여 시벌하겠다고 밝힐 것이다.
>
> 피고가 두 번 소환을 받고 출석하지 아니하면 궐석한 대로 판결할 것이니 이런 경우에는 치리회가 피고를 위하여 변호할 자를 선정한다. 처음 소환할 때에는 재판 기일을 10일 이상으로 정할 것이나 재차 소환할 때에는 치리회가 형편에 의하여 기일을 정할 수 있고 증인 소환도 예에 준할 것이다.

▎해 설

재차 소환과 결석 재판

1. 소환장에는 소환사유를 분명하게 기록할 것이요, 고소인 아무개가

---

[47] 민법 제111조(의사표시의 효력발생시기) ① 상대방이 있는 의사표시는 상대방에게 도달한 때에 그 효력이 생긴다.

귀하를 무슨 사건으로 고소한 건을 심리하기 위하여 소환하는 것임을 밝혀야 한다. 동시에 고소장과 죄증 설명서 사본을 송달하여야 한다. 이는 피고의 방어권을 보호하기 위함이다. 소환장에는 재판 일시, 장소 등이 명기되어야 한다.
2. 2차 소환장에는 불가피한 사유, 병고 등 불가항력적 사유 없이 소환에 불응하면 제34, 39, 47조에 의거 시벌할 것임을 명기해야 하고, 이러한 통지 없이 시벌함은 불법이다.
3. 처음 소환할 때는 재판 10일 전에 도달하여야 한다. 두 번째부터는 치리회(재판국)의 형편대로 정할 수 있다.
4. 피고가 두 번 이상 재판국 소환에 출석하지 않을 시 궐석 재판(闕席裁判)[48]을 하려면 재판국이 직권으로 피고를 위하여 변론할 변호인을 선임하고, 그 변호인의 변론을 들은 다음 궐석 재판을 할 수 있다. 이는 형사 재판에서 피고가 변호사를 선임하지 못할시 법원이 국선 변호사를 선임하는 제도와 동일하다.

✥ 제23조
피고는 소환장에 정한 기일대로 그 치리회에 출석할 것이요 사고가 있으면 대리인으로 출석하게 할 수 있다.

1. 피고는 아래와 같은 경우에 소원을 제출할 수 있다.
    1) 그 치리회가 정규에 의한 집회가 아닌 줄로 인정하는 때
    2) 소송 사건에 대하여 비법 간섭인 줄로 아는 때
    3) 고소장이나 죄증 설명서가 양식에 위반되거나 헌법 적용이

---

48) 궐석 재판은 결석 재판으로 순화하여 부르는 것이 좋다.

부적당한 줄로 인정하는 때

　4) 기타 중요한 사건에 대하여

2. 치리회는 재판하기 전에 그 소원에 대하여 원고 및 피고의 변명을 듣고 그 직권에 의하여 다음과 같이 처단할 수 있다.

　1) 재판을 각하(却下)하는 일

　2) 공평 정직하기 위하여 그 고소장이나 재판 기록에 위반된 것을 그 사건의 본 성질을 변동하지 아니하는 범위 안에서 개정(改正)하기를 허락하는 일

3. 치리회는 그 고소한 사건이 적법적이요 고소장과 설명서가 재판할 가치가 있는 줄로 인정하면 피고에게 향하여 그 소송의 사실에 대하여 승인 여부를 심문할 것이요 그 공술은 유죄라든지 무죄라든지 부답(不答)이라든지 다 회록에 기록하고 재판하여 처리할 것이다.

해 설

피고의 출석과 항의

피고는 소환장의 정한 기일에 출석하여야 하며 사고가 있으면 대리인으로 출석하게 해야 한다.

1. 피고가 소원을 할 수 있다는 것은 재판회가 행정절차 및 행정상 하자가 있을 때 곧 본 조문 1항 1) 2) 3) 4) 같은 경우 소원을 제출할 수 있는 최소한의 방어권이다.
2. 치리회는 재판건 전에 소원 건을 우선으로 처리해야 한다. 본 조에서 소원(訴願)은 하회의 부당한 처결의 시정과 변경을 상회에 요구

하는 제9장의 소원(訴願)이 아니라 본 치리회에 제출하는 항의(抗議)이다. 왜냐하면 본 조의 소원 대상을 처결하는 회가 상회가 아니라 본 치리회이기 때문이다(본 조 2항 3항의 '원고와 피고' '고소장과 죄증 설명서' 등 참조).
3. 치리회는 재판하기 전 그 소원에 대하여 원·피고의 변명을 듣고 직권에 의하여 재판을 각하하거나 그 사건의 성질이 변동되지 않는 범위 안에서 소장이 불완전할 시 개정하도록 허락해야 한다.[49]
4. 치리회가 재판 시에 피고에게 고소장에 대해 사실 여부와 승인 여부를 심문하도록 되어 있다. 즉 피고로부터 진술을 듣고 재판하여 처리해야 한다.

❖ 제24조

본 치리회는 재판하기 위하여 개회 날짜를 정하고 원·피고에게 정식 통지를 발한 후에 다음 순서에 의하여 처리한다.

1. 증인을 심문하되 원고는 피고의 증인에 피고는 원고의 증인에 대하여 각각 대질(對質)할 수 있으며 그 밖에도 정당한 증거를 제출할 수 있고
2. 그 후에 원고나 피고는 증거를 반증(反證)하기 위하여만 새 증인이나 새 증거를 제출할 수 있다.
3. 재판 중에 쌍방의 새 증거가 발견되면 치리회가 채납할 수 있으

---

49) ① 재판을 진행하던 중 교회에 무익이 되거나 혹 해가 될 염려가 있으면 피고의 승낙으로 정지할 수도 있다(정문 제 245 문답).
② "재판 사건에 대하여 의사가 명료하고 수속이 적법하나 서식이 불완전할 시는 정정 수리하는 것이 가하다."(1929년 제 18 회 총회 결의).

나 채납하기 전에 피고에게 증인의 성명과 증거의 성질을 통지하되 치리회가 상당한 유예 시간을 주기로 공평히 작정한다.
4. 증인의 말을 청취한 후에 원고 피고가 진술한다.
5. 치리회는 즉시 원고 피고와 변호인과 방청인을 일체 퇴석하게 하고 비밀회를 연다.
6. 본 치리 회원만 합의(合議)한다.
7. 고소장과 설명서의 각 조에 대하여 일일이 가부 결정한다.
8. 본 안건 전부에 대하여 결정하고 그 최후 결정은 회록에 기록한다.

해 설

재판의 절차

구체적인 재판의 절차는 개정 기도, 재판회(국)원 호명, 개정 선언, 고소장과 죄증 설명서 낭독, 원고와 피고 권고, 증인 선서, 원고의 증인 심문과 피고의 증인 심문(원고와 피고), 원고 심문, 피고 심문, 변호인 변론, 투표, 회의록 및 판결문 채택, 선고, 폐정 기도, 폐정 선언, 본회 보고 등으로 진행한다.[50]

본 조 3항에서 "채납(採納)할 수 있으나"의 뜻은 치리회가 의견이나 요구 등을 가려서 받아들인다는 의미이다. 본 조문은 소송 심리 절차로서 재판할 때 반드시 이 소송 심리 절차를 그대로 지켜야 한다는 규정이다.

---

50) 노회와 총회 재판국의 판결과 본회 보고 사이의 판결 효력은 제13장 재판국에 관한 규례에서 해설하였다.

❖ 제 25 조

본 치리회는 고소장과 설명서와 피고의 답변과 최후 결정과 모든 처리 조건과 명령한 것과 그 이유를 회록에 밝히 기록하고 상고될 때는 그 상소한다는 예고와 그 이유도 상세히 기록할 것이다.

쌍방의 구술(口述)과 각 항 서류를 수집하여 서기가 서명 날인하면 완전한 재판 기록이 된다.

| 해 설

재판 회의록

재판회 서기는 재판 회의록을 상세히 기록하고 서명해야 한다.

❖ 제26조

최상급회를 제한 외에 다른 치리회에서 심리하는 안건에 대하여는 원고 피고가 반항할 수 있고 그 반항하는 것을 회록에 기재할 것이다.

| 해 설

원고와 피고의 항의권

원·피고는 상회(총회) 재판국 외에는 반항권이 있으나 그 반항에 대하여는 재판회록에 기록해야 한다.

✥ 제27조

원고와 피고는 변호인을 사용할 수 있고 구두(口頭) 혹 서면으로 답변을 제출할 수 있다.

1. 본 장로회 목사 혹 장로 아닌 자를 변호인으로 선정하지 못할 것이요 변호인 된 자는 그 재판 회합 의석에 참여하지 못한다.
2. 치리회가 소송의 원고가 될 때는 기소 위원(제12조에 말한 위원)과 상회에서 선정한 변호인이 치리회의 변호인이 된다.

단, 누구를 물론하고 변호 보수금을 받는 것은 불가하다.

해설

변호인

1. 원고와 피고의 변호인은 변호인 선임계(選任屆)를 치리회에 교부함으로 변호인이 된다.
2. 변호인의 자격을 본 교단에 소속된 정년 이전의 목사 또는 장로라야 한다. 이것은 현재 시무 중이어야 하고, 본 교단의 헌법과 전통과 규례를 학습한 자라야 된다는 원리이다(정문 제241문답).
3. 원심 치리회에서 선임한 기소 위원은 상소심에서 하급 치리회를 위한 변호인이 된다.
4. 변호인은 보수금을 받지 못한다. 그러나 다른 사람을 변호해 주기 위하여 노회와 대회, 총회 재판국 등에 출석할 시 교통비와 식사비 등 실비는 제공해야 하는데 이는 보수금이 아니기 때문이다.

❖ 제28조

재판 진행중에 규칙 혹 증거에 대하여 쟁론이 발생하면 회장은 상대방의 변명을 들은 후 직권으로 시비를 결정할 것이니 회원 중 누구든지 그 결정에 불복하는 자는 그 재판회에 항의할 것이요 그 항의에 대하여는 이의(異義) 없이 회장이 즉시 가부 취결할 것이다. 이런 결정은 원고 혹 피고의 지원에 의하여 회록에 기재한다.

▎해 설

재판회(국)원의 쟁론과 해결

1. 재판을 진행하다 보면 규칙이나 증거 능력 유무에 대하여 국원 간에 견해가 다를 수 있다. 이때는 회장(국장)이 직권으로 유권적 해석을 한다.
2. 만일 이때 반대 의견이 있을 때 원고 또는 피고의 요구가 있으면 이 사실을 회록에 기록하여야 한다. 왜냐하면 후일 이 사실을 이유로 소원할 수 있기 때문이다.

❖ 제29조

재판할 때 처음부터 나중까지 출석하여 전부를 듣지 아니한 회원은 원고 피고와 그 재판 회원이 동의 승낙하지 아니하면 그 재판에 대하여 투표권이 없고 최상급 재판회를 제한 외에는 정회 혹 휴식을 불문하고 개회 때마다 호명하고 결석한 회원의 성명은 회록에 기재한다.

해 설

재판회(국)원의 점명

1. 재판국원이 어느 사건에 대하여 결심 투표를 하려면 그 사건의 실체적 진실을 100% 파악하는 것이 전제되어야 한다. 그러기 위하여 매 재판 때마다 참석하여 원·피고의 주장을 직접 들어야 한다. 만일 단 한 번이라도 재판회에 빠졌다면 이는 사건의 전모를 왜곡되게 파악하여 예단(豫斷)에 의한 판결을 할 수 있기 때문에 단 한 번이라도 결석하면 원·피고 및 다른 국원이 동의하지 아니하면 결심 공판에 투표권이 없다.
2. 한 번이라도 결석한 국원이 결심 공판에 참여하여 판결에 투표권을 행사하려면 원고, 피고, 타 국원 전원의 동의를 얻어야 한다.
3. 총회 재판국에서는 정회나 휴회하였다가 속회 시에 불참하여도 판결권(투표권)에 영향이 없다. 왜냐하면 총회 재판국은 사실심이 아니라 서류심(書類審), 법률심(法律審)이기 때문이다.

❖ **제30조**
원고와 피고는 등사비를 제공하고 그 안건 기록 등본을 청구할 수 있다.
 상소 안건은 판결한 후 기록과 상소 판결문을 원 하회(原下會)에 내려 보낸다.

해 설

재판 회의록 등본 청구권

판결 후 재판회록은 원·피고에게는 비밀사항이 아니며 동시에 당사자의 사건이므로 회록을 등본해 주어야 한다.

또한 상소 안건은 판결 후 기록과 상소 판결문을 원 하회에 내려 보내어 상소심의 자세한 내용을 원 하회로 알게 해야 한다.

❖ 제31조
치리회가 시벌하거나 해벌하는 때에는 장로회 예배 모범 제 16, 17장의 규정한 바에 의하여 처리함이 옳다.

┃해 설

시벌과 해벌의 방법

1. 치리회가 시벌할 권이 있으나 해벌할 권도 있다. 그러나 치리회가 재판권을 행사할 때는 예배 모범의 법을 좇도록 한 것은 시벌이나 해벌도 신중하게 법도대로 하라는 것이다.

    더욱 시벌을 예배 시간에 하나님 앞에서 공포하며 위하여 기도하고 특히 출교나 면직을 당한 자를 해벌할 때 교회 앞에서 문답을 하고 권면과 위로와 공포를 하고 위하여 기도하게 된다.

    따라서 예배 의식에 준거해서 행하게 한 것은 권징과 해벌이 땅에서 매거나 풀면 하늘에서도 매고 풀게 되기 때문이다(권징의 이유와 권징의 자세 - 정문 제212, 213문답 참조).

2. 예배 모범은 장로교의 제도상 가장 모범적 예배의 규범으로 교회 예배 의식에는 "권징"이 포함되어 있다. 그래서 1922년판 원 헌법 제7장 교회 예의(禮儀)와 율례(律禮)에서 "정당한 법규를 좇아 설립한 교회에서는 마땅히 교회의 수(首-머리)되신 기독(基督)의 설립하신

예의와 율례를 준수할지니, 그 예의와 율례는 좌(左)와 여(如)하나니라(고전 14:26, 33, 40)" 하고 "10. 권징"으로 기록하였고 지금까지도 헌법정치의 예배 의식에 권징이 기록되어 있다(마 18:18, 정치 제7장 10항, 예배 제16장, 제17장, 정문 제135문답).

✥ 제32조
치리회는 회원 3분의 1의 가결로 비밀 재판회를 열 수 있다.

해 설

비밀 재판회

1. 장로회 모든 치리회는 공개 회의이다. 그러므로 당회의 회의는 대중에게 고지하지 않아야 할 사항이나 그 외 비공개로 재판해야 하는 경우 비공개로 회집할 권리가 있다(정문 제286문답).[51] 제7회 총회가 장로회 각 치리회 보통 규칙을 제정하였는데 동 규칙 총론 7항에 회의의 기본 원칙에는 모든 회는 공개하고 비밀 회의는 하지 말라고 결의되어 있다.
2. 동 규정에는 "이해를 초월하여 공개하는 것이 비밀히 하는 것보다 낫다."고 하였다.
3. 일반 법정에서 재판은 공판, 곧 공개 재판을 한다. 다만 공개 재판을 하지 못하는 재판으로는 '간첩사건'처럼 정보 공개를 할 수 없는 사건과 개인 사생활 중에 '간통', '강간' 사건과 같은 사건들은 방청인을 퇴석시키고 재판하게 된다.

---

51) 『교회 정치문답조례』 제809 「각 치리회 보통회의 규칙」(General Rules for Judicatories) 38항 참조.

4. 각 치리회의 재판하는 사건을 비밀로 해야 하나님의 영광을 가리지 않고 교회의 덕을 세울 수 있다고 판단되면 치리회 회원 3분의 1의 가결로 비밀 재판회를 열 수 있다는 조항이다.

❖ 제33조

치리회가 교회의 덕을 세우기에 합당한 듯하면 재판이 귀결되기까지 피의자의 직무를 정지도 하고 성찬에 참여 못하게도 할 수 있으나 이런 경우에는 그 안건을 속히 판결함이 옳다.

| 해 설

피의자 직무의 정지

1. 사건이 중대하여 피고가 계속 시무하는 것이 교회에 덕이 되지 않는다고 판단될 시 재판 종결 이전에 직무 정지 또는 수찬 정지까지 할 수 있다.
2. 이것은 어디까지나 가처분이기 때문에 피고의 권익을 위하여 본 재판을 신속히 종결해야 한다(제46조).

제5장 당회 재판에 관한 특별 규례

> ❖ **제34조**
> 당회는 피고가 재차 소환을 받고도 출석하지 아니하거나 대리 변호인도 파송하지 아니하거나 출석하였다 할지라도 심문에 대하여 응답하기를 불응할 때는 그 패려함을 회개하고 당회에 복종하게 될 때까지 시벌할 것이다.

∣해 설

피고의 소환 불응과 그 처결

1. 소환 불응죄: 제22조, 제39조 해설을 참조하라.
2. 교회법에서는 묵비권을 인정하지 않는다.
   일반법에는 자기에게 불리한 진술을 아니할 권리가 보장되나, 교회법은 살아계신 하나님 앞에서 진술하는 양심법이요 신앙법이기 때문에 진실을 진술할 의무가 있다.
3. 당회의 재판에 대리 변호인도 파송하지 않거나 출석하여도 심문에 불응하면 그 패려(悖戾)[52]함을 회개하고 당회에 복종하게 될 때까지 시벌할 수 있다.

---

[52] 패려(悖戾) - 언행과 성질이 거칠고 비꼬인 행위를 뜻하는 바 곧 치리회에 대하여 대적하는 모습을 의미한다.

❖ 제35조

당회가 정하는 책벌은 권계(勸誡), 견책(譴責), 정직, 면직, 수찬 정지, 제명, 출교니 출교는 종시 회개하지 아니하는 자에게만 한다.

단, 해벌은 그 회개 여하에 의하여 행하거나 이에 준할 수 없는 경우에는 그 치리회가 의정(議定)할 것이다.

▎해 설

당회의 시벌과 해벌

당회가 정하는 책벌이라고 했으나 치리회 동일체 원리에 의해서 모든 치리회에서도 동일한 종류의 책벌을 한다. 따라서 "당회가 정하는 책벌"은 "치리회가 정하는 벌"로 치리회가 권징할 수 있는 책벌은 다음과 같다(정문 제208, 209문답).

1. 평신도들에게 권징하는 벌

1) **권계**(勸戒, Admonition)
   잘못을 지적하여 타이르고 훈계하는 것을 지칭한다.
2) **견책**(譴責, Reprimand)
   잘못을 꾸짖고 앞으로 그런 일이 없도록 주의시키는 것을 지칭한다. 견책은 권계보다 엄한 징계(시벌)의 일종이다.
3) **수찬 정지**(受餐停止, Suspension the Communion service)
   성찬에 참례하지 못하게 하는 벌로 수찬 정지는 그리스도와의 교제 단절을 의미하는 징벌이다. 수찬 정지의 벌은 타 종류의 벌에 병과할 수도 있다. 예컨대 면직일 경우 수찬 정지도 병과할 수 있다.

그리고 수찬 정지에는 정직 이하의 벌이 자동 포함된다. 즉 수찬 정지를 받으면 자동으로 직분이 정직이 되고 시무 정지가 된다. 왜냐하면 상위 처벌은 하위 형을 내포한 것이 되며 수찬 정지는 그리스도와의 교제 단절을 의미하기 때문에 그리스도의 일인 교회 일을 할 수 없는 것은 당연하다.

4) **제명**(除名, Dismiss from Membership)

제명이란 치리회 명부에서 그 이름을 삭제하는 것으로 행정 치리와 권징 치리로 다 할 수 있는 행정 행위이기도 하며 권징 행위가 되기도 한다. 교인이 이명서 없이 타 교회, 타 노회, 타 교단으로 갔을 때와 목사가 그 직을 포기하거나, 자유로 교회를 세웠을 때와 이명서 없이 타 교파에 가입하면 제명 처리하게 된다(제52조, 제53조, 제54조).

5) **출교**(黜敎, Excommunication)

출교란 교회에서의 추방을 의미한다. 회개하지 아니하는 자에게만 하는 그리스도의 몸에서 분리되는 최고의 벌로 그리스도의 은혜를 받지 못함을 의미해서 출교된 자와는 이단자와 같이 교제할 수 없다(고전 5:11~13, 딤전 1:19~20).

2. 직원들에게 권징하는 벌

직분자에게는 위의 다섯 가지를 포함하여 다음과 같은 권징을 할 수 있다.

1) **정직**(停職, Suspension from Office)

신분은 그대로 유지한 채 일정 기간 동안 직무를 정지 당하는 처분이다. 즉 교회의 직분(목사, 장로 등)을 유지한 채 일정 기간 동안(또는 무기한) 그 직분의 직무에 종사하지 못하게 하는 권징이다.

정직은 유기 정직과 무기 정직이 있다. 유기 정직은 정한 기한이 지나면 당회장의 선언으로 시무하게 되고 무기 정직은 해벌해야 시무할 수 있다.

2) **면직**(免職, Deposition from Office)
직분을 박탈하여 그 직무에서 물러나게 하는 것만이 아니라 평신도의 신분으로 돌아가게 하는 벌이다. 즉 목사가 면직되면 노회는 평신도의 이명 증서를 주어 원하는 교회로 가게 하고, 장로가 면직되면 직분 없는 평신도의 신분이 된다.

❖ 제36조
그 죄에 대하여 작정한 것을 교회에 공포 아니하기도 하며 공포할지라도 그 교회에나 혹 관계되는 교회에서만 할 것이다.

▍해 설

시벌의 공포

1. 재판 결과를 예배 시간에 무분별하게 공포하지 말아야 한다.
   본 조항에서 비공포보다 공포가 더 예외적이다.
2. 재판의 결과(판결문)를 원·피고 당사자에게만 통지한다.
3. 교회에 공포할 경우에는 그 원·피고의 교회나 사건과 관계된 교회에서만 공포하여야 한다. 즉 시벌은 당사자에게 선고하는 것이 원칙이다.
   다만 널리 알려진 사건(뚜렷이 범한 죄)이거나 많은 사람에게 피해를 준 사건, 또한 피해를 줄 수 있는 사건이라면 공개 책벌해야 한다(정문 제393문답). 또한 무기 책벌, 면직, 출교는 전 교회(全 敎會)

앞에 공개 책벌해야 한다(예배 모범 제16장 1항, 정문 제209문답).

제6장 직원에 대한 재판 규례

❖ 제37조
복음의 영예와 발전은 목사의 명성에 관계됨이 많으므로 노회는 마땅히 조심하여 소속 목사의 개인적 행위나 직무상 행위를 자세히 살필지니 그 목사됨을 인하여 편호(偏護)하여 불공정한 판결을 하지 말며 혹 그 죄를 경하게 벌하지 말 것이나 또한 목사에 대하여 사소한 곡절로 소송하는 것을 경솔히 접수하지도 말 것이다.

| 해 설

목사 관련 소송의 유의

목사에 대한 사건은 신중하게 처리하라는 훈시 규정이다. 왜냐하면 목사의 명예가 곧 교회와 하나님의 영광과 직결되어 있기 때문이다.

1. 목사에 대하여 기소할 내용은 무엇이 있는가?

   목사에게 대하여 기소할 만한 일은 아래와 같다.
   1) 언행이 서로 다른 목사의 개인적인 신앙생활에 대하여 기소할 수 있음.
   2) 이단이나 분리 혹은 장립 맹세 위반 등 목사의 직무상 범죄에 대하여 기소할 수 있음.

3) 그러나 사소한 일로써 기소하지 못하고 중대한 사건이어야 하고, 확실한 사건이어야 하고, 기록한 소장이 있어야 재판을 받을 수 있다(정문 제389문답).

2. 목사, 장로에 대한 소송은 확실한 증인 두세 명이 있어야 한다. 디모데전서 5장 19절 "장로에 대한 고발은 두세 증인이 없으면 받지 말 것이요."

3. 목사에 대하여 교인이 고소한 경우 노회는 재판하여 교인에게 시벌해야 할 경우 시벌의 집행은 해 당회에 위촉하고 집행 전말을 노회가 보고를 받도록 해야 한다(정문 제207문답).

❖ 제38조

목사가 본 주소에서 떠나 먼 곳에 있어 피소된 때 그 본 노회가 실정은 알 도리가 없고 그 소송 발생한 지방을 관할하는 노회가 유죄한 줄로 생각하면 그 사건의 성질이 어떠한 것을 당연히 그 본 목사의 노회에 통지할 것이요 본 노회는 그 통지를 접한 후에 그 사건이 종교상 명예에 관계되는 것이면 즉시 재판하는 것이 옳다.

│해 설

목사의 재판 관할

1. 목사가 본 주소에서 떠난 곳에서 피소되면 목사의 소속 노회가 실정을 알 수가 없다.
2. 목사가 피소된 지역의 노회가 유죄한 줄로 판단하면 그 사건의 성질

이 어떠한 것을 그 목사의 본 노회에 통지해야 한다.
3. 본 노회는 그 통지를 접수한 후에 그 사건이 종교상 명예에 관계되는 것, 곧 권징의 대상이 된다고 판단되면 즉시 재판하는 것이 옳다.

> ❖ **제39조**
> 피고된 목사가 재차 소환함을 받고 자기도 출석하지 아니하고 변호인도 파송하지 아니하면 노회는 그 거역함을 인하여 정직함이 옳고 삼차 소환에도 출석하지 아니하거나 대리할 변호인도 파송하지 아니하면 수찬 정지에 처할 것이다.

| 해 설

목사의 소환 불응과 처결

1. 목사에게는 평신도보다 더 높은 도덕적 종교적 의무가 있고 법률 준수 의무가 있다.
2. 그러므로 목사가 소환에 불응하면 평신도보다 더 엄한 책임을 물어야 함은 당연하다. 그래서 목사의 소환 불응죄에 대하여는 가중 처벌한다.
3. 피고된 목사가 2차 소환에 불응하고 변호인도 선임하지 않으면 곧바로 그 죄만으로 정직(停職)하고, 3차 소환에 불응하면 그 죄만으로도 수찬 정지에 처할 수 있다(정문 제388문답). 본 조항은 강제 규정이다.

❖ 제40조

어느 치리회를 물론하고 소송 중에 있을 동안에는 그 치리회의 결의에 의하여 일반 의사에 언권과 투표권을 정지하게 할 수 있다.

| 해 설

소송 당사자의 권리 정지

소송 당사자가 일반 의안 심의에 참가하여 발언하고 결의권까지 행사하게 된다면 소송 안건 심의에 직, 간접적으로 영향을 미칠 수 있는 가능성을 배제하기 어려우므로 치리회의 결의로 소송과 관계 없는 일반 안건 심의에서도 언권과 투표권을 정지할 수 있다(제98조).

❖ 제41조

피고를 정죄하게 되면 권계나 견책이나 정직이나 면직(정직이나 면직할 때에 수찬 정지를 함께 할 때도 있고 함께 하지 아니할 때도 있다)이나 출교할 것이요 정직을 당한 지 1년 안에 회개의 결과가 없으면 다시 재판할 것 없이 면직할 수 있다.

단, 해벌할 때는 제35조의 단항(但項)을 적용한다.

| 해 설

시벌과 해벌

1. 피고를 정죄할 때 정직이나 면직에 수찬 정지를 함께 할 수도 있다.

2. 수찬 정지를 시키면 정직과 그 이하의 벌이 함께 주어진다는 의미도 있다.
3. 면직에는 직분자의 명부에서 제명되는 벌이 함께 주어진다. 마찬가지로 출교된다면 의당 제명이 된다.
4. 직분자가 정직을 당한 지 1년 안에 회개의 결과가 없으면 다시 재판할 것 없이 면직할 수 있다[53](정문 제209문답).
   이 경우 목사 명부에서 삭제하지 못한다(정문 제385문답)

❖ 제42조
목사가 이단을 주장하거나 불법으로 교회(노회, 총회)를 분립하는 행동을 할 때에 그 안건이 중대하면 면직할 것이다(그 행동이 교리를 방해하려 하여 전력으로 다른 사람을 권유하는 형편이 있는지 지식이 부족한 중에서 발생하고 도에 별로 해되지 아니할 것인지 심사 후에 처단함이 옳다).

| 해 설

이단과 교회 분립의 죄

목사가 이단을 주장하거나 교회를 불법 분립하는 경우 그 사건이 중대하면 면직하여야 한다. 이는 강제 규정이다. 단, 목사가 이단을 주장할 경우에는 고의성이 있는지 무지로 인한 단순한 실수인지를 규명한 후 고의성이 없거나 무지로 인한 단순한 실수라면 면직을 하지 않고 계도

---

[53] 재판에 의하지 아니하고 정직 후 면직된 목사의 성명은 목사 명부에서 삭제하지 못한다(정문 제385문답).

(啓導)하는 방향으로 처리함이 옳다.

❖ 제43조
노회가 심사한 결과 그 안건이 사소한 사건이요 교인들도 그의 반성을 족한 줄로 알고 목사 시무에도 구애됨이 없으면 그 사건이 다시 발생하지 않도록만 처리하고 그 소송 사건을 취하(取下)하게 할 것이다.

l 해 설

고소의 취하

1. 노회가 심사한 결과 목사의 피소 사건이 사소한 사건이며,
2. 교인들도 목사가 잘못을 시인하고 반성하는 것을 보고 족한 줄 알아 목사의 시무에 지장이 없게 되면,
3. 노회는 목사에게 잘 지도하여 다시 유사한 사건이 발생하지 않도록 처리하고 소송은 취하하게 한다.

❖ 제44조
악행을 인하여 목사직 해직을 당한 자가 깊이 회개할지라도 오랫동안 특별히 모범될 만한 겸손과 덕을 세우는 행위가 뚜렷하여 그 소재지 치리회의 관찰에, 교역에 종사함이 도에 방해가 되지 아니할 줄로 확인할 때는 목사로 임직하되 당초 면직한 치리회가 직접 행사하든지 그 회의 결의대로 위탁받은 치리회가 행사할 것이다.

해 설

목사직의 면직과 복직

1. 목사의 복직권은 면직한 치리회에 있다.
2. 면직된 목사가 치리회 관할을 벗어나 멀리 떠나 있을 때는 면직한 치리회의 결의로 현재 거주하는 지역을 관할하는 치리회에 복직권을 위탁할 수 있다. 이때 복직된 목사의 소속은 복직권을 위탁받은 노회에 있다.[54]

> ❖ **제45조**
> 지교회에 담임 목사 된 자가 면직을 당하고 출교는 되지 아니하였으면 노회는 그 해직됨을 선언할 것이요 이런 경우에는 그에게 평교인의 이명서를 주어 원하는 지교회로 보내되 이명서에는 그 정형을 자세히 기록할 것이다. 담임 목사를 정직할 때는 그 담임까지 해제할 수 있으나 상소한다는 통지가 있으면 그 담임을 해제하지 못한다.

해 설

면직과 정직 목사의 상소와 그 효력

1. 목사가 면직되면 담임도 해제되고 평신도의 신분이 된다. 목사가 노

---

54) 벌 받은 사실까지 기록한 이명서를 발급했으면 이명 받은 치리회에 해벌과 복직권이 있다.

회 재판을 통해 면직 치리되었으면, 그 즉시 면직 처리가 되어 상소한다고 해도 면직 상태에서 총회 재판까지 받게 된다. 이런 경우에는 그 안건을 속히 판결함이 옳다(제33조, 제46조).
2. 정직될 때는 담임까지 해제할 수 있으나 상소 통지가 있으면 담임을 해제하지 못한다. 담임 해제는 상회 판결이 날 때까지 못하니, 교회가 작정한 생활비는 지출해야 하고, 정직 상태라 할지라도 담임 목사의 직이 유지되고 있으므로 상회 판결이 날 때까지 노회나 교회가 타 목사를 담임 목사로 세우려고 하지도 못한다.[55]

❖ 제46조

노회는 교회에 덕을 세우기 위하여 피소된 목사의 직무를 임시 정지할 수 있으나 이런 경우에는 그 재판을 속결함이 옳다.

| 해 설

목사 직무의 임시 정지

본 조는 본안 심리가 진행 중에 피소 목사의 직무를 임시 정지시키거나 심한 경우 수찬 정지(권징 제4장 제33조)가 가능하도록 하였다. 이때 유의할 점은 이 권한이 재판국이 아니라 노회라는 사실이다. 목사의 위임 해제나 직무 정지는 오직 노회의 소관이기 때문이다.

피소된 목사는 대개 담임 목사이니 원고 교인에게 보복하려는 심사

---

[55] "담임 목사를 정직할 때라고 한 정직권은 목사직 정직을 뜻하는 것이며, 권징 제100조에 의하여 상회 결정이 나기까지는 노회 결정대로 되는 것이다(1965년 제50회 총회 결의)."
공술(供述)은 증인이 사실대로 증언한 내용을 말한다. 진술과 같은 뜻이다.

로 설교나 심방 또는 다른 교인을 통해 나타날 수도 있으니 그 재판을 속결함이 옳다(제33조의 해설을 참조하라).

> ✥ **제47조**
> 장로 및 집사에 대하여 재판할 사건이 있으면 본 장 각 조에 해당한 대로 적용할 것이다.

| 해 설

장로와 집사의 재판

장로 집사에 대한 고소 사건이 있어 재판하게 될 때 본 장 각 조에 기록된 규정대로 재판하게 된다. 곧 각 조의 목사의 재판에 대한 규정이 피고소인인 장로 집사에게 그대로 적용된다.

제7장 즉결 처단의 규례

> ✥ **제48조**
> 누구든지 치리회 석상에서 범죄하거나 다른 곳에서 범죄한 것을 자복할 때는 치리회가 먼저 그 사실을 청취한 후 즉시 처결할 수 있다.
>
> 1. 치리회 석상에서 범죄한 자는 그 재판에 대하여 2일 이상의 연기

를 청구할 권이 있다.
2. 이런 경우에는 범죄 사실과 결정한 이유를 회록에 상세히 기록할 것이요 다른 안건과 같이 상소할 수 있다.

해 설

즉결 심판의 대상과 피고의 권한

1. 즉결 처단의 규례란 권징 조례에 의한 일반적이고 통상적인 재판 절차 없이 약식으로 재판하는 규례라는 의미다. 즉, 원고나 기소 위원을 선임하고 고소장과 죄증 설명서와 증인을 세우고 피고를 10일 선기(先記)하여 소환하고 신문하는 등 이러한 재판 절차를 생략해도 무방한 것은 치리 회원 앞에서 범죄했으니 범죄한 여부에 대하여 증인을 세워야 할 사안이 아니기 때문이다.
2. 즉결 처단을 하려면 치리회를 권징 치리회로 변격하든지 재판국을 구성하여 재판하여야 한다. 그리고 반드시 치리회 석상에서 행한 범죄라야 즉결 처단할 수 있다.
3. 즉결 처단을 할 수 있는 범죄가 성립되려면 다음의 요건을 갖추어야 한다.
   1) 치리회 석상에서 행한 범죄라야 한다.
      치리회란 당회, 노회, 대회, 총회이다. 그러므로 즉결 처단을 할 수 있기 위해서는 당회, 노회, 대회, 총회의 회의석상에서 행한 범죄라야(정치 제8장 제1조 참조) 하며, 치리회가 회의 중일 때라야 한다. 그러므로 정회 또는 휴회 중일 때에 행한 범죄는 즉결 처단할 수 없다.
   2) 치리회 석상이 아닌 다른 장소와 때에 행한 일이지만 본인이 스

스로 자복할 때는 바로 재판할 수 있다. 본인이 스스로 자복한 범죄는 기소 위원이 기소하거나 죄증 설명이 필요 없기 때문에 즉결 처단할 수 있다(정문 제209, 271, 391문답).

3) 기소한 후에라도 피고가 미리 자복하는 경우에는 바로 재판할 수 있다.

4) 입교인이 자기는 성찬에 참여할 자격이 없다고 당회에 고백할 때, 1년 이상 교회의식에 참석하지 않을 때, 이명 없이 타 교회에 가입할 때에는 즉결 처단으로 제명할 수 있다(제49조, 51조, 53조).

5) 목사가 본 총회의 관할을 배척하고 그 직을 포기하거나, 자유로 교회를 설립하거나, 이명 없이 다른 교파에 갈 때에는 즉결 처단으로 제명할 수 있다(제54조).

6) 즉결 재판을 하려 할 때 피고는 재판을 2일 이상 연기하여 줄 것을 청구할 권이 있다. 치리회 석상에서 행한 범죄는 피고뿐 아니라 치리회 회원들도 흥분된 상태에 있기 때문에 냉정하고 이성적인 재판을 하기보다 감정적으로 재판할 우려가 있다. 그러므로 피고가 2일 이상 재판을 연기하여 줄 것을 요구하면 반드시 연기하여야 한다.

7) 이때 치리회는 범죄 사실과 즉결 처단하려는 이유 및 연기한 사실을 회록에 명백히 기록하여야 하며 피고는 즉결 처단에 대하여 상회로 상소할 수 있다.

제49조

재판할 만한 범죄가 없는 입교인이 당회에 자청하기를, 자기는 성찬에 참여할 자격이 없노라 자인할 때는 당회가 이 사건을 신중히 고려하여 그 청원이 도리에 대한 오인(誤認)이 아닌 줄로 확인하면 그 청원을 임시로 허락하고 그 사실을 당회록에 상세히 기록함이 옳다.

| 해 설

성찬 궐석 청원

1. 권징할 만한 범죄가 없는 입교인이 성찬에 참여할 자격이 없다고 당회에 자청하면,
2. 당회는 입교인의 상황을 살펴 도리에 대한 오인이 아닌 줄로 확인되면 그 청원을 임시로 허락한다.
3. 당회는 이러한 사실을 당회록에 상세히 기록해 놓아야 한다.

✣ 제50조

어떠한 입교인이든지 다른 지방에 옮겨 가면 본 교회 목사나 당회 서기는 그 거주를 그 지방 교회 목사 혹은 당회 서기에게 통지할 것이다.

1. 다른 지방에 옮겨 간 교인이 상당한 이유 없이 2년이 경과하도록 이명서를 청구하지 아니하면 본 당회는 재삼 탐문하여 그 회보를 접하기까지 그 성명을 별명부에 옮겨 年 月 日을 상세히 기록할 것이다.
2. 어떠한 교인을 불문하고 다른 곳에 옮긴 지 3년간 실종된 경우

에도 당회는 전 항을 준용하되 그 사유를 회록에 상세히 기록할 것이다.
3. 책벌인 명부에는 시벌한 자를 기입하고 별명부에는 전 1, 2항에 해당한 자를 기입하고 노회에 제출하는 통계표에는 이를 완전한 교인으로 셈하지 말 것이다.
4. 당회는 매년 노회에 통계표를 제출하기 전에 일반 교인의 명부에 일일이 검사하여 권징 조례에 의하여 정리하되 거주가 분명한 자에게는 먼저 통지함이 옳고 또 시벌된 자에게는 해벌되도록 힘쓸 것이다.

▮ 해 설

교인의 이명

1. 교인이 이사가고 2년간이나 이명서를 청구하지 않으면 당회는 그 상황을 알아보고 알 수 없으면 그 성명을 별명부에 기록하며, 3년간이나 이명을 청원하지 않고 연락이 안 되면 그 성명을 별명부에 기록하되 그 상황을 당회록에 상세히 기록해야 한다.
2. 당회는 책벌인 명부에 시벌한 자를, 별명부에는 본 조 1, 2항에 해당한 자를 기입하되 노회에 제출하는 통계표에서는 이들을 셈하지 말아야 한다.
3. 당회는 매년 노회에 통계표를 제출하기 전에 교인의 명부를 검사하여 권징 조례에 의하여 정리하되 이거한 자에게는 통지하고 시벌한 자에게는 해벌되도록 힘써야 한다.

⁛ 제51조

본 지방에 거주하는 본 교회 입교인이 뚜렷한 범과가 없이 교회 각항 의식을 행하는 회석에 출석하지 아니하면 당회는 그 교인을 출석하도록 권면할 것이요 1년이 경과하도록 일향 듣지 아니하면 당회는 그 교인에게 먼저 통지한 후 책벌할 것이다. 그 후 그 교인에게 대하여 아무 비난이 없고 다시 교회의 각종 의식에 출석하면 해벌한다.

| 해 설

교인의 예배 불참

1. 입교인이 예배회에 6개월간 출석하지 아니하면 교인의 모든 권리가 중단된다(헌규 제3조 2항).
2. 입교인이 뚜렷한 범과가 없이 예배 및 각종 의식에 출석하지 아니하면 당회는 출석하도록 권면하고 1년이 경과해도 듣지 아니하면 그 교인에게 통지한 후에 책벌해야 한다. 그 후 그 교인이 다시 예배와 각종 의식에 출석하면 해벌해야 한다.

⁛ 제52조

무흠한 목사가 정치 제17장 제1조 제3조에 의하여 노회에 청원을 제출하면 그 목적과 이유를 상세히 알아 결정하되 제3조의 경우에는 상당한 방법으로 만 1년 간 유예를 지난 후 노회 관찰(觀察)에 그 목사가 단마음으로 유익하게 시무하지 못할 줄로 인정하면 사직을 허락할 것이요, 그 성명을 노회 명부에서 제거하고 입교인의 이명서를 주어 소원하는 지교회로 보낼 것이다.

해 설

목사의 사직 청원

1. 목사가 더 이상 목사직을 수행할 수 없거나 기타 사정으로 목사직을 면하려고 하면 노회로 사직원을 낸다. 이때 노회는 단번에 처리하는 것이 아니라 1년간 유예 기간을 두어 본인으로 하여금 심사숙고하게 한다.
2. 1년의 유예 기간이 지나도 목사직을 그만두려는 본인의 마음이 확고할 때는 사직원을 수리하고, 평신도의 이명서를 노회가 줌으로 목사는 평신도로 돌아가게 되고, 노회는 목사 명부에서 그를 삭제하고, 소원하는 지교회 당회 관찰(觀察)하에 둔다(정문 제196 문답).

제53조

어떠한 입교인이든지 본 교회의 이명서 없이 다른 교파에 가입하면 이는 무례한 일이니 본 당회는 제명하고 그 사건을 본 당회록에 기재할 뿐이요 그 교인에 대하여 착수한 송사 안건이 있으면 계속 재판할 수 있다.

해 설

타 교단 가입 교인의 처결

1. 이명서 없이 타 교파 교회에 가입하면 제명한다.
 "이는 무례한 일이니"라는 뜻은 단순히 명부에서 제명하는 것이 주민등록을 옮기듯 행정의 개념이 아니라 권징 치리회를 통한 제명이라는 의미이다(정문 제266문답).
2. 이미 착수한 소송 건이 있으면 계속 재판할 수 있다. 그러나 제명 후에는 본 교회 관할 대상이 아니니, 재판하려면 판결 전에 제명부터 먼저 하지 말아야 한다.

❖ 제54조

뚜렷한 범과 없는 목사가 본 장로회의 관할을 배척하고 그 직을 포기하거나 자유로 교회를 설립하거나 이명서 없이 다른 교파에 가입하면 노회는 그 성명을 노회 명부에서 삭제만 하고 그 사유를 회록에 기재하되 그 사람에 대하여 착수한 송사 안건이 있으면 계속 재판할 수 있고 만일 이단으로 인정하는 교파에 가입하면 정직이나 면직 혹 출교도 할 수 있다.

l 해 설

목사직의 관할 배척

1. 목사를 목사 명부에서 삭제, 즉 제명하는 사례
    1) 무흠 목사가 교단을 탈퇴했을 때
    2) 목사직을 노회의 허락 없이 스스로 포기할 때
    3) 노회의 허락 없이 교회를 자유로 설립할 때
    4) 이명 없이 타 교단에 가입할 때
2. 그 목사에 대한 소송 사건이 있을 때는 계속 재판할 수 있다. 이단교

파에 가입한 경우 단순히 제명하지 못하고 재판에 의해 정직이나 면직 출교까지 가능하다.

제8장 증거조(證據調) 규례

제55조
치리회가 증거를 채용할 때에 마땅히 주의하여 공평하게 할지니 증인될 자 중에는 다 증인의 자격이 있는 자가 아니요 증인의 자격이 있는 자 중에도 다 믿을 만한 자가 못 된다.

| 해 설

증인 채택

치리회가 증거를 채용할 때 주의하여 공평하게 해야 되니 제56조, 제57조에 의거 증인의 자격이 있는지, 믿을 만한 자인지를 살펴야 한다.

제56조
하나님의 존재를 믿지 아니하는 자와 후세 상벌을 믿지 아니하는 자와 선서의 책임을 이해하지 못하는 자 외에는 채용할 만한 증인이 된다. 원·피고는 각기 상대방의 증인 제출에 대하여 어떤 사람을 물론하고 거절할 수 있고 치리회는 그 증인에 대하여 채용할 가부를 결정할 것이다.

| 해 설

증인의 자격

1. 하나님의 존재를 믿지 아니하는 자와 심판에 의한 상벌을 믿지 아니하는 자와 증인 선서의 책임을 이해하지 못하는 자 외에는 채용할 만한 증인이 된다.
2. 원·피고는 각기 상대방의 증인 제출에 대하여 거절할 수 있다.
3. 그러나 치리회는 그 증인에 대하여 채용 가부를 결정해 주어야 한다.

❖ 제57조

어떤 증인이든지 가히 믿을 만한 것과 어느 정도까지 시인할 만한 것은 다음 경우들을 참작할 수 있다.

1. 원·피고의 친척 되는 경우
2. 소송 판결에 직접 이해 관계가 있는 경우
3. 나이가 어린 경우
4. 지력이 부족한 경우
5. 품행이 악하거나 사나운 성품이 있는 경우
6. 본 교회 책벌 아래 있는 경우
7. 성질이 조급하고 판별력이 없는 경우
8. 어떠한 형편을 불문하고 그 소송 사건에 바른 말 할 여부와 알 수 있는 여부와 간접으로 이해(利害) 받을 관계가 있는 여부를 인하여 치우칠 폐가 있는 경우

| 해 설

증인에 대한 판단

치리회는 신청된 증인을 살펴 이해 관계가 있거나, 어리고 지력이 부족하거나, 악하고 판별력이 없거나, 책벌 아래 있어 증언하므로 한편으로 치우칠 폐가 인정되는지를 살펴 증인으로 채용해야 한다.

제58조
지아비는 아내에 대하여, 아내는 지아비에 대하여 증거할 수 있으나 치리회가 강권하지는 못할 것이다.

해 설

부부간의 증언

부부지간에 서로 증인으로 증거할 수 있으나 치리회가 강권해서는 안 된다.

제59조
증거는 구두(口頭)로 하고 필기한 서면이나 인쇄한 문자로도 하고 직접으로 하며 형편을 따라 간접으로도 할 수 있다.
    범죄 안건에는 한 사람의 증거뿐이요 다른 증거가 없으면 소송 안건을 확실히 결정하기 어려우나 소장 한 통에 같은 종류의 죄를 열거하였는데 매사건에 대하여 각각 다른 증인이 한 사람씩만 있을지라도 가히 믿을 만한 실증이면 그 소장은 전부 결정할 수 있다.

해 설

증언의 방법

1. 증거는 구두, 필기, 인쇄 등 직접 하거나 간접으로도 할 수 있다.
2. 범죄 안건에 한 사람의 증거뿐 다른 증거가 없으면 소송 안건을 확실히 결정하기 어렵다.
3. 소장 한 통의 매 사건 마다 각각 다른 증인 한 사람씩만 있어도 믿을 만한 실증이면 그 소장은 전부 결정할 수 있다.

❖ 제60조
본회 회원 외에 선후(先後) 심문할 증인의 동석을 허락하지 않는다.

해 설

증인의 동석 불허

재판회 회원 외에는 증인들이 동석하지 않도록 해야 한다는 규정이다.

❖ 제61조
증인을 심문하는 순서는 치리회가 심문한 후 그 회의 허락을 받아 증인을 제출한 편에서 묻고 후에 상대자가 그 증인에 대하여 묻고 그 후에 그 재판회 위원이 심문할 것이나 그 사건에 관계 없는 말이나 희롱의 일을 묻지 아니할 것이요 필요한 사리만 나타내기 위하여 재판회의 특허를 얻는 것밖에는 증인을 제출한 자가 그 증인에게 증언을 암시하는 말로 묻지 못한다.

해설

증인 심문 순서

1. 증인을 심문하는 순서는 치리회가 심문하고, 그 회의 허락을 받아 증인 제출한 편에서 묻고 후에 상대자가 묻게 한다.
2. 그 후 재판회 위원이 심문할 것이나 그 사건에 관계없는 말이나 희롱의 일을 묻지 말아야 한다.
3. 증인을 제출한 자도 재판회의 허락을 받아 필요한 사리만 나타내고자 하고 증언을 암시하는 말로 증인에게 묻지 못한다.

✥ 제62조

증인을 심문하기 전에 회장은 증인에게 대하여 다음과 같이 선서하게 한다.

「후일에 산 자와 죽은 자를 심판하시는 하나님 앞에 문답할 것 같이 지금 알지 못함이 없으사 사람의 마음을 검찰하시는 하나님 앞에서 이 소송안의 증인으로 출석하였으니 사실대로 직언(直言)하며 사실 전부를 말하며 사실밖에 덧붙이지 아니하기로 선서하느뇨.」

해설

증인 선서

1. 재판회장은 증인을 심문하기 전에 선서하게 해야 한다.
2. 증인은 심판하시며 알지 못함이 없어 마음을 감찰하시는 하나님 앞에서 사실대로만 말해야 할 것을 선서하게 한다.
3. 이 선서는 위증할 때 증인에 대한 치리의 증빙이 될 수도 있어서 신중하게 선서하고 증언해야 한다.

❖ 제63조
증인에게 심문하는 말은 청구하는 자가 있을 때에만 필기할 것이요 원고 피고나 재판회가 필요하다고 인정할 때에는 증인에게 문답을 일일이 기록하고 회석에서 낭독하여 증인의 확인 날인을 받는다.

해 설

증인 심문 조서

1. 증인에게 심문하는 말은 청구하는 자가 있으면 필기한다.
2. 원·피고나 재판회가 필요하다고 인정할 때 증인의 문답을 일일이 기록하고 재판회석에서 낭독한 후 증인의 확인 날인을 받아야 한다.

❖ 제64조
치리회 서기(서기가 별세하였거나 출타하였거나 그 밖의 사고로 인하여 시무하지 못할 때에는 회장이 대행함)가 기록의 원본(原本)이나 초본(抄本)에 서명 날인하면 상회 및 다른 회에서 족히 신용할 증거로 인정한다.

해 설

서기 서명 날인의 효력

치리회 서기(서기 유고 시는 회장이 대행함)가 기록의 원본이나 초본에 서명 날인하면 상회나 다른 회에서 신용할 증거로 인정한다.

제65조
어느 회를 물론하고 전조와 같이 작성한 증인의 공술은 본 회의 수집한 증거와 같게 인정한다.

해 설

증인 진술의 증거 능력

제64조와 같이 작성한 증인의 공술(供述)[56]은 어느 치리회든지 본 회의 수집한 증거와 같게 인정한다.

---

56) 공술(供述)은 증인이 사실대로 증언한 내용을 말한다. 진술과 같은 뜻이다.

❖ 제66조

재판중에 원고 혹은 피고나 증인의 사정에 의하여 부득이한 경우가 있으면 그 쌍방의 청원에 의하여 본 치리회가 목사 혹 장로 몇 명을 증거 조사국 위원으로 선정할 수 있다.

1. 위의 증거 조사국 위원은 본 치리회 회원 아닌 다른 회원으로 선정할 수 있다.
2. 위의 조사국은 쌍방의 제출한 증거를 받을 것이요 조사에 착수하기 전에 조사하기 위하여 각 관계자에게 회집하는 날짜와 처소를 통지하고 조사할 때에는 본 치리회의 법규대로 구두로 문답하든지 필기한 서면으로 제출하게 하되 증인에 대한 원·피고의 직접 문답과 교환 문답을 진행한다.
3. 어떻게 수합한 증거가 본건에 대한 관계 유무와 신용의 족부족(足不足)은 본 재판회가 진행한다.
4. 증거 조사국은 수취한 증거안에 서명 날인하여 본 재판회 서기에게 교부한다.

▎해 설

증거 조사 위원

1. 재판중에 청원에 의해 증거 조사국 위원을 선정할 수 있으며 본 치리회 회원이나 다른 회원으로도 선정할 수 있다.
2. 증거 조사국은 쌍방의 제출한 증거를 받아야 하고, 조사하기 위하여 회집할 날짜와 장소를 통지하며, 조사할 때에는 치리회의 법규대로 구두 문답이나 필기 서면으로 제출하게 하되, 원·피고의 직접 문답

과 교환 문답을 진행한다.
3. 수집한 증거가 본건에 대한 관계 유무와 신용의 족부족(足不足)은 본 재판회가 판단한다.
4. 증거 조사국은 수취한 증거 안에 서명 날인하여 본 재판회 서기에게 교부한다.

> ❖ **제67조**
> 본 치리회가 재판회를 열 때에 본 치리회 회원이라도 입증하게 할 수 있으니 그 회원도 다른 증인과 마찬가지로 선서 입증한 후에 여전히 본회 사무를 처리할 수 있다.

해설

재판 회(국)원의 증언

재판회를 열 때에 본 치리회 회원이라도 입증하게 할 수 있으나 다른 증인과 같이 선서 입증한 후에 증언해야 한다.

> ❖ **제 68 조**
> 아무 교회 교인 중 누구를 막론하고 증인 소환을 받고도 출석하지 아니하거나 혹 출석하였을지라도 증언하기를 불응하면 그 형편대로 거역하는 행위를 징벌할 것이다.

해설

증인의 징벌

아무 교회 교인이든지 증인 소환을 받고 불출석하거나, 출석하였을지라도 증언하기를 불응하면 그 형편대로 거역한 행위를 징벌해야 한다 (정문 제242문답).

> ❖ **제69조**
> 어느 치리회의 종국 결안에 상소 기간이 끝난 후라도 피고를 면죄할 만한 새 증거가 발현되면 피고는 재심을 청구할 수 있고, 그 수소(受訴) 재판회는 재심에서 공의가 나타날 줄로 알면 허락할 수 있다.

해 설

재심 청구권과 허락

1. 처음 피소되었을 시 자신의 무죄를 입증할 만한 증인이나 증거를 제출치 못하여 유죄 판결을 받았으나, 후일 무죄 입증을 충분히 할 만한 새로운 증거를 발견하였을 시 이를 제시하여 재심 청구를 할 수 있다.
2. 수소(受訴) 재판회란 재심 청구를 접수한 치리회가 직접 재판하기 위해 변격한 재판회나 재심 청구 사건을 위탁한 재판국으로 재심 청구건의 증거를 심사하여 재심에서 공의가 나타날 줄로 알면 재심을 허락할 수 있다.
3. 재심 청구의 조건은
   1) 처음 재판할 때 제시하지 못하였던 새로운 증인이나 증거물을 발

견하고 제시하여야 한다.
2) 이미 확정된 유죄 판결을 뒤집을 만한 새로운 증거가 발견되어야 한다.

제70조

상회에 상소하여 재판중에 긴중(緊重)한 새 증거가 발현되면 상회는 재심하기 위하여 하회로 환송할 수 있고 쌍방이 상회에서 직결하기를 원하면 상회가 그 증거를 조사하여 판결할 수 있다.
단, 재심하는 경우에는 제100조를 적용한다.

해설

새 증거의 처리

하회 재판 시에 무죄가 될 만한 증거를 제시하지 못하여 유죄 판결을 받고 상회에 상소하여 재판 진행중에 무죄 판결을 받을 만한 새로운 증거가 추후에 발현(發現)되어 제시하면

1. 상회는 본 건을 하회로 환송하여 재심케 할 수 있고, 여기서 환송이란, 상회에 재심을 청원하였을 경우에 한하며, 사실심인 하회(원심치리회)로 다시 재판하라고 되돌려 보내는 것이다.
2. 원·피고 쌍방이 상회가 그대로 재판해서 직결하여 주기를 원하면 상회는 새로운 증거를 조사하여 판결할 수 있다.
3. 이때는 하회에서 결정한 것이 권계나 견책이면 정지하고 그 밖에 시벌은 상회 판결이 나기까지 결정대로 한다.

제9장 상소하는 규례

✣ 제71조

당회나 노회에서 처리한 사건을 각기 차서에 의하여 상회에 상소하는 방법은 다음과 같다.

1. 검사와 교정 2. 위탁 판결 3. 소원 4. 상소

❚ 해 설

상소의 종류

치리회에서 이루어진 사건이 상회에 의해 처리되는 방법은 검사와 교정, 위탁 판결, 소원, 상소[57]의 방법이 있다는 규정이다.

1. 검사와 교정

✣ 제72조

본 교회와 부속회에서 처리한 사건은 그 당회에 보고할 것이요, 그 당회는 그 사건을 검사한 후에 접수하여 당회 문부에 편입할 것이다. 당회 이상 각 상급회는 각기 관하 각 회록을 매년 1차씩 검사할

---

[57] "지교회나 노회에 소송 사건이 발생할 시 우선 부근 타지교회나 노회원을 청하여 협동해결케 하고, 차에서 해결이 불능한 사건만 상회에 소송할 것(1929년 제18회 총회 결의)."

> 것이요, 각 하회가 그 회록을 올려 보내지 아니하면 상회는 편의대로 올려 보내라든지 날짜를 정하여 올려 보내라든지 독촉 명령을 발할 수 있다.

▍해 설

하회록의 검사

1. 본 교회와 부속회에서 처리한 사건은 당회에 보고해서 당회는 그 사건을 검사한 후 접수하여 당회 문부에 편입해야 한다.
2. 당회 이상 상급회는 하회록을 매년 1차씩 검사해야 한다.
3. 하회가 회록을 올려 보내지 않으면 상회는 편의대로 보내라 하든지 날짜를 정하여 올려 보내라 독촉 명령을 발할 수 있다(정치 제8장 제2조 1항, 정문 제206문답).

> **❖ 제73조**
> 상회가 하회 회록을 다음에 의하여 검사한다.
>
> 1. 경과 사건을 사실대로 기록한 여부
> 2. 처리한 사건을 교회 헌법에 의하여 결정한 여부
> 3. 사실을 지혜롭고 공평하게 덕을 세우게 처리한 여부

▍해 설

하회 회록의 검사 사항

상회가 하회 회록을 사건의 사실대로 기록한 여부, 헌법대로 처리 결정 여부, 사실(사건)을 지혜롭고 공평하게 덕을 세우도록 처리한 여부를 검사한다.

✥ 제74조
상회가 하회 회록에 대하여 가부를 결정할 때에 그 하회 총대에게는 가부권이 없다.

┃해 설

하회 총대의 가부권 중지

상회가 하회 회록에 대하여 결정할 때 그 하회 총대에게는 당사자 제척 원리에 의해 결의권이 없다.

✥ 제75조
상회가 하회 회록을 검사하여 착오된 사건이 있으면 계책(戒責)하는 것을 본회 회록과 하회 회록에 기록하는 것이 항례이나 하회에 오착이 중대하여 위해(危害)가 있게 되면 상회는 부득이 하회에 명령하여 개정하게 하거나 변경하게 하되 기한을 정하여 준행 여부를 회보하게 할 것이다.

　단, 재판 사건은 상고를 접수 처리하기 전에는 하회 판결을 갑자기 변경하지 못한다.

| 해 설

상회의 계책권

1. 하회 회록을 검사한 결과 잘못 기록된 것이 있으면 계책(경고하고 책임을 물음)하고,
2. 기한을 정하여 개정 변경하고 그 결과를 보고하게 한다.
   단, 재판 사건은 상소에 의하여 재판을 통하여서만 변경할 수 있다.

> ❖ **제76조**
> 상회는 어느 때를 물론하고 그 소속 하회가 헌법에 위반되게 처리한 사건이 있는 줄을 확인하면 하회로 하여금 정한 처소에 그 문부를 가지고 와서 처리한 형편을 보고하게 할 것이요, 그 착오된 사실이 명백히 발견되면 상회가 직접 변경하든지 하회에 환송하여 처단할 것을 지도할 수 있다. 혹시 어떠한 소원이나 상소를 불문하고 본 치리회나 혹 그 재판국에서 재판하는 중 판결 언도 전에 피고 혹 원고가 상회원에게나 일반 민중에게 대하여 변론서나 요령서를 출간 혹 복사하거나 기타 수단으로 직접 혹 간접으로 선전하면 치리회를 모욕하는 일이니 그 행동을 치리하고 그 상소를 기각할 수 있다.

| 해 설

판결 전 선전 금지

1. 상회는 언제든지 하회록을 검사하여 적법하게 처리되었는지를 살

펴 위법 사항이 있으면 직접 변경하든지 하회로 변경토록 지도할 수 있고(정문 제296, 304문답), 하회로 환송할 수 있다.
2. 소원이나 상소 사건에 대하여 재판 중에 원고나 피고가 상회원에게나 일반인에게 변론서나 요령서를 복사, SNS 등의 방법으로 배포하거나 세상 법정에 소송(가처분 포함)을 제기한 경우에는 치리회가 피해자가 되는 것이기에 그 상소를 기각할 수 있다(정문 제339문답).

❖ 제77조

하회가 각기 책임을 이행하지 아니하므로 이단과 부패한 행위가 성행하며 뚜렷한 행악자가 징벌을 면하게 되며, 처결한 사건을 회록에 누락하였든지 잘못 기록하였을 때 상회는 이런 사실을 확인하면 하회로 하여금 회록의 검사를 받게 한 후 문부의 잘잘못을 물론하고 그 사건을 처리하되 76조를 적용한다.

| 해 설

하회의 직무유기와 오기 처결

1. 목사는 노회 소속이요, 교인은 지교회 소속이므로 목사에 대한 원심 재판권은 소속 노회에 있고, 교인에 대하여는 소속 교회(당회)에 있다. 목사가 범죄 행위를 하고 교인이 악행을 하여도 그 소속 치리회가 권징하지 않고 있을 때 상급회가 직할하여 원심 재판권을 행사할 수 있다(제19조).
2. 회록 검사 중 하회의 행정 처리가 위법된 것이 발견되면 그 하회에 시정할 것을 지시할 수 있고 상회가 직접 처리할 수도 있다.

2. 위탁 판결

> **제78조**
> 위탁 판결은 하회가 상회에 서면으로 제출하는 것인데 본회에서 결정하기 어려운 재판 사건에 대하여 지도를 구하는 것이나 보통 각 회는 자체의 판별력으로써 각기 사건을 판단하는 것이 교회에 더 유익이 된다.

해설

위탁 판결의 대상

1. 위탁 판결은 하회가 결정하기 어려운 재판 사건에 대하여 상회에 서면으로 지도를 구하는 것이다.
2. 그러나 각 치리회는 자체의 판별력으로 각 사건을 판단하는 것이 교회에 더 유익이 됨을 생각해야 한다(정문 제325문답).

> **제79조**
> 하회가 전례 없는 사건이나 긴중한 사건이나 판결하기 어려운 사건이나 형편상 상관하기 어려운 사건이나 하회 결정이 공례(公例)나 판결례가 될 듯하거나 하회 회원의 의견이 한결같지 아니하거나 혹 어떤 사고로 인하여 마땅히 상회에서 선결하는 것이 합당한 안건은 위탁 판결을 구한다.

해 설

위탁 판결의 안건 예시

위탁 판결 청원을 하는 안건은 다음과 같다. 단, 이것은 예시 규정이요 열거 규정이 아님을 유의해야 한다.

1. 하회가 취급한 전례가 없는 사건
2. 긴중한 사건
3. 판결하기 어려운 사건
4. 상관하기 곤란한 사건
5. 공례나 판례가 될 만한 사건
6. 하회 회원의 의견이 심히 상충되는 사건
7. 어떤 일로 인하여 마땅히 상회에서 결정하는 것이 좋은 듯한 사건

❖ 제80조

위탁 판결은 본회보다 한층 높은 회에 대하여 청구하는 것이니 (1) 하회가 결정하기 전에 준비 재료로 상회의 지도를 구하기도 하며, (2) 직접 상회의 심사와 판결을 구한다. 지도만 구하는 안건이면 하회는 그 결정을 임시로 정지하고, 심사 판결을 구하는 것이면 그 사건은 상회에 전부 위임한다.

해 설

위탁의 범위

1. 그 사건 처결에 대한 상회의 지도만 구할 수 있고 이때 그 결정은 임시로 정지한다.
2. 사건 심의 및 판결 전체의 권을 위탁하여 그 사건에 대하여 전부 위임할 수도 있다(정문 제325문답).

> ✥ **제81조**
> 상회가 위탁 사건에 대하여 의논할 때에 그 하회 총대도 참석하여 협의하며 투표할 수 있다.

해 설

위탁 하회 총대의 회원권

1. 위탁 사건을 상회가 논의할 때에 하회 총대도 참석하여 협의하고 결의권을 행사할 수 있다.
2. 그 총대가 위탁 재판 사건의 당사자(원고 또는 피고)인 경우에는 당사자 제척원리에 의거 회원권이 정지되고, 다른 안건 심의에도 치리회가 결의하면 회원권이 정지된다(제40조, 제98조).

> ✥ **제82조**
> 상회가 하회 수탁(受託) 사건에 대하여 심사 판결을 책임으로 할 것이 아니니 그 사건에 대하여 지시만 하든지, 혹 지시 없이 그 회에 환송하든지 상회의 결의대로 한다.

해 설

상회의 위탁 처결 재량권

1. 상회는 하회가 위탁 판결을 청구하였다고 하여 반드시 상회가 직접 판결할 의무는 없다. 따라서 수탁하여 판결하든지 처결 방법을 지시만 하든지 그대로 답 없이 하회에 환송할 수 있다(정문 제325문답).
2. 여기서 환송이란, 하회가 상회로 위탁 판결을 요청한 사건에 대하여 상회가 직접 재판할 수 있으나 재판하지 아니하고, 하회로 재판하도록 되돌려 보내는 것이다.

❖ 제83조

하회의 위탁으로 상회가 수리할 때는 그 안건 기록을 즉시 상회에 올려 보낼 것이요, 상회가 접수할 때에는 원고 피고의 진술도 청취한다.

해 설

위탁 서류의 제출 의무

상회가 하회로부터 위탁 판결을 접수할 때 그 안건 기록을 함께 받아야 하고, 상회가 접수할 때 원고 피고의 진술도 청취해야 한다는 규정이다.

3. 소원

> ❖ **제84조**
> 소원(訴願)은 서면으로 상회에 제출하는 것이니 하회 관할에 속하여 그 치리권에 복종하는 자 중 1인 혹 1인 이상이 행정 사건에 대하여 하회가 그 책임을 이행하지 아니하거나 위법한 행동이나 결정에 대하여 변경을 구하는 것이다. 폐회 후 그 회를 대리하는 재판국에서 결정한 행정 사건에 대하여도 본회 결정에 대한 것과 같이 상회에 소원할 수 있고, 그 재판국에서 결정할 때에 참여한 회원 중 3분의 1이 소원하는 일을 협의 가결하였으면 상회가 그 소원을 조사 결정할 때까지 그 위원회의 결정을 보류한다.

| 해 설

소원의 정의와 하회의 결정 보류

1. 소원이란 소속 치리회의 행정 처분이나 결정에 대하여(이명청원 불허 포함) 취소, 변경하여 달라고 차상급회(次上級會)에 소원을 제기하거나, 의무 불이행시 이행할 것을 청구하는 행정소송을 말한다. 이명청원은 당회가 전권으로 발급하는데 이유가 있을 때에 허락하지 않을 수 있다.
   1) 이거하지 않고 감정적으로 이명 청원할 때
   2) 시벌 중일 때(혹 시벌 사유를 기록한 이명 증서를 발부할 수 있음)
   3) 이거지(移居地)를 밝히지 아니할 때
   4) 이단으로 가고자 할 때
   5) 재판에 계류 중일 때

2. 소원을 할 수 있는 자는 피소된 치리회에 소속된 회원이라야 하며 시벌 중에 있거나 안건 심의에 불참한 자는 소원을 제기할 수 없다.
3. 소원의 대상은 소원자가 소속한 치리회의 행정 사건과 재판국 결정이라도 재판 절차 등의 행정 사건은 소원의 대상이 된다.
4. 재판(회)국에서 결정할 때에 참여한 회원 중 3분의 1이 소원하기로 하면 상회가 소원을 결정할 때까지 재판(회)국의 결정은 보류된다(제5조, 정문 제326문답).

제85조

소원에 대한 통지서와 이유서는 하회 결정 후 10일 내로 작성하여 그 회 서기에게 제출할 것이요(서기가 별세하였거나 있지 않거나 혹 시무하기 불능한 때는 회장에게 제출한다), 그 회 서기는 상회 정기회 개회 다음 날 안에 그 소원 통지서와 이유서와 그 안건에 관한 기록과 일체 서류를 상회 서기에게 교부한다.

해 설

소원의 기일과 절차

1. 소원 통지서와 이유서는 하회 결정 후 10일 내로 본회 서기에게 제출하여야 하고 서기 유고 시에는 회장에게 제출해야 한다. 소원 통지서를 접수한 본회 서기는 접수된 소원 서류가 불법(불비, 부적격) 문서이면 부전을 붙여 반려할 수 있다.
2. 본회 서기는 회록과 소원 통지서와 소원 이유서 등 관계된 일체의 문부를 상회 정기회 개회 다음날까지 상회 서기에게 제출하여야 한다.[58]

✥ 제86조

재판 사건 외 행정 사건에 대하여 하급 치리회에서 결정할 때에 참석하였던 자 중 3분의 1이 연명하여 소원을 선언하면 그 사건을 상회가 결정할 때까지 하회 결정을 중지한다.

---

58) 1. 소원(訴願) : 1) 하급 치리회에 속한 자가 그 소속치리회의 결정이나 처분 등의 위법 부당성을 주장하여 차 상급 상회로 그 결정을 취소 또는 변경하여 줄 것을 청구하거나, 하회가 그 의무를 이행하지 않을 때 의무 이행을 할 것을 지시 명령하여 달라고 청원하는 것을 소원이라고 한다(제84조).

    2) 치리회 간의 소송 사건도 소원이라고 한다. 왜냐하면 치리회 간의 소송 사건도 피소된 치리회의 불법 부당한 결정을 취소 변경을 청구하는 것이기 때문이다. 그러므로 소원이란 판결에 대한 취소 변경을 청원하는 것이 아니라 행정결정이나 처분에 관한 것이므로 이를 소원이라 한다(제144조).

2. 소원 성명(訴願聲明) : 치리회 결의의 위법, 부당성을 지적하여 상회로 소원할 뜻을 그 회에 밝히는 것이다. 이것은 즉석에서 하여도 좋고 회기 중 하든지 결의한 후 10일 내에 해야 한다.

3. 소원 통지서(訴願通知書) : 소원하겠다는 의사를 문서로 작성하여 그 회 서기에게 통지(제출)하는 것이다. 소원 성명이 구두로 하는 것이라면 소원 통지서는 문서로 하는 것이다. (소원 통지서에 소원장과 소원 이유서를 첨부 서류로 함께 제출할 수 있다.)

4. 소원서(訴願書) 또는 소원장(訴願狀) : 고소장과 같은 것으로 소원취지를 기록한다. 소원취지란 하회 결의 또는 행정 처분의 취소 변경 등을 청원하고 의무 불이행 사건이면 의무 이행을 명령하여 달라는 취지의 글을 의미한다.

5. 소원 이유 설명서(訴願理由說明書) : 고소장에서 죄증 설명서와 같은 것이다. 왜 하회의 행정 처분이나 결정 등을 취소 변경하여 달라는지 그 이유를 상세히 기록하는 것이요, 만일 의무 이행을 촉구하는 것이라면 하회가 무엇을 하고 있지 않다는 것을 육하원칙에 의거 지적하는 것이다.

6. 소원권(訴願權)의 소멸(消滅)

  1) 〈10일 내〉 : 개인의 소원이나 제86조의 3분의 1의 소원은 하회 결정 후 10일 내로 반드시 소원권을 행사해야 한다. 그렇지 않으면 소원권이 소멸된다.

  2) 〈후 10일〉 : 하회 결정 후 10일 내로 소원해야 한다고 함은 결정한 다음 날부터 10일이란 의미이며, 하회 결정 사안을 의식 송달한 후 10일 내에 소원하라는 의미이다.

  3) 〈상회 개회 다음 날 안〉과 〈상회 그다음 개회 다음 날 안〉 :

    ① 피소원자 된 하회 서기는 "상회 정기회 개회 다음 날 안에" 피소된 서류 일체를 상회에 상송(相送)해야 한다.

    ② 소원자는 "상회 그다음 정기회 개회 다음 날 안에 소원 통지서와 이유서를 상회 서기에게 제출"해야 한다(제87조). 그렇다면 소원자의 서류 제출 기한은 상회 그다음 정기회라고 하였으니 노회로 소원하는 자의 경우 노회가 3월, 9월에 회집된다면, 3월 전에 당회에서 되어진 일로 소원을 하려면 당회 서기에게는 당회 결정 후 10일 내로 소원 통지서와 이유서를 보내고 노회로는 3월 노회 다음 정기회인 9월 노회 개회 다음 날까지 소원 서류를 제출하면 된다. 이때까지 소원 서류를 내지 않으면 소원권이 소멸된다.

❙ 해 설

행정 사건 소원의 하회 결정 중지

1. 행정 사건을 결의할 때 참석한 회원 중 3분의 1이 소원하면 그 사건은 상회가 결정할 때까지 그 효력이 중지된다. 소위 3분의 1 소원의 특례규정이다.
2. 재판 사건에서도 재판국원 중 3분의 1이 소원하면 상회가 소원을 조사 결정할 때 까지 재판국의 결정을 보류한다(제84조).
    "재판 사건 외 행정 사건에 대하여"라 함은 재판 사건에 대하여는 일반 회원은 소원할 수 없고 다만 그 사건을 다루는 재판국원만이 소원할 수 있다는 것이고, 행정 사건은 일반 회원이 소원할 수 있다는 의미다.
3. 소원은 그 결정을 할 때에 반대하였던 자가 할 것이지만 누가 찬성하고 반대하였는지 알 길이 없기 때문에 그 사건을 결의할 때 참석하였던 사람이면 소원할 수 있다.

❖ 제87조

소원하기로 성명한 자는 상회 그 다음 정기회 개회 다음 날 안에 소원 통지서와 이유서를 상회 서기에게 제출한다.

❙ 해 설

소원자의 서류 제출

소원인이 상회에 제출하여야 할 서류는 제85조대로 소원 통지서와 이유서로 소원 통지서에 소원장과 소원 이유 설명서를 첨부해서 상회 그 다음 정기회 개회 다음 날 안에 보내면 된다.

> ✥ **제88조**
> 상회는 그 소원장이 규정대로 되고 소원할 만한 이유가 있는 줄로 인정할 때에는 피소한 하회의 전 결정과 그에 관계되는 기록을 낭독 후 쌍방의 공술을 청취한 후 그 사건을 판결한다.

해설

소원건의 처리

1. 상회는 그 소원장이 규정대로 되고 소원할 만한 이유가 있는가를 살펴보아야 한다.
2. 소원 이유가 인정될 때에는 피소된 하회의 전 결정과 관계 기록을 낭독한 후 쌍방의 공술(供述)을 들은 뒤에 사건 판결을 해야 한다.

> ✥ **제89조**
> 상회가 그 소원이 적법인 줄로 인정할 때에는 하회의 결정한 사건이나 결정의 전부 혹 일부를 변경할 것이니 이런 경우에 상회는 하회에 대하여 처리 방법을 지시한다.

해설

상회의 소원 처리 지시

소원이 이유 있다고 판결되면 곧 적법인 줄로 인정할 때(하회 결정이 위법, 부당, 의무불이행) 상회는 하회 결정의 전부 또는 일부를 무효(취소) 변경하고 하회에 대하여 처리 방법을 지시해야 한다(정문 제207, 304, 444, 475문답).

1. 소원이 적법인 줄로 인정할 때 하회 결정을 취소하면 상회가 판결해야 한다.
2. 소원이 적법인 줄로 인정하되 하회 결정을 변경하면 변경된 부분대로 상회가 판결해야 한다.
3. 소원이 적법인 줄로 인정해서 하회로 개심하게 한다면 상회는 원판결을 파기하고 환송해야 한다(권징 제19, 76조).

제90조

소원을 제출한 자는 소원자가 되고 소원을 당한 자는 피소원자가 되는데 피소원자는 보통 하회가 되나니 그 하회는 회원 중 1인 이상을 대표로 정할 것이요 그 대표자는 변호인의 도움을 구할 수 있다.

해설

소원 당사자

1. 피소된 하회는 회원 중 1인 이상을 노회의 대표로 선정하여 피소원 건을 담당케 한다.
2. 선정된 대표는 상회에 청원하여 그를 도울 변호인을 선임하여 도움을 받을 수 있다(정문 제336문답).

제91조
소원이나 피소원자 된 하회 회원 등은 그 사건 심의 중에는 상회의 회원권이 정지된다.

| 해 설

소원 당사자의 회원권 정지

당사자 제척 원리에 의거 당연한 규정이다.

제92조
소원자나 피소원자는 그 상급회에 상고할 수 있다.

| 해 설

소원자와 피소원자의 상고권

소원자나 피소된 하회는 상회 판결 후 그 상급회에 상고할 수 있다는 권리 규정이다.

제93조
피소원자 된 하회는 그 사건에 관계되는 기록 전부와 일체 서류를 상회에 올려 보냄이 옳고 혹 올려 보내지 아니하면 상회는 반드시 문책할 것이요 기록과 서류를 올려 보낼 때까지와 그 사건을 심리 처결할 동안에 상회는 관계되는 쌍방의 권리를 변동 없이 보존하게 한다.

❙ 해 설

서류의 제출 의무와 쌍방 권리 보존

1. 피소된 하회는 피소된 사건 관계 기록 전부와 일체 서류를 상회에 올려 보내야 한다.
2. 피소된 하회가 그 사건 관계의 서류 전부를 올려 보내지 않으면 상회는 반드시 문책을 해야 한다.
3. 기록과 서류를 올려 보낼 때까지와 그 사건을 심리 처결할 동안에 상회는 쌍방의 권리를 그대로 유지하게 한다는 규정이다(제101조 참조).

4. 상소

❖ 제94조

상소(上訴)는 하회에서 판결한 재판 사건에 대하여 서면으로 상회에 제출하는 것이니 원·피고를 불문하고 다 상소를 제기하는 자는 상소인이라 하고 상소를 당한 자는 피상소인이라 한다. 소송 사건에 대하여 판결을 취소하거나 변경하고자 하면 상소하는 것밖에는 다른 길이 없고 상소가 제출되면 하회 회원은 그 본회의 판결에 대하여 이의(異議)나 항의나 의견서를 제출할 뿐이요 언권이 없다.

1. 폐회 후 그 회를 대리한 재판국의 판결에 대하여도 본회에서 행한 판결과 같이 원고 피고는 다 상회에 상소할 수 있다.
2. 항소심에는 부득이한 경우에만 증거조를 취급할 수 있고 상고심에서는 증거조를 폐하고 법률심(法律審)으로 한다.
3. 상소인이 소속된 하회가 상소인이 상소 통지서 접수를 거부하면 부전(附箋)하여 상회에 상소할 수 있다.

해 설

상소의 정의

1. 상소란 하급 치리회의 판결을 취소하거나 변경하고자 하여 기일 내에 상급 치리회에 심리를 청구하는 것을 말한다. 그 기일이 지나면 판결이 확정되어 변경할 길이 없다. 단, 판결을 뒤집을 만한 새 증거가 발견되면 재심을 청구할 수 있다(정문 제330문답).
2. 상소가 제기되면 소송 당사자와 그 회 회원은 해 사건 심리에서 회원권이 정지되고, (당사자 제척원리에 의거) 판결 후 이의나 항의나 의견서를 제출할 수 있을 뿐이다(제91조).
3. 상소인이 소속된 하회가 상소인의 상소 통지서 접수를 고의로 거부하면 상회에 부전(附箋)하여 상소할 수 있다.
4. 상소에는 두 가지가 있다.
   1) 공소심(控訴審)이 있는데 이를 항소심(抗訴審)이라고도 한다. 교인에 대한 항소심은 노회요, 목사에 대한 항소심은 대회이나, 대회제가 시행되고 있지 않는 현실에서는 총회가 항소심도 되고 상

고심도 된다.

2) 상고심(上告審)이 있는데 상고심은 최상급 치리회다. 교인에 대한 상고심은 대회이나, 대회제가 시행되고 있지 아니하므로 총회 재판국은 최상급 치리회이기 때문에 총회로 상소하는 것을 상고라고 한다.

5. 공소심에는 원칙적으로 증거조(제55~70조)를 적용하지 않는다. 즉 제1심 재판과 같이 증거를 수집 조사하고 증인을 채택 심리하고 사실 심리를 하나부터 열까지 전부를 면밀하게 심리하는 절차를 생략한다. 그러나 공소심에서 심리 중 원심 재판국에서 미흡한 증거나 간과한 일들이 있다고 판단되면 원심 재판국과 같이 권징 제8장에 의한 증거를 재조사할 수 있다.
6. 상고심에서는 증거조를 폐지한다. 상고심인 총회 재판국은 하급심의 재판 기록을 면밀히 검토하여 법률심을 하여야 한다. 단, 부전지로 총회재판국에 이첩된 사건은 하회로 환송해야 한다.

법률심이란 하급 치리회(재판국)에서 이미 사실 관계를 충분히 규명하였기 때문에 사실 관계를 다시 조사하고 규명하는 사실심리를 해서는 아니되고, 하급심에서 규명한 사실 위에 법률적 판단이 옳게 되었는가만을 심의한다는 의미다(제71조, 제92조, 정문 제325, 327문답).

❖ 제95조

상소를 제기할 사유는 다음과 같다.

1. 하회가 재판을 불법하게 하는 때
2. 하회가 상소하는 것을 불허하는 때
3. 하회가 어떤 한 편에 대하여 가혹히 취조하는 때

4. 불합당한 증거를 채용하는 때
  5. 합당하고 긴중한 증거 채용을 거절하는 때
  6. 충분한 증거 조사 전에 급속히 판결하는 때
  7. 소송 취급상에 편견이 드러나는 때
  8. 판결 중에 오착이나 불공평이 있는 때

해 설

상소의 제기 사유

상소를 제기할 사유는
1. 하회가 재판을 불법하게 하는 때
   1) 하회로부터 처벌 받은 자가 억울하여 상소하기 위해서는 먼저 제30조의 규정을 따라 그 안건 기록 등본을 청구하여 상소 이유를 찾아야 한다.
   2) 『교회 정치문답조례』 제209문답에 의한 조건들은 재판 없이 처벌할 수 있으니, 처벌 받은 자가 그 회가 정당한 재판이나 법 절차를 따라 재판했는지를 살펴야 한다.
   3) 당회의 재판회, 노회, 대회, 총회의 재판국이 성수미달이었는지를 살펴서 이에 불법성이 있었으면 상소할 수 있다.
2. 하회가 상소하는 것을 불허하는 때
   처벌 받은 자가 법정 기일 내에 규정에 맞추어 상소 절차를 밟았음에도 불구하고 문서 접수를 기피하거나 상소하지 못하도록 압력을 넣을 때는 부전을 붙여 상소할 수 있다.
3. 처벌 받은 자가 3~8항까지의 불법성을 발견하게 되면 상소할 수 있다.[59)]

❖ **제96조**

상소인은 하회 판결 후 10일 이내에 상소 통지서와 상소 이유 설명서를 본회 서기(서기가 별세하였거나 부재 혹 시무하기 불능할 때에는 회장에게 제출한다)에게 제출할 것이요 그 서기는 그 상소장과 안건에 관계되는 기록과 일체 서류를 상회 다음 정기회 개회 다음 날 안에 상회 서기에게 교부한다.

해 설

상소의 기일

1. 상소할 수 있는 기한은 하회 판결 후 10일이다. 즉 판결 후 10일이 경과하면 상소할 수 없고 판결은 확정된다. 판결 후 10일이라고 함은 원·피고를 동석시켜 놓고 판결하는 것을 전제로 한 것이다.
2. 상소 통지서와 이유 설명서는 본회 서기에게 제출한다.
    제96조 하단은 "…… 그 서기는 그 상소장과 안건에 관계되는 기록과 일체 서류를 …… 상회 서기에게 교부한다."고 하였다. 상소 통지서에 상소장과 상소 이유 설명서를 첨부하여 그 회 서기에게 보냈기에 하회 서기는 상소장과 기록 일체를 상회 서기에게 교부할 수 있는 것이다[60](정문 제330문답).

---

59) 상소할 때 상소장의 성직 또는 신급란 기록을 정확하게 해야 한다. 원판결이 상소인의 성직에 대하여 면직 혹은 정직되었으면 권징 제100조에 의거 원판결에 순복하는 입장이 아니면 상소가 불가능하기 때문에 면직은 평신도(면직), 정직은 무임 목사(정직)라고 기록해야 상소가 가능하다.
60) 원심 치리회 서기가 상회에 상송(相送)해야 할 문서들을 실례를 들어보면 아래와 같다.
    ① 고소장 ② 죄증 설명서 ③ 각종 신문 조서 ④ 회의록 ⑤ 판결문 ⑥ 발송 문서철 ⑦ 접수 문

> ✥ **제97조**
> 상소인 자기나 대리할 변호인은 상회 정기회 개회 다음 날에 상회에 출석하여 상소장과 상소 이유 설명서를 상회 서기에게 교부한다.
> 　상소인이 전기 기일에 출석하지 못한 때에는 불가항력의 고장을 인하여 위의 기간 안에 출석하지 못한 믿을 만한 증거를 제출하지 못하면 그 상소는 취하한 것으로 인정하고, 본 하회의 판결은 확정된다.

해 설

상소의 취하

1. 상소 서류를 언제 누구에게 교부하는가에 대한 답이다.
상소인이나 대리인이 상회 다음 정기회 개회 다음 날에 상회 서기에게 직접 교부하도록 되어 있다(제96조).
2. 상소인이 상회 다음 정기회 개회 다음 날까지 심의에 불참하면 소를 취하한 것으로 인정하고 하회 판결이 확정된다.
3. 소원일 때는 소원인이 상회 그다음 정기회 다음 날까지 서류를 접수시키면 된다. 그러나 상소는 상소인과 하회 서기가 똑같이 상회 다음 정기회 개회 다음 날까지 서류를 제출해야 한다. 이는 소원은 개인 대 치리회의 행정 사건인 반면 상소는 개인 대 개인, 또는 개인 대 치리회의 권징 사건이기 때문에 신속히 처리하고자 함이다.

서철 ⑧ 재판 사건 진행 전말서 ⑨ 재판 사건 심리 전말서 ⑩ 상소 통지서 ⑪ 상소장 ⑫ 상소 이유 설명서
혹 ⑧⑨는 없을 수도 있음.

❖ 제98조

상소인과 피상소인 되는 하회 회원은 그 사건 심의하는 상회석에 회원권이 정지된다.

▎해 설

상소 당사자의 회원권 정지

상소인과 피상소인은 당사자 제척 원리에 의거 그 사건을 심의하는 회의에서는 회원권이 정지된다.

❖ 제99조

1. 상소인이 상소 통지서와 상소장과 상소 이유 설명서를 낭독하고 당사자 쌍방의 설명을 청취한 후에 상소 수리 여부를 결정한다.
2. 상회는 상소를 처리하기로 작정한 후에는 다음의 순서대로 처리한다.
    1) 상소 사건에 관한 하회 기록 전부를 자초지종 낭독한다(당사자 쌍방의 승낙으로 필요하지 아니한 부분은 묵과할 수 있다).
    2) 당사자 쌍방이 구두로 진술하되 시작과 종결은 상소인으로 하게 한다.
    3) 당사자 쌍방을 퇴석하게 하고 상회 회원이 합의(合議)한다.
    4) 상소 이유 설명서에 기록한 각 조를 회장이 토론 없이 축조 가부하여 각 조에 상소할 이유가 없고 또 하회 처리도 착오가 없는 줄로 인정하면 상소는 하회 판결이 적합한 줄로 인

> 정할 것이요, 각 조 중 1조 이상이 시인할 만한 이유가 있는 줄로 인정하면 상회는 하회 판결을 취소하든지 변경하든지 하회로 갱심(更審)하게 하든지 편의대로 작정할 것이요 상회가 하회 판결을 변동할 때에는 그 결정과 이유를 회록에 기재하고 필요로 인정하는 때는 그 판결 해석의 대요를 회록에 기재한다.

해설

상소심의 심리 절차

1. 하회 판결이 정당한 것으로 인정하면 상소 이유 없음을 판결하고 상소를 기각한다(징문 제339문답).
2. 상소가 이유 있다고 인정하면 하회 판결 중 잘못된 것을 밝히고 하회 판결을 취소, 변경하든지 하회로 환송하여 갱심(更審)하게 할 수 있다(정치 제12장 제5조 1항, 권징 제70조, 제76조, 제89조, 정문 제207, 304, 332, 339, 439, 475문답)(권징 조례 제89조 해설을 참조하라).

❖ 제100조

> 상소를 제기한다 할 때에는 하회에서 결정한 것이 권계나 견책이면 잠시 정지할 것이요 그 밖의 시벌은 상회 판결 나기까지 결정대로 한다.

해설

하회 판결의 효력

1. 상소할 때에는 하회 판결의 효력이 권계나 견책이면 상회 판결이 날 때까지 정지되고, 정직 이상이면 상회 판결이 날 때까지 그대로 집행된다(정문 제331, 325, 393문답).
2. 교회의 덕을 세우기 위한 처벌일지라도 정직 이상의 시벌 받은 자가 상회 판결이 날 때까지의 어려움을 참작하여 상회에서는 속히 판결해야 한다(제33조, 제46조).

❖ 제101조

상소가 제기되면 하회는 그 사건에 관한 기록 전부와 일체 서류를 상회에 올려 보낼 것이니 만일 올려 보내지 아니하면 상회는 하회를 책하고 이를 올려 보낼 때까지 하회의 결정을 정지하게 한다.

| 해 설

하회 판결 효력의 정지

1. 상소가 제기되면 하회는 사건 기록과 서류 일체를 상회에 올려 보내야 한다.
2. 서류를 올려 보내지 않으면 상회는 하회를 책망하고 올려 보낼 때까지 하회의 결정을 정지시킨다는 규정이다(정문 제333문답).

제10장 이의와 항의서
(본 치리회 회원 상호 간에 행하는 일)

> **제102조**
> 이의(異議)라 함은 어느 치리회에서든지 의안 결정할 때에 회원 중 1인 이상 되는 소수(小數)가 대수(大數)의 결정에 동의하지 아니함을 표시한다.

해 설

이의의 정의

장로교 정치는 주권이 교인에게 있는 대의민주 정치 원리이기에 교인 1인이라도 그 주권을 행사하여 치리회 결정 사안에 대하여 이의(異議)를 표시할 수 있다.
 치리회에서 다수의 의견에 동의하지 않는 소수가 양심의 자유 원리에 따라 주장하는 방법은 ① 가부를 물을 때 아니요 하고, ② 이의서를 제출하고, ③ 항의서를 제출하고, ④ 당회(노회, 대회)에 소송을 제기하고, ⑤ 노회(대회)에 상소하고, ⑥ 대회 혹 총회에 상고하는 것이다(정치 총론 5항, 정치 제1장 제1조, 정문 총론 제3문답 5항, 정문 제341문답).

> **제103조**
> 항의(抗議)라 함은 이의보다 더 엄중히 하는 것인데 회원 중 1인 이상 되는 소수가 그 회의 행사나 작정이나 판결에 대하여 과실되는

것을 증명하는 것이니 그 이유서도 첨부한다.

❙ 해 설

항의의 정의

항의(抗議)는 행정 치리회, 권징 치리회를 불문하고 회원 중 그 치리회의 행사나 결정, 판결에 대하여 잘못을 서류로 증명하여 제출하므로 회록에 기재하게 하는 것으로, 소수의 의견을 존중해야 한다는 것을 가르치는 규정이다.

✥ 제104조
이의와 항의서가 합식(合式)이요 또 언사가 정당하며 다수에 대한 무리한 풍자가 없으면 회록에 기입한다.

❙ 해 설

이의와 항의서의 처리

이의와 항의서가 모든 면에 정당하면 회록에 기입하되 형식이 잘못 되었거나 언사가 정당하지 못하거나 다수에 대한 무리한 풍자[61](諷刺)가 있으면 접수하지 않는다는 규정이다.

---

[61] 풍자는 "잘못에 대해 비웃으며 빗대어 공격함"이란 뜻.

제105조

항의가 본 치리회의 인용한 공례와 의사를 오해한 것이 있으면 본회는 항의에 대하여 답변서를 작성하여 회록에 기재할 수 있으며 답변서를 작성한 후 항의서를 제출한 자가 항의서를 개정할 수 있고, 본 치리회가 답변서를 또한 개정함으로 그 사건을 끝낸다.

해 설

재 이의와 재 항의의 처리

1. 항의가 본 치리회의 인용한 공례[62](公例)와 의사를 오해한 것이 있으면 본회는 항의가 정당하다고 인정하여 항의에 대하여 답변서를 작성하여 회록에 기재할 수 있다.
2. 치리회가 답변서를 작성한 후 항의자가 제출한 항의서를 개정할 수 있다.
3. 치리회는 답변서를 다시 개정함으로 그 사건을 끝낸다는 규정이다.

제106조

본 치리회 내 결의 사건에 대하여 투표권이 없는 자는 이의서와 항의서를 제출하지 못하고 재판 안건은 부편 투표한 자밖에는 이의서와 항의서를 제출하지 못한다. 단, 재판국에서 판결한 사건에 대하여 본회 회원도 이의서와 항의서와 답변서를 제출할 수 있다. 본

---

[62] 공례는 치리회에서 사용하는 각종 법과 규칙 그리고 결정되어 통용되는 사안들을 의미한다.

회 폐회 중 본회를 대리하는 재판국에서 판결한 사건에 대하여는 판결 언도 후 10일 이내에 본회 회원이나 재판국 위원은 이의와 항의서를 작성하여 재판국 서기에게 교부하며 그 재판국 혹 재판국 위원은 판결 후 20일 이내에 답변서를 작성하여 재판국 서기에게 교부할 것이다. 재판국 서기는 이의서와 항의서와 답변서를 일일이 등본하여 본회 서기에게 교부하여 본회 회록에 기재하게 한다.

해 설

이의권과 항의권

1. 치리 회원 중 투표권이 없는 자(언권 회원)는 이의서와 항의서를 제출하지 못한다.
2. 행정 치리회를 권징 치리회로 변격하여 재판을 하였을 때에는 그 판결에 반대한 회원만이 이의와 항의를 할 수 있다.
3. 재판국에 위임하여 판결한 안건에 대하여는 재판국원이 아니더라도 본회 회원은 누구든지 이의서와 항의서 및 답변서를 제출할 수 있다.
4. 이의서와 항의서는 결정 후 10 일 이내에 제출하여야 하며 답변서는 20일 이내에 하여야 한다.
5. 본 이의서와 항의서 및 답변서는 본회 회록에 기록하여야 한다.

제11장 이명자 관리 규례

제107조
목사나 교인은 어느 때와 어느 지방에서 범죄하였든지 그 소속 치리회의 재판을 받는다.

해설

치리권의 관할

목사나 교인은 어느 때 어느 곳에서 범죄하였든지 원 치리권이 있는 교인은 소속 당회에서, 목사는 소속 노회에서 재판을 받는다는 규정이다 (정문 제252문답).

제108조
교인이 다른 지교회에 이명서를 받은 후에 그 지교회에 가입하기까지는 여전히 본회 관할에 속하고(이명서 수취한 후에는 시무하던 직분은 즉시 해제되고 본 교회 공동의회에서 언권과 투표권이 없다) 받은 이명서를 1년 이내에 본 교회로 환부하면 당회는 받은 후에 회록에 기재할 것이나 전날 시무하던 직분을 계속할 수 없다.

해설

이명서의 발급

1. 교인이 이명서를 받은 후 이거한 그 지교회에 가입하기까지는 본 교회 관할에 속한다는 규정이다.
2. 교인이 이명서를 받은 후에는 시무하던 직분은 즉시 해제되고, 소속했던 교회에서 교인으로서의 모든 권리가 소멸되어 공동의회에서 언권과 투표권도 없다는 규정이다.
3. 받은 이명서를 1년 이내에 본 교회로 환부하면 당회는 받은 후에 회록에 기재할 것이나, 전의 직분은 계속 시무할 수 없고, 장로 집사 권사의 경우 다시 공동의회 투표를 받고 취임식을 해야 시무할 수 있다.
4. 분자가 이명서를 1년 이상 지난 후에 환부하면 당회는 그 사정을 살펴 치리하되 전날 시무하던 직분은 계속 시무할 수 없다(정문 제196, 255, 256, 257문답).

✢ 제109조

목사도 전조와 같이 다른 회에 옮길 이명서를 수취한 후에 그 노회에 가입하기까지 여전히 본 노회 관할에 속하고(이명서 수취일로부터 본 노회 안에서 언권과 투표권이 없다) 1년 내로 이명서를 본 노회에 환부하면 노회는 이 사건을 회록에 기입하고 그 회원권은 여전히 지속한다.

❙ 해 설

이명서의 발급과 권한 제한

전조의 해설을 참조하라.

제110조

목사, 강도사, 목사 후보생에게 이명서를 교부할 때에 그 지정한 노회의 명칭을 분명히 기입할 것이요 지정한 노회가 현존한 동안에 다른 노회는 그 회원을 받지 못한다.

해 설

이명서 기재 요건

1. 목사, 강도사, 목사 후보생에게 이명서를 교부할 때는 이명 가는 노회의 명칭을 분명히 기입해야 한다는 규정이다.
2. 이명서에 기재된 노회가 현존하는 동안에는 어떤 노회도 이명서를 접수하여 그 회의 회원으로 받을 수 없다.
3. 이명서에 없는 목사, 강도사, 목사 후보생은 타 노회의 회원이 될 수 없다는 규정이다.

제111조

지교회가 폐지될 때에 그 소관 노회가 그 교인을 직할하여 다른 지교회에 속한 이명서를 교부한다.
　그 폐지된 당회에서 착수하였던 재판 사건이 있으면 노회가 계속 처리한다.

해 설

폐지된 지교회 교인의 이명서

1. 지교회가 폐지되면 그 소관 노회가 그 교인을 직할하여 인근 다른 지교회에 속한 이명서를 교부해야 한다는 규정이다.
2. 그 폐지된 당회에서 착수하였던 재판 사건이 있으면 노회가 계속 처리해야 한다는 규정이다(정문 제196, 258문답).

❖ 제112조

노회가 폐지되면 대회가 그 노회 회원을 직할하여 다른 노회에 옮길 이명서를 교부할 것이요 그 폐지된 노회에서 착수하였던 재판 사건이 있으면 대회가 계속 처리한다.

| 해 설

폐지된 노회원의 이명서

1. 노회가 폐지되면 대회가 폐지된 그 노회 회원을 직할하여 그 노회 회원들에게 그 지역에서 가장 가까운 다른 노회에 옮기도록 이명서를 교부해야 한다는 규정이다.
2. 그 폐지된 노회에서 착수하였던 재판 사건이 있으면 대회가 접수하여 그 재판을 직할하든지 위탁하여 대회 재판국에서 계속 처리하도록 해야 한다는 규정이다(정문 제196문답).

제12장 이주(移住) 기간에 관한 규례

> **제113조**
> 교우가 다른 지교회에 옮기는 경우에 특별한 이유가 없으면 그 받은 회원증과 이명서를 1년 내로 옮기는 교회에 납부한다.
> 1. 부모가 옮길 때에 세례 받은 유아(수찬 연령 미만자)가 있으면 그 이명서에 함께 기록한다.
> 2. 이명서에는 옮기는 교회를 분명히 기록할 것이요 그 교회는 이명서를 접수 처리한 후에는 즉시 이명서 발송한 교회에 통지한다.

해 설

교인의 이적과 이명 처리 통지

1. 교인이 다른 지교회로 옮길 경우 특별한 이유가 없으면 이명서를 1년 내로 옮기는 교회에 제출해야 한다는 규정이다.
2. 교인이 이거할 때 그 가족을 분명히 기록하되 입교 전의 유아 세례와 어린이 세례 교인도 함께 기록해야 한다는 규정이다.
3. 이명서에는 옮기는 교회를 분명히 기록해서 보내야 하고 접수한 교회는 접수 처리 후에 즉시 이명서 발송한 교회에 통지해서 그 교회에서 교인의 이름을 명부에서 삭제하도록 해야 한다는 강제 규정이다(정문 제252, 249, 259, 260문답).

❖ 제114조

목사, 강도사, 목사 후보생도 전조와 같이 옮기는 경우에 이명서에 기입한 대로 그 노회에 가입하되 특별한 이유가 없으면 그 받은 이명서를 1년 내로 옮기는 노회에 교부할 것이요 입회를 허락한 노회는 즉시 이명서를 발송한 노회에 통지한다.

| 해 설

목사, 강도사, 목사 후보생의 이명서

1. 목사, 강도사, 목사 후보생의 이명서도 제113조의 교인 이명서 기록 규정과 같이 기입한 대로 옮기는 노회에 특별한 이유가 없으면 받은 이명서를 1년 내에 교부해야 한다는 규정이다.
2. 이명서를 접수하고 입회를 허락한 노회는 즉시 이명서를 발송한 노회에 통지해서 그 노회의 명부에서 그 이름을 삭제하도록 해야 한다는 강제 규정이다(정문 제375문답).

❖ 제115조

교인이 본향과 교회에서 떠난 지 2개년 이후에 이명서를 청구하면 본 당회는 이명서에 그 사실을 기입한다.

| 해 설

이명 없는 이적

교인이 어떤 형편에 의하여 떠난 지 2년 후에 이명서를 청원하면 본 당회는 그 사실을 정확하게 기록한 이명서를 주어 보내야 한다는 규정이다(정문 제266문답 참조).

> ❖ **제116조**
> 범죄 안건은 범죄 발각 후 1년 내에 개심할 것이요, 교회에 중대한 영향을 미치게 할 범행이 아니면 3년을 경과한 후에 개심할 수 없다.

| 해 설

공소 시효

1. 교회법상 공소 시효는 범죄 사건 발각 후 1년, 발생 후 3년이다. 단, 범죄 사건이 교회에 중대한 영향을 미치게 할 범행일 때는 시효가 없다.
2. 이주 기간에 관한 규례에서 범죄 시효를 다루는 것은 이명자라 해도 범죄 사건 발각 후 1년, 발생 후 3년 안에는 이명자의 범죄 안건을 권징하기 위해 재판을 할 수 있다는 의미이다.

제13장 재판국에 관한 규례

당회 재판

1. 당회 재판은 모든 당회원이 자동적으로 재판관이 되므로 별도의 재판국 설치 규정이 필요 없다.
2. 당회는 재판건이 있으면 당회가 회집하여 행정 치리회를 권징 치리회로 변격(變格)하여 재판한다. 따라서 당회원 전원이 재판국원이 되며 장로 1인일 때도 목사와 합일하면 재판할 수 있으나, 목사와 장로가 합의되지 않거나 장로 본인에 관한 건은 노회에 위탁 판결 청원을 하여야 한다.
3. 위탁 판결 청원은 당회 결의로 하는 것이 아니라 당회장 직권으로 한다. 어떤 사정으로 당회에서 재판할 수 없거나 위탁 판결 청원을 결의할 수 없을 때도 동일하다.

1. 노회 재판국

❖ 제117조

노회는 본 관내 목사와 장로 중에서 재판국원을 투표 선정할 수 있으니 노회 재판국의 국원수는 7인 이상으로 정하되 그 중 과반수는 목사로 선택한다. 노회는 재판 사건을 직할 심리하거나 재판국에 위탁할 수 있고 재판국은 위탁받은 사건만 심리 판결할 수 있다.

| 해 설

노회 재판회와 재판국

1. 노회 재판국은 비상설(非常設) 재판국이다. 비상설 재판국이란 소송 사건이 발생할 때 그 소송 사건을 심리하기 위하여 임시로 설치한 재판국을 의미한다.
2. 재판국원은 노회에서 투표로 선정하고 국원수는 7인 이상으로 하되 반드시 과반수는 목사라야 한다.
3. 노회는 소송 사건이 있을 때 행정 치리회를 권징 치리회로 변격하여 노회원 전체가 재판관이 되어 직할 심리한 후 재판할 수 있고(이를 당석 재판이라 함), 또는 노회에서 위와 같이 재판국원을 선임하여 위탁할 수 있다.
4. 재판국은 노회가 위탁하여 준 사건만 심리 판결할 수 있다.

> **제118조**
> 재판국은 본 국원 중에서 국장과 서기를 택하여 본회의 허락을 받을 것이요, 위탁을 받은 안건에 대하여는 권한이 본회와 동일하여 교회 헌법과 노회에서 적용하는 규칙을 사용하되 처리 후에 보고한다.

해설

노회 재판국 판결의 권한

1. 재판국 국장과 서기는 재판국원 회의에서 선출하여 본회의 허락을 받아야 한다.
2. 재판국의 권한은 본 노회와 동일하여 헌법과 노회에서 적용하는 규칙을 사용하여 재판한 후에는 노회에 보고해야 한다. 노회 재판국 판결은 위탁을 받은 안건에 한에서 "권한이 본회와 동일"하다. 본 노

회의 판결로 인정한다는 뜻이다.

본 노회 회기 중의 판결과 폐회 후의 판결 효력은 제121조에 규정되었다.

❖ 제119조

재판국원의 성수는 국원 3분의 2의 출석으로 하되 반수 이상이 목사가 되어야 한다.

l 해 설

노회 재판회(국)의 성수

1. 노회 재판국원의 수를 제117조에서 7인 이상이라고 하였으니 성수 되는 3분의 2는 5인의 출석으로 성수가 된다.
2. 노회 재판국원 5인 이상의 출석으로 성수가 되나 반수 이상 곧 3인 이상은 목사가 되어야 한다는 규정이다.

❖ 제120조

재판국원의 회집 날짜와 처소는 본 노회가 결정하거나 노회의 결정이 없으면 재판국이 결정한다.

l 해 설

노회 재판국의 재판 기일과 장소

1. 노회 재판국의 회집 날짜를 본 노회가 결정한다는 것은 본 노회가 개회 중에 재판건을 직할한다는 의미이다.
2. 노회 재판국이 회집 날짜에 대하여 노회의 결정이 없으면 본 노회가 재판건을 재판국에 위탁한다는 것이기에 재판국에서 재판 절차를 좇아 소집한다는 의미이다.

❖ 제121조

재판국이 본 노회 개회 시무 중에서 위탁받은 안건을 판결하였으면 그 판결을 즉시 보고할 것이요 보고한 후에는 본 노회의 판결로 인정한다.
1. 노회가 재판국이 보고를 전부 채용 혹 취소할 수 있고 취소할 때는 그 안건 전부를 재판 규칙대로 직접 심리 처결할 수 있다.
2. 본 치리회가 폐회한 후 본회를 대리한 재판국에서 재판한 안건은 공포 때로부터 본 노회의 판결로 인정한다.

| 해 설

노회 재판국의 판결의 효력

1. 노회 재판국 판결은 위탁을 받은 안건의 범위에서 판결의 권한이 본회와 동일하여 재판국 판결로 그 효력이 발생하고, 노회 회의 중의 판결은 본회 보고하여 채용함으로 그 효력이 발생한다.
2. 회기 중 재판국 판결 보고에 대해 노회는 전부를 채용하든지 전부를 취소할 수 있다. 즉 일부를 채용하거나 변경하지는 못한다. 다시 말하면 수정 채용이 불가하다는 뜻이다.
3. 전부를 취소할 때에는 본회에서 직할 심리할 수도 있고 새로이 재판

국을 구성하여 위탁할 수 있다.
4. 노회 폐회 중에 재판국에서 판결한 것이면 그 판결은 공포 시 그대로 노회의 판결로 인정하고 후일 노회가 개회되면 경과 보고 후 그 사건 재판국이 없어진다.

그러나 총회 재판국의 판결은 회기 중의 판결은 물론이고, 폐회기간 중의 판결이라고 해도 반드시 총회가 채택해야 총회의 판결로 확정된다(권징 제138, 141조).

❖ 제122조

재판국 서기는 재판 사건의 진행 전말과 판결에 대하여 상세한 기록을 조제(調製)하고 회장과 서기는 그 기록의 정확을 증명하기 위하여 이를 등본 날인하여 원·피고와 본 노회 서기에게 각 한 통씩 교부한다.

해 설

재판회(국) 서기의 의무

1. 재판이 종결되면 재판국 서기는 재판회 회의록과 판결문을 작성하여 회장과 서기가 날인하여 보관하여야 한다.
2. 이렇게 작성된 서류(재판국 회의록과 판결문)를 원·피고와 노회 서기에게 각각 1통씩 교부하여야 한다.

> ❖ **제123조**
> 재판국은 그 판결을 본 노회 서기에게 위탁 보고하든지 친히 보고할 것이요 본 노회 서기는 그 기록과 본회 회록을 함께 상회에 올려 보내어 검사를 받는다.

❙ 해 설

노회 재판국 보고와 상회의 검사

1. 노회 재판국은 판결 사건에 대하여 본 노회 서기에게 보고하게 하든지 친히 보고하여 결의를 받아야 한다(정문 제303문답 참조).
2. 노회 서기는 재판국에서 보고한 사건 판결의 기록과 본회 회록을 함께 상회에 올려 보내어 검사를 받아야 한다는 규정이다.

2. 대회 재판국

> ❖ **제124조**
> 대회는 상설 재판국을 두고 목사 5인 장로 4인을 국원으로 하되 상비 국원제로 3조에 나누어 매년 3인씩 개선한다.
> 1. 대회 중에 재판국의 결원이 있으면 대회가 보결하고 대회 폐회 후에 결원되었으면 대회장이 자벽하여 대회 개회 때까지 시무하게 한다.
> 2. 대회는 재판 사건을 직할 심리하거나 재판국에 위탁할 수 있고 재판국은 위탁받은 사건만 심리 판결한다.

| 해 설

대회 재판회와 재판국

1. 재판국원 선출은 대회 공천부에서 공천하여 대회에 보고 승낙으로 재판국을 조직하게 되나, 대회 폐회 후 결원 시는 공천부를 소집할 수 없기 때문에 재판국원의 보결권을 대회장에게 주는 것이다.
2. 직할 심리란 대회를 재판회로 변격하여 대회가 직접 재판권을 행사하는 것이고, 위탁할 수 있다는 것은 9인(목사 5인 장로 4인)으로 구성된 대회 상설 재판국에 맡겨 처리한다는 것이다.

❖ 제125조

재판국은 국장과 서기를 본 국원 중에서 매년 선거할 것이요 위탁받은 사건에 대하여는 권한이 본회와 동일하여 교회의 헌법과 대회에서 적용하는 규칙을 사용하되 대회에 보고한다.

| 해 설

대회 재판국 판결의 권한

1. 대회 재판국 국장과 서기를 선출하는 규정으로 상비부장과 서기를 선출하는 규범을 좇아 본 국원 중에서 매년 선거한다.
2. 대회 재판국은 위탁받은 사건에 대하여 권한이 본회와 동일하지만 헌법과 대회에서 적용하는 규칙을 사용하되 대회에 보고 결의 되므로 그 판결이 효력을 발생한다.

❖ 제126조

대회 재판국의 성수는 4분의 3 출석으로 하되 그중 목사가 반수 이상이라야 한다.

❙해 설

대회 재판회(국)의 성수

1. 대회 재판국원이 9인으로 9인 중 4분의 3의 출석이 요함으로 9인의 4분의 3은 7인으로 7인의 국원이 출석해야 성수가 된다.
2. 재판국원이 7인의 과반수 이상이 목사가 된다는 것은 7인 중 목사가 장로보다 한 사람이 많은 4인이 되어야 한다는 규정이다.

❖ 제127조

대회 재판국의 집회 날짜와 처소는 대회가 정하거나 대회의 결정이 없으면 재판국이 정한다.

❙해 설

대회 재판국의 재판 기일과 장소

1. 대회 재판국의 회집을 대회가 정한다는 것은 대회가 재판건을 개회 중에 재판하거나 직할하기 위해서 재판을 위한 임시대회를 소집한다는 것으로 정치 제11장 제4조 11항과 제5조의 임시회를 소집한다는 의미이다.

2. 대회의 결정이 없으면 재판국이 정한다는 것은 대회로부터 상설 재판국에 위임하도록 한 재판건은 상설 재판국이 재판 절차를 좇아 소집한다는 의미이다.

❖ 제128조
대회 재판국의 판결은 대회가 채용할 때까지 당사자 쌍방을 구속할 뿐이다.

Ⅰ 해 설

대회 재판국 판결의 효력

1. 대회 재판국의 판결은 대회가 채택하기까지는 총회 재판국 판결과 같이 대회에 보고하기 위한 판결문이다.
2. 대회 재판국의 판결은 대회가 채용할 때 그 효력이 있다. 그러나 대회가 그 판결을 보고받고 채용하기 전에는 쌍방을 구속할 뿐이라는 것은 하회 판결을 따른다는 의미이다.
3. 단, 권징 조례 제100조에도 하회 결정이 권계나 견책인 경우는 효력이 정지될 수 있으나 그 밖에 정직 이상의 시벌일 때는 하회 결정이 그대로 유지되는 것을 의미한다.

❖ 제129조
재판국 서기는 재판 사건의 진행과 심리 판결한 것을 상세히 조서에 기재하고 국장 서기는 그 조서의 정확을 증명하기 위하여 등본

> 날인하여 원·피고와 대회 서기에게 각 한 통씩 교부한다.

┃해 설

대회 재판국 서기의 의무

1. 재판 결과에 대한 서기의 직무는 재판의 진행과 심리와 판결에 대한 기록의 의무가 있고, 그 기록에는 국장과 서기가 날인하도록 되어 있다.
2. 서기는 재판의 공정성을 유지하기 위하여 재판의 원고와 피고, 그리고 대회 서기에게 각 1통씩 교부해야 한다.

> ✣ **제130조**
> 재판국은 그 판결 사건을 대회 서기에게 보고할 것이요 대회 서기는 접수한 등본을 본 회록과 같이 보관한다.

┃해 설

대회 재판국 보고와 회록 보존

1. 재판국 서기가 작성한 재판 사건 판결에 대한 회록과 보고서(국장과 서기가 날인한) 등본을 대회 서기에게 제출하여 본 회록과 같이 보관해야 한다.
2. 이는 원고가 상소할 경우 대회가 일체 문부를 총회에 제시할 의무가 있기 때문이다.

⁌ **제131조**

대회는 재판국의 판결을 검사하여 채용하거나 환부하거나 특별 재판국을 설치하고 그 사건을 판결 보고하게 할 수 있다.

　대회가 재판국 판결에 대하여 검사하지 않거나 검사할지라도 변경이 없으면 대회 폐회 때부터 그 판결은 확정된다.

해 설

대회 재판국 판결의 확정

1. 대회 재판국의 보고를 대회가 채용하는 규정을 말하는데 재판국 보고에 대해 대회가 채용, 환부, 특별재판국 설치 등을 할 수 있다.
2. 대회가 재판국 판결에 대해 그대로 채용할 때는 대회 폐회 때부터 대회 재판국의 판결은 확정 판결이 된다.
3. 대회가 재판국의 판결을 채용하지 않고 재판회로 변격하여 재판한 후에나, 특별 재판국을 설치 재판한 후에는 재판국의 판결을 변경할 수 있다(정치 제11장 제4조 11항 참조).

⁌ **제132조**

재판국 비용은 대회가 부담한다.

해 설

대회 재판국의 비용

1. 재판국 비용을 대회가 부담한다는 것은 제124조에 따르면 대회 재판국이 상비부 제도이기 때문에 대회 예산으로 재판국을 개정케 한다는 것이다.
2. 예산 문제는 대회 시 재정부가 예산을 편성해야 한다.

> ❖ **제133조**
> 대회가 필요로 인정할 때는 그 결의대로 특별 재판국을 설치하고 상설 재판국 규칙을 적용한다.

해 설

대회 특별 재판국

1. 특별 재판국을 설치한다는 것은 법규에 맞지 아니하는 재판을 하였거나, 대회 재판국이 일방적 재판을 하였거나, 재판국 자체에 하자나 부정이 발견될 시는, 이 건은 상회에서 부당하게 취급될 것이므로 대회가 재심을 하여야 한다는 의미이다.
2. 특별 재판국은 재판 사건에 참여하거나 직간접으로 재판 사건에 개입되지 아니한 이로 구성되어야 한다.
3. 특별 재판국원 선정은 무기명 투표로 선정함이 마땅하다.

3. 총회 재판국

✥ 제134조

총회는 상설 재판국을 두고 목사 8인, 장로 7인을 국원으로 선정하되 한 노회에 속한 자 2인을 초과하지 못한다. 국원은 상비 위원제로 3조에 나누어 매년 5인씩 개선하여 개회 때부터 시무할 것이요 임기 만료한 국원은 향후 1년간 재선되지 못할 것이며 총회의 다른 상비 위원으로 재직한 자도 재판 국원이 되지 못한다.

1. 총회 개회 중에 재판국의 결원(缺員)이 있으면 총회가 보결하고 총회 파회 후에 결원이 되었으면 총회 회장이 지명하여 총회 개회 때까지 시무하게 한다.
2. 총회는 재판 사건을 직할 심리하거나 재판국에 위탁할 수 있고 재판국은 위탁받은 사건만 심리 판결한다.

| 해 설

총회 재판회와 재판국 구성

1. 총회 재판국은 상설 재판국이다.
   상설 재판국이란 소송 건이 있건 없건
   1) 항상 개설되어 있어서 언제든지 상고하고자 하는 이가 상고할 수 있고,
   2) 상고하면 재판국은 직접 접수하여,
   3) 즉시 심의하여 판결하며,
   4) 판결 효력은 즉시 발효되는 재판을 할 수 있는 재판국을 의미 하지만 총회에 보고하게 하였다(제135조).

2. 총회재판국의 구성목사

   목사 8인 장로 7인으로 구성하고 동일한 노회에서 2명을 초과하지 못하게 하였다.

3. 재판국원의 임기

   국원의 임기는 3년으로 하되 3개조로 나누어 1년에 5명씩 총회에서 선출한다. 임기 만료된 재판국원은 향후 1년 내로 재임하지 못하며 재판국원은 다른 상비부원을 겸임하지 못한다.

4. 재판국원의 결원 시는 총회가 개회중이면 총회가 선임하고, 폐회중이면 총회장이 임명한다.

5. 총회는 재판 사건을 당석 재판할 수도 있다. 이때는 권징 치리회로 변격하여 모든 회원이 재판관이 되어 심리 판결한다.

> ❖ **제135조**
> 재판국은 회장과 서기를 본 국원 중에서 매년 선거할 것이요 위탁받은 사건에 대하여는 권한이 본회와 동일하여 교회의 헌법과 총회에서 적용하는 규칙을 사용하되 총회에 보고한다.

| 해 설

총회 재판국 판결의 권한

1. 총회 재판국 국장과 서기를 선출하는 규정으로 상비부장과 서기를 선출하는 규범을 좇아 본 국원 중에서 매년 선거한다.
2. 총회 재판국은 위탁받은 사건에 대하여 권한이 본회와 동일하지만 헌법과 총회에서 적용하는 규칙을 사용하되 총회에 보고 결의 되므로 그 판결이 효력을 발생한다.

❖ 제136조

총회 재판국원의 성수는 11인으로 정하되 그중 6인이 목사 됨을 요한다.

┃해 설

총회 재판국원의 성수

총회 재판국원의 성수는 11인이지만 목사 6인이 되어 장로보다 목사가 한 사람 더 많아야 한다는 규정이다.

❖ 제137조

재판국의 회집 날짜와 처소는 총회가 의정하거나 재판국이 의정한다.

┃해 설

총회 재판국의 재판 기일과 장소

1. 총회 재판국의 회집 날짜를 총회가 의정한다는 것은 총회가 재판건을 직할한다는 것이다.
2. 재판국이 정한다는 것은 총회로부터 상설 재판국에 위임하도록 한 재판건은 상설 재판국이 재판 절차를 좇아 소집한다는 의미이다.

> ✥ **제138조**
> 총회 재판국의 판결문은 총회에 보고하기 위한 것이며, 총회가 채용할 때까지 당사자 쌍방을 구속할 뿐이다. 다만, 재산권에 관한 판결은 예외로 한다.

해 설

총회 재판국의 판결의 효력

1. 총회 재판국의 판결 효력은 총회가 회기 중의 판결은 물론이고, 파회 후의 판결이라도 반드시 총회가 채용한 후 확정되며 효력을 발생한다(제138, 141조). 총회가 채용하기 전 재판국의 판결문은 총회에 보고하기 위한 것이므로 총회가 채용하기 전까지는 아무런 효력이 없다. 그러므로 예심판결을 하여서는 아니되며 또한 원·피고에게 교부해서도 안 된다. 단, 재산권에 관한 판결은 예외로 한다.
2. 총회 재판국의 판결문은 총회가 채용할 때까지 당사자 쌍방을 구속할 뿐이란, 하회의 판결이 정직 이상이면 총회 재판국의 판결문을 총회가 채용하기 전까지는 하회의 판결이 유효하다는 뜻이다.
3. 상소건의 하회 판결이 정직 이상이면 상소인과 피상소인을 구속하는 것이므로, 상소인과 피 상소인은 새로운 변경을 금지하고 하회의 재판판결 그 상태로 유지된다는 뜻이다.

제139조

재판국 서기는 본국 재판 사건의 진행과 판결문을 상세히 조서(調書)에 기재하고 국장 서기는 그 조서의 정확을 증명하기 위하여 등본 날인하여 원·피고와 총회 원서기에게 각 한 통씩 교부한다.

I 해 설

총회 재판국 서기의 권한

1. 총회 재판국 서기는 재판 진행과정(회의록)과 총회에 보고할 예심 판결문을 작성하고 국장과 서기가 날인하여야 한다.
2. 서기는 회의록과 예심 판결문을 작성하여 서기와 국장이 등본 날인하여 총회장과 총회 서기에게 각각 1통씩 교부하여야 한다.
3. 총회 재판국의 판결문은 총회에 보고하기 위하여 작성된 판결문이므로, 재판국 서기는 판결문을 총회 개회 이전에 원·피고에게 각각 배부하여 사건의 사실 관계 유무를 확인하도록 한다.
4. 그 판결문은 총회가 채용하기 이전이므로 법적인 효력이 없다.

제140조

재판국은 판결 사건을 총회 서기에게 위탁하게 하든지 친히 보고할 것이요 총회 서기는 접수한 등본을 본회 회록과 같이 보관한다.

I 해 설

총회 재판국 보고와 서기의 의무

1. 총회 재판국은 판결 사건에 대하여 총회 서기에게 보고하게 하든지 친히 보고하여 결의를 받아야 한다.
2. 총회 서기는 재판국에서 보고한 사건 판결의 등본을 본회 회록과 같이 보관해야 한다는 규정이다.

> ❖ **제141조**
> 총회는 재판국의 판결을 검사하여 채용하거나 환부하거나 특별 재판국을 설치하고 그 사건을 판결 보고하게 한다.
> 　총회가 재판국 판결에 대하여 검사하지 않거나 검사할지라도 변경이 없으면 총회 파회 때부터 그 판결은 확정된다.

┃해 설

총회 재판국 판결의 확정

1. 재판국 판결을 검사하는 것은 재판국 서기가 제139조 해설 3항대로 시행함으로써 이루어진다.
2. 총회는 재판국 판결 보고를 그대로 채용하거나
3. 재판국 판결에 대하여 총회가 채용하지 않고, 다시 재판하도록 총회 재판국으로 환부한다.
　이에 대하여 그간 총회는 많은 혼란을 가져왔는데 환부와 환송을 혼돈하여 생긴 일이다. 환송은 상회가 재판 중에 그 사건을 하회로 돌려보내는 것을 의미하고, 환부는 총회에 보고한 총회 재판국 판결에 대하여 다시 재판하도록 총회 재판국에 되돌려주는 것이다.
4. 또는 재판국 판결에 대하여 채용하지 않고 특별 재판국을 설치하여 특별 재판국에 본 소송건을 맡겨 재판토록 한다.

5. 총회 재판국의 판결문을 총회가 결정(채용, 환부, 특별 재판국 구성)하면 이에 따른 판결문을 원·피고에게 각 한 통씩 교부한다.

❖ 제142조

재판국 비용은 총회가 지불한다.

해 설

총회 재판국의 비용

총회 재판국은 제134조에 의하면 상비부서이기에 재정부에서 세운 예산으로 재판국을 개정하기 때문에 재판국 비용은 총회가 지불하게 된다는 규정이다.

❖ 제143조

총회가 필요로 인정할 때는 그 결의대로 특별 재판국을 설치하고 상설 재판국 규칙을 적용한다.

해 설

총회 특별 재판국

1. 총회가 재판국의 판결을 부결(취소)하고 특별 재판국을 구성하기로 가결하면, 총회는 특별 재판국을 설치하여 맡긴다. 어떤 재판건이라도 상설 재판국에 맡기지 않고 곧 바로 특별 재판국을 설치하여 위

임할 수는 없다.
2. "총회가 필요로 인정할 때" 설치한다는 의미는 상설 재판국의 판결을 총회가 채용하지 않았을 때를 의미한다.
3. 특별 재판국이 설치되면 상설 재판국 규칙을 사용하여 재판하게 된다.

제14장 치리회 간의 재판 규례

제144조

어느 회든지 그 동등 된 회를 상대로 소원할 일이 있으면(제84조, 제93조 참조) 한층 높은 상회에 기소할 것이나 이런 경우에 사건 발생 후 1년 이내에 피고된 회의 서기와 그 상회 서기에게 통지한다.

해설

치리회 간의 소원

1. 동등한 치리회 간의 소송을 소원이라 한다. 치리회 간의 소송을 소원이라 하는 이유는 피고된 치리회를 처벌하여 달라는 소송이 아니라 위법 부당한 행정 처리와 결정을 취소 변경 또는 의무를 이행하게 하여 달라는 것이기 때문이다(제84조, 제85조).
2. 치리회 간의 소송(소원)은 사건 발생 후 1년 내에 하여야 하며 소원 통지서와 이유 설명서를 피고된 회의 서기에게 송달하고 소원장과 이유 설명서는 상회 서기에게 교부한다.

> ❖ **제145조**
> 어느 회든지 전조와 같이 기소하고자 하면 대리 위원을 선정하여 초심(初審)부터 종심(終審) 판결까지 위임할 수 있다.

해 설

대리 위원

1. 소원을 제출한 노회는 반드시 노회장이 대표가 되어 소송을 진행하여야 하는 것은 아니고, 노회원 중 한두 명을 대리 위원으로 선정하여 처음부터 끝까지 소송을 담당하게 할 수 있다.
2. 대리 위원은 변호인을 선임할 수도 있으며, 상회 회원 중 자기를 도와 줄 변호 위원을 선정하여 줄 것을 청원할 수 있으며, 변호 위원이 선정되면 변호 위원은 변호인의 역할을 수행할 수 있다

> ❖ **제146조**
> 소원을 접수한 상회는 그 사건을 조사하여 이유가 상당하면 피고 회의 결정 전부 혹 1부를 취소하거나 변경하고 그 피고 회에 대하여 처리할 방법을 지시할 것이요, 원고나 피고 회는 또 그 상회에 상소할 수 있다.

해 설

치리회 간의 소원 건 처리

1. 소원을 접수한 상회는 그 사건을 조사하여 직할 심리하든지 재판국에 위탁하여 처리한다.
2. 소원은 피고된 치리회의 결정을 전부 또는 일부를 취소, 변경하게 되면 피고된 치리회에 취소, 변경할 것을 지시한다. 상소(소원) 치리회가 노회이면 이에 불복하는 하회는 상회(대회, 총회)로 상소할 수 있다.

제 IV부

권징 사례별 해설

제1장 총 론

제1절 범죄(犯罪)

제1문 권징(勸懲)의 대상이 되는 범죄가 무엇인가?
(권징 제3조, 헌규 제2조)

1. 교훈과 심술(心術)과 행위가 성경에 위반되는 것이 범죄다.
   심술이란 ① 온당하지 않고 고집스러운 마음이나 ② 남이 잘못되는 것을 좋아하는 마음이다.

2. 다른 사람으로 범죄하게 하는 행위, 즉 범죄를 유도하거나 교사(敎唆)하는 행위 및 다른 사람이 덕을 세우려는 것을 방해하는 행위가 범죄다. 그러므로 권징의 대상이 되는 범죄는 구체적으로 다음과 같다.
   ① 신앙과 행위가 성경과 헌법, 규칙이나 치리회의 결정 등을 위반한 행위
   ② 예배를 방해하거나 이단 행위와 그에 동조한 행위
   ③ 폭언, 폭행, 기물 파괴 등 교인으로서 타인에게 지탄받을 만한 부도덕한 행위
   ④ 직접 범죄하지 아니하더라도 다른 사람으로 하여금 범죄하게 하거나 덕을 세움에 방해되게 하는 행위
   예컨대 헌금이나 구제, 전도, 봉사 등을 하지 못하게 방해, 권면, 유도하는 등의 언행은 모두 권징의 대상이 된다.
   ⑤ 교인의 의무를 이행하지 않는 행위(헌규 제2조)
   그러므로 모든 범죄가 이 범주에 속함으로 권징할 시 구체적인 적용 조문을 찾기 어려울 때는 권징 제1장 제3조와 임직 서약 조문(정치 제13장 제3조1~3항, 제15장 제10조 1~4항) 및 헌규 제2조

그리고 성경 장절을 적시하면 된다.

> **제2문** 예배 방해죄의 구성 요건이 무엇인가?

사례 1 : 목사를 반대하는 소수가 당회의 허락 없이 별관에서 드리는 예배를 막았을 경우?
사례 2 : 사적으로 드리는 예배, 예컨대 가정 예배나 몇 사람이 등산가서 드리는 예배를 방해한 행위?
사례 3 : 예배 시간에 아멘을 연발하거나 찬송을 계속 불러 예배가 사실상 방해된 경우?

예배의 신성과 질서를 어지럽히거나 방해하는 모든 언행은 예배 방해가 된다. 그러나 그 예배가 법으로 보호받아야 될 예배이기 위해서는(보호 객체=保護客體) 다음의 요건을 갖추어야 한다.

1. 교회의 공예배이어야 한다.

   사석에서나 사적인 예배가 아니라 교회의 공예배(교회가 인정한 남여 전도회, 청년회, 학생회 등의 예배를 포함)를 방해한 것이어야 한다. 예컨대 가정 예배 시에 누가 소란을 피웠다고 해서 예배 방해죄로 교회가 치리하는 것은 아니다.

2. 합법적인 예배이어야 한다.

   만일 교회가 인정하지 않는 예배이거나 교회의 치리에 불복종하는 모임의 예배는 본 법의 보호 대상이 될 수 없다.

   예컨대 교회에 분란을 일으켜 당회의 허락 없이 몇몇 사람들이 교육관에서 자의적으로 별도의 예배를 드린다면 그 자체가 정당한 예배로 인정될 수 없기 때문에(그리스도의 몸을 찢는 행위) 본 법의 보호 대상이 아니다.

3. 성경에 입각한 진정성이 객관적으로 인정되는 예배이어야 한다.

  예배의 형식은 정당한 교회의 공예배이나 그 내용이 이단을 전하는 것이거나 다른 복음(갈 1:9)을 전하는 예배라면 그 예배 형식이 아무리 공예배라 할지라도 그 내용은 이미 진정한 예배라 할 수 없으므로 그러한 예배는 본 규정의 보호 대상이 아니다. 이를 못하게 저지하였다고 해서 예배 방해죄가 성립하지 않는다. 만일 목사가 이단을 전하거나 이단을 옹호하거나 성경의 근본 진리를 뒤집는 설교를 한다면 그 설교를 교인들이 경청하고만 있어야 한단 말인가? 결코 아니다. 만일 가만히 있다면 이는 이단에 동조하거나 방조 내지 묵인하는 결과가 될 것이다. 이런 경우 목사의 설교를 제지하였다고 하여 예배 방해죄가 성립되는 것은 아니다.

4. 합법을 가장한 예배 방해는 보호받지 못한다.

  설교를 방해할 목적으로 설교 도중 고의적이고도 악의로 아멘을 외치거나 찬송을 불러 실제적으로 다른 사람의 예배를 방해하고 설교를 방해한 결과를 초래하였다면 이러한 행위를 정당하다 할 수 없을 것이다.

  혹자는 설교를 듣고 아멘 하는데 어찌하여 죄가 되는가라고 반문할지 모르나 그것이 설교를 방해할 목적으로 고의적이고 악의적으로 한 것이 객관적으로 인정된다면 이는 바로 권징 제3조의 악한 "심술과 행위"에 해당되므로 범죄 행위가 성립된다.

> **제3문** 어떤 교인이 폭력을 행사한 경우 권징할 수 있는가?

이는 권징 제3조와 헌규 제2조 5항(구타)에 해당되는 범죄로 권징의 대상이 된다.

제4문 어떤 집사가 봉사를 하려는데 직간접으로 이를 못하게 하였다면 이러한 행위도 범죄가 되는가?

권징 제3조 "…… 다른 사람으로 범죄하게 한 것이나 덕을 세움에 방해 되게 하는 것"에 해당되므로 처벌 대상이 된다.

제5문 교인의 의무를 이행하지 않는 자를 권징할 수 있는가?

사례 1 : 예배에 항상 불참하는 행위
사례 2 : 교인과 항상 불화하는 언행
사례 3 : 헌금에 인색하며 다른 사람이 헌금하려는 것까지 비방하고 직간접으로 못하게 하는 행위
사례 4 : 성경의 교훈에서 벗어난 행위
사례 5 : 목사의 설교를 고의적으로 왜곡 비난하는 행위
사례 6 : 미신을 신봉하는 행위
사례 7 : 음주나 흡연을 하는 행위
사례 8 : 고의로 작정한 헌금을 드리지 않거나 십일조를 드리지 않는 행위와 교인의 의무를 이행하지 아니하는 경우 권징할 수 있는가?

헌규 제2조는 교인의 의무를 다음과 같이 열거하였다.
1. 교인은 교회의 정한 예배회와 기도회와 모든 교회 집회에 출석하여야 한다.
2. 교인은 노력과 협력과 거룩한 교제로 교회 발전에 진력하며 사랑과 선행(善行)으로 하나님을 영화롭게 하여야 한다.

3. 교인은 교회의 경비와 사업비에 대하여 성심 협조하며 자선과 전도 사업과 모든 선한 일에 노력과 금전을 아끼지 않아야 한다.
4. 성경 도리를 힘써 배우며 전하고 성경 말씀대로 실행하기를 힘쓰며 예수 그리스도의 정신을 우리 생활에서 나타내어야 한다.
5. 교회의 직원으로 성일(聖日)을 범하거나 미신(迷信) 행위나 음주 흡연(飮酒吸煙), 구타하는 등의 행동이나 고의(故意)로 교회의 의무(義務)금을 드리지 않는 자는 직임(職任)을 면(免)함이 당연하고 교인으로는 의무를 이행하지 않는 자로 간주한다.
6. 교인은 진리(眞理)를 보수(保守)하고 교회 법규(法規)를 잘 지키며 교회 헌법에 의하여 치리함을 순히 복종하여야 한다.

또한 교인의 의무 중 공익에 관한 것은 불이행 시 권징할 수 있다(권징 제1조, 2조, 3조). 예를 들면 5항에 해당하거나 6항을 위반할 때에는 권징할 수 있다.

제6문 십일조를 드리지 않는 장로를 권징할 수 있는가?

십일조는 신구약을 통하여 성도로서 드려야 할 최소한의 의무 헌금이다. 헌규 제2조는 "…… 교회의 의무금을 드리지 않는 자는 직임을 면함이 당연하고 교인으로는 의무를 이행하지 않는 자로 간주한다."고 하였다. 그러므로 장로가 십일조를 드리지 않으면 장로의 직분을 면함이 마땅하고 당연하다.

그러나 기억해야 할 것은 법은 모든 사람에게 평등하고 공평하고 공정하게 적용해야 한다는 점이다. 법 적용에 보편타당성을 잃어버리면 그 권징은 정당하다 할 수 없다. 즉 십일조를 드리지 않았다고 장로를 권징하려면 모든 교인 또는 최소한 모든 직원에게 동일한 조치를 취하여야 할 것이다. 그렇지 않고 특정인에게 표적 조사, 적용하여서는 안 된다.

제2절 권징권자(勸懲權者)

제7문 권징권은 누구에게 있는가?

치리권은 개인에게 있지 아니하고 목사와 장로로 조직된 치리회에 있다(정치 제8장 제1조). 장로회 정치는 지교회 교인들이 장로(장로와 목사인 강도 장로)를 선택하여 당회를 조직하고 그 당회로 치리권을 행사하게 하는 주권이 교인들에게 있는 대의 민주 정치(代議民主政治)다(主權在民政治)(정치총론 5. 헌규 제3조). 그러므로 권징 치리권 역시 목사와 장로로 조직된 치리회에 있다.

제8문 목사 단독으로 치리권을 행사할 수 있는가?

목사라 할지라도 단독으로는 치리권을 행사하지 못한다. 왜냐하면 치리권은 치리회에 있고 치리회는 목사와 장로로 조직되어야 하기 때문이다.

그러므로 당회가 없는 미조직 교회의 목사는 치리권이 없고 당회가 있어도 장로가 한 사람일 때 장로와 합일하지 아니하면 목사 단독으로 치리권을 행사할 수 없으며 특히 장로에 관한 소송 건은 반드시 노회에 보고하여 위탁 판결 청원을 하여야 한다(정치 제9장 제2조).

제9문 장로 1인이 있는 경우 장로를 권징하려면 어떻게 하는가?

목사가 단독으로 권징 치리권을 행사하지 못하며 장로 1인이 있는 경우에도 그 장로와 합일하지 아니하면 치리할 수 없고 특히 장로 1인인 경우 장로에 관한 사건은 반드시 노회로 위탁 판결 청원을 하여야 한다.

만일 목사 단독으로 장로나 교인을 치리하였다면 이는 임직 서약 위반(정치 제15장 제10조) 및 정치 제8장 제1조, 권징 제1장 제3조에 해당되어 피소될 수 있다.

> **제10문** 재판건(裁判件)과 행정건(行政件)은 어떻게 다른가?

재판건이라 함은 재판할 수 있는 범죄 사건을 말한다. 즉 성경과 교회 규칙, 교회 관례 그리고 권징 조례로 금지한 일(권징 제3조에 해당하는 행위)이 발생할 시 이 사실을 재판 안건이라 한다. 그러나 재판 안건이라 할지라도 소송하는 자가 없으면 재판하지 못한다(不告不審). 따라서 범죄 사건으로 소송하는 자가 있으면 재판건이 되어 재판하게 된다. 즉 소송된 사건을 재판건이라 한다.

행정건이란 치리회나 개인이 범한 행정상의 불법, 부당한 행위를 시정, 변경, 취소, 의무 이행을 청구할 수 있는 안건을 행정건이라 하고 이러한 행정 안건을 소송하게 되면 소원이라고 한다.

그러므로 범죄 행위에 대하여 처벌해 줄 것을 요구하는 소송은 재판건이라 하고 불법 부당한 결의나 행정 처분의 취소 변경을 청구하는 소송을 소원이라 하여 행정건이라 한다(권징 제5조).

제3절 권징의 종류

> **제11문** 교회에서 가할 수 있는 벌은 무엇인가?

1. 평신도들에게 권징하는 벌

   1) **권계**(勸戒, Admonition)
      잘못을 지적하여 타이르고 훈계하는 것을 지칭한다.
   2) **견책**(譴責, Reprimand)

잘못을 꾸짖고 앞으로 그런 일이 없도록 주의시키는 것을 지칭한다. 견책은 권계보다 엄한 징계(시벌)의 일종이다.

3) **수찬 정지**(受餐停止, Suspension the Communion service)
성찬에 참예하지 못하게 하는 벌로 수찬 정지는 그리스도와의 교제 단절을 의미하는 징벌이다.

4) **제명**(除名, Dismiss from Membership)
제명이란 치리회 명부에서 그 이름을 삭제하는 것으로 행정 치리와 권징 치리로 다 할 수 있는 행정 행위이기도 하며 권징 행위가 되기도 한다.
교인이 이명서 없이 타 교회, 타 노회, 타 교단으로 갔을 때와 목사가 그 직을 포기하거나, 자유로 교회를 세웠을 때와 이명서 없이 타 교파에 가입하면 제명 처리하게 된다(제52조, 제53조, 제54조).

5) **출교**(黜敎, Excommunication)
출교란 교회에서의 추방을 의미한다. 회개하지 아니하는 자에게만 하는 그리스도의 몸에서 분리되는 최고의 벌로 그리스도의 은혜를 받지 못함을 의미해서 출교된 자와는 이단자와 같이 교제할 수 없다(고전5:11~13, 딤전 1:19~20).

2. 직원들에게 권징하는 벌

직분자에게는 위의 다섯 가지를 포함하여 다음과 같은 권징을 할 수 있다.

1) **정직**(停職, Suspension from office)
신분은 그대로 유지한 채 일정 기간 동안 직무를 정지 당하는 처분이다.

2) **면직**(免職, Deposition from office)
직분을 박탈하여 그 직무에서 물러나게 하는 것만이 아니라 평신도의 신분으로 돌아가게 하는 벌이다.

3. 치리회에 과하는 벌

해 치리회의 결의 무효. 결의 취소, 변경 등
(제11문에 대한 보다 자세한 것은 권징 조례 제35조 해설 참고)

제12문 수찬 정지를 받아도 시무는 계속되는가?

수찬 정지에는 정직 이하의 벌이 자동 포함된다. 즉 수찬 정지를 받으면 자동으로 모든 직분이 정직이 되고 시무 정지가 된다. 왜냐하면 상위 처벌은 하위 형을 포함한 것이 되며 수찬 정지는 그리스도의 몸에 참례할 수 없는 것을 의미하기 때문에 그리스도의 몸에 참례할 수 없는 사람이 그리스도의 일을 할 수 없는 것은 당연하기 때문이다. 수찬 정지 받은 장로가 배병, 배잔을 하지 못함은 너무나 당연하다.

제13문 수찬 정지를 할 때 다른 벌을 병과(竝科)할 수 있는가?

수찬 정지는 그리스도의 몸에서 분리되는 것을 의미하므로 정직은 자동으로 되는 것이며 죄가 중대하면 면직과 출교까지 병과할 수 있다.

제14문 근신(勤愼)도 벌인가?

근신은 스스로 뉘우치고 회개하는 마음으로 자중하는 것이므로 재판에 의한 시벌은 아니다. 타의에 의한 벌이 아니라 자의에 의한 자숙 행위로 보아야 한다.
 그러나 행정 처리 건으로 치리회가 어떤 직분자의 그 직무를 감당하는 일에 부족하다 판단될 때 권고하면 이에 복종하여 스스로 근신하므로 덕을 세우고자 할 수 있다.

제15문 권고 사면(勸告辭免)이나 권고 사직(勸告辭職)도 책벌인가?

권고 사면이나 권고 사직은 치리회의 결의로 하는 행정 치리권에 의한 행정 처분이기 때문에 시벌이 아니다. 따라서 이에 불복하면 상소가 아니라 소원을 해야 한다.

그러므로 권고 사면이나 권고 사직은 권징 조례의 규정이 아니라 행정법인 정치란에 규정한다(정치 제13장 제6조, 정치 제17장 제2조, 제4조).

제16문 시무 정지(視務停止)와 시무 정직(視務停職)도 책벌인가?

시무 정지는 재판에 의한 벌, 즉 권징이 아니고(비록 재판국이 재판 진행 중에 시행하더라도) 행정 치리권에 의한 행정 처분이다. 그러므로 시무 정지를 당한 자가 상회에 소송하려면 그 행정 처분을 취소하여 달라는 소원을 제출하여야 한다.

그러나 시무 정직은 교회의 직분은 유지하지만 일정 기간 동안(또는 무기한) 그 직분의 직무에 종사하지 못하게 하는 권징의 일종이다(권징 제35조). 따라서 이에 불복코자 하면 상소해야 한다.

제17문 무흠(無欠)과 유흠(有欠)의 기준은 무엇인가?

무흠이란 재판에 의하여 권징을 받지 않는 것을 의미한다. 그러므로 행정 치리권에 의하여 시무 정지 등을 받은 것은 유흠에 속하지 않는다. 유흠이란 권징 치리권으로 재판에 의하여 벌 받은 것을 가리킨다.

제18문 어떤 죄에 어떤 벌을 가하는가?

현대 문화 사회의 법은 죄형법정주의의 원칙을 준수한다. 즉 무엇이 범죄이며 그 범법자에게 어떤 형을 가한다는 형량이 구체적으로 명시되어 있어야 한다. 범죄만 있고 형량이 없으면 처벌할 수 없다. 법이 없으면 죄가 없고 죄가 있어도 처벌 규정이 없으면 처벌하지 못한다.

그런데 권징 조례에는 범죄에 대한 정의와 벌의 종류는 있으나 구체적으로 어떤 죄에 어떤 벌을 가한다는 규정이 없다. 즉 무엇을 행한 자는 무엇에 처한다는 규정이 없다.

그렇다고 교회가 죄형전단주의처럼 치리자의 마음대로 전단하여 처벌하는 것은 결코 아니다. 오직 하나님의 법을 시행하는 것이다. 신앙과 행위의 유일한 법인 성경이 계시하는 바를 좇아 교회법을 만들고 처벌하는 것이다.

그래서 권징 조례에 죄형법정주의처럼 어떤 죄에 어떤 형을 가한다는 규정이 없이 모든 죄에 대하여 하나님의 뜻이 이루어지도록 벌을 가하도록 되어 있다.

그러므로 어떤 죄에 대해서든지 권징의 목적에 기록된 대로 교회와 범죄한 자의 신령적 유익을 위하여 벌하되 사건은 같으나 정형이 같지 아니함을 인하여 달리 처리할 수도 있으므로 권징 조례에 의거 하나님이 징계로 벌을 가해야 한다.

(참고로 『교회 정치문답조례』에서 권징에 대해 어떻게 말하는가를 살펴보므로 이해를 더 잘 할 수 있다.)

정문 제212문 교회에서 권징을 행사하는 목적이 무엇인가?
답 : 교회에서 권징을 행사하는 목적은
    ① 진리를 파수하고
    ② 그리스도의 권위와 존영을 입증하며(밝히 드러내기 위하여)
    ③ 죄악을 제거하고
    ④ 교회의 성결과 발전을 이어가고(덕을 세우기 위하여)

⑤ 범죄자의 영적인 유익을 위하는 것이다(고전 5:4, 14:26, 딛 1:9, 살전 5:12, 13, 히 13:17).

정문 제213문 시벌은 어떤 심정으로 해야 하는가?
답 : 예수 그리스도의 심정으로 할 것이니, 곧 겸손과 온유와 오램 참음과 온순함과 단호함으로(담대하고 공의로운 마음으로) 두려움이나 치우침이 없이 해야 할 것이다(갈 6:1, 고후 10:1, 8~10, 딤전 5:1, 딛 1:13, 약 2:4, 9, 3:19, 딤후 4:2). 권징은 그 타당한 이유에 맞도록 매우 신중하고 분별력 있게 행사해야 한다. 원고가 그를 고발한 자에 대하여 악의에 차 있거나, 강포한 자이면 더욱 조심하여 신중히 시벌할 것이다.

제19문 국법에 의하여 유죄 판결을 받았으면 교회법에도 유죄가 되는가?

국법과 교회법은 범죄의 의의 및 유무죄의 판단 기준과 형벌(권징)의 목적 및 종류가 다르기 때문에 국법에 의한 범죄가 교회법에 의해서는 무죄 내지 선한 행위가 될 수도 있으며 국법에 의하여 무죄인 것이 교회법에서는 악한 행위가 되어 정죄가 될 수도 있으므로 국법에 의하여 유죄 또는 무죄 판결 받은 것이 교회 재판의 기준이 될 수 없다.

다만 죄목과 죄질에 관한 한 참고 자료가 될 수 있을 뿐이다.

결론적으로 국법에 의한 유무죄가 교회법의 판결에 구속력(拘束力)을 가지는 것은 아니다.

제20문 정직, 면직과 권고 휴직, 권고 사직은 어떻게 다른가?

1. 정직은 권징의 일종으로 직분은 유지되나 직무 수행이 정지된다.
그러므로 유기 정직은 그 기간이 종료됨과 동시에 자동으로 직무 수행을 하게 되고 무기 정직은 해벌 결의가 있어야 시무하게 된다.

2. 면직은 직분 자체가 상실된다.
　따라서 복직되려면 처음 직분을 얻을 때의 절차를 다시 밟아야 한다. 단 항존직은 안수를 면제한다. 정직과 면직은 권징이기 때문에 반드시 재판을 통하여서만 가능하다.

3. 휴직은 직분을 보유하면서 일정 기간 그 직무에 종사하지 않는 것을 의미한다. 따라서 직무를 떠나 있다는 점에서 정직(停職)과 휴직(休職)은 같으나 정직은 권징(勸懲)이요 휴직은 행정 처분(行政處分)이다. 그리고 휴직에는 자유 휴직(自由休職)과 권고 휴직(勸告休職)이 있다.
　　자유 휴직은 어떤 사유에 의하여 스스로 직무에 종사하지 않을 것을 치리회에 청원하고 치리회의 결의에 의하여 하는 휴직이며, 권고 휴직은 범죄는 없을지라도 교회에 덕을 세우지 못하게 된 경우에는 당회가 협의 결정하여 휴직하게 한다(정치 제13장 제5조, 제6조). 그러므로 권고 휴직은 본인이 원하지 않을지라도 당회가 협의 결정하면 휴직이 되기 때문에 본인이 불복하고자 하면 상회에 소원할 수 있다.
　　그리고 유기 휴직은 그 기간이 종료되면 자동적으로 시무하게 되며 무기 휴직은 치리회의 휴직 해지 결의가 있어야 휴직이 종료되고 다시 시무하게 된다.

4. 면직과 사직은 다 같이 직분을 상실하는 것이나 면직은 재판을 통하여 과하는 벌이며 사직은 치리회의 결의에 의한 행정 처분이다(정치 제13장 제5조, 제6조). 따라서 면직된 자는 시벌 하에 있고 휴직과 사직된 자는 시벌 하에 있지 아니하다.

그러므로 면직에 불복할 경우에는 차 상급회로 상소하고, 휴직과 사직의 경우에도 불복할 시에는 차 상급회(次上級會)로 소원할 수 있다.

제21문 직무 정지와 해임의 차이는 무엇인가?

직무 정지는 직분은 그대로 유지하면서 일정 기간 직무 수행을 정지하는 행정 처분으로 유기 정지와 무기 정지가 있다.

직무 해임은 직분은 유지되지만 직무 수행을 해임하는 것이다. 따라서 장로가 해임되면 무임 장로가 되며 위임 목사가 해임되면 무임 목사가 된다.

직무 정지는 유기 정지든 무기 정지든 직무 징지 사유가 없어지면 직무가 원상 회복되나, 직무 해임은 무임(무임 목사, 무임 장로)이 되므로 다시 시무하려면 무임 목사, 무임 장로가 시무 목사, 시무 장로 되는 절차를 밟아야 한다.

예컨대 장로가 시무 정지를 당하였다면 유기 정지면 그 기한이 경과하는 즉시 자동적으로 시무 장로가 되고, 무기 정지가 되었다면 당회에서 시무 정지 해지 결의를 하는 순간 시무 장로가 된다.

그러나 만일 장로가 해임을 당하였다면 무임 장로가 되고, 다시 시무 장로가 되려면 당회의 결의로 장로 증선 청원을 노회에 하고, 노회의 허락을 받아 장로 증선 선거를 위한 공동의회를 하여야 하고, 그 공동의회에서 총 투표 수 3분의 2 이상의 찬성으로 피선되고, 교회에서 안수는 하지 않으나 취임식을 행하여야 시무 장로가 된다.

목사도 다시 목회하려면 청빙하는 교회가 있어야 하고 청빙 순서를 밟아야 한다.

제22문   직무 정지와 정직의 차이가 무엇인가?

정직은 직분은 그대로 유지한 채 일정 기간 동안 직무를 정지 당하는 처분이다. 즉 교회의 직분(위임 목사, 장로 등)을 유지한 채 일정 기간 동안(또는 무기한) 그 직분의 직무에 종사하지 못하게 하는 권징의 일종이다. 따라서 정직은 판결을 통하여 시행되는 시벌이다.

　정직에는 유기 정직과 무기 정직이 있다. 유기 정직은 정한 기한이 지나면 자동적으로 시무하게 되고 무기 정직은 해벌해야 된다.

　직무 정지 역시 직분은 그대로 유지한 채 일정 기간 동안 직무 수행을 못하게 한다는 의미에서 정직과 같으나 시무 정지는 재판으로 가하여지는 권징이 아니라 직무 수행을 일시 정지하는 행정 처분이라는 점에서 다르다(권징 제33조).

　그러므로 유기 정지일 때는 그 기간이 지나가면 자동으로 시무하게 되고 무기일 때는 해벌이 아니라 시무 정지를 한 치리회가 시무를 결의하면 된다.

제23문   위임 목사가 정직이 되면 그 담임은 어떻게 되는가?

정직은 그 직분을 유지하면서 직무 수행을 정지 당하는 것이기 때문에 담임을 해제한다는 별도의 결의가 없는 한 담임은 그대로 유지되고 정직 동안은 담임 목사의 직무를 행하지 못할 뿐이다.

　그러므로 치리회는 그 담임까지 해지하려면 담임 해지 결의를 별도로 하여야 한다.

　만일 정직과 담임 해제를 동시에 할 때도 피고 목사가 상소한다는 통지가 있으면 그 담임을 해제하지 못한다(권징 제45조).

제24문 교회법상 범죄 사건은 몇 년이 지나면 처벌할 수 없는가?
(犯罪의 時效)

교회법상 공소 시효는 범죄 사실을 안 날로부터 1년, 발생한 날로부터 3년이다. 그러나 교회에 중대한 영향을 미칠 범행일 때는 시효가 없다(권징 제116조).
  과연 어떤 범행이 교회에 중대한 영향을 미칠 범죄인가에 대한 판단은 주관적이며 자의적 해석이 아니라 객관적이고도 보편적 타당성을 가져야 한다.

제2장 원고와 피고

제1절 원고

제25문 고소인이나 고발인이 없어도 재판할 수 있는가? 즉 원고 없이 피고만 있을 수 있는가?

원고가 없으면 피고도 없고 피고만 있는 재판이란 존재하지 않는다(권징 제7조). 고소나 고발에서는 고소인과 고발인이 원고가 되고 치리회에서 기소하게 되면 기소 위원이 원고가 된다. 여하튼 재판을 하려면 원고가 있어야 하고 원고 없이 피고만 있는 재판은 할 수 없다.

제26문 고소(告訴)와 고발(告發)은 어떻게 다른가?

고소란 피해를 입었다고 주장하는 자가 가해자를 처벌해 달라고 가해자 소속 치리회에 소송하는 것을 말하고, 고발은 피해자가 아닌 제삼자가 범죄 사실을 적시하여 범죄자 소속 치리회에 시벌해 줄 것을 청원하는 것을 말한다. 고소자나 고발인은 원고가 된다.

제27문 확실한 증거도 없이 소문만으로 고소하고 재판할 수 있는가?

소문을 근거로 하여 고소할 수도 없고, 이러한 고소장을 접수하여 재판을 해서는 안 된다(권징 제7조, 제8조).

제28문 고소인도 없고 확실한 증거도 없는데 치리회가 조사 처리 위원을 구성하여 조사 처리할 수 있는가?

고소인이 없는데 소문만 가지고 치리회가 조사 처리 위원회를 조직하여 조사해보겠다는 것은 권징 제7조와 제8조 및 제37조 정신의 위반이다. 왜냐하면 이는 피조사자의 인격권을 침해하는 일이기 때문이다.

제29문 고소인이 가해자를 권고해 보지 않고 고소할 수 있는가?

고소인이 피해자일 경우는 먼저 마태복음 28장 15~17절 말씀대로 가해자에게 찾아가 권면하여 본 후 듣지 아니할 때 비로소 고소를 하여야 한다(권징 제9조). 그러므로 고소장을 제출할 때에는 반드시 권고 진술서를 함께 첨부해야 한다(권징 제18조).

제30문 가해자가 피해자의 권고를 듣지 않으면 어떻게 하는가?

교인 중 두세 사람과 함께 가서 다시 권고하여야 하고 재차 권고도 듣지 않으면 고소할 수 있다(권징 제9조).

제31문   기소 위원이란 무엇인가?

고소하는 자가 없어도 치리회가 직접 재판할 필요가 있을 때는 먼저 기소 위원을 치리 회원 중에서 1~3명을 선임하여 원고의 직무를 수행하게 한다. 이를 기소 위원이라 한다. 그러므로 기소 위원은 자의로 원고가 된 것이 아니라 치리회가 선임하여 원고가 되게 한 자이므로 공무를 수행하는 자라 할 수 있다. 기소 위원은 해 사건이 종결 될 때까지 자초지종(自初至終) 원고의 임무를 수행한다.

따라서 해 사건이 상회로 상소될 때에는 상회에서 원심 원고의 지위로 피고가 되어 상소심이 완전 종결될 때까지 기소 위원으로 선임한 치리회를 대리하여 소송에 임한다(권징 제10조, 제11조, 제12조).

제32문   기소 위원(起訴委員)을 누가 선정하는가?

치리회가 회원 중에서 1~3명을 기소 위원으로 선정하여 원고가 되게 한다(권징 제12조). 그러므로 기소 위원은 반드시 치리회가 선임하여야 한다. 이는 대한예수교장로회가 원고와 기소 위원이 된다는 의미이다 (권징 제11조).

제33문   재판국이 기소 위원을 선임할 수 있는가?

재판국원을 선임한 본 회가 기소 위원까지 선임하여야 한다. 치리회가 직접 기소하여 재판하고자 하면서 기소 위원을 선임하지 않고 재판국원만 선임하는 것은 자가당착이다.

왜냐하면 원고 없는 재판은 할 수 없기 때문이다.

그러므로 치리회가 직접 치리하기 위해서는

1. 기소 위원부터 선임하고

2. 재판국을 설치하고
3. 재판국원을 선임하고
4. 기소 위원이 고소장과 죄증 설명서를 제출한 다음에 재판 절차를 밟아 재판하여야 한다.

그래서 기소 위원은 반드시 치리회가 선임하여야 한다는 것이다.

제34문 치리회에서 선임한 기소 위원도 기소 전 마태복음 18:15~17을 이행하여야 하는가?

권징 제9조를 이행하여야 할 당사자는 피해자와 가해자다. 즉 피해를 입었다고 가해자를 고소하려 할 때에 고소인이 먼저 해야 할 의무규정이다.

그러므로 치리회에서 선임한 기소 위원은 피해 당사자가 아니라 치리회가 선임한 자이기 때문에 마태복음 18:15~17을 이행할 의무가 없다(권징 제10조).

제35문 전권위원회(全權委員會)에 재판권(裁判權)을 부여(附與)할 수 있는가?

전권위원회(조사처리위원회)는 노회에서 맡겨 준 안건에 한해 노회를 대리하여 전권으로 행정 치리권을 행사하는 위원회다. 그러므로 재판은 행정 치리권만을 가진 전권위원회에서는 할 수 없다. 재판은 반드시 노회가 직할 심리하든지 재판국을 조직하고 그 조직된 재판국에서만 재판할 수 있다(권징 제20조, 제117조, 제134조).

그러므로 행정 치리권만 있는 전권위원회에 재판권을 부여할 수 없고 전권위원회가 재판을 해서도 안 된다.

그러나 전권위원회와 재판국을 설치하고 행정편의상 양 조직의 구성원을 동일인으로 할 수 있다. 즉 전권위원(全權委員) 겸 재판국원(裁判局員)이 되게 한다. 그러므로 이 경우 전권위원 겸 재판국이란 말은 잘못된 표현이며 조직을 지칭할 때는 전권위원회 겸 재판국이라 함이 옳고 사람을 말할 때는 전권위원 겸 재판국원이라 해야 한다.

제36문 노회가 전권위원회 겸 재판국을 설치하고 기소 위원을 선정하지 않았다면 누가 기소 위원을 선정할 것인가?

만일 그 사건이 고소인이 있는 사건이라면 기소 위원을 선정할 이유가 없고 고소인이 없는 상태에서 노회가 직접 기소하여 재판하려고 재판국을 설치한 경우에는 노회가 기소 위원을 동시에 선임하여 두는 것이 옳다. 만일 노회가 기소 위원을 선임하지 않았다면 그 치리회를 대리하는 전권위원회에서 기소 위원을 선정하고 그 기소 위원이 기소한 후 재판국에서 재판하면 된다.

기소 위원의 기소 없이는 원고가 없기 때문에 재판하지 못한다.

치리회가 재판하고자 하면 반드시 기소 위원을 선임하고 그 기소 위원이 원고가 되어 기소하기 전에는 재판하지 못한다.

제37문 재판국원이 기소 위원이 될 수 있는가?

재판국원은 기소 위원을 겸임하지 못한다. 기소 위원은 원고(검사)인데 원고(검사)가 재판관이 된다는 것이 말이나 되는가? 따라서 재판국원이 기소 위원이 되려면 사전에 재판국원을 사임하여야 한다.

제38문 기소 위원의 임무는 언제까지인가?

원심 원고가 상회에서는 피고가 되고 원심 피고가 원고가 된다.

따라서 원심 피고가 상소하면 원심 원고인 기소 위원이 상회에서는 피고가 되어 재판을 수행하게 된다.

즉 기소 위원은 상회의 확정 판결이 나기까지 본 사건의 당사자가 되어 소송을 처음부터 끝까지 맡아 수행하여야 한다.

권징 제12조 "…… 그 위원이 자초지종(自初至終) 원고가 되어 상회의 판결이 나기까지 행사할 것이다" 즉 기소 위원이 상회의 판결이 나기까지 소송 당사자가 된다는 의미다.

그러므로 당회가 기소 위원을 내어 치리한 사건이 노회로 상소되면 당회장이 피고가 되는 것이 아니라 당회가 선정한 기소 위원(원고)이 피고가 되어 자초지종 소송에 임한다.

마찬가지로 노회가 기소 위원을 선정하여 재판한 사건이 총회로 상소되었을 경우 노회장이 소송 당사자가 되는 것이 아니라 노회에서 선임한 기소 위원이 총회에서도 소송 당사자가 된다. 이것이 권징 제12조의 "…… 그 위원이 자초지종(自初至終) 원고가 되어 상회의 판결이 나기까지 행사할 것이다"라는 말의 의미다.

제39문 방조 위원(傍助委員)이란 무엇인가?

하급 치리회의 사건이 상급 치리회로 상소되었을 때 하급 치리회를 대리한 자가 상급 치리회 회원 중 자기를 도와줄 사람을 지명하여 청구하면 상급 치리회는 그 사람을 방조 위원(변호인)으로 선임하여 돕게 한다. 이렇게 선임된 방조 위원에는 두 가지 유형이 있다.

1. 하급 치리회의 재판건을 돕는 방조 위원
   치리회가 기소 위원을 선임하여 기소하고 재판한 건이 상회로 항고(상고)되었을 때 원 기소 위원이 자초지종 하급 치리회를 대리하여 소송에 응한다.

이때 기소 위원은 변호인을 채용할 수도 있으나 상회 회원 중 지명하여 자기를 방조해 줄 사람을 상회로 청원하고 상회는 방조 위원을 선정하여 돕게 한다. 이렇게 선임된 방조 위원은 실제적으로 변호인의 업무를 수행한다(권징 제12조).

2. 치리회 간의 소원을 위한 방조 위원
치리회 간의 소송 사건을 소원이라고 하는데 이때도 전과같이 상회원 중에서 방조 위원을 선임할 수 있다.

제40문 어떤 교인이 사실무근의 말을 퍼뜨려 명예가 심히 훼손되었다면 어떻게 조치할 수 있는가?

풍문을 퍼뜨린 자를 알고 있으면 그를 고소하면 될 것이지만 그렇지 않고 풍문만 난무할 때 당회에 이 풍문에 대한 조사를 하여 본인의 억울함과 사실이 아님을 당회가 변명하여 명예를 회복하여 줄 것을 청원할 수 있다.
당회는 청원이 이유가 있다고 판단하면 위원 1인 이상을 선정하여 조사 후 보고하게 하고 이 보고를 당회록에 기재하고 당회가 변명하여 줌으로 사건은 종결된다(권징 제13조).

제41문 풍문에 대하여 고소하는 자도 없고 피해를 입은 본인의 조사 변명 청원도 없는데 치리회가 풍문을 조사하여 사실이면 재판하고 사실이 아니면 변명하여 주겠다고 하면서 조사처리위원회를 조직하여 조사할 수 있는가?

고소인이 없는 풍문에 대하여는 풍문으로 인하여 피해를 입은 본인의 조사변명청원이 없을 때는 치리회가 직권으로 조사하지 못한다.

왜냐하면 풍문을 재생산 확대하는 효과를 유발하여 인권을 침해할 우려가 있기 때문에 본인의 청원이 없는 한 치리회가 조사하지 못한다(권징 제13조).

제42문 치리회(재판국)가 원고 경계(原告警戒)를 하지 않고 재판한 후에 원고를 무고죄로 기소하여 처벌할 수 있는가?

재판국의 원고 경계는 미란다 법칙과 같아서 만일 재판국이 개심 전에 원고 경계를 하지 않았다면 권징 제15조 위반으로 재판국이 직접 기소하여 원고를 권징할 수 없다(권징 제15조).

제43문 상회가 하회 회원을 직접 권징할 수 있는가?

모든 회원은 그 소속 치리회에 일심 재판권이 있으나(목사는 노회, 교인은 당회) 다음과 같은 경우는 차 상급회가 일심 재판권을 행사할 수 있다.

1. 위탁 판결 청원이 있을 때(권징 제78조~83조).
2. 위탁 판결 청원이 없어도(권징 제19조, 제77조).
   ① 하급 치리회가 심리판결하여야 할 사건임에도 불구하고 오랜 기간 동안 처리하지 아니할 때
   ② 하급 치리회가 치리 판결함이 곤란하고 위탁 청원하기도 곤란한 경우
   ③ 하회가 권징을 하지 아니함으로 부패한 행위가 성행하며 뚜렷한 범법자가 징벌을 면하게 되는 경우
   ④ 상회가 하회에 처리하라고 명한 사건에 대하여 하회가 불순종하거나 부주의로 이행하지 아니하는 경우

⑤ 당회원 과반수 이상이 피고가 되어 당회에서 재판을 개정할 수 없고 당회장도 위탁 판결 청원을 하지 않을 때 상회가 직접 기소 처결할 수 있다.

제44문 목사를 총회가 직접 치리할 수 있는가?

목사의 일심 재판권은 노회에 있으나 제43문과 같은 사유가 있을 시 대회, 총회가 직접 재판권을 행사할 수 있다(권징 제19조, 제77조).

제2절 피고

제45문 누가 피고가 되는가?

고소당한 자를 피고라 한다. 만일 피소(被訴)인이 개인이 아니요 치리회라면 치리회가 피고가 되며, 이때는 회원 중에 한두 명을 선임하여 치리회를 대리하여 재판에 응하게 하며, 대리인은 상회 회원 중에서 자기를 방조할 방조 위원을 지명하여 선정하여 줄 것을 청구하고, 방조 위원은 그 치리회를 위하여 변호한다.

제46문 피고의 권리가 무엇인가?

1. 치리회(재판국)는 피고에게 고소장과 죄증 설명서와 원고의 증인을 명기한 소송 서류 일체를 소환장과 함께 의식 송달(依式送達) 할 의무가 있고 피고는 재판 개심 전 자기를 고소한 소송 서류 일체를 송달받을 권리가 있다(권징 제21조).
2. 소환일에 천재지변 또는 불가항력적 사유(예 : 병중, 입원, 예비군 소

집, 집안의 경조사 등)가 있을 시 이를 통지 증명하고 출석하지 않을 권리가 있다(권징 제22조).
3. 자기 증인을 재판 개심 전 제시하지 않을 권리가 있다(권징 제20조 4항).
4. 변호인을 선임할 권리가 있다(권징 제22조, 제27조).
5. 재판 기일 연기 청원을 할 권리가 있다(권징 제20조, 제48조 1항).
6. 소원과 상소할 권리가 있다(권징 제23조).
7. 재판 기록 등본 청구권이 있다(권징 제30조).

제3장 고소장과 죄증 설명서

제47문 고소인이 제출하여야 할 소송 서류는 무엇인가?

1. 고소장 : 원·피고의 인적사항과 죄목, 기타 유첨 서류(有添書類) 등
2. 죄증 설명서 : 죄증 설명서는 육하원칙에 의거 범죄 사실을 정확하게 기록하고 증인의 인적사항을 명확하게 기록하여야 한다.
3. 권고(화해) 진술서 : 원고가 피해자일 경우 마태복음 18: 15~17절 이행 진술서
4. 기타 물증(예 : 진단서 등)

제48문 소송 서류를 어떻게 작성하는가?

〈제Ⅴ부 권징 서식, 소송 서류 참고〉

제49문 고소장에 판결 청구 취지를 기록하지 않거나 적용 법조문을 기록하지 않아도 되는가?

법조문을 적시할 의무는 없다. 법에 밝지 못한 사람이 죄명에 적용될 법조문을 제시한다는 것은 쉬운 일이 아니며, 적용 법조문은 재판관들이 알아서 적용할 것이기 때문이다. 따라서 소장과 죄증 설명서에 적용 법조문을 기록하라는 강제 규정은 없다(권징 제16조).

제50문 고소장 제출 시 증인의 성명을 기록하지 않아도 되는가?

피고는 자기 증인을 원고에게 재판 전에 알게 하지 아니해도 무방하나(권징 제20조 4항) 원고는 반드시 증인의 인적 사항을 상세히 기록하여야 한다(권징 제16조).

왜냐하면 피고는 방어적 입장에 있으나 원고는 공격자이기 때문에 자기 공격의 근거를 확실히 제시하여야 피고가 충분히 방어권을 행사할 수 있기 때문이다. 이는 원고의 공격의 정당성을 입증하고 동시에 피고의 방어권을 보호하기 위함이다.

제51문 고소장을 제출하였으나 서기가 접수하지 않을 경우 어떻게 하면 되는가?

만일 고소인이 권징 제14조에 해당한다고 판단되면 서기는 그 사유를 적어 고소장을 접수하지 않을 수도 있다. 거절하는 이유를 적은 쪽지를 부전(附箋)이라고 한다. 이 경우 고소자는 그 부전이 합당치 않다고 판단되면 자기 부전을 덧붙여 상회 서기에게로 접수한다.

서기가 부전을 첨부하여 주지도 않고 접수도 하지 않으면 이 사실까지 부전에 기록하여 상회 서기에게 직접 교부한다.

제4장 재판에 관한 규칙

제1절 재판에 관한 통상규칙

제52문 당석 재판(當席裁判)이란 무엇인가?

당회는 소송 사건이 있으면 당회에서 재판하게 되고, 노회, 대회, 총회는 권징 치리회로 변격(變格)하여 재판을 당석에서 하든지 그 치리회를 대리할 재판국에 맡겨 재판할 수 있다.

이 두 가지 방법 중 치리회가 직접 권징 치리회로 변격하여 재판하는 것을 당석 재판이라고 한다.

그러므로 당회 재판은 항상 당석 재판이며, 노회와 대회와 총회는 행정 치리회가 권징 치리회로 변격하여 재판할 때만 당석 재판이 된다. 당석 재판에서는 모든 회원이 재판관이 된다(권징 제20조).

제53문 당석 재판에서 피고가 연기를 청원하였음에도 노회장이 재판을 강행하였다면 어떻게 대응할 것인가?

당석 재판을 하려 할 때 피고는 연기를 청원할 권이 있고, 피고의 연기 청원이 있으면 반드시 10일 이상 연기하여야 한다.

만일 연기를 하지 않고 재판을 계속한다면 피고는 판결을 기다렸다가 권징 제20조 위반을 근거로 그 재판회의 부당성을 주장하고 무효를 상회로 청구할 수 있다. 이것을 소원 사유라고 한다(권징 제20, 제23조).

제54문 피고에게 고소장, 죄증 설명서 등을 송달하지 않고 소환장만 송달할 수 있는가?

기소가 결정되고 재판국이 조직되면 재판 개시일을 정하고 피고에게 소환장과 고소장 및 죄증 설명서 등을 송달하여야 한다.

고소장과 죄증 설명서 등을 송달치 않고 피고를 소환하는 것은 피고의 방어권을 박탈하는 행위로 이러한 소환은 당연 무효다.

또한 서류는 수취인의 주소지에 등기로 송달하여야 한다(권징 제21조).

제55문 재판 기일에 소송 당사자가 불참하면 어떻게 하는가?

2차 소환에도 불참하면 궐석한 대로 재판하되(권징 제22조) 치리회는 반드시 피고를 위한 변호인을 선임하고, 그 변호인의 변호를 청취한 다음 궐석 재판할 수 있다(권징 제22조).

단, 피고가 목사일 때는 피고를 위한 변호인 선임 없이 2차 소환에 불응하면 정직하고, 3차 소환에도 불응하면 수찬 정지에 처한다(권징 제39조).

원고나 원고를 대리한 변호인이나 기소 위원이 불참하면 소 취하한 것으로, 피고가 불참하면 기소 내용을 시인하는 것으로 간주하고 궐석 재판한다.

제56문 변호인을 선정하지 않고 궐석 재판할 수 있는가?

1. 피고가 교인일 경우

   궐석 재판을 하려면 반드시 재판국이 피고를 위한 변호인을 선임하고 그 변호인의 변호를 들은 다음 재판하여야 한다.

   만일 재판국이 변호인을 선임하지 않고 변호도 없이 궐석 재판을 하였다면 이는 재판국 자체가 위법을 행한 것이며 위법한 절차에 의한 재판은 당연 무효가 된다. 이런 일이 있을 때는 피고는 이 사유를 근거로 상회로 무효 소송을 제기할 수 있다.

그러나 권징 제22조는 평신도에게 적용되는 소환 불응과 궐석 재판에 관한 규정이다.

2. 목사일 경우
권징 제39조의 적용을 받는다. 즉 변호인 선임 없이 바로 정직하고 3차 소환에도 불응하면 면직, 수찬 정지에 처할 수 있다.
권징 제39조 "피고된 목사가 재차 소환함을 받고 자기도 출석하지 아니하고 변호인도 파송하지 아니하면 노회는 그 거역함을 인하여 정직함이 옳고, 삼차 소환에도 출석하지 아니하거나 대리할 변호인도 파송하지 아니하면 수찬 정지에 처할 것이다."

(헌법해설서 권징 제39조 해설 참조).
1) 목사에게는 평신도보다 더 높은 도덕적 종교적 의무가 있고 법률 준수 의무가 있다.
2) 그러므로 목사가 소환에 불응하면 평신도보다 더 엄한 책임을 물어야 함은 당연하다. 그래서 목사의 소환 불응죄에 대하여는 가중 처벌한다.
3) 피고 된 목사가 2차 소환에 불응하며 변호인도 선임하지 않으면 곧바로 그 죄만으로 정직하고, 3차 소환에 불응하면 그 죄만으로도 수찬 정지에 처할 수 있다.

제57문 | 궐석 재판을 언제 할 수 있는가?

피고가 두 번 소환을 받고도 재판에 나오지 아니하면 궐석 재판을 한다. 피고가 두 번째도 나오지 아니하면 두 번째 재판회에서 궐석 재판을 할 수 있다는 것인지, 두 번까지 나오지 아니하면 세 번째 궐석 재판을 할 수 있다는 뜻인지 불분명하다.

따라서 보통 두 번째도 소환에 정당한 사유 없이 불참하면 바로 그 2차 회의에서 재판할 수 있는 것으로 이해하는 사람이 많은 것 같다.

과연 그러할까? 결코 그렇지 않다. 즉 두 번까지 출석하지 아니하면 세 번째는 소환장을 통지할 것 없이 변호인만 출석케 하고 궐석 재판할 수 있다.

권징 제22조를 세밀히 살펴보면
1. 1차 소환 시에는 소환 불응 시 시벌하겠다는 경고문이 없고,
2. 2차 소환장에는 소환 불응 시 시벌하겠다는 경고문이 반드시 있어야 하며,
3. 2차 소환에도 정당한 사유 없이 출석하지 아니하면 치리회가 피고를 위하여 변호할 자를 선임하도록 되어 있다.

그러므로 2차 소환 불응 시에 바로 궐석 재판하기 위해서는 ① 먼저 변호인을 선임하여야 하고, ② 선임된 변호인이 그 재판회에 출석하여야 하고, ③ 선임된 변호인이 피고를 위하여 변호를 한 다음, ④ 궐석 재판을 할 수 있다.

그런데 이것이 순식간에 이루어지기가 가능한가? 그것은 시간적으로 불가능하다.

① 변호인으로 선임된 자가 바로 재판국 옆에 대기하고 있지 않는한 어떻게 당장 재판회의 장소까지 올 수 있겠는가?
② 고소장과 죄증 설명서를 검토하지 않고 어떻게 피고를 변호할 수 있겠는가?

재판국에서 선임한 변호인이라면 피고를 위하여 충분한 변호를 할 수 있도록 사전에 고소장과 죄증 설명서를 재판국이 선임된 변호인에게 송달하여야 한다.

그러므로 피고가 두 번 소환을 받고도 출석하지 아니하면 궐석한

대로 판결한다는 것은 이때부터 궐석 재판이 가능하다는 원론적인 선언이요, 실제 궐석 재판은 세 번째 가서 행하게 된다.

다시 한 번 정리하면 ① 1차 소환을 하고 불응 시에, ② 2차 소환을 하며 2차 소환 시에는 소환장에 2차도 불참하면 시벌하겠다고 경고하고, ③ 2차 소환에도 불응하면 피고를 위하여 변호할 변호인을 선정하여(마치 국선 변호인과 같이) 그 변호인에게 통보함과 동시에 고소장과 죄증 설명서를 송달하고, ④ 3차 재판에서 변호인의 변호를 들은 다음 궐석한 대로 판결한다. 단, 목사의 소환 불응과 궐석 재판은 제39조를 적용한다.

제58문 목사가 소환 불응 시 궐석 재판은 어떻게 하는가?

권징 제22조는 평신도 소환 불응 시에 궐석 재판을 하는 규례요, 목사는 권징 제6장 직원에 대한 재판 규례 중 제39조의 적용을 받는다.
  "피고된 목사가 재차 소환함을 받고 자기도 출석하지 아니하고 변호인도 파송하지 아니하면 노회는 그 거역함을 인하여 정직함이 옳고 삼차 소환에도 출석하지 아니하거나 대리할 변호인도 파송하지 아니하면 수찬 정지에 처할 것이다."라고 하였다. 목사에 대한 가중 처벌이다.
  목사에게는 평신도보다 더 높은 도덕적 종교적 의무가 있고 법률준수의 의무가 있다. 그러므로 목사가 소환에 불응하면 평신도보다 더 엄한 책임을 물어야 함은 당연하다.
  그래서 목사의 소환 불응죄에 대하여는 가중 처벌한다.
  피고된 목사가 2차 소환에 불응하면 피고를 위한 변호인 선임 없이 곧바로 궐석 재판하여 본안 고소 사건의 유무죄와는 관계없이 재판석에 출석하지 아니한 것만으로도 정직하고, 3차 소환을 한 후 3차 소환에도 불응하면 그 죄만으로도 수찬 정지에 처한다. 물론 수찬 정지를 할 때는 정직이 포함되고 면직과 출교까지 병과할 수 있다.

제59문 피고가 재판 진행 중 그 재판국을 상대로 소원할 수 있는가?

다음과 같은 사유가 있으면 소원할 수 있다(권징 제23조).
1. 그 치리회가 정규에 의한 집회가 아닌 줄로 인정하는 때
2. 소송 사건에 대하여 비법 간섭인 줄로 아는 때
3. 고소장이나 죄증 설명서가 양식에 위반되거나 헌법 적용이 부적당한 줄로 인정하는 때
4. 기타 중요한 사건에 대하여
   이러한 소원은 상회에 제출하는 것이 아니라 그 재판국에 제출한다.

제60문 재판국은 피고로부터 소원을 접수하면 어떻게 처리하여야 하는가?

소원을 심리하여 이유 있다고 결정되면
1. 소송을 각하하든지
2. 사건의 본질을 변질하지 않는 범위 내에서 고소장을 개정하든지
3. 재판 진행에 위법이 있으면 교정하여 개정한 후 이 사실을 회록에 기록한 다음 재판은 속개한다(권징 제23조 2항).

제61문 재판 진행 중 원고가 소장을 변경할 수 있는가?

원고가 임의로 고소장의 내용이나 죄증 설명서의 내용을 변경할 수 없으나 소송 사건의 본질을 변동하지 아니하는 범위 안에서 개정하기를 청원할 수 있고 재판국은 허락할 수 있다(권징 제23조 2항2).

제62문 | 소원을 하였음에도 재판국이 기각할 경우 어떻게 하는가?

피고는 재판을 그대로 받을 수밖에 없고, 재판 결과 불복할 때는 소원한 사실과 소원 이유 그리고 부당하게 기각한 사실을 들어 상소 이유에 첨가할 수 있다(권징 제95조).

제63문 | 변호인을 어떻게 선임하는가?

원·피고는 각각 자기를 대리할 변호인을 선임하여 치리회(재판국)에 변호인 선임계를 제출하면 된다. 변호인은 의뢰인의 대리인이 되어 자초지종 소송 사건을 수행한다(권징 제27조).

단, 피고를 위한 변호인이 치리회가 선임한 변호인이라면 선임을 수락하여야 변호인이 된다(권징 제22조).

제64문 | 불신자를 변호인으로 선임할 수 있는가?

반드시 본 교단에 소속된 목사와 장로라야 한다.

목사나 장로가 아닌 평신도는 변호인이 될 수 없고, 목사와 장로라 할지라도 권징 하에 있거나 타 사건에 연루되어 소송 중에 있는 자는 변호인이 될 수 없다(권징 제27조).

변호인이 될 수 있는 목사와 장로는 무흠한 목사와 장로를 전제로 한다.

제65문 | 변호인에게 교통비, 식비 등도 제공할 수 없는가?

권징 제27조 단서에 "누구를 물론하고 변호 보수금을 받는 것은 불가하다."고 하였다. 그러므로 변호를 하고 보수를 받아서는 안 되며 주어서도 안 된다.

그러나 이것은 변호인이 변호를 하기 위하여 출장 온 교통비나 식사비까지 금한 것은 아니다. 교통비와 식사비 등 실비는 당연히 제공함이 인지상정이다.

그러므로 본 규정은 실비까지 제공할 수 없다는 규정이 아니라 변호인 사례비, 즉 보수금 수수를 금지할 뿐이다.

제66문 | 법규 해석과 증거 채용이 재판국장의 잘못된 유권 해석으로 손해를 입은 원·피고는 어떻게 할 것인가?

다른 의견을 회록에 기록하여 줄 것을 요구하였다가 재판 결과를 보고 불복 의사가 있으면 이 사실까지 연계하여 상소 조건으로 삼을 것이다.

법규 해석에 대하여도 동일한 조치를 취하면 좋다(권징 제28조).

제67문 | 재판회에 결석한 국원이 판결 투표에 참예할 수 있는가?

재판국원 중 단 한 번이라도 재판 회의에 결석하였다면 나중 판결회에 원고와 피고는 물론 다른 국원 전원의 동의가 없으면 판결에 참여하지 못한다.

왜냐하면 원·피고와 증인으로부터 자초지종을 빠지지 않고 듣지 않았다면 사건의 실체적 진실을 파악할 수 없고, 이런 자의 판결은 예단에 의한 판결 또는 주관적 자의적 판단이 될 수 있기 때문에 소송 당사자인 원·피고 뿐 아니라 재판국 전원의 동의 없이는 결심 공판에 투표권을 행사할 수 없다.

물론 정회나 휴회 후 속회한 회의에도 빠지면 개회 시 결석한 것과 동일하다. 그러기 때문에 재판국 서기는 매회 개회마다 호명하여야 하고 휴회나 정회 후에도 속개할 때에는 반드시 호명하여 참석 여부를 기록하여야 한다.

그러나 최종심인 총회 재판국은 정회나 휴회 후 속회 때는 참석하지 않아도 제척 사유가 되지 않는다. 왜냐하면 최종심인 총회 재판은 증거 조 규례를 폐지한 법률심(서류심)이기 때문이다. 따라서 총회 재판국은 개회 때는 호명하여 결석 회원을 회록에 기록해 두어야 하지만 정회나 휴회를 한 후 속회 시에는 호명하지 않아도 무방하다(권징 제29조).

제68문 소송 당사자가 재판국원을 기피 신청할 수 있는가?

다음과 같은 경우 기피 신청을 할 수 있다.
1. 국원 중 재판 당사자의 친인척이 있을 때
2. 이해 관계에 있는 자
3. 상회 재판국일 경우 소송 당사자인 하회 회원이 재판국원이 되었을 때
4. 재판국원이 불공정한 재판을 할 염려가 있는 때
5. 재판국원이 예단에 의한 심리를 할 때
6. 전심(前審) 재판에 관여한 자가 상소 재판국원이 되었을 때
7. 재판국원이 해 사건에 관하여 증인이나 대리인이 되었을 때
8. 기타 제척 사유(除斥事由)에 해당하는 자가 있을 때

제69문 피고에게 재판 진행 중 직무 정지 처분을 할 수 있는가?

사건이 중대하여 계속 시무하는 것이 교회에 덕이 되지 않는다고 판단될 시 재판국의 결의에 의하여 최종 판결 전(재판 진행 중)이라도 직무 정지 또는 수찬 정지까지 시킬 수 있다(권징 제33조).

단, 이 조치는 피고에게 치명적인 위해가 될 수 있기 때문에 본안 심리를 신속히 종결하여야 한다(권징 제33조, 제46조).

제70문 재판을 정당한 사유 없이 지연시키고 있을 때 어떻게 하면 되는가?

재판을 정당한 사유 없이 지연하면 교회에 해가 되며 당사자에게도 막대한 피해가 될 수 있으며 재판의 권위가 해를 입을 수 있기 때문에 신속하게 판결하여야 한다. 본 교단의 헌법에는 이런 규정이 없으므로 신속하게 판결해 주기를 청원할 수밖에 없다.

그러므로 이에 대한 법규를 제정하는 것이 필요하다.

제71문 시벌과 해벌을 공포하여야 하는 범위는?

시벌과 해벌은 소송 당사자들에게 판결문을 통지함으로 유효하다.
따라서 교회에 공포하지 아니하여도 되나, 공의를 위하여 공개하는 것이 필요할 때에는 당위성이 인정되는 교회에만 한다. 즉 교회에 덕을 세움에 유의하여야 한다. 따라서 공개되지 않은 죄는 당사자에게만, 공개된 범죄는 관계된 교회에서만 공개 책벌함으로 그 범위를 최소화하여야 한다(권징 제36조, 예모 제16장, 제17장 참조).

제72문 목사나 장로를 정직 또는 면직 후 신문에 판결문 등을 공고하는 것은 옳은 일인가?

판결은 소송 당사자에게만 통지하는 것이 원칙이다. 단 공익상 필요할 시는 해 사건과 관계되는 교회에만 공포한다(예배 모범 제16장).
다시 말하면 권징에 대한 공포는 최소한의 범위로 국한하여야 한다는 것이 시벌을 규정한 예배 모범 제16장과 권징 조례 제36조의 근본 정신이다.
권징 제36조 "그 죄에 대하여 작정한 것을 교회에 공포 아니하기도

하며 공포할지라도 그 교회에서나 혹 관계되는 교회에서만 할 것이다."
　다만 널리 알려진 사건이거나 많은 사람에게 피해를 준 사건, 또한 피해를 줄 수 있는 사건이라면 공개 책벌해야 한다. 그래서 목사를 중벌할 때에는 곧 면직, 출교 등은 전 교회 앞에 공개 책벌하는 것이 옳다(정문 제209문답 참조).

제73문 피고가 심문(審問)에 불응할 때 어떻게 처리하는가?

심문에 불응하는 그 자체가 권징의 대상이기 때문에 심문에 응할 때 까지 적절한 벌을 가할 수 있다. 이때 본안 심리는 일시 중단하게 된다. 후에 피고가 치리회에 출석하여 심문에 응하겠다고 하면 심문 불응으로 인하여 받은 시벌은 정지되고 본안 심리를 계속한다(권징 제34조).

제74문 피고의 묵비권(默秘權)은 인정되는가?

심문(審問)은 살아 계신 하나님 앞에서 하는 것이므로 모든 사람은 사실대로 신앙과 양심에 의해 진실을 말할 의무가 있다.
　이에 불응하는 것은 살아 계신 하나님을 능멸하는 비신앙적 행위가 되므로 교회 재판에서는 묵비권을 인정하지 아니한다.
　누구든지 신앙과 양심의 명하는 바에 따라 사실을 진술할 의무가 있다. 이를 위반하면 상응하는 벌을 받게 된다(권징 제34조).

제75문 장로가 수찬 정지(修撰停止)를 당하면 장로의 시무는 어찌 되는가?

수찬 정지를 당하면 자동으로 직분은 정직이 되고 시무는 정지가 된다. 목사가 수찬 정지를 당하면 목사직이 정직이 되고 교회의 시무 역시 자동적으로 정지된다. 즉 수찬 정지는 그 이하의 벌을 내포하고 있다.

제76문 재판국이 재판 진행 중 재판을 중지할 수 있는가?

1. 판결로 인한 수익자(受益者)가 없어졌거나 실익(實益)이 상실된 경우 재판을 중지할 수 있다. 단, 원·피고가 동의하지 아니하면 중단하지 못한다.
2. 증거 불충분으로 인정될 때는 충분한 증거가 제출될 때까지 판결 선고를 유예하거나 재판을 중지할 수 있다(권징 제8조).
그러나 무한정 보류하지 못하고 보류 기한은 최소화되어야 한다.

제77문 재판 계류(裁判稽留) 중에 있는 원·피고가 일반 의안 심의에 언권과 결의권이 있는가?

소송 당사자는 그 안건 심의에서 언권과 결의권이 없다.
일반 의안 심의에서도 노회의 결의로 언권과 결의권을 정지할 수 있다. 즉 이러한 결의가 없는 한 일반 의안 심의에서는 회원권을 그대로 행사한다(권징 제40조).

제78문 정직된 자가 1년이 지나도록 회개의 정이 없으면 다시 재판하여 면직하여야 하는가?

정직된 자가 1년 안에 회개의 정이 없으면 즉결 처단의 규례에 의거 면직할 수 있고 이 사실을 회록에 기록하면 된다(권징 제41조).

제79문 교회 불법 분립 판단의 기준이 무엇인가?

지교회를 분립하는 방법은 아래와 같다.
1. 지교회의 공동의회 결의로,
2. 분립에 대한 노회의 지도와 방조가 있을 때(정치 제6장 제6조 5항),
3. 노회의 결의로 지교회가 분립할 수 있다.

이것이 합법적인 분립이다. 그러므로 이러한 절차 없이 목사 또는 교인들이 자의적으로 기존 교회에서 분립하여 나와 다른 교회를 설립하는 모든 행위는 불법 분립에 해당한다.

교회를 불법 분립한 목사는 면직까지 할 수 있다(권징 제42조).

제80문 목사가 이단을 주장하고 가르치거나 교회를 불법 분립하는 경우에만 면직할 수 있는가?

목사가 ① 이단을 주장하거나, ② 교회를 불법 분립하는 경우는 반드시 면직하여야 한다. 이는 강제규정이다.

단, 이단을 주장하였을 경우 고의성이 없거나 무지로 인한 단순한 실수라면 면직을 하지 않고 계도하는 방향으로 처리함이 옳다.

권징 제42조를 오해하지 말아야 할 것은 이 규정은 목사가 ① 이단을 주장하고 가르치거나, ② 교회를 불법 분립할 때만 면직할 수 있다는 목사 면직 사유의 유일 규정이 아니라 이럴 때는 반드시 면직하여야 한다는 예시 규정이다.

즉 목사가 이단을 주장하거나 교회를 불법 분립하는 경우 이외에도 목사를 면직해야 할 사유는 얼마든지 있을 수 있다.

제81문 사소한 사건으로 목사를 고소할 때 어떻게 처리하는가?

어떤 목사가 오순절에 성령이 강림하였으므로 구약 시대 성도는 성령을 받지 못하였다고 설교하였다. 이것을 이유로 고소를 하였는데 재판을 하여야 하는가?

권징 제43조에 목사에 대하여는 사소한 사건이요, 목사 시무에도 구애됨이 없으면, 그 사건이 다시 발생하지 않도록만 처리하고 그 소송 사건을 취하하게 할 것이라고 하였다.

따라서 고소자로 하여금 소송을 취하하게 하여야 할 것이나 고소인이 스스로 취하하지 않으면 치리회의 직권으로 기각할 수 있다.

구약 시대 성도들은 성령을 받지 못하였다고 어느 목사가 강론하였다면 아마도 오순절 성령강림을 강조하다보니 일시적 판단 착오거나 오해 또는 무지에서 온 발언이지 결코 악의적이고 고의적인 것은 아닐 것이다.

권징 제37조, 제42조, 제43조의 핵심은 이러한 사소한 일로 재판하지 않음이 옳다는 교훈적 훈시 규정이다.

권징 제37조 "목사에 대하여 사소한 곡절로 소송하는 것을 경솔히 접수하지도 말 것이다."

권징 제42조 "…… 그 행동이 교리를 방해하려 하여 전력으로 다른 사람을 권유하는 형편이 있는지 지식이 부족한 중에서 발생하고 도에 별로 해되지 아니할 것인지 심사 후에 처단함이 옳다."

제82문 목사를 면직 판결한 노회가 후일 전에 행한 재판을 원인 무효라고 결의하고 면직된 목사를 복직 절차 없이 원상 회복케 할 수 있는가?

판결은 판결을 통하여서만 변경할 수 있다.

권징 치리회(재판국)의 판결을 행정 치리회에서 무효화할 수 없다.

만일 시벌된 사건이 후일 무죄를 입증할 만한 새 증거가 발견되면 재심을 청구하여야 하며, 치리회는 재심할 이유가 있다고 판단하면 다시 재판국을 구성하여 전일 재판건을 재심하여 무죄 판결함으로 원상회복할 수 있다. 이것이 재심 제도다.

그러므로 재심(再審) 없이 행정 치리회에서 과거 재판을 무효화 하는 결의를 할 수는 없다. 재판은 반드시 재판으로 번복하여야 한다. 따라서 원인 무효라는 결의는 무효다.

제83문 면직된 목사(장로, 집사)가 해벌되면 바로 목사로 복직되는가?

1. 원 치리회가 복직하는 경우(권징 제44조)
   면직된 목사가 해벌되었다고 바로 복직되는 것이 아니고 복직하려면,
   ① 상당한 기간 동안 임시 강도권을 허락하고 회개 여부를 시험한 후,
   ② 복직하기에 합당하다고 결의하면(복직 결의),
   ③ 노회가 안수는 다시 하지 않으나 임직식을 다시 한다(예모 제17장 4, 5항).

복직 절차는 다음과 같다.
   ① 본인의 목사 임직 청원서
   ② 소재지 관할 치리회의 확인서
   목사가 면직된 후 그 치리회 관할 구역 내에서 평신도로 모범적인 신앙생활을 하고 있을 때에는 그 치리회의 판단에 달렸겠으나 면직된 후 먼 곳으로 이주하였다면 원 치리회는 그 사람의 회개 여부와 신행을 알 길이 없으므로 다시 목사 되기에 합당한지에 대하여는 거주 지역 관할 치리회가 살펴서 판단하고 원 치리회는 그 판단을 참고하여야 한다.

그러므로 원 치리회의 관할 지역을 떠나 있을 때에는 현재 거주지를 관할하는 치리회의 확인서를 제출하여야 한다.
③ 노회가 복직을 결의하고 임직 서약(정치 제15장 제10조)을 한 후 노회장이 복직된 것을 선포함으로 복직된다. 면직되었더라도 강도사 고시와 목사 고시에 합격한 것은 유효하기 때문에 다시 고시할 필요는 없으며 안수도 다시 받지 아니한다.

2. 거주지 관할 치리회가 복직하는 경우(권징 제44조)
면직된 자가 멀리 떠나 있으면 원 치리회는 사실상 판단하기 곤란하므로 그 사람이 거주하는 관할 치리회에 목사 복직에 관한 건을 위임하면 위임 받은 노회가 복직할 수도 있다. 이때는
① 원 치리회는 면직 사유를 거주 치리회에 송달한다.
② 원 치리회는 복직권을 거주 치리회에 위임하기로 결의하고 위임장을 송달한다.
③ 거주 치리회가 복직을 결의하면 임직 서약을 함으로 복직된다.
이때부터 복직된 목사는 거주 치리회의 회원이 된다.

3. 재심 판결에 의한 복직
면직된 목사의 재심 청원에 의거(권징 제69조, 제70조) 재심한 결과 무죄가 확정되면 면직은 무효가 되고 자동으로 복직된다. 이 경우는 원상회복되는 것이므로 별도의 서약이나 절차가 필요 없다.

4. 면직된 장로나 집사가 복직되는 절차 역시 먼저 해벌된 후 그 교회에서 다시 피선되어 임직하지 않은 한 시무하지 못한다(예모 제17장 6항).

5. 정직은 해벌과 동시에 복직되나 면직된 항존직은

① 해벌된 후
② 상당 기간 동안 살펴본 후
③ 공동의회를 통하여 피선되면
④ 안수를 제외한 다른 모든 임직 절차를 처음 임직할 때와 같이 행한다.

제84문 목사가 면직되면 그 신분과 소속은 어디인가?

목사가 면직되면 평신도의 신분이 되므로 그 소속은 지교회가 된다. 그러므로 면직되고 출교는 되지 않았다면 노회는 이명서를 주어 그가 원하는 지교회로 보낸다(권징 제45조).

제2절 특례 규정(통상 재판 절차의 생략)

제85문 즉결 처단이란 무엇인가?

치리회 석상에서 행한 범죄는 죄증 설명서나 증인이 필요 없다.
 왜냐하면 그 범죄 행위는 모든 치리 회원들이 목격한 공지의 사실이기 때문에 증명할 필요와 증거가 필요 없고, 범죄자가 그 치리회 석상에 있기 때문에 10일 선기하여 피고를 소환할 필요도 없고, 치리회는 이미 소집되어 있기 때문에 치리회 석상에서 행한 범죄는 재판 개심에 필요한 통상적인 모든 절차가 생략되고 즉시 재판하여 권징할 수 있다는 의미에서 즉결 처단이라 한다.
 그러나 즉결 처단이라고 하여 목사가 단독으로 재판도 하지 않고 범죄 현장에서 권징을 할 수 있다는 의미는 절대 아니다.

제86문 | 즉결 처단할 수 있는 범죄가 무엇인가?

1. 치리회 석상에서 행한 범죄라야 한다(권징 제48조).
2. 치리회 석상에서 본인이 타처에서 범죄한 사실을 자복한 경우(권징 제48조).
3. 퇴직(면직)하기를 본인이 자청하는 경우(권징 제52조)
4. 이명하지 아니하고 마음대로 타 교회로 옮겨갔을 경우, 즉 이명 없이 타 교파 또는 타 교회에 가서 입회한 경우(권징 제53조)
5. 성례에 계속 불참하는 경우(권징 제49조)
6. 1년 이상 교회 공예배와 각 항 의식에 불참하는 경우(권징 제51조)
7. 정직을 당한 후 1년 내 회개하지 아니하는 경우(권징 제41조).

위와 같은 사항은 죄증 설명서, 소환장 송달, 재판회 소집, 증인 심문, 2차 소환, 3차 소환 등이 필요 없기 때문에 그 자리에서 단번에 치리회가 권징 치리회로 변격하여 판결할 수 있다고 하여 즉결 심판이라고 한다.

제87문 | 즉결 처단은 목사가 단독으로 행할 수 있는가?

치리권은 목사에게 있지 아니하고 치리회에 있다. 치리회는 목사와 장로로 조직되고 목사와 장로로 조직된 치리회에서만 치리권을 행사할 수 있다.

따라서 어떤 경우에도 목사 단독으로 치리권을 행사하지 못한다.

그러므로 즉결 처단도 권징 치리권 행사이므로 목사 단독으로는 하지 못한다.

즉결 처단이란 현행범을 현장에서 재판도 하지 않고 목사가 단독으로 처벌해도 된다는 것이 아니라 치리회 석상에서 행한 범죄는 통상적인 재판 진행 규정과 증거조 규례 등을 생략하고 즉시 재판하여 처단할 수 있기 때문에 즉결 처단이라 한다(권징 제48조).
그러므로 즉결 처단이라고 하여 치리회(당회)의 결의도 없이 목사가 단독으로 권징할 수 없다. 만일 이런 권징을 하였다면 이는 당연 무효이며 이런 불법을 행한 목사는 오히려 위법 행위로 권징을 받을 수 있다.

제88문 예배를 방해한 자를 즉결 처단할 수 있는가?

범행 장소가 치리회가 아니기 때문에 즉결 처단할 수 없고 통상적인 재판 절차를 밟아야 한다. 즉 예배를 방해한 자를 치리회가 권징 하고자 하면 치리 회원 중 기소 위원을 내어 기소한 후 통상적 재판 규례대로 재판하여 처단하여야 한다.

제89문 제직회(공동의회)에서 행한 범죄는 즉결 처단할 수 있는가?

즉결 처단할 수 있는 범죄는 치리회 석상에서 행한 범행이라야 하는데 그 장소가 제직회(공동의회) 석상이므로 즉결 처단할 수 없다.
이 경우 통상적 절차, 즉 권징 조례에 의한 재판을 통하여 권징을 하여야 한다.

제90문 당회석상에서 행한 범죄는 즉결 처단할 수 있는가?

치리회 석상에서 행한 모든 범죄는 즉결 처단의 대상이 된다.
따라서 당회에서 행한 범죄는 본인이 퇴장하고 없어도 즉결 처단할 수 있다.
그리고 즉결 처단하는 절차는 다음과 같다.
1. 당회를 권징 치리회로 변격하고 당회원 중 기소 위원을 내어 기소장을 낭독하게 한다.

2. 권징의 수위를 정하여 결의한다.
3. 당회장이 권징 선언을 하고 서기는 회록에 상세히 기록한 후 판결문을 피고에게 송달한다.
4. 교회 앞에 시벌 사실을 공포한다. 물론 권징 받은 장로는 노회로 상소할 수 있다.
5. 장로 1인인 당회에서 위와 같은 범죄 행위를 하였다면 목사는 즉시 위탁 판결 청원을 하여야 한다. 목사 단독으로는 치리권을 행사하지 못하기 때문이다.

제91문 장로 1명인 교회에서 장로를 즉결 처단할 수 있는가?

목사 단독으로는 치리권을 행사할 수 없기 때문에 그 장로를 즉결 처단하지 못하고 노회로 위탁 판결 청원을 하여야 한다(정치 제9장 제2조, 권징 제78조, 제79조). 장로 두 명인 경우에는 본인은 제척되고 남은 장로 1명과 합의하면 즉결 처단할 수 있다(정치 제9장 제2조).

제92문 장로 1명인 교회에서 목사가 장로를 권징하였다면 어떻게 할 수 있는가?

장로 1명인 교회에서는 장로의 치리에 관한 사항은 반드시 노회에 위탁하여 판결을 받아야 한다. 그럼에도 불구하고 목사가 권징하였다면 분명한 위법이요 따라서 목사를 노회로 고소할 수 있다.
이때 적용할 법조문은
1. 권징 제1장 제3조 : 목사의 교훈과 심술과 행위가 성경에 위반
2. 헌법 위반으로 정치 제8장 제1조, 제9장 제2조 위반
3. 임직 서약 위반(정치 제15장 제10조) : 목사로 임직할 때 장로회 모든 법을 잘 지키겠다고 서약하고 주 안에서 같은 직원 된 형제들과 동

심협력하기로 맹세해 놓고 자신이 법을 지키지 않았으므로 이는 임직 서약 위반이라 아니할 수 없음을 들어 고소할 수 있다.
(참고로 목사의 임직 서약 중 아래와 같은 서약에 유의하여 보라 :
③ 본 장로회 정치와 권징 조례와 예배 모범을 정당한 것으로 승낙하느뇨?
④ 주 안에서 같은 직원 된 형제들과 동심협력(同心協力)하기로 맹세하느뇨?)
이러한 고소가 있으면 노회는 권징 제37조의 훈시 규정에 따라 공의롭게 처리하여야 한다.

제93문   노회 회의석상에서 행한 범죄는 어떻게 처리하는가?

노회는 치리회이기 때문에 노회석상에서 행한 범죄는 즉결 처단할 수 있다. 그러나 즉결 처단이라고 하여
1. 노회장 단독으로 면직을 선언할 수는 없고,
2. 기소 위원을 내어 기소케 한 후,
3. 치리회를 권징 치리회로 변격하여,
4. 권징 치리회 결의로 권징한다.
이때 피고가 2일 이상 연기하여 줄 것을 청원하면 연기해 주어야 하며, 연기할 때에는 범죄 사실과 즉결 처단을 연기한 이유를 회록에 상세히 기록하고, 다음 재판회 일자를 정하여 공고하든지 재판국을 구성하여 즉결 처단권을 위임할 수도 있다(권징 제48조).

제3절 목사의 사직과 노회 탈퇴에 관한 규정

제94문 목사가 사직한 후 장로나 집사가 될 수 있는가?

목사가 진정으로 목사의 성직을 벗어나 평신도로서 신앙생활을 하고 싶다면 노회로 사직 청원서를 제출하고, 노회는 1년간 유예 기간을 거쳐 재확인한 결과 사직의 소원이 확실하다면 사직원을 수리하고, 평신도의 이명서를 주어 지교회로 보낸다. 지교회의 회원이 된 후에는 그 지교회의 집사도 되고 장로도 될 수 있다(권징 제52조, 정치 제17장 제1조, 제3조).

제95문 목사가 본 교단을 탈퇴하고 다른 교파에 가입하면 노회는 어떻게 처리하는가?

재판 계류 중이 아니거나 별다른 하자 없이 본 교단을 탈퇴하고 건전한 타 교단으로 가입하였을 때는 노회 결의로 제명(노회명부에서 삭제)한다. 단, 이단으로 인정되는 교파에 가입하면 정직, 면직, 출교도 할 수 있다.

  이때는 이미 타 교단으로 갔으므로 재판국이 소환하여도 불응할 개연성(蓋然性)이 충분히 있기 때문에 일반적인 재판 절차를 생략하고 즉결 심판할 수 있다.

  노회를 탈퇴하여 타 교단으로 가입한 목사의 처리에 관한 규정이 권징 제7장 즉결 처단의 규례에 있는 이유가 여기에 있다(권징 제54조).

제96문 목사가 재판 계류 중 교회와 더불어 노회를 탈퇴하고 본 노회 관할을 배척할 때 어떻게 하는가?

목사가 노회를 탈퇴하여도 계류 중인 재판은 계속되며 이미 기소된 죄목 외에 탈퇴한 사건을 병합 심리하여 가중 처벌할 수 있다. 또한 탈퇴한 자를 소환하여도 불응할 것이 명백하다는 개연성이 인정될 때는 재판국은 불법 탈퇴한 사실까지 병합하여 즉결 처단으로 가중처벌할 수 있다. 권징 제54조가 즉결 처단의 규례 안에 있는 이유가 여기에 있다.

제97문 노회를 탈퇴한 목사를 즉결 처단할 수 있는가?

목사가 노회를 탈퇴하여 건전한 다른 교파에 가입하면 노회원 명부에서 제명하고, 불건전한 교파에 가입하거나 재판 계류 중에 있는 목사가 탈퇴하면 재판 계류 중에 있는 사건과 탈퇴한 행위를 병합 심리하여 정직, 면직 또는 출교도 할 수 있다(권징 제54조).
　이때 재판하는 방법은 권징 제6장 직원에 대한 재판 규례에 의하여 재판하는 것이 아니고 제7장 즉결 처단의 규례에 의하여 즉결 처단한다. 즉 죄증 설명서나 증인 소환이나 피고 소환의 절차가 생략되고 재판국에서 즉시 권징한다(권징 제7장 제54조).

제98문 A노회가 시벌한 목사(장로)를 B노회(교회)가 받을 수 있는가?

시벌된 목사가 이명 없이 임의로 탈퇴하여 본 교단 산하 타 노회로 가입할 수 없으며(정치 제8장 제2조 2항, 권징 제11조), 만일 이를 받아 준 노회가 있다면 그 노회를 총회로 소원하여야 한다. 장로를 받은 교회도 동일하다.
1. 이명서 없이 목사를 가입시킨 것이 불법이며
2. 재판 계류 중 또는 시벌 하에 있는 목사를 받은 것은 범죄를 조장하고 두둔하는 또 하나의 불법으로 이는 권징 제1장 제3조에서 명시

한 범죄 행위다.

권징 제3조는 "교인 직원 치리회를 불문하고 교훈과 심술과 행위가 성경에 위반되게 하는 것이나 …… 다른 사람으로 범죄하게 하는 것이나 덕을 세움에 방해되게 하는 것이 범죄이다."라고 하였다.

타 노회에서 재판 계류 중에 있거나 시벌 하에 있는 자를 이명 없이 무흠한 목사로 가입시킨 것은 범죄이며 치리회 동일체의 원칙을 부정하고 전국 교회가 하나 됨을 파괴하며 헌정 질서를 파괴하는 범법 행위임이 분명하다.

정치 제8장 제2조 2항 "각 치리회는 각립한 개채가 아니요 서로 연합한 것이니 어떤 회에서 어떤 일을 결정하든지 그 결정은 법대로 대표된 치리회로 행사하게 하는 것인즉 전국 교회의 결정이 된다."고 하였다.

그러므로 총회는 피소된 노회의 결의를 무효화하고 해 목사에게 원 치리회로 복귀할 것을 명령하여야 한다. 만일 이러한 총회의 명령을 불복종하면 목사는 권징하고 해 치리회에는 가할 수 있는 모든 벌을 가하여야 한다.

제99문 | 목사나 교회가 합법적으로 노회를 탈퇴하는 방법이 있는가?

탈퇴는 어느 경우든 불법이다. 목사의 이명과 교회의 이적은 노회의 허락을 받고 가능하나 탈퇴는 그 자체가 초법적 행위로 합법적인 탈퇴란 있을 수 없다.

탈퇴 성명서를 내면 마치 탈퇴가 유효하고 합법적인 줄 착각하나 탈퇴성명서는 문자 그대로 탈퇴 의사를 스스로 밝힌 범죄 행위일 뿐이요, 성명서를 발표하였다고 하여 탈퇴가 합법적인 것이 되거나 유효한 것은 아니다.

합법적 탈퇴란 있을 수 없다. 아들이 "나는 OOO씨의 아들 되기가 싫어서 ○○○씨의 호적에서 탈퇴합니다."라고 성명한다고 하여 OOO씨의 아들이 아니며 호적에서 없어지는가?

제100문 노회는 탈퇴하나 총회는 탈퇴하지 않은 법이 있는가?

흔히 노회는 탈퇴하나 총회는 탈퇴하지 않았다고 하나 이것은 궤변이요 기만이며 무지의 소치다. 목사나 교회가 노회를 탈퇴하면 그것은 법적으로 총회를 탈퇴하는 것이 된다. "각 치리회는 각립(各立)한 개체가 아니요 서로 연합한 것이니 어떤 회에서 어떤 일을 처결하든지 그 결정은 법대로 대표된 치리회로 행사하게 하는 것인즉 전국 교회의 결정이 된다."(정치 제8장 제2조 2항)

제101문 노회나 총회를 탈퇴하지 않고 행정 보류만 할 수 있는가?

행정 보류란 치리회의 치리를 받지 않겠다는 의미다.
　치리회의 치리를 받지 않는 것은 치리회를 거부하고 부정하는 위법 행위로 그 결과는 탈퇴와 동일하다. 따라서 행정 보류를 하면서 탈퇴는 하지 않았다는 것은 궤변에 불과하다.
　만일 치리회의 치리가 불법, 부당하다면 소원을 통하여 해결하여야 한다. 그럼에도 불구하고 합법적인 방법을 기피하여 행정 보류한다는 것은 그 자체가 위법이며 따라서 권징의 대상이 된다.

제102문 행정 보류를 선언한 목사가 노회로 각종 청원서를 제출할 수 있는가?

행정 보류를 하였다고 하면서 각종 청원을 노회로 한다면 그야말로 모순이요 이율배반적인 행위다. 노회로 각종 청원을 하는 자체가 행정 보

류를 하지 않았음을 의미하기 때문이다. 만일 행정 보류 선언을 한 목사가 노회로 행정 청원을 하기 위해서는

1. 먼저 행정 보류 선언을 철회, 취소하고,
2. 철저하게 노회 앞에 사과하고,
3. 노회로부터 행정 보류 선언이라는 불법 행위에 대하여 용서를 받은 후,
4. 각종 청원을 하여야 한다.

이런 절차 없이 행정 보류 선언을 한 목사의 각종 청원을 노회가 접수하여 처리할 수 없다. 왜냐하면 자기의 행정을 받지 않겠다는 자의 행정 청원을 받아 처리한다면 이는 자신의 정체성을 부정하는 행위이며, 자가당착인 동시에 탈퇴 또는 행정 보류라고 하는 초헌법적 불법 행위를 용인하는 행위이기 때문이다.

제103문 | 행정 보류나 탈퇴한 목사를 어떻게 처리할 수 있는가?

합법적인 행정 보류란 있을 수 없기 때문에 행정 보류 자체가 헌정 질서를 파괴하는 행위요, 노회의 지도를 받지 않겠다는 것은 노회를 탈퇴한 것과 동일한 의미이므로 이명 없이 탈퇴한 목사에 대한 처리(권징 제54조) 규정을 준용할 것이며, 만일 교회도 행정 보류하였다면 권징 제42조를 원용하여 처리한다.

1. 고소 또는 고발하는 자가 있으면 노회가 당석 재판 하던지 재판국에 위임하여 처리한다.
2. 고소나 고발 자가 없을 때는 노회가 기소 위원을 선임하여 재판할 수 있다. 이 경우는 먼저 행정적으로 탈퇴나 행정 보류를 철회 취소하도록 권고하여 보고, 끝까지 권면을 듣지 않으면 치리하기 위하여 전권위원회와 재판국을 동시에 설치할 수 있고, 행정 편의상 전권위원회 위원과 재판국 국원을 동일인으로 구성할 수 있다.

3. 탈퇴나 행정 보류 사건은 권징 제4장 각 항 재판에 관한 보통 규례의 적용을 받지 아니하고, 권징 제7장 즉결 처단의 규례에 의거 재판한다(권징 제54조).

　　즉 보통 재판 규례와 같이 죄증 설명서나 증인이 필요 없고, 10일 선기하여 피고를 소환하거나(이미 탈퇴하고 행정 보류한 자가 소환한다고 오겠는가?) 피고를 위한 변호인의 선임을 생략하고 바로 재판할 수 있다.

4. 탈퇴나 행정 보류한 목사에게 적용할 법조문은
　① 권징 제3조 "교훈과 심술과 행위가 성경과 헌법에 위반됨."
　② 정치 제15장 제10조 임직 서약 1항 위반
　　헌법과 권징 조례를 정당한 것으로 받아들이기로 서약하여 놓고 탈퇴 행정 보류함으로 헌법을 부인하였음.
　③ 권징 제54조에 의거 처리
　④ 교회까지 행정 보류 또는 탈퇴하게 하였으면 권징 제42조를 적용한다.
　　탈퇴나 행정 보류는 교회의 불법 분립보다 더 악한 행위이다.
　　왜냐하면 불법 분립은 원 교회를 두고 일부를 분립한 것이지만 행정 보류는 교회를 송두리째 노회로부터 이탈하게 한 행위이기 때문이다.
　⑤ 기타 헌정 질서 파괴 등을 이유로 처벌할 수 있다.

제104문　목사가 목회하던 교회의 담임을 포기하고 자유로 교회를 설립하면 노회는 어떻게 처리하는가?

목회하던 교회를 포기하고 자유로 교회를 설립한 것은 불법이며, 또 이것은 증인이 필요 없는 공지의 사실이므로 별도의 사실 증명이나 피고 10일 선기 소환 절차나 죄증 설명서 등이 필요 없고, 이런 목사를 소환하여도 응하지 않을 개연성이 있기 때문에 즉결 처단의 규례에 의거 처단할 수 있다(권징 제54조).

제5장 증거조 규례

제105문 불신자도 증인이 될 수 있는가?

하나님이 살아 계심을 믿지 아니하는 자와 후세 심판을 믿지 아니하는 자는 증인의 능력이 없다. 증인은 무흠 세례 교인이어야 하고, 선서에 대하여 책임질 능력이 있는 자라야 한다. 반드시 필요한 증인이 교인이 아닐 때는 재판국의 결의로 선서치 않고 증언할 수는 있으나 불신자의 증언만으로 유죄 판결의 근거로 삼지는 못한다(권징 제56조).

제106문 증인이 될 수 없는 자는 누구인가?

1. 원·피고의 친척 되는 자
2. 판결에 직접 이해 관계가 있는 자
3. 나이가 어린 자
4. 지력이 부족한자
5. 품행과 성격이 불량한 자
6. 책벌 아래 있는 자
7. 성질이 조급하고 판별력이 없는 자
8. 여러 가지 정황으로 볼 때 한쪽으로 치우칠 가능성이 있는 자

제107문 각각 다른 증인을 재판석에 동석시킬 수 있는가?

대질 심문을 제외하고는 동석시킬 수 없다(권징 제60조).

제108문 재판회 회원(국원)도 증인이 될 수 있는가?

증인 선서를 하면 증인이 될 수 있고 증언 후에는 본회 사무를 처리할 수 있다(권징 제67조).

제109문 유죄 판결이 확정된 후 무죄를 받을 만한 새 증거가 발견되면 어떻게 하면 되는가?

권징 제69조에 "어느 치리회의 종국 결안에 상소 기간이 끝난 후라도 피고를 면죄할 만한 새 증거가 발견되면 피고는 재심을 청구할 수 있고, 그 수소(受訴) 재판회는 재심에서 공의가 나타날 줄로 알면 허락할 수 있다."라고 하였고 권징 제70조에는 "상회에 상소하여 재판 중에 긴중(緊重)한 새 증거가 발견되면 상회는 재심하기 위하여 하회로 환송할 수 있고 쌍방이 상회에서 직결하기를 원하면 상회가 그 증거를 조사하여 판결할 수 있다. 단, 재심하는 경우에는 제100조를 적용한다."라고 하였다.

1. 확정 판결된 후 새 증거 발견 : 상소 기간이 지나 권징이 확정된 후라도 원심을 무효화하고 무죄 판결을 받을 만한 새 증거가 발견되면 원심치리회에 새 증거를 제시하고 재심을 청구할 수 있고, 원심 치리회는 새 증거를 검토한 결과 충분히 원심을 파기할 만한 증거로 인정되면 재심을 할 수 있다.
2. 상소로 인하여 본 건이 상회에서 재판을 진행 중일 때는 새 증거를

상소 재판국에 제시하고, 상소 재판국은 새 증거를 조사 후 원심을 무효화할 수 있는 증거로 인정되면 하회로 환송하여 재심케 한다. 단, 쌍방이 상회에서 직결하기를 원하면 상회가 그 새 증거를 조사하여 판결한다(권징 제70조).

제6장 상소에 관한 규정

제1절 회록 검사

제110문 당회가 부속회를 어떻게 관리하는가?

1. 부속회(교회에 속한 각 기관, 남여 전도회, 주일학교 등)의 회록을 1년 1차씩 정기 검사하고 필요하면 수시로 검사하여 착오나 위법한 사실이 있으면 이를 취소, 변경, 시정할 것을 명하고 감독한다(권징 제72조).
2. 각 부속회의 규칙을 제정하는 것과 임원 선택과 재정 출납 등을 검사 감독 지도한다(정치 제20장 제3조).
   그러므로 각 회가 임원을 선정하였거나 회칙을 개정하였을 때는 당회에 보고하여 승인을 받아야 한다. 당회가 이러한 보고를 받고 부적당하다고 인정되면 이를 취소 변경할 것을 명하거나 어떻게 할 것을 지도할 수 있다.
   단, 당회가 직접 회칙을 변경하거나 임원을 선택하지는 못한다.

제111문 하회 회록을 상회가 검사할 때 무엇을 검사하여야 하는가?

1. 경과 사건을 사실대로 기록한 여부

2. 처리한 사건을 교회 헌법에 의하여 결정한 여부
3. 사실을 지혜롭고 공평하게 덕을 세우게 처리한 여부(권징 제73조)

제112문 하회 회록을 검사하여 착오 또는 위법이 발견되면 어떻게 처리하는가?

1. 단순한 착오에 의한 것이면 계책(戒責)하고 그 사실을 회록에 기록한다.
2. 착오나 위법이 심할 때는 개정 또는 변경할 것을 하회에 명령하고 개정 또는 변경한 결과를 기한을 정하여 보고토록 한다.
3. 상회가 직접 변경할 수 있다. 단, 재판 사건은 상회의 재판에 의하여서만 변경 취소할 수 있다(권징 제75조).

제113문 하회가 위법한 결의를 하였음을 상회가 발견하고 이의 시정을 명하였으나 시정하지 않을 때는 어떻게 하는가?

권징 제76조에 의거 상회가 직접 변경할 수 있다.

제114문 지교회 교인을 노회가 직접 기소하여 치리할 수 있는가?

교인은 지교회 회원이므로 교인에 대한 제1심 재판권은 해 당회에 있으나, 그 당회가 어떤 사유로 재판권을 행사하지 않고 있다면, 노회는 해 당회로 하여금 치리할 것을 명하거나 노회가 직접 재판권을 행사할 수 있다(권징 제19조, 제77조).

즉 하회의 직무 유기로 인하여 이단과 부패한 행위가 성행하며 뚜렷한 행악자가 징벌을 면하게 되면 이는 정의의 실현이라고 할 수 없다. 그러므로 이때는 상회가 직접 하회 회원을 재판할 수 있다(권징 제19조, 제77조 해설을 참조하라).

제115문 상회 재판 진행 중 상대를 비난하거나 자기를 변명하기 위하여 유인물을 만들어 상회 회원에게 배포할 수 있는가?

재판국의 공정한 재판을 흐리게 하거나, 재판국을 압박하기 위한 행위로 인정되기 때문에 이는 치리회(재판국)를 모독하는 죄가 되어 피고이면 그 행동을 추가하여 치리하고, 원고일 때는 그 상소를 기각할 수 있다(권징 제76조).

제2절 위탁 판결

제116문 위탁 판결을 청구할 수 있는 안건이 무엇인가? (권징 제79조)

1. 전례 없는 사건 : 전례 없는 사건이 되어 하회로서 판결하기 극난한 사건
2. 긴중한 사건 : 사건 자체가 매우 중요한 사건
3. 하회에서 판결하기 어려운 사건 : 어떤 사정에 의하여 하회에서 판결하기 어려운 사건
4. 판례가 될 만한 사건
5. 하회의 의견이 팽팽하게 대립되는 사건
6. 상회에서 선결하는 것이 합리적인 사건
   이런 사건은 하회가 사실상 판결하기 어려우므로 상회로 위탁하여 판결함이 옳다.

제117문   위탁 판결 청원은 누가 하는가?

당회가 성수가 되어 위탁 판결을 청구할 것을 결의하면 당회장이 노회로 위탁 판결 청원을 하고, 당회가 어떤 사정으로 재판을 할 수도 없고 위탁 판결 청원을 결의할 수도 없을 때는 당회장 직권으로 위탁 판결 청원을 할 수 있다(정치 제9장 제2조, 권징 제79조).

제118문   위탁 판결 청원 시 상회에 올려야 할 서류는 무엇인가?

1. 위탁 판결 청원서 : 청원서에는 위탁의 내용(지도만 구하는 것인가? 사건 전체의 처리를 완전 위탁하는 것인가)과 사유를 상세히 기록할 것. 〈제Ⅴ부 권징 서식, 위탁 판결 청원서 참고〉

2. 사건과 관계된 문부 일체(고소장, 죄증 설명서, 화해 진술서 등)를 상회에게 제출할 것.

제119문   위탁 판결 청원에 지도만 청원할 수 있는가?

하회가 결정하기 전에 상회에 지도하여 줄 것을 청할 수 있다(권징 제78조, 제80조).

제120문   상회로 사건 전체를 위임하여 판결하여 줄 것을 청구할 수 있는가?

위탁 판결은 원래 사건 전체를 상회로 위탁(위임)하는 것이므로 그 판결권을 상회로 위임하는 것이다. 만일 교인에 대한 재판건이면 위탁받은 상회가 지교회 교인을 직할 심리하여 재판권을 행사한다(권징 제79조, 제80조).

제121문 | 장로 과반이 피소되었는데 당회가 재판할 수 있는가?

누구든지 유죄 판결을 받기 전에는 무죄로 추정되며 피고소인이라 할지라도 단지 피의자의 신분일 뿐이다. 그러므로 장로들은 피의자일 뿐 유죄 판결을 받기 전에는 무죄로 추정되기 때문에 여전히 시무 장로의 신분이므로 당회가 성수가 되려면 장로 과반수가 참석하여야 하므로 피소된 장로가 불참하면 당회가 개회되지 못하기 때문에 이 사건을 당회가 다룰 수 없다. 또한 위탁 판결 청원도 당회가 결의할 수 없기 때문에 당회장 직권으로 노회로 위탁 판결 청구를 할 수밖에 없다.

제122문 | 노회가 위탁받은 사건을 판결하였을 때 상소하려면 어느 치리회에 상소하여야 하는가?

교인에 대한 항소심 재판권은 노회에 있으나 노회가 위탁 판결을 하였다면 상소는 대회, 총회로 하여야 한다.

제3절 소 원

제123문 | 소원이 무엇인가?

소원(訴願)이란
1. 하회의 결정에 대하여 그 회의에 참석하였던 회원이 그 결정의 불법이나 부당성을 지적하여 취소 또는 변경하여 줄 것을 상회에 청구하거나 하회의 의무 불이행을 지적하여 이행하게 하여 줄 것을 상회에 청구하는 행정 소송이다(권징 제84조).
2. 또한 치리회 간의 분쟁이 발생하여 차상급회에 소송하는 것 역시 소

원이라고 한다(권징 제144조, 제146조).

그러므로 소원은 위법 행위를 한 사람을 시벌하여 달라는 것이 아니라 행정 결정이나 처분의 위법 부당성을 주장하여 취소하거나 변경하여 줄 것을 차상급회에 제소(提訴)하는 것이다.

재판국 판결에 대하여는 상소하지만 재판국에서 행한 결정이라 할지라도 절차상의 문제 등 행정건이면 소원의 대상이 된다(권징 제84조).

제124문 소원에는 어떤 종류가 있는가?

1. 당사자 소원

   치리회의 결정에 의하여 직접 피해를 입었다고 주장하는 자가(예 : 시무 해임. 시무 정지, 권고 사면, 권고 사직 등) 불복하여 올리는 소원(권징 제84조).

2. 회원 소원

   치리회의 결의 시에 참석한 회원이 그 결정의 불법 부당성을 지적하여 무효, 취소, 변경, 의무 이행 등을 명하여 줄 것을 상회에 올리는 소원(권징 제84조).

3. 치리회 간의 소원

   어느 치리회의 행정 처분 또는 결의로 피해를 입었다고 주장하는 다른 치리회가 상대 치리회의 불법 부당한 처사를 차상급 치리회에 취소 변경 시정하여 줄 것을 청구하는 소원(권징 제144조).

제125문 치리회장이 회의를 불법하게 진행하거나 안건을 부당하게 처리하였거나 의무를 이행하지 아니하거나 권리를 남용하였다면 어떻게 할 것인가?

회원은 회장의 불법 부당한 처사를 무효, 취소, 변경 또는 의무 이행을 하여 달라고 차상급회에 청구할 수 있다.

만일 회장의 불법한 처결이 고의적이요 의도적인 불법일 경우에는 회장의 행위가 아니라 자연인 아무개의 행위로 보아 고소할 수도 있다. 이때는 권징 제3조, 정치 제15장 제10조 임직 서약 위반을 들어 소원과는 별도로 회장 개인을 고소할 수 있다.

제126문 노회장은 총 투표 수의 과반수 이상의 찬성으로 당선된다고 노회 규칙에 명시되어 있는데 투표 결과 201명이 투표하여 101표를 득표하였으나 102표가 되어야 과반수가 된다고 하면서 2차 투표를 하였다면 어떻게 하는가?

이 경우 행정 사건이므로 고소가 아니라 소원을 하여야 한다.

201명의 반은 수치상으로는 100.5이지만 이는 사람이기 때문에 101명이 반이 된다. 그렇다면 과반은 몇 명인가? 과반 역시 101명이다. 왜냐하면 101명은 반을 지난 수, 즉 과반이 되기 때문이다.

총 투표수가 짝수일 때는 반에서 1명을 더하여야 과반이 되고 홀수일 때는 1명을 더하지 않는다. 왜냐하면 반에서 이미 반올림하여 반을 지났기 때문이다. 예컨대 5명일 때 반은 2.5명이지만 사람을 반 사람이라고 할 수 없기 때문에 반은 3명이며 3명은 5명에서 반을 지났기 때문에 과반도 3명이다.

마찬가지로 7명일 때 반은 4명이고 과반도 4명이 된다. 그러나 짝수일 때는 반에서 1을 더하여야 과반이다. 예를 들면 4명의 과반은 반에서 1을 더한 수, 즉 3명이 과반이며 6명의 과반은 반(3)에서 1을 더하여야 과반이 된다.

따라서 짝수일 때는 과반이 되려면 반에서 1을 더하여야 하고 홀수일 때는 이미 반올림하였기 때문에 반과 과반은 동수가 된다.

따라서 201명이 투표하였다면 반은 100.5가 아니라 101명이요, 과반은 102명이 아니라 101명이다. 그럼에도 불구하고 회장이 과반이 되려면 102명이라야 한다고 해석하고 재투표를 하였다면 이는 불법 부당한 결정이므로 대회, 총회로 소원할 수 있고 만일 참석하였던 회원 3분의 1 이상이 연명으로 소원하면 노회장과 노회의 재투표 결정은 정지된다(권징 제84조).

제127문 소원서와 이유 설명서는 누구에게 언제까지 제출하는가?

제85조는 소원인이 제출할 서류를 ① 소원 통지서와 ② 이유서라고 한다. 이때 소원 통지서에 소원장과 소원 이유서를 첨부하여 함께 제출하면 된다. 소원 통지서(訴願通知書)란 소원하겠다는 의사를 문서로 작성하여 통지하는 것이다. 그러므로 소원 통지서는 본회 서기에게 제출하여야 한다.

왜냐하면 회원 중 소원하는 자가 있다는 사실을 피소원회가 알아야 하기 때문이다. 그리고 피소원자는 왜 무엇 때문에 피소되었는지 알 권리가 있기 때문에 소원 이유서 역시 그 회 서기에게 교부함이 마땅하다(제96조 참조).

그리고 이 서류를 본회 서기에게 제출하고 본회 서기가 소원 서류를 상회 서기에게 교부하도록 되어 있다.
(본회 서기가 상회 서기에게 상송(上送)해야 할 문서들을 실례를 들어 보면 아래와 같다).

① 고소장 ② 죄증 설명서 ③ 각종 신문 조서

④ 회의록 ⑤ 판결문 ⑥ 발송 문서철 ⑦ 접수 문서철
⑧ 재판 사건 진행 전말서 ⑨ 재판 사건 심리 전말서
⑩ 상소 통지서 ⑪ 상소장 ⑫ 상소 이유 설명서
혹 ⑧⑨는 없을 수도 있음.

또한 제87조에는 소원 통지서와 이유서를 소원인이 상회 서기에게 제출한다고 되어 있는데 이때 소원 통지서와 소원장과 소원 이유서는 함께 제출하면 된다.

그런데 소원 통지서와 이유서는 하회 결정 후 10일 내로 본회 서기에게 제출하고(권징 제85조) 본회 서기는 상회 정기회 다음 날 안으로 하회 회록과 소원과 관계된 서류 일체를 상회 서기에게 교부하여야 한다.
결론적으로
1. 소원인은 소원 통지서와 소원장과 소원 이유서를 하회 결정 후 10일 내로 본회 서기에게 제출하여야 하고,
2. 본회 서기는 회록과 소원과 관계된 일체의 문부를 상회 개회 다음 날까지 상회 서기에게 제출하여야 하고,
3. 소원인은 소원 통지서와 소원장과 소원 이유 설명서를 늦어도 상회 그다음 정기회 개회 다음 날까지 상회 서기에게 제출하면 된다.
(소원에 대한 용어는 「권징 조례」 제85조 해설을 참고할 것).

제128문 | 소원에 필요한 서류는 무엇이며 어떻게 작성 하는가?

소원에 필요한 서류는 세 가지가 있다.
1. 소원 통지서
2. 소원 이유 설명서
3. 소원서(소원장) 〈제Ⅴ부 권징 서식, 소원 서류 참고〉

제129문   회원이면 누구나 소원할 수 있는가?

소원하려는 사건을 결정할 때에 그 회의에 참석하였던 사람이어야 한다(권징 제84조).

    결정 당시 반대한 사람이 소원을 하겠지만 실제로 누가 찬성하였고 반대하였는지는 가릴 수 없기 때문에 결정 당시 찬성하였는가 반대하였는가는 묻지 않는다.

제130문   회원 중 3분의 1이 소원하면 하회 결정은 어떻게 되는가?

회원 중 3분의 1이 소원을 성명하면 상회가 그 사건을 조사 결정할 때까지 그 치리회의 결정을 보류한다(권징 제84조).

제131문   3분의 1이 소원하면 언제부터 그 결정이 정지되며 소원 절차는 무엇인가?

1. 3분의 1 이상이 현장에서 성명하면 그때부터 하회 결정은 정지되고, 폐회 후 성명하면 소원장이 상회 서기에게 접수한 날로부터 하회 결정은 보류된다(권징 제84조, 제86조).
2. 소원 절차
   ① 치리회 결정 후 10일 내로 소원 성명을 한다.
   ② 결정 후 10일 내로 소원 통지서와 소원장과 소원 이유서를 그 회 서기에게 제출한다.
   ③ 그 회 서기는 상회 정기회 개회 다음 날까지 하회 회록과 소원 사건과 관계되는 문부 일체를 상회 서기에게 제출하여야 한다.
   ④ 소원인은 소원 통지서를 제출한 날로부터 늦어도 상회 그다음 정기회 다음 날까지 소원 통지서와 소원장, 소원 이유 설명서를 상회 서기에게 교부하여야 한다.

제132문 재판건에 대하여도 소원할 수 있는가?

재판건에 대하여는 소원할 수 없다.
  만일 재판에 대하여 불복이 있으면 재판이 끝난 다음 상소를 하면 된다.
  그러나 재판 진행 중 피고 직무 정지 결정 또는 절차 문제 등 재판국이 결정하는 행정 처리(사건)에 대하여는 소원할 수 있다(권징 제84조).
  만일 재판국 결정 중 행정 사건에 대하여 국원 중 3분의 1이 소원 선언하면 상회의 결정이 날 때까지 하회 결정은 정지된다(권징 제84조).

제133문 상회가 소원을 받아들여 하회 결정을 취소, 변경 또는 의무를 이행하라고 지시하였음에도 불구하고 하회가 이를 이행하지 않을 때 어떻게 하겠는가?

하회가 상회의 판결에 불복종하면 이는 이미 하회가 아니다.
  그래도 이것이 현실이라면 상회는 하회에 가할 수 있는 모든 불이익의 처분을 하여야 할 것이다(권징 제88조, 제89조).

제134문 노회가 피소원자가 되었을 때 누가 소송을 맡아 진행하는가?

노회가 피소되면 노회장이 노회의 대표가 되는 줄 생각하나 그렇지 않다. 노회가 피소원인이 되면 노회를 대표할 사람을 회원 중에서 1인 이상 선정하여 소송을 담당하게 한다.
  선임된 노회의 대표는 총회에 자기를 방조하여 줄 방조 위원을 선임하여 줄 것을 청구하면 총회는 회원 중에서 방조자를 선임하여 주어야 한다. 방조 위원은 사실상 피소원 노회의 변호인의 일을 수행한다(권징 제90조).

제135문 재판에 관련된 하회 회원이 상회 회원이 되었을 때 상회에서 그 사건에 대하여 회원권을 행사할 수 있는가?

재판에 관련된 하회 회원은 그 사건 심의에 대하여는 회원권이 정지된다. 즉 발언권과 결의권이 없다(권징 제94조).

제4절 상소

제136문 상소 시 제출할 서류와 작성 요령은 무엇인가?

상소는 하급 치리회의 판결에 불복하는 자가 차상급 치리회로 재판을 청구하는 것이다.

그러므로 상소에는 두 가지가 있는데 항소와 상소이다.

항소란 제1심 재판(원심재판)의 판결에 불복하는 자가 차상급회에 상소하는 것을 말한다. 따라서 당회 재판의 항소심은 노회가 되고 노회 재판에 상소심은 대회가 되고, 대회 재판에 대한 상소심은 총회가 되는데 대회가 실시되지 않는 지금은 노회에서 총회로 상소하게 된다.

즉 항소심은 제2심 재판회요, 상소심은 제3심 재판회다.

그러나 목사에 대한 항소심(제2심) 재판권은 대회에 있으나 대회제가 시행되고 있지 않기 때문에 총회가 제2심이지만 최종심이 되어 상소심이 된다.

상소인이 제출해야 할 서류는 다음과 같다.
1. 치리회에 제출할 서류는 ① 상소 통지서 ② 이유 설명서 ③ 상소장
2. 상회에 제출할 상소 서류는 ① 상소 통지서 ② 이유 설명서 ③ 상소장 〈제Ⅴ부 권징 서식, 상소 서류 참고〉

제137문 상소심(총회 재판국)도 원·피고를 소환하고 사실 확인을 하며 증거 조사 등을 할 수 있는가?

상소심은 법률심이기 때문에 사실 확인이나 증거 조사 등은 생략하고 제1, 2심 재판국 구성의 잘못 여부와 채증을 바르게 하였는지? 법 적용은 바로 하였는지? 법 해석에 오류는 없는지? 등에 대하여 심의 판결만 한다.

즉 증거조 규례는 폐지된다(권징 제94조 2항).

그러나 이는 3심 제도 하에서 취하는 것인바 교인의 송사 건에 대하여는 엄격히 적용되어야 하나(교인에 대한 재판은 제1심-당회, 제2심-노회, 제3심-총회), 대회 제도가 없는 현실에서 노회 간의 분쟁 사건(소원)은 총회가 제1심이 되고, 목사에 대한 사건은 사실상 총회가 제2심이 되므로 총회 재판국은 상소심이라 할지라도 사실상의 원심 또는 제2심이 되기 때문에 사실 확인이나 증거 조사 등이 필요할 시는 할 수밖에 없다.

그러나 대회 제도가 시행된다면 총회 재판국은 엄격하게 법률심을 하여야 한다.

제138문 상소 통지서와 이유 설명서를 본회 서기에게 제출하였으나 수취를 거절하면 어떻게 할 수 있는가?

거절하여도 상소함에는 아무런 지장이 없다. 왜냐하면 상소 서류인 상소장과 이유 설명서는 상회 정기회 다음 날까지 상소인 본인이 직접 상회 서기에게 교부하면 되기 때문이다(권징 제97조).

상소 통지서와 이유 설명서를 본회 서기에게 보내는 까닭은 상회에서 심의할 때 답변할 자료를 준비하도록 하기 위함이다. 그러므로 이의 수취를 거절함은 스스로 방어권을 포기하는 것이 되기 때문에 상소인에게 불리할 것은 아무것도 없다.

  상소인은 상소 통지서에 첨부하여 상소장과 이유 설명서를 상회 서기에게 교부하면 된다(권징 제97조).

  다만 상소 통지서와 이유 설명서를 서기에게 송달한 사실을 증명하기 위하여 의식 송달(依式送達)한다.

제139문   상소인이 상소 서류(상소장, 이유 설명서)를 어디에 제출하는가?

상소인이 본회 서기에게 제출하는 서류는 ① 상소 통지서와 ② 상소장 ② 상소 이유 설명서다. 상소 통지서를 본회 서기에게 제출하는 이유는 그 회가 피소된 사실을 알아야 하기 때문이요 상소장과 상소 이유 설명서를 보냄은 피소된 이유를 알아야 그에 대비할 수 있기 때문이다. 피소된 치리회는 피소 사실을 알아야 이 사건과 관계된 문부 일체를 상회 서기에게 교부할 수 있기 때문이다.

  그리고 상소 통지서와 상소장과 상소 이유 설명서는 상소인이 직접 상회 다음 정기회 개회 다음 날 안에 상회 서기에게 교부한다(권징 제97조).

  1) 상소인은 상소 통지서에 상소장과 상소 이유 설명서를 첨부하여 판결 후 10일 내로 그 회 서기에게 제출한다(권징 제96조).
  2) 상소인은 상소 통지서와 상소장과 이유 설명서를 늦어도 상회 다음 정기회 개회 다음 날까지 상회 서기에게 제출하여야 한다(권징 제97조).
  3) 본회 서기는 상소장과 상소 이유 설명서를 상회 다음 정기회 개회 다음 날 안에 상회 서기에게 제출하여야 한다(권징 제96조).

제140문 상소인이 상회 재판 심의에 불참하면 어떻게 하는가?

상소인이 천재지변 또는 불가항력적 사유 없이 상회에 출석하지 아니하면 소를 취하한 것으로 인정하고 하회 판결을 확정한다(권징 제97조).

제141문 상급 치리회(재판국)가 하급 치리회의 판결이 잘못되었다고 판단하면 어떻게 처리하는가?

상급 치리회는 하급 치리회의 판결의 일부 또는 전부가 위법되었다고 판단하면 그 이유를 상세히 설명하고(판결문을 통하여) 다음과 같이 처리할 수 있다(권징 제99조 4항).

1. 하급 치리회의 판결을 취소(取消)한다.
   취소하게 되면 하급 치리회의 판결 전부가 무효가 된다. 무효란 무죄란 의미와 동일하다.
2. 판결을 변경(變更)한다.
   변경이란 의미는 하급 치리회의 판결의 일부가 부적절하게 판결되었으므로 이를 시정 변경하여 판결의 내용을 수정한다는 의미다.
3. 원심을 파기하고 환송하여 갱심(更審)케 한다.
   이는 법률 적용이 잘못되었거나 증인 또는 증거 채용이 잘못되었거나 법률 해석의 잘못을 지적하여 바로잡아 줌으로 하회가 상급회의 판단을 따라 다시 재판하게 하는 것이다.

제142문 정직 이상의 벌을 받은 자가 상소를 제기하면 하회 판결은 정지되는가? 그대로 시행하는가?

권징 제100조에 의하면 가벼운 벌(권계나 견책)이면 상회 판결이 날 때까지 정지되고 중벌(정직 이상)이면 상회 판결이 날 때까지 그대로 집행된다.

제143문 당회에서 정직 이상 시벌된 자가 노회로 상소하여 무죄 판결을 받았으나 당회가 불복하여 총회로 상소하였을 때 어느 판결이 총회의 판결이 날 때까지 시행되는가?

권징 제100조에 의하면 상소를 제기하면 하회 판결이 정직 이상일 때는 상회 판결이 나기까지 결정대로 한다고 하였다.

하회란 직전 하회를 의미한다. 즉 당회 판결을 노회로 상소하였으면 당회를 가리키며 노회 판결을 총회로 상고하였으면 노회를 가리킨다.

따라서 노회 판결이 정직 이상이면 총회 판결이 나기까지 그대로 시행되고 견책이나 권계면 정지되고 무죄이면 정지가 아니라 권징을 받지 않는 상태가 된다.

제144문 하회가 상소된 사건과 관계되는 모든 서류를 상회로 올려 보내지 아니할 때 상회는 어떻게 하는가?

만일 하회가 상소된 사건의 회록과 재판 기록 등을 상회에 제출하지 아니하면 이를 올려 보낼때까지 하회 판결을 정지한다(권징 제101조).

제145문 하회에서 유죄 판결을 받았으나 상소하여 무죄 판결을 받았을 때 하회에서 해벌 절차를 취하여야 하는가?

해벌이란 확정된 시벌이 시간이 흘러 회개의 정이 확실하고 더 이상 시벌할 이유가 없다고 판단될 때 시벌한 치리회가 시벌을 해지하는 것이다(권징 제35조, 예배 모범 제17장).

그러나 상소심에서 무죄 판결을 받으면 하회 판결은 자동적으로 파기되어 실효되므로 해벌 절차가 필요 없다.

제146문 항의서가 제출되면 어떻게 처리하는가?

항의라 함은 회원 중 그 회의 일반 의안이나 판결의 잘못을 증명하여 서면으로 제출하는 것이다. 항의가 합법적이요 공회를 비방하는 것이 아니라면 서기가 접수하여 회록에 기재한다. 만일 항의가 오해에 의한 것이면 답변서를 작성하여 회록에 기재하고 항의자에게 전달한다(권징 제103조).

제147문 항의에 대하여 치리회가 답변을 하였으나 그 답변에 대하여 또 항의가 있으면 어떻게 하는가?

답변서에 대하여 재 항의가 있을 때 재 항의에 대하여는 치리회가 재 답변하고 회록에 기재함으로 항의는 종결된다(권징 제105조).

제7장 이명자 관리 규정

제148문 이명서를 발부받고 가고자 하는 노회(교회)에 이명서를 제출하기 전 그의 신분은 어떻게 되나?

1. 이명서를 접수시켜 가입하기까지는 원 치리회(노회, 교회) 관할 하에 있다.
2. 시무하던 직분은 즉시 해제되고 회원의 권리(발언권과 투표권)도 정지된다.
3. 이명서를 1년 내에 환부하면 이 사실을 회록에 기록하고 회원 자격은 회복되지만 전날 시무하던 직분은 회복되지 아니한다(권징 제108조, 제109조).

제149문 시벌 하에 있는 목사(장로)가 타 노회(교회)로 이명 갈 수 있는가?

시벌이 출교나 면직이 아니면 노회(교회)가 허락하면 이명할 수 있으나 이때는 이명서에 시벌된 내용을 상세히 기록하여야 한다.
    시벌된 자에게 이명서를 발부하면 해벌권을 이명 간 치리회에 위임한 것으로 간주한다.
    단, 위임받은 치리회는 이전에 행한 시벌에 대하여 다시 재판하지는 못한다(1909년 제3회 총회 결의).
    그러나 제명된 목사나 교인에게 이명서를 줄 수 없다. 왜냐하면 제명된 자는 그 회 회원이 아니기 때문이다.

제150문 시벌 하에 있는 목사를 이명 받은 노회가 즉시 해벌할 수 있는가?

시벌 하에 있는 목사에게 이명서를 줄 때는 이명 가는 노회에 해벌 권까지 위임하는 것으로 간주한다. 따라서 시벌 하에 있는 목사를 합법적 이명서에 의하여 받은 노회는 해벌을 할 수 있다(1909년 제3회 총회 유권 해석).

제151문 지교회가 폐지될 때 교인은 어떻게 관리하는가?

노회가 각자 가고자 하는 다른 지교회로 이명서를 발부한다.
    단, 당회에 재판 계류 중에 있는 사건은 노회가 계속 처리한다(권징 제111조).

제152문 노회가 폐지되면 회원(목사)과 지교회를 누가 어떻게 관리하는가?

총회(대회)가 직할하여 목사 이명서를 발부하고, 지교회는 새로 편입된 관할 지역 노회로 편입한다(권징 제112조).

제153문 이명서에 기재된 이외의 노회에 가입할 수 있는가?

이명서에는 반드시 이명 갈 치리회(노회, 교회)명을 명기하여야 하며 이명서에 기록된 치리회에만 가입하여야 한다. 따라서 본인이 원한다 할지라도 이명서에 기재되지 아니한 다른 노회(교회)는 이명을 받지 못한다(권징 제110조).

제8장 재판국에 관한 규례

제1절 당회 재판국

제154문 당회 재판은 누가 하는가?

당회는 비상설 재판국이다. 그리고 국원은 당회원 중에서 선임하는 것이 아니라 당회가 권징 치리회로 변격되면 당회원 전원이 재판관이 된다.

제155문 교인에 대한 고소 고발이 있을 때 당회는 어떻게 처리하는가?

교인에 대한 고소 고발이 접수되면 당회는 먼저 권징 제8조, 제9조, 제13조, 제14조 및 제16조~18조를 살펴본 후 재판할 필요가 있다고 인정되면 다음과 같이 한다.
1. 당회를 권징 치리회로 변격한다. 당회가 권징 치리회로 변격되면 그 당회는 재판회가 되고 당회원은 재판관이 된다.

여기서 당회원이라 함은 시무 장로만 지칭한다. 즉 원로 장로나 협동 장로는 재판회 회원(재판관)이 되지 못하므로 재판회에 참석할 수 없다. 왜냐하면 이들에게는 결의권이 없기 때문이다.
2. 재판이 개시되면 권징 조례에 의거 재판을 진행한다.

제156문 당회가 기소하여 재판하고자 할 때는 어떻게 하는가?

1. 당회의 결의로 당회원 중 1~2명을 기소 위원으로 선임한다.
   즉 기소 위원을 선임할 단계에서는 당회를 권징 치리회로 변격하지 않는다.
2. 기소 위원은 자초지종 해 사건에 대하여 원심 원고가 된다.
   ① 소송 서류(고소장, 죄증 설명서)를 작성하여 당회에 제출한다.
   ② 당회 재판에서 기소 위원은 원고가 되고 항고 재판에서는 원심 원고로서 당회를 대리하여 피고가 된다.
3. 기소 위원이 된 장로는 재판 판결에 참여하지 못한다.

제157문 기소 위원이 된 장로가 해 사건을 심의하는 재판회(재판국)에 회원이 될 수 있는가?

기소 위원은 원고가 되므로 원고가 재판까지 한다는 것은 있을 수 없다. 그러므로 기소 위원이 된 장로는 해 소송에서 원고의 역할을 할 뿐 재판관이 되지 못한다.

제158문 장로 중 원·피고의 가족이나 친인척이 있을 경우 그 장로의 회원권은 어떻게 되는가?

만일 장로 중(재판관 중) 원고 또는 피고의 친인척이 있을 경우 공정한 판결에 의심을 받을 수 있으며 이로 인하여 재판의 신뢰성마저 훼손받을 수 있을 것이다.
1. 원·피고의 친척의 증언은 증거 능력이 없으며(권징 제57조 1항),
2. 상소된 사건의 하회 회원은 그 심의에 참여치 못하며(권징 제91조, 제98조),
3. 그 치리회가 가결하면 일반 의안에도 회원권을 정지할 수 있다.
4. 또한 소원 제출사유를 규정한 권징 제23조와 상소 사유를 규정한 권징 제95조 등의 입법 정신에 비추어 볼 때 원·피고의 친인척은 충분한 제척 사유가 된다고 본다.
따라서 원·피고의 친인척은 원·피고가 동의하지 않는 한 그 재판에 참여하지 못한다.

제159문) 미조직 교회의 교인에 대한 재판권은 누가 행사하는가?

권징은 재판을 통하여서만 할 수 있다. 그리고 재판은 반드시 목사와 장로로 구성된 치리회 또는 치리회가 위임한 재판국에서만 하여야 하기 때문에 미조직 교회에서는 비록 당회권을 가진 목사가 있다하더라도 교인의 대표인 장로가 없기 때문에 목사 단독으로는 재판권(권징 치리권)을 행사하지 못한다(정치 제8장 제1조). 따라서 노회로 위탁 판결을 청원하여야 한다.

제160문) 장로 1인인 교회에서 목사가 장로를 권징할 수 있는가?

장로 1인인 경우에 일반 행정건이라도 장로가 반대하면 목사 단독으로 결의하지 못하고 노회에 보고하여 처리토록 한다. 더욱이 장로를 권징하는 재판건은 그 어떤 경우에도 목사 단독으로 처리하지 못하고 장로에 대한 고소 건이 있거나 목사가 치리코자 하면 목사 스스로 원고가 되어 노회로 위탁 판결 청원을 하여 노회가 처리토록 하여야 한다(정치 제8장 제1조, 제9장 제2조).

그러나 장로 2인인 경우에 1인이 피고가 되었을 때는 다른 장로 1인이 당회에 출석하면 당회에서 재판할 수 있다(정치 제9장 제2조).

제161문 이웃교회 장로들을 보조 당회원으로 청하여 재판을 할 수 있는가?

장로의 치리권은 자기를 선출하고 치리권을 위임한 교회와 교인들에게만 있기 때문에 자기에게 치리권을 위임하여 주지 아니하고 복종 서약을 하지 않은 타 교회와 교인들을 치리할 수 없다(정치 제13장 제3조 교인복종 서약 참조). 따라서 타 교회 장로를 불러 보조 당회원이란 이름으로 교인을 재판할 수 없는 것이 장로회 법리다.

단, 장로가 상회 총대가 되어 상회 회원의 자격으로 파송을 받아 하급회의 권징 사건에 관여하는 것은 별개사항이다. 왜냐하면 이때는 해교회 보조 당회원이 아니라 상회(노회 또는 총회)원의 자격이기 때문이다.

제162문 과반수의 장로가 피소되었을 때 해 당회에서 재판할 수 있는가?

장로가 3인 이상인 당회는 재적 장로 과반이 출석하여야 개회 성수가 되는데 피소된 장로 과반이 불참하면 개회를 할 수 없으므로 장로 과반이 피소된 경우에는 그 당회에서 재판하지 못하고 당회장의 직권으로 노회에 위탁 판결 청원을 할 수밖에 없다.

단, 장로 2인인 경우에 1인이 피소되었다면 목사1인과 장로1인으로 개회가 가능하기 때문에 개회할 수 있고 합의되면 권징할 수 있다(정치 제9장 제2조, 권징 제79조).

제163문   장로 과반이 피소될 경우 피소된 장로는 당사자 제척 원리에 의거 제척될 것이므로 피소되지 않은 장로 과반이 출석하면 성수가 될 것이 아닌가?

비록 피소된 장로라 할지라도 유죄 판결 받기 전에는 무죄로 추정되기 때문에 장로의 재적수에는 변함이 없으므로 피소된 장로를 합하여 과반이 출석하지 아니하면 당회는 개회되지 못한다. 단, 이들이 출석하여 개회가 된 후에는 해 안건 심의에서는 당사자는 제척되고 사건을 심리할 수 있다.

제164문   당회의 결의 없이 당회장이 위탁 판결 청원을 할 수 있는가?

당회는 장로 과반이 출석하여야 개회되는데 장로 과반이 출석하지 않거나 반대하면 아무 결의도 하지 못한다. 그러나 피소된 사건을 당회가 처리하지 아니하고 위탁 판결 청원도 결의하지 못하여 결과적으로 고소가 있어도 재판을 할 수 없다면 이는 교인의 고소 고발 권을 박탈하는 횡포라 아니할 수 없다.

    그러므로 당회가 처리하지 않거나 위탁 판결 청구도 결의하지 않을 때는 당회장 단독으로 위탁 판결 청원을 할 수 있다.

    정치 제9장 제2조 하단에 장로 1인이 있는 경우에 그 장로 치리 문제나 다른 사건에 있어 장로가 반대할 때에는 노회에 보고하여 처리한다고 하였다.

    즉 장로의 반대로 권징하거나 치리할 수 없을 때 목사는 당회의 결의 없이도 직권으로 그 사건을 노회에 위탁하여 처리한다는 말이다. 권징 제9장 제79조에 하회 회원의 의견이 한결같지 아니한 건은 위탁 판결을 구한다 라고 하였다. 즉 당회원의 의견이 통일되지 아니하여 결의할 수 없을 때 당회장이 위탁 판결을 청원한다는 말이다.

만일 당회장도 위탁 판결 청원을 하지 않으면 고소인은 당회의 직무 유기를 이유로 자기 부전(自己附箋)을 달아 노회로 직할 심리(권징 제77조) 청원을 할 수 있다.

제77조는 하회가 각기 책임을 이행하지 아니함으로 이단과 부패한 행위가 성행하며 뚜렷한 행악자가 징벌을 면하게 될 경우에는 상회가 직접 처리한다고 하였다.

제165문 당회에 고소장이 접수되었음에도 당회장이 당회를 소집하지 않거나 소집하여도 재판할 것을 반대하고 위탁 판결 청원도 결의하지 않으면 어떻게 하는가?

치리회는 목사와 장로로 조직되고 목사와 장로가 출석하여야 개회되기 때문에 고소 사건이 있을 때 목사가 당회를 소집하지 않으면 당회가 개회되지 못하며 목사가 당회를 소집하여도 고소 사건의 재판을 반대하면 그 당회에서는 재판하지 못하며(재판장은 반드시 당회장이 되어야 하기 때문) 위탁 판결 역시 목사가 동의하지 않으면 결의하지 못한다.

그렇다면 당회에 고소 사건이 접수되어도 당회장이 반대하면 아무 것도 할 수 없단 말인가? 그것은 아니다.

이때는 ① 장로 과반수 이상의 연명으로 노회로 위탁 판결 청원을 할 수 있고, ② 고소인이 이러한 사실을 부전(附箋)으로 달아 노회로 직접 고소할 수 있다.

제166문 평소 목사와 불협한 사람이 피고가 되었을 때 그 목사가 재판회를 주관할 수 있는가?

원·피고의 친척 되는 경우나, 소송 판결에 직간접적으로 이해 관계에 있는 사람은 증인으로서 증거 능력이 없고(권징 제57조), 평소에 피고에 대하여 감정이 좋지 않는 자나 피고의 처벌을 인하여 이익을 얻을 자가 제기하는 소송은 접수할 때 신중히 고려하라(권징 제14조)는 법정신이 밝혀 주듯이 상호 대립 관계에 있는 자가 재판관이 되어 판결하는 것은 공정성을 믿을 수 없기 때문에 제척 사유가 된다.

특히 피고와 대립적 관계에 있는 사람이 목사일 때는 재판장이 될 수 없다.

제167문 당회가 기소 위원을 내어 재판한 사건에 대하여 피고가 노회로 상소를 했을 때 누가 당회를 대표하여 상소심 피고가 되는가?

당회장이 피고가 되는 것이 아니라 원심 원고인 기소 위원이 항소심에서는 피고가 되어 자초지종 재판에 임한다(권징 제12조).

제2절 노회 재판국

제168문 노회에 재판건이 있을 때 어떻게 처리하는가?

1. 노회가 직할 심리할 수 있다(권징 제117조).
   이때는 행정 치리회를 권징 치리회로 변격(變格)하여야 하고 모든 회원은 재판관이 된다.
2. 재판국을 설치하여 위탁 판결케 할 수 있다(권징 제117조).
   재판국을 설치하여(7인 이상으로 하되 목사가 과반 이상이 되게 할 것) 해 재판건을 위탁하여 재판케 한다.
3. 노회 개회 중에 판결하였으면 본회에 보고하여 본회가 받음으로 종결되고, 노회 폐회 중에 행한 판결은 재판국의 판결로 사건이 종결되고, 노회가 개회된 후 경과 보고를 하면 된다(권징 제121조).

제169문 | 임시 노회에서 재판할 수 있는가?

재판은 교회의 영예와 개인의 권익에 중대한 영향을 미치는 것이므로 임시 노회에서는 재판을 할 수 없다.

1. 재판 사건은 인권에 관한 중대 사건이기 때문에 노회에 상정되면 먼저 재판할 가치가 있는가를 검토해야 하고 직할 심리할 것인가? 재판국을 설치하여 위임할 것인가?에 대한 심도 있는 논의가 선행되어야 하기 때문에 이러한 일은 먼저 정치부에서 의논하여 처리 방법을 노회에 제안하고, 본회는 정치부 안을 논의한 후 결정하여야 한다.

    즉 정치부의 심의와 본회, 심의라고 하는 이중적 장치를 통하여 신중하게 결정하여야 한다. 그러나 임시 노회는 정치부 등 상비부가 소집되지 않으므로 임시 노회에서 재판 사건을 다루는 것은 졸속 심의의 위험이 있기 때문에 임시 노회에서는 재판건을 원칙적으로 다루지 못한다.

2. 임시 노회는 정기회와 달리 소수의 회원만 출석하게 되는 것이 상례이므로 임시 노회에서는 개인의 신상과 인권에 관계된 재판을 할 수 없다.

3. 따라서 소송에 대한(소원, 상소) 서류는 정기회에서만 접수하게 하였다. 이것은 소송 건은 정기회에서만 다루기 때문이다(권징 제85조. 제87조, 제96조, 제97조). 그러므로 임시 노회에서는 재판하지 못하는 것이 원칙이다.

4. 그러나 예외적으로 다음 정기회 때까지 기다리면 교회와 교인 및 치리회에 치명적인 위해가 되며 회복할 수 없는 사건일 때는 임시 노회에서도 취급할 수 있다.

제170문   노회가 전권 위원회와 재판국을 구성하였으나 기소 위원을 선임하지 않았다면 어떻게 재판할 수 있는가?

그 사건이 고소 고발 사건이면 고소 또는 고발인이 원고가 되지만 치리회가 직접 기소하여 재판하려고 하면 전권 위원회와 재판국을 설치할 때 기소 위원까지 선임하여야 한다. 만일 기소 위원을 선임하지 않았을 때는 본회를 대리하여 행정 치리권을 행사하는 전권위원회에서 기소 위원을 선임하여 기소케 한 후 재판국이 재판한다.

제171문   소송 사건이 없는데도 노회가 재판국을 상설하여 두었다가 소송 사건이 발생하면 재판할 수 있는가?

노회는 상설 재판국을 설치하지 못하고 소송 사건이 노회로 접수되어 노회가 재판할 필요가 있다고 인정될 때 노회의 결의로 재판국을 설치하고 노회가 그 사건을 맡겨야 재판할 수 있다. 그러므로 재판 사건이 없는데도 노회가 재판국을 설치할 수 없다.

제172문   재판국원에 대하여 기피 신청을 할 수 있는가?

권징 제14조는 고소자 적부심(適否審)의 기준을 제시하고 제23조는 재판국 심의에 대한 소원 사유를 적시하고 제57조에서는 증인으로서 부적격 여부에 대한 판단 기준을 정하고 있다. 그러므로 이러한 제 법규의 입법 취지로 볼 때 원·피고의 재판관 기피 신청권은 의심할 여지없다.

 기피 신청이 접수되면 그 재판국은 면밀히 살펴 정당한 이유가 있다고 판단되면 재판국의 결의로 당사자를 교체하든지 당사자의 재판권을 정지 후 재판을 진행하여야 한다.

 단, 정당한 이유가 없을 때는 기피 신청을 기각하고 재판을 진행한다.

제173문 재판국 개회 성수에서도 출석 회원 과반수가 목사가 되어야 하는가?

노회 재판국은 국원 3분의 2의 출석으로 개회 성수가 된다. 그러나 반드시 출석 회원 반수(과반이 아님) 이상이 목사라야 한다(권징 제119조).

제174문 노회 재판국의 판결 효력은 언제부터 발생하는가?

1. 노회가 개회 중에 있을 때 재판국 판결은 노회에 보고하고 노회가 보고를 채택함으로 효력을 발생한다(권징 제121조).
2. 노회 폐회 중의 재판국 판결은 공포 때로부터 노회의 판결로 인정한다(권징 제121조 2항).

제175문 노회 재판국의 판결을 노회가 취소 변경할 수 있는가?

1. 개회 중 재판국의 판결은 본회에 보고하여야 하고, 이때 노회는 전부를 취소하든지 채용하든지 취소할 수 있다. 즉 일부를 취소하거나 채용할 수는 없다.
   전부를 채용하면 공포 때로부터 효력을 발생한다. 만일 취소하였을 때는 본회가 직접 심리 처결할 수 있다(권징 제121조 1항).
2. 폐회 중의 재판국 판결은 재판국이 판결을 선고한 때부터 노회의 판결로 그 효력을 발생한다. 즉 폐회 중 재판국의 판결은 판결일로부터 효력을 발생하고 노회가 후일 개회되면 경과 보고만 하게 된다. 즉 폐회 중 노회의 판결은 노회가 취소하거나 변경하지 못한다(권징 제121조 2항).

제3절 대회 재판국

제176문 대회 재판국을 상설 재판국이라 함은 무슨 의미인가?

대회 재판국을 상설 재판국이라 함은 대회로 올라오는 재판 사건을 처리하기 위해 항상 재판국이 개설되어 있다는 것으로 노회가 재판건이 있을 때 위탁하여 처리하게 하는 재판국과는 다르다.

그래서 상비국원제로 3조에 나누어 매년 3인씩 개선하는 것이다(권징 제124조).

상설 재판국이란
1. 재판 사건이 있거나 없거나 관계없이 항상 재판국이 개설되어 있고,
2. 누구나 소송할 일이 있으면 언제든지 재판국에 직접 소송을 제기할 수 있고,
3. 폐회 중이라도 재판국은 소송 사건이 접수되면 언제든지 재판할 수 있고,
4. 심의가 종결되어 판결하면 그 판결은 확정되어 즉시 효력을 발생하게 되는 재판국을 상설 재판국이라 한다.

제177문 대회 재판국원은 3년조의 임기가 다 끝난 뒤에도 계속 할 수 있는가?

대회 재판국원은 총회 재판국원처럼 재선 제한 규정이 없다(권징 제134조 참조). 그러나 대회 자체 규칙으로 재선 제한 규정을 만들어 대회원 중에 편파 됨이 없도록 해야 할 것이다.

제178문 | 재판국원이 결원되면 누가 보선하는가?

대회 재판국원이 결원되면 대회 중에는 대회가 보결하고 폐회 후에 결원이 되었으면 대회장이 자벽하여 시무하게 한다(권징 제124조 1항).

제179문 | 대회장이 지명하여 선임한 재판국원의 임기는 언제까지인가?

대회장이 지명하여 선임된 재판국원은 1년조나 3년조로 선임되었든지 상관없이 다음 대회 개회 때까지이다(권징 제124조 1항).

제180문 | 대회는 상설 재판국에서만 재판하는가?

대회는 재판 사건을 직할 심리하거나 상설 재판국에 위탁할 수 있고 상설 재판국은 위탁받은 재판 사건만 심리 판결한다(권징 제124조 2항).

제181문 | 대회 재판국은 목사 3명, 장로 4명이 출석하였다면 개회성수가 되는가?

대회 재판국은 목사 5명, 장로 4명으로 국원 9명 중 개회 성수는 4분의 3의 출석을 요함으로 7명의 국원이 출석해야 성수가 된다.
　국원 중 목사는 장로보다 한 사람이 많은 4명이 되어야 하므로 목사 3명의 출석과 장로 4명인 7명이 참석해도 개회 성수가 될 수 없다(권징 제124조, 제126조).

제182문 | 대회 상설 재판국의 판결 효력은?

대회 재판국의 판결 효력은 대회가 채용할 때까지 당사자 쌍방을 구속할 뿐이어서 하급심의 판결 효력이 그대로 유지된다(권징 제128조). 단, 하회 결정이 권계나 견책인 경우에는 효력이 정지되나 그 밖에 정직 이상의 시벌일 때는 하회 결정이 그대로 유지된다(권징 제100조). 또한 대회가 재판국 판결에 대하여 검사하지 않거나 검사할지라도 변경이 없으면 대회 폐회 때부터 효력이 발생한다(권징 제131조).

제183문 | 대회가 재판국에 맡겼던 사건을 직할 심리할 수 있는가?

대회는 재판국의 판결을 검사하여 채용하거나 하급심으로 환부할 수 있는데 혹 채용하지 않고 재판회로 변격하여 직할 심리할 수 있다(정치 제11장 제4조 11항 참조).

제184문 | 대회 특별 재판국은 어떤 경우에 설치하는가?

대회가 상설 재판국의 판결을 채용하지 않게 되는 경우 그 사건을 특별 재판국을 설치하고 상설 재판국 규칙을 적용하여 판결 보고하게 할 수 있다(권징 제131조, 제133조).

제4절 총회 재판국

제185문 | 총회 재판국을 상설 재판국이라 함은 무슨 의미인가?

권징 제134조는 "총회 재판국은 상설 재판국이다." 라고 한다.
상설 재판국이란
1. 재판 사건이 있거나 없거나 관계없이 항상 재판국이 개설되어 있고,
2. 누구나 소송할 일이 있으면 언제든지 재판국에 직접 소송을 제기할

수 있고,
3. 파회 중이라도 재판국은 소송 사건이 접수되면 언제든지 재판할 수 있고,
4. 심의가 종결되어 판결하면 그 판결은 확정되어 즉시 효력을 발생하게 되는 재판국을 상설 재판국이라 한다.

    그러나 총회 재판국은 상설 재판국이라 하면서도 독자적으로 할 수 있는 기능은 아무것도 없다.

1) 상소 서류를 재판국 서기가 아닌 총회 서기가 접수한다.
2) 총회 서기가 접수하고도 그다음 총회가 개회되어 헌의부 보고를 통하여 총회가 받아 재판국으로 넘겨야 비로소 재판국 서류가 된다.

    그러므로 상고하여도 재판국에 서류가 접수되기까지는 길게는 1년이 걸린다.
3) 총회 재판국이 판결을 하여도 그다음 총회가 개회되어 보고해서 채용해야 재판이 종결된다. 총회가 채용하기 전까지는 총회 재판국의 판결은 예심 판결일 뿐이다.

    노회 재판국의 판결은 노회 폐회 중일 때는 판결 즉시 노회의 판결로 인정되어 효력을 발생하지만 총회 재판국의 판결은 다음 총회가 개회되고 보고해서 채택되어야 효력을 발생한다. 따라서 총회 재판국은 조직은 상설이나 기능은 비상설이다.

제186문   총회 재판국원이 될 때 1년조 또는 2년조로 선임되었다면 만료된 후 다시 재판국원으로 선임될 수 있는가?

재판국원의 임기는 3년을 원칙으로 한다. 만일 1년조나 2년조로 선임되었다면 그 조에 결원이 되었으므로 보선되었다는 의미이며 따라서 보선된 국원의 임기는 전임자의 잔여 기간이기 때문에 1년 또는 2년

의 임기를 마치면 바로 재판국원으로 선임되지 못한다(권징 제134조).

제187문 | 재판국원이 결원되면 누가 보선하는가?

1. 총회가 개회 시에는 공천부의 추천에 의거 총회가 선임하고,
2. 총회가 파회 시에는 총회장이 지명하여 선임한다(권징 제134조).
3. 재판국원은 다른 상비부를 겸임하지 못하며 파회 후 총회장이 지명한 재판국원 역시 수락하는 즉시 기존 상비부원의 자격은 자동적으로 소멸된다.

제188문 | 총회장이 지명하여 선임한 재판국원의 임기는 언제까지인가?

총회장이 지명하여 선임된 재판국원의 임기는 다음 총회 개회 때까지다. 즉 1년조에 보선되었으면 자동으로 임기가 만료되고 2년조 또는 3년조에 보선되었더라도 1년 또는 2년을 더 하는 것이 아니라 다음 총회가 개회되면 임기는 종료된다(권징 제134조 1항).

제189문 | 총회 재판국이 원고와 피고를 신문하고 증인을 소환하여 증거를 채취하고 현장을 답사하는 등의 일을 할 수 있는가?

총회 재판국은 상고심이므로 증거조 규례를 폐지하고 법률심을 하게 되어 있으나 현 총회 재판국은 마치 원심 재판국처럼 원·피고를 소환하여 신문하고 증거조 규례대로 모든 증인과 증거를 조사 채증하고 심지어 현장 검증까지 하고 있는데 이는 분명한 법률 위반이다.
   권징 제94조 2항 "공소심에는 부득이한 경우에만 증거조를 취급할 수 있고 상고심에서는 증거조를 폐한다"고 규정하고 있다.
이는 대회 재판국이 없기 때문에 생기는 일시적 현상이다.

제190문 총회 재판국 소집에 목사 6명, 장로 7명이 출석하였는데 개회 성수가 되는가? 또 목사 7명 장로 7명이 출석하였다면 개회 성수가 되는가?

권징 제136조에 재판국 개회 성수는 국원 11명이요, 목사가 6인이 되어야 한다고 하였다. 그러므로 11명 이상이 출석하고 그중 목사가 과반이면 개회 성수가 된다.

따라서 위의 질문에서 각각 13명과 14명이 출석하였으므로 단순 수로는 성수가 되나 13명 중 목사가 6명이라면 목사가 과반이 못되고 14명 중 목사가 7명일 때도 역시 과반이 못된다. 따라서 13명이 모이고 14명이 모여도 성수가 되지 아니한다.

제191문 총회 재판국이 11명 이상 출석하였으나 장로가 소수라도 목사가 과반이면(예 : 목사 8명, 장로 3명) 성수가 되는가?

재판국이 개정되려면 국원이 최소한 11명은 회집되어야 하고, 그중 6명이 목사여야 한다(권징 제136조). 이것은 목사가 6명만 되어야 한다는 뜻이 아니라 목사가 과반 이상이 되어야 한다는 의미다.

따라서 11명 이상이 출석하고 출석 인원 중 목사가 과반이면 개회할 수 있다.

예컨대 목사 7인 장로 4인이 출석하였다면 총 11명이 되었고 이 중 목사가 과반수가 되었으므로 개회 성수가 된다.

즉 목사가 8명 출석하고 장로가 3명만 출석하여도 개회 성수가 된다.

제192문 재판국에 맡겼던 사건을 다시 총회가 직할 심리할 수 있는가?

상소 건에 대하여 총회가 직할 심리할 수 있으나 한 번 재판국에 위탁한 사건은 다시 총회가 직할 심리하지 못하며 재판 결과가 부당하다고 판단되면 총회는 총회 재판국에 환부하여 다시 재판하게 하든지 특별 재판국을 구성하여 본 건을 위탁하는 방법밖에 없다(권징 제141조).

제193문 재판국 보고 중 총회가 일부를 변경하거나 취소할 수 있는가?

재판국 판결은 본 회가 ① 전부 채용하든지, ② 총회 재판국에 환부하여 다시 재판하게 하든지, ③ 특별 재판국을 설치하여 맡기는 세 가지 방법밖에 없다. 그러므로 총회가 재판국 판결을 직접 취소하거나 판결 중 일부를 수정, 변경할 수 없다(권징 제141조).

제194문 총회 재판국에서 취급할 수 있는 재판건이 무엇인가?

총회에서 위임한 사건만 재판할 수 있다(권징 제117조, 제134조). 총회는 상설 재판국이라 할지라도 총회의 결의로 맡겨 준 사건만 재판할 수 있다.

제195문 총회가 채택하기 전 총회 재판국 판결의 효력은?

총회 재판국의 판결 효력은 총회가 채용한 후 확정되어 효력을 발생한다(권징 제141조). 그러므로 총회가 채용하기 전 재판국의 판결은 총회에 보고하기 위한 판결일 뿐 법적 효력은 없다(권징 제139조).

    그러므로 권징 제138조를 오해하여 총회 재판국 판결은 총회가 채용하기 전이라도 당사자에게는 효력을 발생한다고 이해하여서는 안 된다. 만일 그렇다면 총회 재판국의 판결이 판결 즉시 효력을 발생한다는 뜻과 무엇이 다르겠는가?

    총회에서 예심 판결을 채용하지 않으면 이미 당사자에게 시행된 판결은 어떻게 하겠는가? 총회 재판국의 판결은 총회가 채용하고 파회되어야 그 효력을 발생한다(권징 제141조).
그러므로 총회가 재판국 판결을 채용할 때까지는 하회 판결대로 그 당사자 쌍방에 대하여 구속력을 갖는다.

제196문 총회 재판국의 판결은 언제 확정되는가?

총회 재판국의 판결은 총회에 보고하기 위한 것이므로(권징 제139조) 총회에 보고하여 총회가 채용하고 총회가 파회된 후에 그 효력이 발생한다(권징 제141조).

제197문 총회 특별 재판국은 어느 때에 설치하는가?

총회가 재판국의 판결을 부결(취소)하게 되면 그 재판국에 환부하여 다시 재판하게 하든지 특별 재판국을 설치하여 맡긴다(권징 제143조). 따라서 어떤 재판건을 상설 재판국에 맡기지 않고 곧바로 특별 재판국을 설치하여 위임할 수는 없다.
제143조에 "총회가 필요로 인정할 때" 설치한다는 의미는 상설 재판국의 판결을 총회가 채용하지 않았을 때를 의미한다(권징 제143조).

제198문 어느 교회가 다른 교회를 소원하려면 어떻게 하는가?

치리회 간의 소송 사건을 소원이라 한다. 왜냐하면 치리회 간의 송사 건은 권징 제 35조에 해당하는 벌을 구하는 것이 아니라, 치리회의 위법 부당한 처사를 취소 변경하여 줄 것, 또는 치리회의 의무 불이행을 이행토록 하여 달라는 행정 처분에 관한 것이기 때문에 이를 소원이라 한다.
어느 교회가 다른 교회를 소원하려면

1. 피고된 교회의 소속 노회로 사건 발생 1년 내에 소원서와 소원 이유 설명서를 교부하고,
2. 동시에 피고 교회에도 같은 서류를 동시에 발송한다(권징 제144조).

제199문 | 어느 노회가 다른 노회를 고소하려면 어떻게 하여야 하나?

1. 사건 발생 1년 내에 소원서(장)와 소원 이유 설명서를 피고 노회에 발송하고,
2. 동시에 소원서(장)와 소원 이유 설명서를 총회 서기에게 교부한다(권징 제144조).

제200문 | A교회에서 치리한 장로를 B교회가 받아 단번에 협동 장로로 세울 수 있는가?

정치 제2조 2항 "각 치리회는 각립(各立)한 개체가 아니요 서로 연합한 것이니 어떤 회에서 어떤 일을 처결하든지 그 결정은 법대로 대표된 치리회로 행사하게 하는 것인즉 전국 교회의 결정이 된다(치리회 통일체 원리)."

권징 제11조 "치리회가 기소할 때에는 곧 대한예수교장로회가 원고와 기소 위원이 되며 이 밖에는 소송하는 자가 기소 위원이 된다." 즉 각각 다른 치리회라 할지라도 각자가 아니요, 그 모두가 대한예수교장로회 치리회라는 뜻이다. 이런 의미에서 모든 치리회는 동일체다.

그러므로 A교회의 치리는 곧 B교회의 치리다. 그러므로 A교회에서 치리 받은 자를 B교회가 무흠 입교인으로 그것도 이명서 없이 받음은 불법이다.

제201문 A교회(노회)에서 시벌 받은 자를 B교회(노회)가 이명 없이 받을 경우 A교회(노회)가 취할 수 있는 방법은 무엇인가?

A교회와 B교회가 동일 노회 회원 교회라면 노회로 소원할 수 있다. 노회는 사실이라면 B교회의 처분을 무효화하고 B교회는 해당자를 A교회로 돌려보낼 것을 명하고 B교회는 해당자를 A교회로 돌려보내야 한다.

만일 돌려보내지 않으면 노회는 B교회에 가할 수 있는 모든 행정 처분을 내릴 수 있다. 예컨대 장로 총대권 정지, 각종 청원 건 정지, 증명서 등의 발급을 정지할 수 있을 것이다.

그러나 B교회가 타 노회 회원 교회라면 B교회 소속 노회로 위와 같이 소원할 수 있고, 그 노회가 이것을 처리하지 아니하면 총회로 소원할 수 있다. 그러나 타 교단이라면 어찌할 수 없고 단지 제명할 뿐이다(권징 제11조).

제202문 총회장(노회장)이 불법 부당하게 사회를 하고 월권행위를 하면 어떻게 하는가?

본 교단은 총회장이 총회 회의에서나 총회 업무에 대하여 불법 부당한 월권행위를 하여도 소원하는 규정이 없다.

따라서 최악의 경우에는 총회장 사회 거부 또는 불신인 결의안 등을 제출하고 물리적 실력 행사에 돌입하나 이것은 합법적 방법은 아니다.

회장이 회의 진행 중에 불법을 행해서 회로부터 불신임 당하여 사회권을 상실하며 회장의 직에서 물러난 경우도 있다.

"총회장이 개회 벽두에 증경 총회장을 포함한 15인 전권위원회를 조직하자는 개의를 표결하는 과정에서 '예'보다 '아니오' 소리가 월등히 커서 부결을 선언해야 되는데 가결을 선포했다. 이때 다시 회중이

'아니오'라고 외치자 총회장은 고의적으로 불법 비상 정회를 선포했다. 회장이 비상 정회를 선포하자 즉각 부총회장이 등단하여 사회하고 우선 회장 불신임안을 만장일치로 가결한 바 있다."(1988년 제73회 총회 결의).

제 V 부

권징 서식

1. 권면(화해) 진술서

권 면 (화 해) 진 술 서

은혜중 평안하심을 빕니다.
본인은 ○○○ 씨에 대하여 마 18:15~17의 말씀을 따라 아래와 같이 권면(화해)하였으나 끝내 불응하였기에 이에 진술서를 제출합니다.

제1차 권면
때 :   년   월   일 오전 11시
곳 : ○○○씨 자택
   (서울 관악   )

제2차 권면
때 :   년   월   일 오전 11시
곳 : ○○○씨 자택
   (서울 관악   )

중참인   성 명   생년월일   (만   세)
         주 소
         소속 치리회
         신급 또는 직분

중참인   성 명   생년월일   (만   세)
         주 소
         소속 치리회
         신급 또는 직분

주후   년   월   일

진술인 ○○○ (인)
대한예수교장로회 ○○교회 당회장(노회장) 귀하

2. 고소장

고 소 장

피 고   성 명   생년월일   (만   세)
　　　　　주 소
　　　　　소속 치리회
　　　　　신급 또는 직분

원 고   성 명   생년월일   (만   세)
　　　　　주 소
　　　　　소속 치리회
　　　　　신급 또는 직분
　　　　　(원고 또는 피고가 여러 명이면 모두 기록)

죄 명   ○○○, ×××, ✱✱✱ 등

유첨 1. 죄증 설명서.
　　　2. 피해자일 경우 권고 진술서.
　　　3. 기타 죄를 증명할 만한 물증 등.

주후   년   월   일

진술인 ○○○ (인)
대한예수교장로회 ○○교회 당회장(노회장) 귀하

3. 고소장

〈권징 제7호 서식〉

고 소 장

원 고 성 명 ○○○
　　　　생년월일　　　　　(남, 여)
　　　　성직 및 신급
　　　　소속 치리회
　　　　주 소 :　　　　　　　　　　전화번호 :

피 고 성 명 ○○○
　　　　생년월일　　　　　(남, 여)
　　　　성직 및 신급
　　　　소속 치리회
　　　　주 소 :　　　　　　　　　　전화번호 :

죄과명 : 첨부된 죄증 설명서 참조
위와 같이 고소(고발)를 하오니 처벌하여 주시기 바랍니다.

년　월　일

고소인 (고발인) ○○○ (인)
대한예수교장로회 ○○교회 당회장 귀하

＊ 기소장
치리회가 기소할 경우 고소장을 기소장으로, 원고를 기소위원으로 바꿔서 사용하면 된다.

4. 죄증 설명서

〈권징 제8호 서식〉

죄 증 설 명 서

원 고   성 명 ○○○
　　　　생년월일　　　　(남, 여)
　　　　성직 및 신급
　　　　소속 치리회
　　　　주 소 :　　　　　　　　　전화번호 :

피 고   성 명 ○○○
　　　　생년월일　　　　(남, 여)
　　　　성직 및 신급
　　　　소속 치리회
　　　　주 소 :　　　　　　　　　전화번호 :

죄증 설명내용
1.
2.
3.

증 인   성 명 ○○○
　　　　생년월일　　　　(남, 여)
　　　　성직 및 신급
　　　　주 소 :

이상과 같이 죄증이 확실하여 이에 설명서를 제출합니다.

년　월　일

원고 ○○○ (인)
대한예수교장로회 ○○재판국장 귀하

5. 변호인(피고 대리인) 선임서

〈권징 제4호 서식〉

변호인 (피고 대리인) 선임서
(권징 27조)

사건명 :

변호인 : (이름) ○○○ 분 (목사, 장로)
　　　　　주　소 :　　　　　　　　　　　전화번호 :
　　　　　(소속) : 치리회 (○○ 기관)

위의 자를 ○○재판국에 접수된 사건에 있어서 본인의 변호인(대리인)으로 선임하였으므로 이에 변호인과 연명하여 변호인 선임서를 제출하오니 허락하여 주시기를 바라나이다.

년　월　일

신청인 ○○○(인)
변호인 ○○○(인)

대한예수교장로회 ○○재판국장 귀하

6. 재판 기일 연기 청원서

〈권징 제9호 서식〉

재판기일 연기 청원서

원 고 성 명 ○○○
  생년월일
  성직 및 신급
  소속 치리회
  주 소

피 고 성 명 ○○○
  생년월일
  성직 및 신급
  소속 치리회
  주 소

원(피)고는 아래와 같은 사유로 재판기일 연기를 신청하오니 허락하여 주시기를 바라나이다.

연기사유
  1.
  2.
연기일

년 월 일

청원인 원(피)고 ○○○(인)

대한예수교장로회 ○○재판국장 귀하

7. 조사 보고서

〈권징 제3호 서식〉

조사보고서
(권징 제2장 13조)

조 사 대 상 인 : ○○○
생 년 월 일 :　　　　　(남, 여)
조사 의회 치리회 : 대한예수교장로회 ○○교회 당회

아래과 같이 조사 내용을 보고합니다.

아 래
1.
2.
3.
4.
5.

년　월　일

대한예수교장로회 ○○교회 당회

　　　　조사위원 :
　　　　조사위원 :
　　　　조사위원 :

대한예수교장로회 ○○교회 당회장 귀하

8. 증인에 대한 이의 신청서

〈권징 제10호 서식〉

증인에 대한 이의 신청서

원 고   성 명 ○○○
      생년월일   (남, 여)
      성직 및 신급
      주 소

피 고   성 명 ○○○
      생년월일   (남, 여)
      성직 및 신급
      주 소

1. 증인의 성명 ○○○
   생년월일   (남, 여)
   성직 및 신급
   주 소

2. 부적격 사유

년   월   일

신청인 원(피)고 : 성명 ○○○(인)

대한예수교장로회 ○○교회 노회장 귀하

9. 원고 소환장

〈권징 제6호 서식〉

원고 소환장

은혜 중 평안을 비나이다
귀하가 ○○○씨를 피고로 고소한 재판 사건을 심리코자 아래와 같이 소환하나이다.

일시 :
장소 :

유의 사항

1) 귀하는 피고측 증인에 대하여 상당한 이유가 있을 때에는 거부하는 신청을 제출할 수 있습니다.
2) 귀하는 대리인이나 변호인을 신청할 수 있습니다.
   단, 본 교단 소속 목사나 장로여야 합니다.
3) 출석하실 때에는 인장을 지참하시기 바랍니다.

년 월 일

대한예수교장로회 ○○노회 재판국

국장 목사 ○○○ (인)
서기 목사 ○○○ (인)

원고 ○○○ 귀하

10. 소환장

〈권징 제5호 서식〉

소 환 장
(피고인용)

사건명 :

은혜 중 평안을 비나이다
귀하가 ○○○씨를 피고로 고소한 재판 사건을 심리코자 아래와 같이 소환하나이다.

―――――――――― 아 래 ――――――――――

일시 :　　년　월　일
장소 :

유의 사항
1) 귀하는 귀하의 무죄를 증거하기 위하여 증인을 신청할 수 있습니다.
2) 귀하는 원고측 증인에 대하여 상당한 이유가 있을 때에는 거부하는 신청을 제출할 수 있습니다.
3) 출석하실 때에는 인장을 지참하시기 바랍니다.

년　월　일

대한예수교장로회 ○○노회 재판국

국장 목사 ○○○ (인)
서기 목사 ○○○ (인)

피고 ○○○ 귀하

* 피고 소환에 있어서 2차 소환(재소환)장에는 2차 소환에도 재판에 불참하면 시벌한다고 명기해야 하며 목사의 재판인 경우 2차 소환에 불응하면 3차 재판 시 변호인을 세우지 않고 바로 판결 시벌할 수 있다.

11. 피고 답변서

〈권징 제14호 서식〉

피 고 답 변 서

원 고   성 명 ○○○
　　　　　생년월일
　　　　　성직 및 신급
　　　　　주 소

피 고   성 명 ○○○
　　　　　생년월일
　　　　　성직 및 신급
　　　　　주 소

답변요지

답변(죄증 설명서에 관한 부분)
　1.
　2.
　3.

년　월　일

답변인(피고) ○○○ (인)

대한예수교장로회 ○○노회 재판국 귀하

12. 소환 불응 이유서

〈권징 제5호 서식〉

소환 불응 이유서

원 고   성 명 : ○○○   생년월일 :   (만   세)
        주 소 :
        소속 치리회 :
        성직 및 신급 :

원 고   성 명 : ○○○   생년월일 :   (만   세)
        주 소 :
        소속 치리회 :
        성직 및 신급 :

본 재판사건으로   년   월   오후 시 까지   ○○교회당에 출석하라는 소환을 받았으나 아래와 같은 사유로 부득이 출석을 하지 못하겠기에 이에 이유서를 제출합니다.

사 유

1. 별첨 진단서와 같이 와병 중이기 때문임. (진단서 첨부)
2. 해외여행 관계 (초청장 및 비행기 표 사본 첨부)
3. 선 국가적 행사와 관련 때

주후   년   월   일

피고 ○○○ (인)

대한예수교장로회 ○○노회 재판국 귀하

13. 재판 기록사본 신청서

〈권징 제14호 서식〉

재판 기록사본 신청서

원 고   성 명 : ○○○   생년월일 :   (만 세)
        주 소 :
        소속 치리회 :
        성직 및 신급 :

원 고   성 명 : ○○○   생년월일 :   (만 세)
        주 소 :
        소속 치리회 :
        성직 및 신급 :

본 재판사건의 안건기록 사본을 권징 제40장 제30조에 따라 아래와 같이 청구합니다.

1. 청구종목 : ① 재판국 회의록 사본
            ② 각종 신문조서 사본
            ③ 재판 사건 진행 전말서
2. 청구부수 각 1통
3. 용도 : 상소준비

주후   년   월   일

원) 피고 ○○○ (인)

대한예수교장로회 ○○노회 재판국 귀하

14. 판결문

〈권징 제30호 서식〉

판결문 - 1

원고   성 명 : ○○○   (만   세)
       생년월일 :
       소속 치리회 :
       주 소 :

피고   성 명 : ○○○   (만   세)
       생년월일 :
       소속 치리회 :
       주 소 :
       위탁치리회 : 대한예수교장로회 ○○교회 당회

주 문

피고 ○○○씨에게 6개월간 수찬 정지에 처한다.

이 유

1.
2.
3.
4.

법적용 : 본 재판국은 주 예수 그리스도의 이름과 그 권병으로 재판국원 전원 일치의 의견을 좇아 본 수탁 사건을 권징조례 제9장 제80조 (2)의 규정에 의거 주문과 같이 직할 판결한다.

년 월 일

대한예수교장로회 ○○노회
국장 목사 ○○○
서기 목사 ○○○   (직인)(인)

국원 목사 ○○○
국원 목사 ○○○
국원 장로 ○○○
국원 장로 ○○○

15. 판결문

〈권징 제31호 서식〉

판결문 - 2

원 고 성 명 : ○○○   (만   세)
　　　　생년월일 :
　　　　소속 치리회 :
　　　　주 소 :

피 고 성 명 : ○○○   (만   세)
　　　　생년월일 :
　　　　소속 치리회 :
　　　　주 소 :
　　　　위탁 치리회 : 대한예수교장로회 ○○교회 당회

　　　　　　　　　　　주 문
원고 무임장로 ○○○ 씨는   년   월   일자 소속 ○○교회 장로 선거에서 낙선 되었음

　　　　　　　　　　　이 유
1. 년 월 일 ○○교회 공동의회에서 투표한 장로 선거에서 원고 무임장로 ○○○씨가 받은 v는 총 투표수 100표중 66표를 얻었으니 정치 제13장 제1조 및 동 제21장 제1조 5에 의거 3분의 2에 미달하였음에 인함.
2. 100표의 3분의 2는 66.66…이되는데, 이는 곧 67표 이상이 되어야 당서권에 들게 되는데 66표를 받았으니 결국 3분의 2에 1표 미달이므로 낙선으로 판정함이 옳음

법적용 : 본 재판국은 주 예수 그리스도의 이름과 그 직권으로 전원일치의 의결을 좇아 주문과 같이 판결한다.

　　　　　　　　　　　년   월   일
　　　　　　　대한예수교장로회 ○○노회
　　　　　　　　국장 목사 ○○○
　　　　　　　　서기 목사 ○○○   (직인)(인)
　　　　　　　　　　　　국원 목사 ○○○
　　　　　　　　　　　　국원 목사 ○○○
　　　　　　　　　　　　국원 장로 ○○○
　　　　　　　　　　　　국원 장로 ○○○

16. 재심 청원서

<h2 style="text-align:center;">재 심 청 원 서</h2>

청원인 (원심 피고) 성 명 : ○○○   생년월일 :   (만   세)
　　　주 소 :
　　　소속 치리회 :
　　　신급 또는 직분 :

원심원고 성 명 : ○○○   생년월일 :   (만   세)
　　　주 소 :
　　　소속 치리회 :
　　　신급 또는 직분 :

원　심

대한예수교장로회 ○○노회 제 ○○회 재판국
　　국장 ○○○
　　서기 ○○○
　　국원 ○○○

벌명 : 면직
판결년월일 :　년　월　일 판결
　　　　　　재심 청구의 취지
이　유

1.
2.

증 인 성 명　　　　생년월일　　　　(만 세)
　　　주 소
　　　소속치리회
　　　신급 또는 직분

이상과 같이 권징 제 8장 69조를 따라 재심을 청구하오니 조량하신 후 허락하여 주시기를 바랍니다.

주후　　년　월　일

청원인 (원심피고) ○○○
대한예수교장로회 ○○노회장 귀하

17. 위탁판결 청원서

<h3 style="text-align:center;">위탁판결 청원서</h3>

수 신 : 대한예수교장로회 ○○노회장
제 목 : 위탁판결 청원건

성은 중 평강하심을 기원합니다.
아래와 같이 위탁판결 청원을 하오니 살피신 후 처결하여 주시기를 바랍니다.

─────────── 아 래 ───────────

1. 위탁건 : 대한예수교장로회 ○○교회 ○○○씨가 ＊＊＊씨를 고사한 건.
2. 위탁취지 : 노회가 직할심리하여 판결하여 줄 것을 위탁함(또는 처리할 지침을 지시하여 주기 바람 등)
3. 위탁사유(이유)
    1) 장로가 피고이므로 본 당회에서 재판하기가 어려움
    2) 피고 장로가 평소에 목사와 불협함으로 처리하기 곤란함
    3) 당회원의 의견이 불일치함으로 본 당회에서 재판하기 어려움
    4) 본 사건이 긴중하여 판례가 될 만하다고 사료됨
    5) 당회가 상관하기 어려움
    6) 장로 1명이므로 재판할 수 없음
    7) 당회원 1명인데 장로가 재판하기를 거부함 등등의 위탁판결 청원을 할 수밖에 없는 이유를 기록할 것

유첨 1. 고소장 1통
    2. 죄증명서 1통
    3. 원고의 권고진술석 1통
    4. 위탁판결 청원을 당회가 결의하였으면 당회록 사본 1통. 만일 어떤 사정에 의하여 당회가 결의하지 못하여 당회장 직권으로 위탁판결 청원을 하게 되면 그 사유 설명서 1통.

주후　　　년　월　일

대한예수교장로회 ○○노회 ○○교회
당회장 목사 ＊＊＊인

18. 위탁판결 청원서

〈권징 제17호 서식〉

위탁판결 청원서

고소인(고발인) 성 명 : ○○○
　　　　　　　　생년월일 :　　　　　　　　(남, 여)
　　　　　　　　성직 및 신급 :
　　　　　　　　주 소 :

고소인(고발인) 성 명 : ○○○
　　　　　　　　생년월일 :　　　　　　　　(남, 여)
　　　　　　　　성직 및 신급 :
　　　　　　　　주 소 :　　　　　　　　전화번호 :

죄명 :

위탁 청원 사유 : 헌법 권징 제 121조 제 ○항 ○○○의 경우

첨부 : 1. 고소(고발)장 사본
　　　2. 당회결의서 첨부

위 사건에 대하여 위의 사유로 위탁 재판을 청원하오니 처리하여 주시기 바랍니다.

년　월　일

대한예수교장로회 ○○교회 당회장 ○○○(인)
　　　　　　　　　　　　　당회서기 ○○○(인)

대한예수교장로회 ○○노회장 귀하

19. 위탁판결 청구서

〈권징 제27호 서식〉

위탁판결 청구서 - 1

원 고 ○○○ (고발인) (만 세)
　　　생년월일 :　　　　　　(남, 여)
　　　소속 치리회 :
　　　성직 및 신급 :
　　　주　 소 :

피 고 ○○○ (고발인) (만 세)
　　　생년월일 :　　　　　　(남, 여)
　　　소속 치리회 :
　　　성직 및 신급 :
　　　주　 소 :

수고재판회 : 대한예수교장로회 ○○교회 당회
사건접수년월일 :　　년　 월　 일
위탁종별 : 상회의 직접 심리 판결을 구함.
〈혹은 본건 심리 중 별지, 죄증 설명서의 심리 판결의 지도를 구함〉
위탁사유 : 전례없는 사건으로 유익한 공례나 판결례가 될 만하다고 사료함에 인함
첨부서류 : 본건 재판 서류 일체
1) 고소장 2) 죄증설명서 3) 재판사건 진행 전말서 4) 기타 5) 당회결의서 첨부

위와 같이 권징조례 제9장 제 80조의 규정을 좇아 위탁판결을 청구하나이다.

　　　　　　　　년　 월　 일

　　　　　대한예수교장로회 ○○교회
　　　　　　당회장 ○○○(인)

　　　대한예수교장로회 ○○노회장 귀하

20. 위탁판결 청구서

〈권징 제28호 서식〉

위탁판결 청구서 - 2

원 고   ○○○   (만   세)
　　　　생년월일 :　　　　　　(남, 여)
　　　　소속 치리회 :
　　　　성직 및 신급 :
　　　　주　소 :

피 고   ○○○   (만   세)
　　　　생년월일 :　　　　　　(남, 여)
　　　　소속 치리회 :
　　　　성직 및 신급 :
　　　　주　소 :

수고재판회 : 대한예수교장로회 ○○교회 당회
사건접수년월일 :　　　년　월　일
위탁종별 : 상회의 직접 심리 판결
위탁사유 : 당회원 간의 송사로 교회 건덕상 상회 직접 판결을 구합니다.

첨부서류 본건 재판 서류 일체
1) 고소장 2) 죄증설명서 3) 진술서 4) 재판사건 진행 전말서 5) 기타
6) 당회결의서 첨부

위와 같이 권징조례 제9장 제 80조의 규정을 좇아 위탁판결을 청구하나이다.

　　　　　　　　　　　년　월　일

　　　　　　대한예수교장로회 ○○교회
　　　　　　　　당회장 ○○○(인)

　　　대한예수교장로회 ○○노회장 귀하

21. 위탁판결 청구서

〈권징 제29호 서식〉

위탁판결 청구서 - 3

원 고 ○○○ (만 세)
　　　　생년월일 :　　　　(남, 여)
　　　　소속 치리회 :
　　　　주 소 :

피 고 ○○○ (만 세)
　　　　생년월일 :　　　　(남, 여)
　　　　소속 치리회 :
　　　　주 소 :

수고재판회 : 대한예수교장로회 ○○교회 당회
원결정시일 :　　　년　월　일
원결정내용 : 장로 ○○○씨의 투표가 총 추표수 100표중 가표가 66표라 하였으즉 이는 정치 제 13장 제 1조 및 동 제 21장 제 1조5항에 의거 낙선자로 판정하실 일이오며

재심 청구의 취지

장로 000씨는 년 월 일 시무투표 결과 총 투표수 82표중 가40표 부 41표 기권 1표로 정치 제 13장 제 4조 단서에 의거 과반수 미달로 낙선되어 오늘에 이르렀는데 그런고로 ○○○장로가 시무장로는 아니라 할지라도 본 교회의 무임 장로인데 노회가 장로 선거에 관한 법조문(정치 제 13장 제 1조 및 동 제 21장 제 1조5항)을 적용하여 낙선자로 판정함이 가하다 함은 정제 제 13장 제 4조 단성 위배되는 것이 아닌지?
또는 논리적인 견지에서 장로 ○○○씨는 전시 법조문을 좇아 과반수 미달로써 낙선되어 장로 시무를 못하게 되었는데 시일이 경과하였을 뿐 아무런 상황도 변함이 없는데 이번에는 왜 과반수 아닌 3분의 2 이상을 얻어야 하는 것인지 사리를 밝혀 주실 것이옵니다.
첨부 : 당회 결의서

위와 같이 청구하나이다.

년　월　일
대한예수교장로회 ○○교회
당회장 ○○○(인)
대한예수교장로회 ○○노회장 귀하

22. 결정서

〈권징 제1호 서식〉

결 정 서

원 고 ○○○ (만   세)
생년월일 :   (남, 여)
소속 치리회 :
성직 및 신급 :
주   소 :

피 고 ○○○ (만   세)
생년월일 :   (남, 여)
소속 치리회 :
성직 및 신급 :
주   소 :

주   문

1. 원고 ○○○씨와 마 18:15~17에 의한 주님의 교훈대로 피고와 사화할 것을 명령한다.
2. 권징 제2장 제9조와 제3장 제18조의 규정은 소송사건에 있어서 필수적인 전제조건이 되는 주님의 명령이다.

본 재판국은 주 예수 그리스도의 이름과 직권으로 주문과 같이 결정한다.

년   월   일

대한예수교장로회 ○○교회
재판국장 ○○○(인)
서기 ○○○(인)

원고 ○○○귀하

23. 결정서

〈권징 제21호 서식〉

결 정 서 - 1

원 고   ○○○   (만   세)
　　　　생년월일 :　　　　　(남, 여)
　　　　소속 치리회 :
　　　　성직 및 신급 :
　　　　주 소 :

피 고   ○○○   (만   세)
　　　　생년월일 :　　　　　(남, 여)
　　　　소속 치리회 :
　　　　성직 및 신급 :
　　　　주 소 :

주 문

본 재판사건을 기각한다.

이 유

1. 고소사건은 적법하다 하겠으나, 고소장과 죄증설명서가 재판할 만한 가치를 인정할 수 없으므로 인함.
   법적용: 권징조례 제4장 23조 3항, 제6장 제43조.
   이상과 같이 본 재판국은 주 예수 그리스도의 이름과 직권으로 주문과 같이 결정한다.

년　월　일

대한예수교장로회 ○○교회
재판국장 목사 ○○○(인)
서기 목사 ○○○(인)
국원 목사 ○○○(인)
국원 목사 ○○○(인)
국원 장로 ○○○(인)
국원 장로 ○○○(인)

24. 결정서

〈권징 제22호 서식〉

결 정 서 - 2

원 고   ○○○ (만 세)
　　　　생년월일 :　　　　　(남, 여)
　　　　소속 치리회 :
　　　　성직 및 신급 :
　　　　주 소 :

피 고   ○○○ (만 세)
　　　　생년월일 :　　　　　(남, 여)
　　　　소속 치리회 :
　　　　성직 및 신급 :
　　　　주 소 :

주　문

본 재판사건을 기각한다.

이　유

1. 본 재판사건은 ○○ 교회 관계 사건인 바, 원고는 이미 1년 전(년 3월 경)에 주거를 영등포로 이전하여 사실상 ○○ 교회 출석과 의무 등을 이행치 않고 있으며,
2. 피고 또한 ○○ 교회를 사면하고 전출하였으므로,
3. 본 재판사건을 기각하여도 직접 손해 입을 자가 없고, 교회 건덕상으로도 오히려 사건기각이 유익하다고 판단할 수 있으므로

　　법적용: 권징조례 제2장 제10조 및 동 제8조
본 재판국의 전원 일치한 의견에 의하여 주 예수 그리스도의 이름과 그 권병으로 주문과 같이 결정한다.

년　월　일

대한예수교장로회 ○○노회
재판국장 목사 ○○○(인)
서기 장로 ○○○(인)
재판국원 목사 ○○○(인)
재판국원 목사 ○○○(인)

*노회재판국원은 목사 4인, 장로 3인이 기본임
　14인 재판국은 총회 재판국임

25. 결정서

〈권징 제24호 서식〉

결 정 서 - 3

원 고   ○○○ (만 세)
　　　　생년월일 :　　　　　(남, 여)
　　　　소속 치리회 :
　　　　성직 및 신급 :
　　　　주 소 :

피 고   ○○○ (만 세)
　　　　생년월일 :　　　　　(남, 여)
　　　　소속 치리회 :
　　　　성직 및 신급 :
　　　　주 소 :

주 문
피고목사 ○○○씨의 목사 직무를 임시 정지한다.

이 유
1. 권징조례 제4장 제33조 및 동 제6장 제46조에 해당하는 경우로 인정함을 인함.
　위와 같이 본 재판국의 전원 일치의 의견을 좇아 주 예수 그리스도의 이름과 그 직권으로 주문과 같이 결정한다.

년 월 일

대한예수교장로회 ○○교회
재판국장 목사 ○○○(인)
서기 목사 ○○○(인)
국원 목사 ○○○(인)
국원 장로 ○○○(인)
국원 장로 ○○○(인)

＊노회재판국원은 기본이 17인.
　13인은 노회도 대회도 상위 재판국원의 수에도 비견 못함(혼란 초례).

26. 결정서

〈권징 제26호 서식〉

결 정 서 - 4

원고 ○○○ (만 세)
　　　생년월일 :　　　　　　(남, 여)
　　　소속 치리회 :
　　　성직 및 신급 :
　　　주 소 :

피고 ○○○ (만 세)
　　　생년월일 :　　　　　　(남, 여)
　　　소속 치리회 :
　　　성직 및 신급 :
　　　주 소 :

주 문
피고의 소원을 기각한다.

이 유
1. 년 월 일 하오 2시 ○○교회당에서 회집한 본 재판국원 중 장로는 3인이 전원 출석했으나, 목사는 ○○○, ○○○ 2인 뿐이었으므로 성수 미달이라고 하나, 당일 출석목사 국원은 전시 2시 외에 ○○○ 목사가 출석하였으며,
2. 신병으로 인하여 출석 국원 중 전시 ○○○ 목사가 창문으로 가려진 내실에 잠시 누워 있었다 하여 이를 성수 미달로 볼 수 없다 할 것이므로, 결국 피고의 소원은 이유 없다 할 것이기 때문이다.

법적용 :　1.
　　　　 2.
　　　　 3.
　　　　 4.

위와 같이 본 재판국의 의결을 거쳐 주 예수 그리스도의 이름과 그 직권으로 주문과 같이 결정한다.

년 월 일
대한예수교장로회 ○○노회
재판국장 목사 ○○○
서기 ○○○ (직인) (인)

27. 소원 통지서

소 원 통 지 서

수 신: 대한예수교장로회 ○○노회(또는 교회) 노회장(당회장)
발 신: 성 명　　　　(인) 생년월일
　　　　주 소
　　　　소속 치리회
발 신: 소원 통지

수제의 건에 관하여 아래와 같이 통지하오니 양지하시기 바랍니다.

　　　　　　　　　아　　래
소원건 1. 년 월 일 회의에서 777결의 사항.
　　　　2. 년 월 일 회의에서 결의한 ***결정에 관한 사항.
　　　　3. 년 월 일 ***건에 대한 의무 불이행 건.

　　　　　　　주후　　　년　월　일

소 원 통 지 서

성은 중 평강하심을 기원합니다.
　년　월　일 당회(또는노회)회의 시에 결정(결의)한 ○○○건에 대하여 불복이므로 노회(또는 총회)로 소원함을 통지합니다.

소원인: 성 명　　　　(인) 생년월일
　　　　주 소
　　　　소속 치리회
　　　　신급 또는 직분

(*소원인이 다수이면 각자 인적사항 연명으로 기록)

　　　　　　　주후　　　년　월　일

대한예수교장로회 ○○교회(또는노회) 당회장(노회장)귀하

28. 소원장

소 원 장

소원인 : 성 명   (인)   생년월일
　　　　　주 소
　　　　　소속 치리회 ○○교회 또는 노회
　　　　　신급 또는 직분

(*소원인이 다수이면 각자 인적사항 연명으로 기록)

피 소원 치리회 : 대한예수교장로회 ○○교회 당회(또는 노회)
　　　　　　　　사무실 주소(사무실이 없으면 치리회장 개인주소)
　　　　　　　　치리회장 성명

소원취지: 예): 1) ○○○장로 시무정지 결정 취소.
　　　　　　　2) 88씨 부회장 당선 확인 및 당선선언 지시청원

주후   년   월   일

소원인 ○○○
대한예수교장로회 ○○교회(또는 노회) 당회장(총회장) 귀하

29. 소원이유 설명서

소원장에 기록된 각조마다 소원이유(위법 부당한 결의)를 육하원칙에 의거 설명하고 그 증거를 제시할 것. 나는 무조건 반대기 때문에 소원한다는 식의 반대를 위한 반대는 소원이유가 되지 못한다. 소원이유는 반드시 그 결정이 위법 부당한 결정임을 설명하고 입증하여야 한다.

소원이유 설명서

소원인 성 명   (인) 생년월일
주 소
소속 치리회 ○○교회 또는 노회
신급

피소원인 대한예수교장로회 ○○노회 재판국
국장 ○○○
서기 ○○○

소 원 이 유

1.
2.
3.
4.

증거: ①
　　　②

이상과 같이 소원 이유를 설명합니다.

주후   년 월 일

소원인 ○○○(인)
대한예수교장로회 총회장 귀하

30. 상소 통지서

상 소 통 지 서
(당회 재판에 불복하여 노회로 상소하는 경우)

성은 중 평강하심을 기원합니다.
○○○씨로 부터 고소를 당하여 피고가 된 ○○○은(원고 상소일 때는 ○○○씨를 고소한 ○○○은) 년 월 일 판결한 당회의 판결에 승복할 수 없어 노회로 상소함을 통지합니다.

첨부 : 1. 상소장
      2. 상소이유 설명서
상소인 (원심피고 또는 원고) 성 명   (인) 생년월일
                   주 소
                   소속지리회

주후   년 월 일
대한예수교장로회 ○○ 노회 **교회 당회장 귀하

상 소 통 지 서
(총회로 상고할 경우)

성은 중 평강하심을 기원합니다.
원심피고 ○○○은(원심피고 ***) ○○사건에 대한 년 월 일 노회 판결에 승복할 수 없어 총회로 상소함을 통지합니다.

유첨 : 1. 상소장
      2. 상소 이유 설명서

상소인 성명   (인) 생년월일
주 소
소속치리회

주후   년 월 일
대한예수교장로회 ○○ 노회 **교회 당회장 귀하

32. 상소장

상 소 장
(당회 재판을 노회로 상소할 경우. 목사는 노회 재판을 총회로 상소할 경우)

상소인   성명   생년 월 일
           주소
           소속 치리회
           신급 또는 직분

상소인   성명   생년 월 일
           주소
           소속치리회
           신급 또는 직분

소 원 이 유

1.
2.
3.
4.

증거: ①
      ②

이상과 같이 소원 이유를 설명합니다.

주후   년 월 일

상소인 ○○○

대한예수교장로회 총회장(노회장) 귀하

32. 상소장

상 소 장
(교인이 총회로 상소할 경우)

상소인   성명   생년월일
              주소
              소속 치리회
              신급 또는 직분

상소인   성명   생년월일
              주소
              소속 치리회
              신급 또는 직분

원심 치리회   대한예수교장로회 ○○노회 ＊＊교회

판결취지 : 1. 무죄

유첨: 1. 원심 판결문(노회판결문).
      2. 상소 이유 설명서

주후   년   월   일

상소인 ○○○

대한예수교장로회 총회장 귀하

33. 상소장

〈권징 제19호 서식〉

상 소 장

상소인(원심,피고)　　성명　　　　　생년 월 일
　　　　　　　　소속 치리회
　　　　　　　　신급 또는 직분
　　　　　　　　주소

피소인(원심,원고)　　성명　　　　　생년 월 일
　　　　　　　　소속치리회
　　　　　　　　신급 또는 직분
　　　　　　　　주소

원심판결 송달 수령일:　　　년　월　일

원심판결의 표시
　　1.주문
　　2.판결선고일

항소(상소)취지

첨부 : 항소(상소)이유 설명서

위와같이 항소(상소)를 제기합니다.

년　월　일

항소인(상소인) ○○○(인)

대한예수교장로회 ○○ 노회 재판국장 귀하

34. 상소취하(포기)서

〈권징 제18호 서식〉

상소취하(포기)서
(교인이 총회로 상소할 경우)

피고인 또는 기소위원 성명 ○○○
소속치리회:
성직 및 신급:
주소:

원심판결의 표시

원심판결 송달 수령일:　　　년　월　일

위 사건에 관하여 상소인은 전부 취하(포기)합니다.

년　월　일

(　　　　) ○○○(인)

대한예수교장로회 ○○ 노회 재판국장 귀하

35. 상소 이유 설명서

상소이유 설명서를 작성할 때 권징 제95조를 참조하여 논리적으로 상소이유를 설명해야 한다. 상소에 관한 서류를 기록할 때 상소인의 신급란에 원심에서 처벌 받은 대로 정직 목사, 또는 면직 목사라고 해야 한다. 원심 재판의 처벌에 일단 승복해야 상소할 수 있는 것이다. 원심 재판의 처벌에 승복하지 않으면 상소 자체가 이루어지지 않는다.

상 소 이 유 설 명 서

상소인(원심,피고)   성명   생년월일
                       주소
                       소속 치리회
                       신급 또는 직분

피소인(원심,원고)   성명   생년월일
                       주소
                       소속치리회
                       신급 또는 직분

상 소 이 유

1.
2.
3.

이상과 같이 상소이유가 확실하기에
권징 제9장 제96조에 따라 설명합니다.

년   월   일

상소인 (원심 피기소인) ○○○ (인)

대한예수교장로회 ○○ 교회 당회장 귀하
(대한예수교장로회 ○○ 노회장 귀하)
(대한예수교장로회 총회장 귀하)

36. 이의서

이의서

성은 중 평강하심을 기원합니다.
제○○회 정기노회에서 ○○○건을 결의한바 이는 ○○○하고 ○○○한 부당하고 불법한 결의였으므로 권징 제10장 제102조를 따라 이의합니다.

주후   년 월 일

대한예수교장로회 ○○ 노회
회원 목사 ○○○(인)
회원 목사 ○○○(인)
회원 목사 ○○○(인)
대한예수교장로회 ○○노회장 귀하

37. 항의서

항 의 서

성은 중 평강하심을 기원합니다.
제○○회 정기노회에서 ○○○건을 결의한바 이는 ○○○하고 ○○○한 부당하고 불법한 결의였으므로 ○○○씨 등이 이의를 하였으나 이를 묵살하고 회의를 진행한 처서는 불법인줄 알아 권징 제10장 제103조를 따라 항의합니다.

항의 이유
1.
2.
3.

주후   년 월 일

대한예수교장로회 ○○ 노회
항의인 목사 ○○○(인)
항의인 목사 ○○○(인)
항의인 목사 ○○○(인)
대한예수교장로회 ○○노회장 귀하

38. 답변서

답 변 서

성은 중 평강하심을 기원합니다.
　　년　월　일자로 제출한 귀하 등의 항의에 대하여 권징 제10장 제104조를 따라 아래와 같이 답변합니다.

1.
2.
3.
4.

주후　　　년　월　일

대한예수교장로회 ○○ 노회
답변인 ○○○(인)
답변인 ○○○(인)
항의인 ○○○목사 귀하

39. 소원 통지서

소 원 통 지 서

성은 중 평강하심을 기원합니다.
귀 노회가 본 노회의 회원 ○○○씨를 이명 없이 정회원으로 받은 일은 (년 월 일 제○○회 정기노회) 불법으로 알아 상회에 소원하기에 권징 제14장 제1144조에 따라 관계 서류를 첨부하여 이에 통지합니다.

첨부서류 1. 소원장
        2. 소원 이유 설명서
        3. 물증(제○○회 정기노회 결의서)

주후   년 월 일

대한예수교장로회 ○○ 노회
소원인 목사 ○○○(인)
소원인 목사 ○○○(인)
항의인 목사 ○○○(인)
대한예수교장로회 ○○노회장
대한예수교장로회 총회장 귀하

40. 소원장(치리회 간 소송)

소원장(치리회 간 소송)

피소원 치리회명
피소원 치리회 회장 성명　　　　생년월일(만　　세)
피소원 치리회 주소(치리회 주소가 없으면 회장주조)
피소원 치리회명
피소원 치리회 회장 성명　　　　생년월일(만　　세)
피소원 치리회 주소

소원취지: 1. ○○○장로 이명서 없는 전입결정 취소.
　　　　　2. ○○○목사 가입취소 및 원 치리회로 복귀명령

주후　　년 월 일

소원인　○○○(인)

대한예수교장로회 ○○ 노회장(총회장) 귀하

41. 소원이유 설명서

소 원 이 유 설 명 서

소원인 대한예수교장로회 ○○노회
      소원인 목사 ○○○ (인)
      소원인 목사 ○○○ (인)
피소원인 대한예수교장로회 ○○노회
        노회장 ○○○
주소:

1. 년 월 일 서울 동작구 상도동 소재 ○○교회당에서 회집된 피소원회 (○○노회)가 본 노회 회원 ○○○씨를 이명 없이 정회원으로 받은 일은 불법 처사로 사료됩니다.

증거: 대한예수교장로회 ○○노회 결의서 p.5~p.6

위와 같이 소원이유를 설명합니다.

      주후   년 월 일

   소원인 대한예수교장로회 ○○ 노회
      소원인 목사 ○○○(인)
      소원인 목사 ○○○(인)

대한예수교장로회 총회장 귀하

42. 재판국 개정 통지서

〈권징 제16호 서식〉

재판국 개정 통지서

은혜 중 평안을 빕니다.
아래와 같이 본 재판국을 개정하게 됨을 통지하오니 출석하여 주시기를 바랍니다.

―――――――――― 아 래 ――――――――――

1. 일시:
2. 장소:
3. 유의사항
   1) 출석하실 때에는 반드시 헌법책을 휴대하실 것
   2) 권징 제4장 29조의 규정대로 결석하는 일이 없기를 바라며 시간 엄수하시기를 바랍니다.

년 월 일

대한예수교장로회 ○○노회 재판국
국장 ○○○ (인)
서기 ○○○ (인)

재판국원 귀하

43. 재판국원 기피 신청서

재판국원 기피 신청서

성은 중 평강하심을 기원합니다.
원소 ○○○씨의 고소로 피소된 본인에 대한 재판에 재판국원이 된 ○○○씨는 원고와 친구인 관계로 재판에 영향을 미칠 것이므로 권징 제8장 제57조를 참조하여(준거하여) 재판국원 기피 신청을 하오니 혜량하시고 처리해 주시기 바랍니다.

주후   년 월 일

피고 ○○○(인)
대한예수교장로회 ○○노회장 귀하

44. 부전(1)

부 전

　　년 월 일 목사 사택에서 본 고소장 경유를 요청하였으나 당회 서기 ○○○씨가 거절하기에 이에 부전합니다.

주후   년 월 일

원고 ○○○(인)
증인 ○○○(인)

45. 부전(2)

부 전

　년　월　일 ○○○씨가 재판 문건을 제시하였으나

본 건은 아래와 같이 불법문서이기에 반려합니다.
1. 당회 및 시찰회 경유하지 않았음.
2. 죄증설명서에 증인이 없음.
3. 원고의 자격이 되지 않음.

주후　　년 월 일

대한예수교장로회 ○○노회장 귀하
서기 ○○○(인)

＊부전을 붙여 반려할 수 있는 부적격, 불법문서는 권징 제1장 제4조, 제2장, 제6장 제37조, 제8장 제59조 등을 적용 부전을 붙여 반려한다.

46. 고소 취하서

〈권징 제11호 서식〉

고 소 취 하 서

고소인 성명   나이   성별   직분
       주소

고소인 성명   나이   성별   직분
       주소

위의 사건에 고소인은 피고소인(피고발인)과 원만히 합의하였으므로 고소를 모두 취하 하고자 합니다. 허락하여 주시기 바랍니다.

년　월　일

고소인 ○○○ (인)
대한예수교장로회 ○○노회

색인

ㄱ

감독 26, 30~31, 37, 63, 69, 74, 77,
  108~109, 132, 136, 142, 156,
  158, 160, 170, 187~188, 208,
  212, 270~272, 497

감독정치 24, 26~27, 30~32, 37

감사 173

강도사 73~74, 80, 83, 155~157,
  160~163, 178, 207~220,
  223~224, 229~231, 237,
  241~242, 243, 413, 416

강도사 인허 81, 238, 241, 243,
  246~248, 250, 278

개정 8~9, 15, 25, 60, 62, 79,
  87~88, 92, 111, 152, 201,
  233, 237, 249, 290~293, 317,
  341~343, 384~385, 409~429,
  436, 465, 473, 497~498, 530

개회 123~124, 153~154,
  164~165, 167, 171~177,
  181~183, 189, 195, 225, 242,
  264~265, 268, 273, 276~278,
  280, 283, 286~287, 342~346,
  392~395, 403, 421, 424~425,
  430~431, 475, 501, 504, 506,
  510, 518~520, 522, 524, 526
  528~530, 534

견책 136, 141, 179, 352~353, 358,
  381, 405~406, 426, 448~449,
  512, 527

결석 재판 339~340

고발 126, 192, 324, 327~328, 356,
  453, 457, 493, 515, 519

고소 129, 155, 159, 168~170, 177,
  180, 251, 326~331, 334~335,
  341, 358, 362, 365, 459~463,
  465, 467, 483, 489~490, 495,
  505~506, 517, 520~523, 525,
  535

고소장 325, 328, 331~334,
  337~344, 364, 458, 465~468,
  471, 473, 500, 504, 516, 520

고시 65~68, 73~74, 80, 107,
  109, 135, 137, 139, 155~156,

158, 160, 185, 193~195, 207,
211~215, 218~219, 221~222,
229~230, 245~246, 259, 304,
483
공동의회 22, 33, 49, 66, 70~71,
84, 87, 89~91, 96, 98, 102~103,
106, 109~110, 132, 137, 139,
144, 151, 184~185, 189~191,
206, 211, 222~227, 244,
247~248, 253, 268~269,
272~279, 282~283, 300~301,
308, 310~313, 411~412, 455,
480, 484, 486
교육 목사 85, 93, 152, 163
교인의 권리 127, 298~299, 329
교정 155, 158, 168~171, 174, 216,
269, 384, 475
교회 분립 60, 155, 162, 359
교회 설립 43, 52, 59, 82, 162,
296~297
교회 예배 115~116, 186, 225, 274,
300, 302, 310
교회 예배 의식 111, 348
교회 직원 7, 31, 46~47, 50~51, 65,
117, 207, 210, 273, 340, 352
교회 정치 20~21, 24~25, 27~28,
32, 37, 40~41, 43, 61, 100,
119~120, 125, 129, 140, 196,

199
교회 직원 31, 44~45, 48, 60, 105,
183, 186, 241, 300, 310
군종목사 77, 85, 92~93, 152, 163
권계 136, 141, 178~179, 352, 359,
381, 405~406, 426, 448~449,
512, 527
권고 23, 51, 87, 92, 99, 108,
128, 132, 203~206, 211, 227,
250~253, 255, 287, 311, 320,
326~327, 331, 343, 450~451,
453~454, 458, 466, 493, 502,
539, 554
권면진술서 333, 336
권사 65~66, 68~72, 90, 102, 139,
141, 199, 237, 272, 274~275,
279~281, 313, 315, 412
권징 10~12, 17~18, 26 41, 45,
51~52 63, 74, 94, 97, 99~101,
111~112, 118, 125~126, 128,
138, 140~141, 147~149,
155, 158, 160, 169, 178~179,
220, 242, 250, 312, 320~321,
323~326, 348~349, 352~353,
357, 364, 366, 370, 386, 403,
408, 417, 442, 444~451, 453,
464, 485~493, 512, 518~520,
532

권찰 313

권석 339~340, 366, 469~472

근신 240, 450

금식 111, 117, 234

기각 59, 157, 317, 325, 333, 385~386, 405, 474, 481, 499, 524, 560~561

기관 목사 77, 85, 92, 163

기소 324~328, 355~356, 365, 437~438, 457, 459~462, 464~465, 469, 486, 488, 490, 498, 516, 523, 533, 540

기소위원 177, 325, 327~329, 332, 334, 345, 364~365, 457, 459~463, 467, 469, 486, 488, 493, 516, 521, 523, 533, 540

ㄴ

노회 148~149

노회록 162~163, 168, 238, 289

노회 성수 153~154

노회 조직 150~151

노회의 직무 155~162

노회 탈퇴 489

ㄷ

담임 목사 49, 59, 82, 103, 108, 115, 128~132, 140, 185, 189, 199, 204, 211, 219, 222~223, 228, 254, 263, 280, 363~364, 458

담임 목사 청빙 90, 223, 276

당석재판 338, 419, 431, 468, 493

당선 189~193, 308, 503

당회 128~129

당회 성수 129~131

당회장 49, 65, 72, 84, 88~90, 93, 96, 110, 128~135, 145, 152~153, 157, 161, 189, 194~195, 198, 206, 222, 225, 244, 253, 262~263, 273~276, 281~282, 297, 305, 354, 418, 463, 465, 487, 500, 519~521

당회 직무 135~143

당회록 97, 143, 146, 155, 158, 173, 186~187, 204, 225~226, 314, 366~367, 369, 463

당회 회집 144~145

대리 80, 88~90, 131, 133~134, 153, 164~165, 182, 191, 244, 253, 267, 275 303 339~341 351 391, 399, 403, 410, 421, 438, 459~462, 465, 468~476, 516, 523, 542, 546

색인 **585**

대회 165~166
대회 권한 168~169
대회 재판국 171, 416, 423~429, 525~527, 530
대·소요리문답 12, 17~18, 112, 117, 179, 195, 198~199, 217, 235, 260, 291~292

ㅁ

면직 126, 141, 155, 158, 205, 348, 352, 354, 358~362, 370~371, 402, 449~450, 453~455, 470, 473, 477~485, 488~489, 514, 553
목사 75~94
목사 고시 73, 156, 160, 211, 215, 221, 483
목사 사면 249~254
목사 사직 254~255
목사 장립 76, 79, 221~222, 229~243, 255
목사 위임 235, 241, 253
목사 직무 77, 80~83, 86, 163, 223, 355, 362, 456
목사 청빙 90, 156, 159, 161, 222~224, 226, 233, 247, 259, 272~276, 278~279

목사 투표 89, 91, 131~132, 222~226
목사 해임 87, 155, 158, 251~253, 272
목사 후보생 73~74, 155, 158, 163, 207~219, 246, 413, 416
무임 목사 77, 85, 87, 91~93, 133, 153, 163, 221, 402, 455
무임 장로 104, 203~204, 281, 311~313, 455, 552
무임 집사 98, 106, 109~110, 237, 311
무흠 입교인 64, 186, 188, 190~191, 224~225, 227, 273~274, 278~279, 298~300, 307~308, 534
묵비권 351, 478
미조직 교회 57~59, 65~67, 70, 74, 84, 87~89, 107, 133, 151~152, 155~156, 159, 185, 223, 243~244 246, 275, 280~284, 296~297, 447, 517

ㅂ

방조 위원 438, 462~463, 465, 507~508
방해 155, 265, 276, 283, 301, 322,

359~360, 442~445, 481, 486, 491
범죄 52~53, 118, 125, 130, 136, 140~141, 177, 203~204, 320~325, 332~336, 355, 363~366, 373~374, 386, 411, 417, 442, 444~445, 447~448, 451~454, 457~458, 466, 484~488, 491
변호인 141, 330~331, 342, 345, 347, 353, 359, 398, 405, 440, 464~468, 471~474, 476~477, 496, 510, 544
복직 202, 206, 361, 454, 481~483
부동산 144, 160, 181, 274, 279, 282~283, 297
부목사 77, 84, 89~90, 129, 152, 163
비밀 재판회 349~350
비용 126, 258, 314, 428~429, 436

ㅅ

사도 20~21, 27, 30~31, 36~37, 45, 55, 60~62, 64, 81, 96~97, 184, 197, 236, 239, 282
사면 84~85, 87, 91, 93~94, 103~104, 132, 203~204, 233, 247, 249~253 451, 480
사직 79, 87, 92~94, 104, 110, 126, 202~204, 206, 249~258, 311, 368~369, 451, 453~454, 489, 503
상비부 177, 181, 183, 429, 438, 522, 529
상소 121, 155, 169~171, 174, 177, 180, 300~301, 328~329, 344, 347, 361~362, 364~365, 380~387, 398~407, 427, 438~439, 451, 455~456, 459, 462, 466, 476~478, 489, 498~499, 501, 503~504, 507, 509~515, 519, 523~524, 530, 533
상소 절차 403
상소 통지서 399, 402~404, 505, 508~510, 567
상회 24, 27, 32, 35, 87, 100, 106, 121~122, 148, 155~162, 170, 205~206, 224, 246, 260, 263, 271~275, 278, 282, 287, 299, 323, 328, 335~336, 341~345, 362, 381~399, 406, 423, 437~438, 454, 459, 464~469, 473, 496~512, 518, 520
서기 142, 146, 151~154, 164~165,

173~175, 181~182, 189, 219,
226, 229 233, 247, 266~269,
272~273, 275, 280~281,
290~292, 331, 337~338,
344, 366, 376~379, 392~394,
402~403, 410 419, 422~424,
426~427, 431, 434~435,
437, 467, 475, 487, 504~506,
509~510

서리 집사 66~67, 71~72, 105, 109,
141, 280~282, 310~311

선거 22, 48~49, 65~66, 70~71,
89, 151, 155, 158, 174~176,
181, 183~186, 189~193, 205,
221~227, 262, 273~279,
286~287, 298~300, 308~309,
424 431, 455

성경 낭독 111, 114, 302

성경해석과 강도 111, 115

성경 문답 25, 111, 117

성례 44, 51, 55, 61, 75~76, 80~82,
85, 112, 118, 135, 138~139, 211,
301, 305~307, 315, 485

성찬 195, 111, 115~117, 135 206,
295~296, 298~299, 306~307,
311~312, 316, 350, 365~366,
449

세례 72, 95, 97, 111, 115~116,
135, 137~138, 147, 186, 271,
279, 299, 305~306, 495

세례 교인 34, 72~73, 97, 107,
116, 128~129, 139, 141~143,
150~151, 185, 187, 208, 272,
296, 299, 305~306, 316, 415,
495

소원 64, 155, 159~160, 170, 177,
180, 203, 224, 248, 254~255,
275~276, 298~299, 320,
340~346, 369, 382 391~397,
403, 437~439, 448, 451,
454~455, 463, 473~474, 492,
501~507, 517, 523, 532~534,
564~566

소환장 268, 337~341, 465,
468~469, 471~472, 485,
546~547

속회 22, 87, 142, 183, 269~272,
279, 347, 475~476

수찬 정지 136, 141, 206, 299,
350, 352~353, 357~359,
362, 449~450, 469~472, 476,
478~479

시무 목사 59, 77, 84, 87~90, 92,
133, 152, 163, 223, 242~244,
256, 275, 455

시무 집사 98, 109~110

시벌 51, 118, 125, 188, 255, 300,
    339~340, 348, 351~358, 367,
    381, 391~392, 405~406, 426,
    449~458, 471~472, 477~478,
    482, 487, 490~491, 502,
    512~514, 527, 534, 547
신조 9, 12, 25, 101, 156, 160,
    178~179, 195, 198, 215, 217,
    235, 260, 271, 290~292
실체법 22, 141, 147, 183
십일조 297, 445~446

ㅇ

안수 36, 63~70, 72, 76, 85, 92,
    95~96, 98, 105~110, 139,
    142, 196, 202, 211~212, 218,
    236~241, 302, 311, 315 454,
    482~484
안식년 86, 257
언권 회원 91~93, 102~104,
    152~153, 166~167, 174~175,
    260, 281, 287~289, 313, 410
연합 당회 147, 156, 284
예배 12, 22, 42, 55~59, 111~120,
    143~144, 156, 160, 178,
    196~199, 217, 235, 238~239,
    290~292, 294, 297, 301~308,
    315, 348~349, 354, 368, 443,
    444
예배 모범 10~12, 15, 17~18, 25,
    112~120, 127, 140, 143, 156,
    160, 178, 196, 199, 215, 217,
    235, 290~292, 302~304, 315,
    348, 477, 488
요리문답 178, 290, 292, 304
원로 목사 77, 84~85, 91, 152~153,
    163
원로 장로 102~104, 281, 516
원입교인 137, 296, 305
위임 15, 33, 48, 63~64, 84,
    86~87, 89, 107, 133, 155,
    197~198, 206~207, 221, 235,
    237, 240~249, 251~253, 256,
    275, 280, 362, 388~389, 410,
    426, 432, 436, 438, 483, 488,
    493, 500, 514, 517~518, 522,
    531~532
위임 목사 59, 77, 84, 86~92,
    128~133, 152, 160, 163, 223,
    243~244, 252~253, 455~456
위임식 87, 133, 197, 205, 229~232,
    234~235, 241~243, 253
유아 세례 18, 97, 116, 135, 137,
    147, 187~188, 295~296, 305,
    316, 415

은퇴 목사 77, 85, 93, 153, 163
은퇴 장로 104 281
은퇴 집사 109~110
이단 45, 50, 55, 80, 83, 186, 202,
　　205, 215, 250, 285 ,321, 336,
　　355, 359, 370, 386, 391, 442,
　　444, 449, 480, 489, 498, 520
이명 59, 66, 71, 74, 104, 109, 138,
　　142, 150~151, 155, 158, 162,
　　205, 209, 213, 229~230, 249,
　　281, 311~313, 365~367, 370,
　　391, 413~416, 485, 490~493,
　　514~515, 534, 576, 578
이명서 74, 137~138, 147, 219,
　　233, 248, 255, 267~268,
　　274, 316, 353, 361, 366~370,
　　411~417, 449, 484, 489~490,
　　513~515, 533
이유설명서 393, 395, 402~404,
　　437, 504~510, 533, 566, 572,
　　578
이의 169, 192, 214, 223, 310, 346,
　　399, 407~409, 498, 509, 545,
　　573~574
이적 60~62, 150, 151, 188,
　　415~416, 491
이주 279, 415, 417, 482
위탁판결 155, 177, 204, 263,
　　382, 387~388, 390, 418, 447,
　　464~465, 487, 499~501,
　　517~520, 554~558
인허 73~74, 155, 158, 162, 207,
　　211, 213~214, 217~220, 245
임시 목사 17, 84, 88, 156, 228, 244,
　　276
임시 정지 362
임시 직원 65, 69~70, 72
임직 22, 58, 63~64, 70, 73, 75~76,
　　78, 80, 83, 92, 95~96, 105~107,
　　109, 135, 138~139, 155, 158,
　　162, 182~183, 191, 193~200,
　　202, 210~212, 217, 218, 221,
　　230~231, 234~245, 251, 254,
　　258~259, 298, 360, 442, 447,
　　482~484, 487
임직식 70, 95, 107, 193, 196~199,
　　210, 230, 234~235, 237~238,
　　259, 302, 482
입교인 43, 48, 64~66, 70~72,
　　96~98, 116, 135, 146, 186,
　　188, 190~191, 209, 224~225,
　　227~228, 255, 272~274,
　　278~279, 296, 298~300,
　　305~307, 316, 323~324,
　　365~366, 368~369, 533

ㅈ

자유정치 24, 26~27, 31~32

장로 22, 27, 32~34, 37~39, 48,
56, 58~59, 61~64, 66~67, 75,
77, 80~82, 86~87, 89~90,
94~108, 120~121, 128~132,
135~145, 148~162, 164~169,
171~172, 174~177, 183~191,
193~206, 239, 243, 248, 251,
253, 263, 270, 272, 274~281,
286~286, 290, 303, 311~313,
335, 345, 354, 356, 363, 378,
418, 423~425, 432, 446~447,
450, 455, 474, 477~478, 483,
485~490, 501, 514, 516~520,
526, 530, 533

장로 선거 155, 158, 552

장로 선출 210, 227

장로 임직 139, 183~206

장로 장립 222, 225, 229

장로 투표 58~59, 104, 139,
185~192

장로회정치 10, 23~24, 26~27,
32~49, 51~52, 58~59, 88,
120~121, 132, 165, 196, 199,
235, 239, 244, 282, 299, 447,
488

장립 70, 76, 79, 197, 199, 202, 208,
221~222, 229~230, 234, 237,
239, 243, 255, 258, 355

장립식 197, 234, 241, 243

재산권 144, 180, 433

재판 31, 37, 50, 72, 99~101,
124, 128, 132, 135, 138, 141,
145, 165, 168~169, 171,
173, 180, 202~205, 211, 300,
320, 322~333, 335~336,
338~347, 349~351, 356~359,
362~365, 370, 378, 380~381,
385~386, 391~392, 400~401,
410~411, 414, 417~419,
422, 425, 427~432, 435, 437,
447, 450~451, 454~501,
507~511, 514~523, 525~526,
528, 531~532, 547, 554, 560,
567~568, 572, 580

재판 계류 479, 489~491, 514,

재판국 124, 154~155, 169, 171,
333, 340, 344~345, 347, 362,
364, 380, 385, 391~392, 394,
399~401, 409~410, 414,
418~437, 451, 459~461,
464, 469, 471, 473, 476, 479,
482, 488~490, 493, 495, 497,
499, 502, 507, 509, 515~535,
541~580

재판회의 267, 337, 344, 347, 375, 468, 471, 475
전권위원회 460~461, 493, 523, 534
전도목사 77, 85, 92, 153, 163, 237
전임 22, 155, 158, 233, 240, 246~249, 528
정족수 253, 277~278, 283, 310, 317
정직 141, 205~206, 312, 341, 352~354, 357~359, 361~362, 371, 402, 406, 426, 433, 449~451, 453~454, 456, 469~473, 478~479, 483, 485, 489~490, 511~512, 527
정치 8, 10~13, 15, 17~18, 20~49, 51~52, 56~64, 67, 88, 91, 93, 98~99, 106, 119~122, 125~126, 129, 132, 140~141, 143, 148, 178~179, 183~184, 187, 196, 198~199, 204, 211, 214, 242, 260, 271, 277~278, 290~291, 299, 320, 323, 407, 451, 487~488, 491, 494, 504, 519, 533, 552, 558
제직회 22, 65~67, 69, 71, 74, 90, 96, 104, 131, 140, 142, 144, 147, 156~157, 162, 224, 269,
273~275, 278~285, 311~313, 486
절차법 10, 13, 22, 141, 170, 183
제명 74, 135~136, 138, 141, 352~353, 359, 365, 369~371, 449, 489~490, 514, 534
조직 교회 58~59, 67, 84, 86~87, 89, 107, 133, 151~152, 185, 223, 244, 275
조합정치 24, 26~27, 31~32
종군 목사 85, 94, 102~103, 183
준직원 73~74
죄증 설명서 328, 331~333, 337~338, 340~343, 364, 393, 402, 460, 466~469, 471~474, 484~484 490, 494, 500, 516, 539~541, 548, 556~557, 560, 581
증거 조사 401, 509
증거주의 141
증언 362, 373~377, 379~380, 395, 495~496, 517
지교회 22~23, 26~27, 34~35, 40, 43, 56, 58~59, 65, 67, 80~81, 88, 90, 92~93, 99, 105~106, 121, 128, 131, 152, 154, 156~158, 160, 164~165, 174, 177~178, 196, 198~199,

243~244, 246, 256~257, 260, 263, 279~282, 284~285, 299, 308, 335, 369, 386, 413, 447, 498, 500

직무 정지 350, 362, 455~456, 476, 507

직분 37, 45, 61~64, 66, 68, 75, 79, 93, 105~106, 108~109, 112, 189, 191, 194~204, 208, 225, 237~240, 250, 255, 259, 298, 313, 353~354, 411~412, 446, 449~456, 478, 513

직원 9, 12, 21~22, 28, 30~31, 35, 41~51, 60~74, 78, 102, 105, 112, 142, 183, 186, 235, 270, 296, 298, 308, 320, 322~323, 353, 355, 446, 449, 472, 487~488, 490~491

집사 22, 48, 61~64, 66~72, 75, 90, 97~98, 105~110, 121, 135, 139, 183~206, 272, 274~275, 279~282, 310, 315 363, 412, 445, 482~483, 489

집사 임직 109, 135, 139

집사 직무 66, 69, 107~108

집사 투표 184~193

징계 47, 52, 366, 406, 520, 523

ㅊ

천서 153, 181~181, 212, 268

청빙 31, 78, 80, 83~93, 132~133, 155~156, 159, 161~162, 211~212, 220~237, 240~243, 246~249, 258~259, 272, 274~279, 455

총대 87, 95, 100, 128, 136, 139, 142~143, 150~155, 159~160, 164, 166~167, 174~177, 181~182, 205~206, 244, 248, 263, 268, 284~292, 384, 389, 518, 534

총회 8~18, 27, 31~32, 35~39, 42, 50, 56, 65, 73~74, 78, 81~88, 90~93, 95~96, 98, 100, 106, 113~114, 119~124, 126, 129, 139, 150~152, 159~160, 163~183, 187, 197~198, 200~201, 205, 207, 209~219, 221, 244~248, 257~263, 266~270, 273~274, 277, 282, 286~292, 299, 303, 308, 312, 317, 335~336, 349, 364~365, 399~401, 407, 422, 427, 430~439, 462, 465, 468, 490~492, 501, 504, 507~509, 512, 528~534

총회 결의 10, 88, 90, 98, 105, 139,
  180, 183, 289~292, 317, 531
총회록 268
총회 속회 87
총회 재판국 124, 345, 347, 400,
  422, 426, 430~436, 476, 506,
  525, 527~535
축도 81, 96, 113, 115, 119, 183,
  211, 226, 238, 241
축복 80, 96, 111, 119, 226
출교 44, 51, 125, 127, 136, 138,
  141, 348, 352~354, 358~361,
  370~371, 449~450, 473, 478,
  484, 489~490, 514
치리 25~26, 31, 35~36, 67~69,
  82, 84, 104~109, 115, 118,
  136~137, 143~146, 153, 165,
  175, 180, 234, 246, 271, 273,
  340, 366, 417, 434, 463, 516,
  518, 569, 576, 601, 616, 617
치리권 24, 27~35, 41, 49~50,
  58~59, 64, 73, 80~81, 91, 95,
  119~120, 127, 129, 147, 149,
  156, 160, 162, 184, 197, 199,
  204, 244, 248, 272, 284, 299,
  312, 320, 337, 391, 411, 447,
  451, 460, 485, 487, 518, 523
치리 장로 27, 33~34, 48, 58~59,

  66, 94~105, 120, 128~129, 149,
  154, 184~185, 191, 193, 196,
  200~201, 239
치리회 9, 22~25, 27, 32, 35, 41,
  44~45, 49~51, 63, 95~96,
  100, 118~127, 140, 148, 153,
  156, 160~161, 166, 170, 174,
  177, 179~183, 197, 204~207,
  211, 214, 216, 244, 247, 258,
  261~267, 269~272, 285,
  298, 308, 320~323, 325~329,
  331~345, 348~353, 358,
  360~361, 363~365, 370~380,
  382, 385~387, 389, 391~393,
  399~103, 407~411, 418~419,
  421, 431, 437~439, 442,
  447~451, 454, 454~465,
  468~469, 471, 473~474, 478,
  481~485, 488, 491~492, 496,
  501~503, 506, 508, 510~517,
  520~523, 532~533

ㅌ

통상 직원 62
투표 33, 48, 58, 64, 66, 70~71,
  85, 89, 91, 104 ,106, 110,
  120, 129, 132, 139, 156, 162,

174~176, 184~186, 189~194, 197, 200~201, 205~206, 222, 224~227, 260, 264~265, 273~275, 278~279, 281, 284~285, 290~292, 308~312, 343, 347, 389, 409, 412, 418, 429, 475, 503~504

ㅍ

풍문 329, 463~464
피고 205, 324~332, 337~347, 350~351, 354, 357~358, 364~365, 371~371, 376, 378, 380, 385~386, 389~390, 398~399, 402, 422, 427, 433~434, 436~439, 456~479, 484, 487~488, 490, 494~496, 499, 507, 516~518, 521, 529, 533
피소원자 393, 396~397, 504, 507
피택 집사 106, 193~195

ㅎ

학습 97, 135, 137, 146, 208, 271, 279, 296, 299, 304~306, 316, 345

항의서 407~410, 513, 574
항존직 62~64, 67~68, 70, 97, 102, 105~106, 191, 200~203, 237, 281~282, 454, 483
해벌 136, 146, 188, 206, 316, 348, 352, 354, 358, 361, 367~368, 454, 456, 477, 482~484, 512, 514
해임 72, 87, 90, 155, 158, 204, 248, 251~254, 275, 455, 502
행정 보류 492~494
행정 사건 100, 299, 391~394, 403, 503, 507
허위 교회 58~59, 90, 129, 133, 159, 161, 165, 223, 249
헌금 113, 135, 140, 159, 271, 297
헌법 8~18, 22, 24, 26, 29, 32, 36~40, 43~45, 47, 49, 52~53, 55~56, 58~60, 62, 64, 66, 68~70, 77, 82, 88, 91, 100~101, 111~112, 121~122, 124 131, 139~140, 147, 156, 165~166, 168~170, 175, 178~180, 183, 191~193, 198, 201, 212, 215~216, 222, 225, 233, 237, 239, 244, 249, 253, 261, 264, 266, 270, 272, 277~278, 287, 290~292, 295~296, 298~299,

315, 317, 320, 324, 331, 340,
345, 383~385, 419, 424, 431,
442, 446, 473, 477, 487, 494,
498

헌법적 규칙 11, 18, 29, 53, 57,
59, 108, 112, 116~117, 179,
185~187, 191 193, 237, 241,
296, 304, 317

협동 장로 104, 281, 313, 516, 533

혼상례 314

화해 327, 466, 500, 538

회원권 67, 88, 106, 151~153,
181~182, 260, 274, 281, 299,
306, 389, 295, 297, 399, 404,
412, 479, 508, 516~517

휴양 256

휴직 109~110, 197, 202~206, 287,
453~455

휴직 집사 109~110

개정증보판
헌법해설서

초 판 발 행 2015년 5월 8일
개정판 1쇄 2021년 5월 25일
개정판 4쇄 2025년 5월 7일

지은이 배광식, 한기승, 안은찬
발 행 익투스

기획 오은총
편집책임 조미예 마케팅책임 김경환
경영지원 임정은   마케팅지원 박경헌 김혜인
유통 박찬영 김승온 편집·제작 최보람 안승찬

주소 서울특별시 강남구 영동대로 330
전화 (02) 559-5655~6
팩스 (02) 6940-9384
인터넷서점 www.holyonebook.com

출판 등록 제2005-000296호
ISBN 978-89-8490-696-9 03230

ⓒ2021, 익투스, 배광식, 한기승, 안은찬

- 이 책은 신저작권법에 의하여 국내에서 보호를 받는 저작물입니다.
  출판사의 협의 없는 무단 전재와 무단 복제를 엄격히 금합니다.
- 책값은 커버 뒷면에 있습니다.
- 잘못된 책은 교환하여 드립니다.